Kristina Lunz

Die Zukunft der Außenpolitik ist feministisch

KRISTINA LUNZ

DIE ZUKUNFT DER AUSSENPOLITIK IST FEMINISTISCH

Wie globale Krisen gelöst werden müssen

ECON

Wir verpflichten uns zu Nachhaltigkeit
- Klimaneutrales Produkt
- Papiere aus nachhaltiger
  Waldwirtschaft und anderen
  kontrollierten Quellen
- ullstein.de/nachhaltigkeit

Zwischen dem Schreiben und der Veröffentlichung vergeht etwas
Zeit, während der sich die (politische) Welt weiterdreht. Das Buch
thematisiert viele politische Entwicklungen. Daher kann es sein, dass
zu dem Zeitpunkt, wenn Sie es in den Händen halten, sich manche
Welten bereits etwas weitergedreht haben. Sehen Sie es mir nach.
Wir leben in schnellen Zeiten.

MIX
Papier
FSC FSC® C014496

Econ ist ein Verlag
der Ullstein Buchverlage GmbH

ISBN: 978-3-430-21 053-9

© Ullstein Buchverlage GmbH, Berlin 2022
Redaktionsschluss: 8. Dezember 2021
© Illustrationen: Katie Turnbull
Alle Rechte vorbehalten
Gesetzt aus der Alkes und der Brandon Grotesque
Satz: Red Cape Production, Berlin
Druck und Bindearbeiten: GGP Media GmbH, Pößneck
Printed in Germany

Tür aufgestoßen. Ich hoffe, es schreiten viele hindurch.
Für alle, denen ihre Expertise regelmäßig abgesprochen
wird, da sie es wagen, unsere Gesellschaft
neu – feministisch! – zu denken:
weg vom patriarchalen Status quo,
hin zu einer gerechten Gesellschaft.
Sie sind die einzige Hoffnung, die wir haben.

INHALT

0 ZUM GELEIT: GRUSSWORTE

Ich kenne Kristina seit vielen Jahren – als Mitstreiterin, Kritikerin und Verbündete. Im Laufe der Jahre haben wir die Siege der feministischen Zivilgesellschaft gefeiert, zum Nach- und Umdenken anregende Gespräche geführt und darüber reflektiert, wie wir alle in unseren verschiedenen Funktionen – als Aktivist:innen, zivilgesellschaftliche Akteur:innen, feministische Expert:innen und Verbündete – systemische Veränderungen bewirken können. Ich habe Kristina auch herausgefordert und mit ihr debattiert; sie als Person, Feministin und Führungspersönlichkeit wachsen sehen. Nun fühle ich mich geehrt und freue mich, dieses Vorwort zu ihrem Buch schreiben zu dürfen – zum ersten von vielen, die ohne Zweifel noch folgen werden. Ich bin davon überzeugt, dass dieses Buch Sie dazu bringen wird, den Status quo der Sicherheits- und Außenpolitik zu hinterfragen und sie humaner, effektiver und inklusiver neu zu denken. Es veranschaulicht die Zusammenhänge und Feinheiten der dringlichsten Themen unserer Zeit – Klimakrise, Pandemien, zunehmende Ungleichheiten auf allen gesellschaftlichen Ebenen – und unterstreicht, was feministische Zivilgesellschaft schon lange wusste: Kein Frieden ohne Feminismus; keine politische Entscheidung sollte ohne diejenigen getroffen werden, die sie betrifft – *nothing about us without us*.

Kristina ist eine bemerkenswert mutige Denkerin in der Außenpolitik. Sie ist hartnäckig, hart arbeitend, reflektiert, empathisch, zielstrebig und akzeptiert kein ungerechtfertigtes Nein als Antwort. Entscheidend ist, dass Kristina sich der Schultern, auf denen sie steht, und der Arbeit ihrer Vorgänger:innen bewusst ist. Sie weiß, dass es nicht Einzelpersonen sind, sondern soziale Bewegungen, die die Geschichte verändern und *history* zu *herstory* machen. Kristina und das *Centre for Feminist Foreign Policy*, heute eine international renommierte Organisation, die sie von Grund auf neu mitaufgebaut hat, hinterfragen die Gegenwart der Außenpolitik – eine Politik, die für die wenigsten funktioniert und die am stärksten Betroffenen marginalisiert. Sie bieten gleichzeitig nachhaltige intersektionale feministische Lösungen für eine bessere Zukunft: eine Zukunft, die von und für alle geschaffen wird. Kurzum, Kristina weiß, dass die Zukunft der Außenpolitik feministisch ist!

MADELEINE REES,
Generalsekretärin der Women's International League for Peace and Freedom

Die Zukunft der Außenpolitik ist feministisch. Als ich 2014 Schwedens feministische Außenpolitik als damalige Außenministerin verkündete und Schweden damit zum ersten Land der Welt machte, das eine feministische Außenpolitik einführte und verfolgte, hätte ich mir nicht vorstellen können, dass viele Länder, darunter Mexiko und Kanada, diesem Beispiel folgen würden. Heute stehen wir auf den Schultern aller bahnbrechenden Aktivist:innen, die den Weg für eine neue nachhaltige und auf menschliche Sicherheit ausgerichtete Vision der Außenpolitik geebnet haben: Feministische Außenpolitik. Offen gesagt können wir nicht über Außenpolitik sprechen, ohne über feministische Außenpolitik zu sprechen.

Ich bin dankbar, dass die Zivilgesellschaft die feministische außenpolitische Agenda beharrlich weiter vorantreibt und ausbaut. Kristinas Buch und die Arbeit des *Centre for Feminist Foreign Policy* tun genau das – sie beschreiben eine kühne Vision für eine nachhaltige Zukunft, die menschliche Sicherheit in den Mittelpunkt stellt. Kristina hinterfragt den Status quo der Außenpolitik und Sicherheit und erforscht die Herausforderungen und Chancen, die an der Schnittstelle zwischen Diplomatie und Aktivismus liegen. Sie porträtiert Vordenkerinnen der Außenpolitik und regt Leser:innen dazu an, eine Außenpolitik im Dienste der Betroffenen zu fordern. In diesem Buch veranschaulicht sie, was eine feministische Außenpolitik beinhaltet, erklärt, warum sie der effektivste Weg ist, den Herausforderungen unserer Zeit zu begegnen, und betont die Notwendigkeit für alle Länder, eine feministische Außenpolitik zu verfolgen.

MARGOT WALLSTRÖM,
ehemalige Außenministerin Schwedens

1 PROLOG:
DAS PRIVATE IST POLITISCH

> *What I most regretted were my silences. ...*
> *And there are so many silences to be broken.*
>
> AUDRE LORDE

Naivität hilft. Manchmal ist sie gar ein Segen. Wäre mir im Jahr 2014 klar gewesen, was passiert, wenn man als Frau öffentlich Stellung bezieht und Ungerechtigkeiten anprangert, hätte ich wohl keine Kampagne gegen Sexismus und die Degradierung von Frauen in der *BILD*-Zeitung initiiert. Aber ich war naiv. Ich hatte keine Ahnung, dass Frauen in der Öffentlichkeit – vor allem, wenn sie den Status quo kritisieren – mit extremem Hass und Gewalt konfrontiert werden.

So kam es also, dass ich im Oktober 2014 die Petition *Zeigt allen Respekt – Schluss mit Sexismus in BILD!* aufsetzte. Sie war ein Produkt meiner großen Wut, die ich gegenüber der *BILD*-Zeitung spürte. »Wut aufgrund von Ungerechtigkeiten und Mangel an Gleichberechtigung ist im Großen und Ganzen wie Treibstoff«[1], schreibt Rebecca Traister in ihrem Buch *Good and Mad – the Revolutionary Power of Women's Anger*. Darin zeigt sie auf, wie die Wut von Frauen – von den Suffragetten bis zur legendären Schwarzen Bürgerrechtlerin Rosa Parks, #MeToo oder dem Women's March – transformative Kraft freisetzt. Das ist auch die Erfahrung meiner Freundin und Mentorin Dr. Scilla Elworthy. Die 1943 geborene Gründerin zahlreicher Organisationen und dreimal für den Friedensnobelpreis nominierte Schottin gab mir Folgendes mit auf den Weg: Wut ist wie Benzin. Sprüht man sie unbedacht und wild herum, kann sie Feuer entfachen und zu einer Menge Zerstörung beitragen. Doch wenn man sie gezielt einsetzt, kann sie der Treibstoff für den inneren Motor sein.

MEIN FEMINISTISCHES ERWACHEN

Da war sie also, diese Wut. Ich war gerade Mitte zwanzig und studierte für meinen ersten Masterabschluss am University College London. Das allein war ungewöhnlich, denn meine Eltern hatten nicht studiert. Und in Deutschland entscheiden vor allem das Einkommen sowie der Bildungsgrad der Eltern über den beruflichen Werdegang der Kinder. Während 79 Prozent der Kinder von Akademiker:innen ein Studium aufnehmen, sind es bei den Kindern von Eltern ohne Hochschulabschluss nur 27 Prozent. Einen Master machen nur 11 Prozent der Nichtakademiker:innenkinder; bei den Akademiker:innenkinder sind es 43 Prozent. Die Schicht, in die wir hineingeboren werden, bestimmt zu einem bedeutenden Teil unser Leben. Das individuelle soziale Kapital – zu welcher gesellschaftlichen Gruppe man gehört, wen man kennt– ist ein Türöffner.[2]

In London war ich so ziemlich mit allem überfordert: mit der Größe der Stadt, der Sprache und dem elitären Umfeld. Ich war eingeschüchtert und fühlte mich ständig unzulänglich. Meine Kommiliton:innen hatten ihre Bachelorstudiengänge in Cambridge, Oxford oder an anderen internationalen Unis absolviert; ich kam von einer gewöhnlichen Universität in Deutschland. Ich vergrub mich in Büchern, ich hatte einiges aufzuholen. Vor allem las ich feministische Literatur, mit der ich bis dahin kaum Berührungspunkte gehabt hatte, die aber für viele Mitstudierende Standard war.

Die Überforderung hatte auch mit meiner Herkunft zu tun. Ich bin in einem 80-Einwohner:innen-Dorf in der Fränkischen Schweiz in Bayern als drittes Kind – mein Zwillingsbruder ist nur fünf Minuten älter – aufgewachsen. Es war eine behütete Kindheit, in einer sehr liebevollen und warmherzigen Familie. Doch ab dem Teenie-Alter fühlte ich mich immer öfter unwohl in meiner Umgebung, weil in der Gemeinde alles sehr traditionell geprägt war. Alle Machtpositionen wie Pfarrer, Wirtshausbesitzer, Sportvorstände, Bürgermeister, Landarzt oder Fahrschullehrer waren – und sind heute noch – von Männern besetzt; und sie werden mit großem Respekt behandelt. Gleichzeitig waren einige davon mir und anderen jungen Frauen gegenüber übergriffig und respektlos. Bei Dorffeiern und Sportfesten kamen sie uns an der Bar viel zu nahe, machten sexualisierte Anspielungen und überschritten Grenzen. Als ich meinen Führerschein machen wollte, war es ein offenes Geheimnis, dass wir junge Frauen nicht Unterricht beim Fahrschulchef nehmen sollten. Es war allgemein bekannt, dass er übergriffig war. Aber dagegen getan hat zu meiner Zeit niemand etwas – denn das war Normalität.

Für meine Eltern war es in der Erziehung von meinen Geschwistern und mir äußerst wichtig, uns einen sehr respektvollen Umgang mit unseren Mitmenschen auf den Weg zu geben. »Idiot« oder andere herablassende Bezeichnungen wurden bei uns nicht ausgesprochen. Auch wenn es mal Meinungsverschiedenheiten gab, so kam es nie vor, dass einander angeschrien oder miteinander despektierlich umgegangen wurde. Wertschätzung, Zuverlässigkeit und Hilfsbereitschaft waren Tugenden, an denen wir gemessen wurden. Mein Papa, als er noch lebte, war trotz seiner sehr langen Arbeitstage unter der Woche immer für die Familie und andere Dorfbewohner:innen da, wenn sie an den Feierabenden oder am Wochenende Hilfe beim Krawattenknotenbinden oder Stromverlegen (er war gelernter Elektriker) brauchten. Das englische Wort *Kindness* (ein Zusammenkommen aus Wohlwollen, Freundlichkeit und Güte) beschreibt das vordergründige Gefühl, das uns mitgegeben wurde, wohl am besten. Und genau mit diesem Gefühl ließ sich das sehr unangenehme Gefühl, das ich so vielen Männern gegenüber als Mädchen und Teenagerin empfand, nicht vereinbaren. Einerseits wurde diesen Männern in Führungspositionen viel Respekt gezollt, andererseits schien es, dass manche von ihnen diesen Status ausnutzten und sich alles andere als *kind* vor allem uns jungen Mädchen und Frauen gegenüber verhielten. Das war nicht das, was mein Papa mir vorlebte. Dank ihm wusste ich von klein auf, dass es anders geht.

In London, mithilfe der feministischen Literatur und in einem internationalen, weltoffenen Umfeld, eröffnete sich eine neue Welt für mich. Auf einmal gab es Begriffe und Erklärungen für die vielen unangenehmen Situationen und Ungerechtigkeiten, die ich seit Jahren spürte, aber nie in einen Rahmen fassen oder gar artikulieren konnte. Die Zeit in London war mein *Feminist Awakening*. Ich lernte beispielsweise, dass, wann immer eine Menschengruppe zum Gesamtobjekt erklärt wird – beispielsweise indem man sie sexualisiert –, diese Individuen dehumanisiert werden. Diese Objektifizierung senkt die Hemmschwelle, Gewalt gegenüber diesen Menschen auszuüben. Anfang 2021 hat eine Untersuchung von *UN Women* in Großbritannien ergeben, dass 97 Prozent der Frauen zwischen 18 und 24 Jahren bereits sexualisierte Gewalt in Form von Belästigungen im öffentlichen Raum erlebt haben.[3] Mädchen in Brasilien sind im Schnitt zwischen neun und zehn Jahre alt, wenn sie das erste Mal sexuell belästigt werden.[4] Fast keiner der Täter wird jemals zur Rechenschaft gezogen. Es wird geschätzt, dass in Deutschland weniger als ein Prozent (!) aller Vergewaltiger (nicht nur der angezeigten) für ihre Tat zur Rechenschaft gezogen werden.[5] Hierzulande versucht ebenso jeden Tag ein Mann, seine (Ex-)Partnerin zu töten. Jeden dritten Tag gelingt es ihm. Es ist ein Skandal, dass Femizid in Deutschland vor Gericht kein eigener Straftatbestand ist und nicht strengstmöglich bestraft wird.

Die Auswüchse des Patriarchats waren mir also viel klarer, als ich während der Semesterferien 2014 in meine Heimatgemeinde zurückkehrte und beim Bezahlen in der Tankstelle die *BILD*-Zeitung vor mir liegen sah. Auf der Titelseite wurde neben Fotos von den Dekolletés berühmter Frauen dazu aufgerufen, über den »schönsten TV-Busen Deutschlands« abzustimmen. Ich war angewidert von der Degradierung dieser Prominenten und aller Frauen an sich. Als auflagenstärkste Zeitung in Deutschland trägt dieses Blatt zu der absurd hohen Gewaltrate von Männern gegenüber Frauen bei. Ich hatte damals keine Ahnung, was Aktivismus ist und wie man Dinge verändern kann. Aber ich wollte diese Diskriminierung und Sexualisierung von Frauen nicht dulden, egal wie akzeptiert sie in unserer Gesellschaft ist.

Als ich im Freundes- und Bekanntenkreis von meiner Wut erzählte, fanden viele, ich solle mich nicht so haben. Das sei schließlich normal. Doch wer definiert, was normal und akzeptiert ist? Ich erinnerte mich an mein ohnmächtiges Gefühl als junges Mädchen, wenn die *BILD*-Zeitung beim samstäglichen Bratwurstessen bei meiner Oma auf dem Küchentisch lag und auch die männlichen Familienmitglieder mit am Tisch saßen. Auf der ersten Seite war neben Nachrichten vor allem über Männer das »*BILD-Girl*« zu sehen – die sexualisierte Darstellung eines Frauenkörpers. Ich schämte mich und fühlte mich belästigt und erniedrigt. Würde auch ich später begafft, mein Körper kommentiert und sexualisiert werden? Würde ich als Objekt gesehen werden, während die Männer um mich herum als handelnde Subjekte wertgeschätzt sind, in Politik, Wirtschaft, Gesellschaft und Kultur agieren und regieren?

Ich setzte mich an meinen Schreibtisch und formulierte einen offenen Brief an den damaligen Chefredakteur der *BILD*-Zeitung, Kai Diekmann, der dann zur Petition und Kampagne wurde. Ich schrieb: »Es müssen endlich alle Menschen in der Berichterstattung von *BILD* und *BILD.de* mit derselben Wertschätzung dargestellt werden: Frauen sind nicht die Lustobjekte einer Gesellschaft!« Knapp 60 000 Menschen unterschrieben. Es war ein nötiger Schritt gegen das seit Jahrtausenden praktizierte *Silencing* von Frauen. Denn das Patriarchat erdrückt jede Wahrheit, die ihm nicht dient.

Das zeigen auch die vielen öffentlich diskutierten Beispiele sexualisierter Gewalt gegen Frauen – neben all den anonymen oder nicht angezeigten Fällen: Erfahrungen wie die von Chanel Miller (wurde 2015 auf dem Campus der Universität Stanford von Brock Allen Turner vergewaltigt), Nafissatou Diallo (warf 2011 dem damaligen *IWF*-Chef Dominique Strauss-Kahn sexuellen Übergriff vor), Christine Blasey Ford (warf dem *Supreme-Court*-Richter Brett Kavanaugh 2018 sexuellen Übergriff vor), Nika Irani (beschuldigte im Juni 2021 den Rapper Samra, sie vergewaltigt zu haben). Und es geht weiter mit den vielen Geschädigten durch den Filmproduzenten Harvey Weinstein, durch Donald Trump oder mit den unzähligen Frauen, die die Gewalt von Bill Cosby überlebten. Jedes Mal, wenn Frauen sich gegen ihre männlichen Peiniger stellen, werden sie und ihre Glaubwürdigkeit infrage gestellt und diskreditiert; nicht selten werden sie mit (erneuter) Vergewaltigung und Mord bedroht. Gleichzeitig wundern wir uns, weshalb um die 90 Prozent der Vergewaltigungsopfer die Tat nicht anzeigen. Das hat System in patriarchalen Gesellschaften: Halt deine Klappe, oder du wirst noch mehr Gewalt erfahren.

Schmierblätter wie die *BILD* und Rapper mit Texten wie »Ich fick sie fast tot, sie liegt im Wachkoma«[6] zeigen, wie weit verbreitet der Frauenhass ist. Männer sind die Macher; die Frauen werden zu Lustobjekten. Diese in Medien, Politik und Kultur sichtbare toxische Männlichkeit ist gesellschaftlich geduldet und wird auch im privaten und beruflichen Umfeld gelebt. Der Machtmissbrauch gegenüber jungen Mitarbeiterinnen durch den ehemaligen *BILD*-Chef Julian Reichelt – der bereits im März 2021 vom *SPIEGEL* unter dem Titel »Vögeln, fördern, feuern« publik gemacht wurde und erst nach einem Artikel der *New York Times** Mitte Oktober 2021 zum Rauswurf von Reichelt bei *BILD* führte – ist insofern keine Überraschung. Wieso sollte jemand, der als Verantwortlicher Frauen in einem Massenmedium abwertet, im echten Leben anders mit ihnen umgehen? Und je mächtiger der Mann, desto größer sind die Auswirkungen: Donald Trump, den mindestens 26 Frauen des sexuellen Missbrauchs beschuldigen, hatte mit Beginn seiner Amtszeit sehr vehement Frauenrechte per Dekret eingeschränkt.[7] Es sind natürlich nicht nur diese individuellen Frauenverachter, die das Problem sind. Sondern ganze Systeme – patriarchale Systeme –, die diese Männer decken, dulden und agieren lassen.

Aufgrund meiner Naivität wusste ich damals noch nicht, was Feministinnen, Aktivistinnen und Frauen, die öffentlich Stellung beziehen, fast täglich ertragen müssen. Ich wusste nicht, dass 88 Prozent der Internet-Nutzer:innen, die schon einmal Zeug:innen digitaler Gewalt geworden sind, angaben, dass sich der Hass gegen Frauen richtete.[8] Dass laut einer 2020 publizierten Studie von *Plan International* 58 Prozent der befragten Mädchen und jungen Frauen bereits online belästigt wurden.[9] Oder dass im Jahr 2016 *The Guardian* 70 Millionen Leser:innen-Kommentare untersuchte, wobei sich herausstellte, dass acht der zehn am meisten bedrohten Journalist:innen Frauen und die beiden Männer unter den Top Ten *People of Colour* waren. Die am meisten gehasste und attackierte Person war die feministische Autorin Jessica Valenti.[10] Weiße Männer kennen diese Gewalt nicht.

Hätte ich all das gewusst – wer weiß, ob ich mich getraut hätte, dennoch meine Stimme zu erheben. So überrollte mich

---

* In Deutschland haben vor allem investigative Recherchen des Ippen-Teams rund um Juliane Löffler die Verdachtspunkte bestätigt und konkretisiert.

eine Welle der digitalen Gewalt, als Kai Diekmann mich und meine Petition auf seinem Twitter-Account verhöhnte mit der Aufforderung, ich solle ihm weitere »*BILD*-Girls« besorgen. Meine Posteingänge und Social-Media-Accounts füllten sich mit Nachrichten von Männern, die mir eine Vergewaltigung wünschten oder androhten und auch meiner Familie Gewalt antun wollten. Ich war wie paralysiert, brach zusammen und weinte viel. Im ersten Moment war ich überzeugt, mich künftig auf die Rolle der stillen Beobachterin des unterdrückenden patriarchalen Systems zu beschränken. Ich konnte nicht begreifen, dass meine Bitte um respektvolle Darstellung von Frauen mit bildhaften Beschreibungen von Männern, wie sie mich sexuell missbrauchen möchten, beantwortet worden war. Erst durch die Solidarität anderer Aktivist:innen fasste ich den Mut weiterzumachen. Auch weil ich verstand, dass dieses *Silencing* – also der Versuch, mich durch (Online-)Gewalt als Frau zum Schweigen zu bringen – das Ziel dieser Männer war. Den Gefallen wollte ich ihnen nicht tun. Ich war nicht nur wütend und verletzt. Sondern auch entschlossen.

... UND WOHIN ES FÜHRTE

Die Solidarität mit anderen Frauen und Aktivist:innen bewirkte, dass ich mich trotz dieser Gewalt nicht zum Schweigen bringen ließ. Schon im Jahr 2000 hatten mehrere Wissenschaftler:innen von der University of California in Los Angeles nachgewiesen: Das gängige Narrativ, demzufolge Menschen unter Stress entweder zu *Fight* (Angriff) oder *Flight* (Flucht) tendieren, ist lückenhaft. Ihre Studie[11] zeigt, dass Frauen stattdessen eher zu *Tend and Befriend* neigen, sich also umeinander in Solidarität kümmern, sich unterstützen und einander Rat bieten. Dies ermöglicht Schutz, reduziert Stress und verfestigt Netzwerke. Bis heute wende ich mich zuerst an mein Netzwerk großartiger Frauen, wenn ich Unterstützung und Rückhalt benötige. Und wann immer eine von uns selbiges braucht, gebe ich mir alle Mühe, ihr diesen Schutz und einen emotionalen Ruheort zu bieten. Miteinander reden, Erlebtes – vor allem Gewalterfahrungen – teilen, einander zuhören und sich stützen: Das ist die Stärke von Freundschaften unter Frauen. »Die Frauenbewegung war geboren, als Frauen anfingen, miteinander zu sprechen«,[12] so die große Feministin Gloria Steinem. Und ebenso gewinnt die feministische Bewegung an Stärke hinzu. »Wir sind Vulkane«, sagte einst die US-amerikanische Autorin Ursula K. Le Guin. »Wenn wir Frauen unsere Erfahrungen als unsere Wahrheit teilen, als menschliche Wahrheit, dann ändern sich alle Landkarten. Neue Berge entstehen.«

Genau wie der Druck durch Klima und Gezeiten langsam die Landschaft ändert, wurde 2018 unter Julian Reichelt das »*BILD*-Girl« abgeschafft. Das Boulevardblatt begründete diese Entscheidung mit dem Gefühl, »dass viele Frauen diese Bilder als kränkend und herabwürdigend empfinden, sowohl bei uns in der Redaktion, aber auch unter unseren Leserinnen«[13]. Unterschiedliche Medien sahen einen Zusammenhang mit meinem Engagement.

Die Kampagne gegen die *BILD*-Zeitung war der Beginn meines feministischen Aktivismus. Viele weitere folgten. Ich beteiligte mich an einem feministischen Kollektiv von 21 Frauen, das in der Folge der sexualisierten Übergriffe auf Hunderte von Frauen in der Kölner Silvesternacht 2015/16 unter dem Motto »Gegen sexualisierte Gewalt und Rassismus. Immer. Überall. #ausnahmslos« 14 Forderungen an Politik, Gesellschaft und Medien aufstellte. Wir schrieben: »Es ist für alle schädlich, wenn feministische Anliegen von Populist_innen instrumentalisiert werden, um gegen einzelne Bevölkerungsgruppen zu hetzen, wie das aktuell in der Debatte um die Silvesternacht getan wird. Sexualisierte Gewalt darf nicht nur dann thematisiert werden, wenn die Täter die vermeintlich ›Anderen‹ sind.« Als wir Anfang Januar 2016 die Pressemitteilung verschickten, wurde unser

Appell auf den Online-Titelseiten der meisten großen Medien publiziert; einige Wochen später wurde uns der *Clara-Zetkin-Preis für Politische Intervention* verliehen. Unsere Kampagne war die erste intersektional feministische Kampagne, die derart viel Aufmerksamkeit erhielt. Wir schrieben an dem Tag feministische Geschichte. In den darauffolgenden Monaten nahm die Kampagne *#NeinheißtNein* an Fahrt auf. Für die Änderung des deutschen Sexualstrafrechts beriet ich *UN Women Deutschland* und konzipierte deren Kampagne mit. Wir wollten ein neues Kriterium zur Definition des Straftatbestands »Vergewaltigung« durchsetzen. Künftig sollte endlich fehlender Konsens zum Geschlechtsakt ausschlaggebend sein. Statt sich körperlich gegen seinen (meistens stärkeren) Peiniger wehren zu müssen, sollte das Wort »Nein« genügen. In meinem Artikel zum Kampagnenstart schrieb ich damals für *Zeit Online*: »Es gibt kein vernünftiges Argument dagegen, außer die verzweifelte Aufrechterhaltung eines Systems, in dem die Rechte von Männern mehr zählen als die von Frauen.« Als im Juli 2016 der Bundestag die Verschärfung des Sexualstrafrechts einstimmig beschloss, war die Freude in der feministischen Zivilgesellschaft riesig. Manche Organisationen wie der *Deutsche Juristinnenbund*, der *Deutsche Frauenrat* oder *bff – Frauen gegen Gewalt e. V.* kämpften bereits seit Jahren dafür, diesen wichtigen Meilenstein der feministischen Bewegung zu verwirklichen.

Während ich mich in Deutschland feministisch engagierte, lebte ich in Oxford, zuerst für mein Studium der Diplomatie als Vollstipendiatin der Uni. Daran anschließend kurze Zeit als Mitarbeiterin der *Blavatnik School of Government*, einem Institut, das über und zu internationaler Politik und dem Regierungssektor lehrt und forscht.

Im Studium jedoch erlebte ich ein Kontrastprogramm. Ich hörte Vorlesungen über fragile Staaten, Entwicklungspolitik und Diplomatie, alles aus einer eher traditionellen Sichtweise. Ich lernte über Niccolò Machiavelli (1469–1527) und andere »große« Diplomaten. Der Historiker, Philosoph und vor allem einer der ersten einflussreichen Diplomaten betrachtete männliche Eigenschaften als Voraussetzung dafür, um Beziehungen zwischen Staaten zu entwickeln und zu lenken. Und er war nur *ein* Beispiel für fehlende Diversität im diplomatischen Bereich. Als ob sich die Welt in den letzten 500 Jahren nicht geändert hätte.

Ich wunderte mich regelmäßig über fehlende Perspektiven anderer Menschen jenseits der Kategorie »männlich, weiß, alt« in meinem Studium. Dazu beigetragen haben Kampagnen wie *#RhodesMustFall* zur Dekolonialisierung des Curriculums, die, inspiriert durch Studierende in Südafrika, an die Uni in Oxford schwappten und die ich unterstützte.

2016 und 2017 gab es einige prägende politische Ereignisse. Im Herbst 2016 arbeitete ich für einige Monate für die feministische Organisation *Sisma Mujer* in Bogotá, Kolumbien. *Sisma* trug stark dazu bei, dass der Friedensvertrag zwischen der Guerilla *FARC* und der kolumbianischen Regierung zur Beendigung einer der längsten Bürgerkriege auf dem lateinamerikanischen Kontinent historisch inklusiv gefasst wurde. Leider wurde das Referendum einen Tag nach meiner Anreise knapp von der Bevölkerung abgelehnt. Während meiner Zeit in Bogotá demonstrierten wir regelmäßig mit Tausenden Menschen auf den Straßen für Frieden und versuchten, dem antidemokratischen und antifeministischen Angriff auf den Friedensprozess die Stirn zu bieten.

2016 beschäftigten mich auch der Brexit und der Wahlsieg Donald Trumps sehr stark. Am Tag seiner Amtseinführung im Januar 2017 landete ich in NYC, um für die nächsten Monate beim *Entwicklungsprogramm der Vereinten Nationen (UNDP)* zu arbeiten. Ich buchte meinen Flug so, dass ich wenige Stunden nach der Ankunft mitten in der Nacht in einen der vielen Busse nach Washington, D. C., zum historischen *Women's March* steigen konnte. Der Tag gab mir Hoffnung, elektrisierte mich. Auf allen Kontinenten fanden an diesem Tag *Women's Marches* statt, Millionen von Menschen skandierten feministische Forderungen. Es war ein großartiges und historisches Beispiel von Widerstand, der unsere Gesellschaft verändern wird.

Im Frühling 2017 zog ich dann nach Yangon, Myanmar, um dort meine Arbeit für *UNDP* fortzusetzen. Es war das Jahr des Genozids des myanmarischen Militärs an der muslimischen Minderheit der Rohingya in Rakhine im Westen des Landes. Ich arbeitete also für die *Vereinten Nationen*, die sich das »Nie wieder« in Bezug auf Genozide und das Wegsehen der internationalen Gemeinschaft auf die Fahne schreibt, in einem Land, als erneut ein Genozid stattfand und die *UN* sich vielmals vorwerfen lassen musste, wieder nicht genug getan zu haben, um die Bevölkerung zu schützen. Ein Gefühl der Ohnmacht begleitete mich durch meine Arbeitstage; sowie ein Vertrauensverlust in die internationalen Vorkehrungen zum Schutz von Menschen- und besonders Minderheitsrechten. Sexualisierte Gewalt und Vergewaltigung als Kriegswaffe waren weit verbreitet. Genau dieses Militär verübte Anfang Februar 2021 einen Putsch und deklarierte einen einjährigen Ausnahmezustand. In den Folgemonaten wurden mehr als 1000 Menschen bei Protesten gegen den Coup vom Militär getötet. Beim Widerstand gegen das Militär stehen auch Feminist:innen in den ersten Reihen. Wie meine Bekannte, Nandar. Nandar ist eine der bekanntesten Feministinnen in Myanmar. Sie war vorne mit dabei, um dem Militär die Stirn zu bieten. Denn sie und alle Feminist:innen wissen, dass das Militär, vor allem dann, wenn es gegen die eigene Bevölkerung vorgeht, eine der schlimmsten Ausprägungen des patriarchalen Staates ist.

Meine mehrjährige Expertise als feministische Aktivistin gepaart mit meinen Erfahrungen im Bereich der internationalen Politik in Großbritannien, Kolumbien, USA und Myanmar ließen immer stärker den Wunsch in mir reifen, feministische Kritik auch in den Bereich der Diplomatie und internationalen Politik zu bringen. Es war mir wichtiger, dort ein Umdenken zu bewirken, als weiterhin eine Karriere bei einer etablierten Organisation anzupeilen. Ich erinnere mich noch gut an einen der Auslöser: die *UNDP*-Weihnachtsfeier im Dezember 2017 im sommerlichen Yangon. Wir standen barfüßig im Garten des *UN*-Gebäudes, während sich Myanmar aufgrund der Ermordung und Vertreibung von Hunderttausenden Menschen im Ausnahmezustand befand. Ein Vertreter der Führungsebene bedankte sich bei uns, der Belegschaft, für die »Opfer«, die wir brächten, um den Menschen in diesem armen Land zu helfen. Ich spürte ein starkes Unwohlsein.

Ja, sicher arbeiteten sehr viele beim *UNDP* sehr hart, um die Entwicklung des Landes zu unterstützen. Aber ich denke nicht, dass »Opfer bringen« ein angemessener Begriff dafür ist – nicht für die internationale, westliche, privilegierte Belegschaft. Als Angestellte oder *Consultants* mit *UN*-Verträgen verdienten wir sehr gut, bewohnten die schönsten und weit überdurchschnittlich teuren Wohnungen oder Häuser, gingen in die besten Restaurants der Stadt und kauften die feinsten Produkte. Wir trugen zur Verzerrung von Mietpreisen bei und zum Entstehen einer Zweiklassengesellschaft: die überwiegend weißen Helfer:innen auf der einen, die überwiegend finanziell arme, einheimische Bevölkerung auf der anderen Seite. Das sind typische Muster, die auch heute noch stark in der sogenannten Entwicklungszusammenarbeit existieren.

Diese Nord-Süd-Beziehungen, die ich am eigenen Leib bei der Weihnachtsfeier in Myanmar gespürt habe, und die daraus resultierende finanzielle und politische Abhängigkeit werden oft als »Neokolonialismus« bezeichnet. Zwar wurde der imperiale Kolonialismus in der Dekolonisationswelle der 1950er- und 1960er-Jahre (und in Lateinamerika bereits im 19. Jahrhundert) in den meisten Ländern beendet, doch Abhängigkeiten, Ausbeutung und Unterdrückung bestehen weiter fort, wobei die ehemaligen Kolonien stets die Leidtragenden sind. Dies zeigt sich vielgestaltig, etwa in der Kreditvergabe und den Schuldenprogrammen bei internationalen Finanzinstitutionen, durch die Abladung von Müll, die Ausbeutung von Rohstoffen, fehlende Mitsprache in wichtigen internationalen Gremien wie dem Sicherheitsrat der *Vereinten Nationen* oder Nuklearwaffentests auf dem Territorium ehemaliger Kolonien. All dies zementiert das Machtgefälle zwischen Nord und Süd und somit die weiße Vorherrschaft.

Mein Wunsch, feministische Kritik auch in die internationale Politik zu bringen, wurde Realität, als ich mich 2017 dazu entschloss, gemeinsam mit Marissa Conway das *Centre for Feminist Foreign Policy (CFFP)* zu gründen. Die in London lebende US-Amerikanerin lernte ich digital über einen gemeinsamen Freund kennen, als ich in NYC arbeitete. Ich hatte bereits zu Feministischer Außenpolitik publiziert. Wenige Monate zuvor war Marissa mit einem Twitter-Account und einer Webseite zu *A Feminist Foreign Policy* den ersten Schritt in Richtung unseres Centres gegangen. Seit 2018 gibt es das *CFFP* nun auch in Deutschland, wo ich es gemeinsam mit meiner zweiten Mitbegründerin Nina Bernarding* leite.

Die Gründung des *CFFP* hat mein Leben auf den Kopf gestellt. Nie zuvor habe ich etwas getan, was mich gleichzeitig derart maximal überfordert und erfüllt. Ein Unternehmen oder eine Organisation gründen, Verantwortung für Angestellte übernehmen, Strategien ausformulieren, die die Organisation langfristig und gesund am Leben halten sollen, und sich gleichzeitig mit Anfeindungen sowie vielerlei Hürden auseinandersetzen, eben

---

* Ein Porträt über Nina Bernarding findet sich auf Seite 117.

weil wir den Status quo infrage stellen. All das ist ermüdend. Und gleichzeitig das größte Geschenk – ich möchte die Freiheit im Denken und Handeln, die der Aufbau und die Führung des *CFFP* mit sich bringt, niemals mehr missen wollen.

Ende 2021, im dritten vollen Geschäftsjahr unseres *Centre for Feminist Foreign Policy gGmbH* in Berlin, sind wir nun knapp acht Vollzeitangestellte, einige Freelancer und bekommen auch großartige ehrenamtliche Unterstützung. Darauf sind wir angesichts der Tatsache, dass Gründerinnen und feministische Arbeit kaum Gelder erhalten und zivilgesellschaftliche Gruppierungen insgesamt systematisch unterfinanziert und geringgeschätzt werden, mächtig stolz. Grassroots-Gründungen von politischen und gemeinnützigen Start-ups von Frauen mit wenig Kapital, die den Status quo infrage stellen, gibt es kaum, denn: Das Patriarchat finanziert nicht diejenigen, die es stürzen wollen.

Die Männer, die ihre Macht in meiner Heimatgemeinde missbrauchten und Grenzen überschritten, sind letztlich nicht anders als die Bolsonaros, Trumps, Erdoğans und Co. Sie mögen unterschiedlich einflussreich sein, aber das *Entitlement*, ihre Anspruchshaltung, ist dieselbe. Denn sie wissen, dass ihr Verhalten in unserer patriarchalen Gesellschaft keine Konsequenzen haben wird, sondern wahrscheinlich straflos bleibt. Ich bin nicht bereit, ihr Wirken, ihre Destruktivität zu akzeptieren oder mich entmutigen zu lassen. Es gibt immer »Naysayer«, die unzählige Gründe finden, weshalb etwas nicht angepackt werden sollte. Egal welche Kampagne, welche Initiative, was auch immer ich in meinem Leben gemacht habe – auf die kleine Zahl der Personen, die mir Mut zusprachen, kamen zig Naysayer, die mir in aller Ausführlichkeit erklärten, warum meine Vorhaben dumm, naiv und zum Scheitern verurteilt seien. Doch es braucht mehr Menschen, die neugierig sind. Die infrage stellen, weshalb wir was als »Standard« ansehen, wie beispielsweise Nuklearwaffen in der Außenpolitik.

Die dann schauen, ob es bessere Optionen gibt, und entsprechend handeln – die bereit sind, als lächerlich angesehen zu werden und Wellen zu schlagen. Das ist mein persönlicher Anspruch, sowohl in meiner täglichen Arbeit als Mitgeschäftsführerin beim *Centre for Feminist Foreign Policy* als auch mit diesem Buch. Ich hoffe, es eckt an, bereitet Freude und wird kritisiert. Konstruktive und wohlwollende Kritik erlaubt uns, Ideen und ganze Themenfelder weiterzuentwickeln. Wir brauchen Menschen, die ihre Vision zu Realität machen. Ins Ungewisse springen. Gesellschaft ändert sich schließlich nur mit denen, die sie tatkräftig infrage stellen.

Ich wünsche mir daher, dass mein Buch wirklich nur das erste und nicht das letzte Buch dezidiert zu Feministischer Außenpolitik sein wird. Ich mochte den Ausspruch von Kamala Harris – *»I may be the first, but won't be the last«* –, als im November 2020 klar war, dass sie Vizepräsidentin der USA würde. Als erste Frau, als erste *Woman of Colour* noch dazu. Für mich bedeutet ihre Aussage: Tür aufgestoßen. Erste Schritte, die vielleicht noch nicht perfekt sind. Aber zumindest ist die Tür offen, damit hoffentlich noch viele andere nachkommen, die und deren Ideen bislang mit aller Kraft der patriarchalen Deutungshoheit und Vorherrschaft ausgeschlossen wurden. Dieses Buch ist natürlich nicht mit einem Vizepräsidentinnen-Amt zu vergleichen. Dennoch bedeuten mir Kamala Harris' Worte im Prozess des Schreibens dieses ersten Buches zu Feministischer Außenpolitik sehr viel, und ich bin dankbar dafür. Genauso wie für die intellektuelle Arbeit, die viele Forscher:innen auf diesem Gebiet bereits geleistet haben und auf die ich mich stütze.

Ich bin nicht perfekt, und das wird auch auf dieses Buch zutreffen. Ich habe die Kapazität einer Person, um zu lesen, zu forschen und nachzudenken – und das alles aufzuschreiben. Und gleichzeitig ist das Feld der Außen- und Sicherheitspolitik mit seiner Geschichte, seinen internationalen Verträgen,

Akteur:innen sowie thematischen und regionalen Expertisen so wahnsinnig weit, dass es mehrere tausendseitige Standardwerke zu Feministischer Außenpolitik bräuchte, um alle Teilbereiche einmal neu zu denken. Genau deshalb hoffe ich, dass dieses Buch konstruktiv kritisiert wird und wir gemeinsam beginnen, diese Standardwerke zu Feministischer Außenpolitik zu schreiben. Wenn das Buch gelesen würde mit einem Mindset des »Ja, und« statt »Ja, aber«, wären wir einen großen Schritt vorangekommen. Denn Frauen zu diffamieren und ihnen Professionalität abzusprechen, ist so alt wie das Patriarchat. Deshalb haben haltlose Vorwürfe, Unterstellungen und Diffamierungen – die ich während des Schreibprozesses bereits erleben musste – in der Debatte um einen Neuanfang in der Außenpolitik keinen Platz. Das kostet uns öffentlich agierende Frauen jedes Mal wichtige emotionale Ressourcen, die an anderer Stelle besser aufgehoben wären.

Ich schreibe dieses Buch über Diplomatie und Außenpolitik, obwohl meine Vita ziemlich anders ist als die der meisten Akteur:innen auf diesem Gebiet. Und genau deshalb schreibe ich dieses Buch. Für all diejenigen, die mit Anfang 20 auch noch keine Ahnung hatten, was eine Diplomatin eigentlich macht. Für all diejenigen, die Außenpolitik mitunter spannend finden, aber abgestoßen sind von den Ideen und grundlegenden Annahmen hinter außenpolitischem Handeln. Ich selbst sah Außenpolitik viele Jahre lang nicht als Themenfeld, das für mich relevant sein oder wo ich einen Platz haben könnte. Zu elitär, zu abgehoben von meiner Lebensrealität und heimatlichen Prägung, durchzogen von Ideen und Überzeugungen, die ein pures Entsetzen in mir auslösten. Wie etwa die Idee, dass die tödlichsten von Menschen erdachten Waffen – Massenvernichtungswaffen wie Atombomben – zu internationaler Sicherheit beitrügen. Dieser Gedanke ist mir so zuwider, dass ich jahrelang außenpolitische

Themen fast vollständig ausblendete. Für alle, denen es ähnlich ging und geht: Dieses Buch ist auch für Sie.

Die feministische Bewegung ist seit knapp 200 Jahren ausgesprochen erfolgreich, radikalen und nachhaltigen sozialen Wandel herbeizuführen. Vor knapp 100 Jahren fingen Feministinnen an, internationale Politik radikal neu zu denken. Mit diesem Buch möchte ich einen Beitrag zur feministischen Bewegung innerhalb der internationalen Politik leisten. Denn die größten Herausforderungen unserer Zeit – ob die Angriffe auf das Frauen- und Menschenrechtssystem, (nukleare) Aufrüstung, die Klimakrise oder Pandemien – können nie und nimmer nationalstaatlich, sondern nur international gelöst werden. Ohne feministischen Ansatz würden alle Lösungsversuche bestehende Ungerechtigkeiten und Machtgefälle vergrößern. Die Zukunft der Außenpolitik kann daher nur feministisch sein.

MARGOT WALLSTRÖM: »AKTIVISMUS UND DIPLOMATIE, ALSO MUT UND GEDULD, ERGÄNZEN EINANDER.«

Margot Wallström, die ehemalige schwedische Außenministerin, ist davon überzeugt, dass aktivistischer Mut in der Politik nicht fehlen darf. Nur durch Mut und Kompromissbereitschaft könne man als Diplomatin glaubwürdig und zielgerichtet strukturelle Änderungen in der Außenpolitik bewirken. Als erste *UN*-Sonderbeauftragte für sexuelle Gewalt in Konflikten (2010–2012) erlebte Margot, wie gravierend sich Krieg auf Frauen und Mädchen auswirkt. Diese Erfahrung erfüllte sie mit Schwermut. Gleichzeitig gaben ihr die Begegnungen mit Überlebenden und vor allem deren Entschiedenheit, gesellschaftlichen Wandel zu bewirken, Hoffnung.

Als Außenministerin Schwedens entschied Margot sich dazu, eine innovative Form der Außenpolitik zu schaffen, die die Rechte von Frauen und Gleichberechtigung erstmals in den Mittelpunkt stellte: Feministische Außenpolitik. Schweden stellte diese Priorisierung unter Beweis, als es 2017 bis 2018 einen *UN*-Sicherheitsratssitz einnahm. In jeder Sitzung, im Kontext jeder Resolution und in jedem Briefing stellte Schweden die Frage: »Wo sind die Frauen?« Dadurch trug das Land unter Margots feministischer Führung dazu bei, eine politische Kultur zu schaffen, in der Frauen endlich mitgedacht werden.

Sehr einprägsam war es für Margot, als Frauen aus Mali bei einer Reise des kompletten Sicherheitsrats in das afrikanische

Land der schwedischen Delegation für ebendiese Arbeit dankten – ohne die Beharrlichkeit Schwedens wäre ein entsprechender Passus zur Partizipation von Frauen nicht in eine Sicherheitsratsresolution zum Konflikt in Mali aufgenommen worden. Nur so sei es den Frauen möglich gewesen, den Präsidenten ihres Landes zu treffen. Dies werde es beim nächsten Mal erschweren, Frauen bei weiteren Treffen erneut auszuschließen, und beweise ein erstes Umdenken über die Rolle von Frauen. Margot sagt, es seien Momente wie diese und auch zu sehen, dass andere Regierungen und zivilgesellschaftliche Organisationen wie auch das *CFFP* feministische Arbeit weiterentwickeln, die sie am stärksten mit Stolz erfüllen.

Ein Buch, das Margot beeindruckt, ist *Say Nothing*, eine wahre Geschichte über den Nordirland-Konflikt, von Patrick Radden Keefe.

2 WARUM AUSSENPOLITIK FEMINISTISCH WERDEN MUSS

I'm not interested in a feminism that thinks
simply placing women at the top
of oppressive systems is progress
– not your convenient figurehead

RUPI KAUR

Außen- und Sicherheitspolitik sind komplex. Das gilt auch für den Feminismus. Erstere auf den Kopf stellen, um sie mit Letzterem in Einklang zu bringen, ist sogar noch komplexer. Daher führe ich in diesem Kapitel einige Begriffe und Ideen ein, die hilfreich sein werden, wenn wir später ans Eingemachte gehen. Es geht hier unter anderem um das Patriarchat, feministischen Frieden, den Nationalstaat, menschliche sowie feministische Sicherheit und Intersektionalität.

Aber bevor uns allen der Kopf schwirrt, versuche ich es erst mal ganz basal: Internationale Politik und Diplomatie bedeutet, dass Entitäten (wie Staaten oder Organisationen) versuchen, irgendwie miteinander klarzukommen. Die Frage ist nur: Wie schaffen sie das am besten?

DIE ANFÄNGE DER FEMINISTISCHEN AUSSENPOLITIK

»Die See war rau. Nicht nur Eisberge, sondern auch militärische Gefahren lauerten auf der Nordatlantikroute des holländischen Schiffs ›S. S. Noordam‹«, schreibt der Historiker Wolfgang U. Eckart über die Fahrt dieses Schiffes im Frühjahr 1915.' Seit wenigen Wochen befand sich das Deutsche Kaiserreich im U-Boot-Krieg gegen die westlichen Mächte. An Bord des Schiffes waren unter anderem Diplomaten, Kaufleute und Privatreisende. Und auch 47 Frauen, Pazifistinnen und Feministinnen aus den USA. Sie waren auf dem Weg nach Den Haag, wo sie knapp 1200 Gleichgesinnte aus neutralen sowie in den Ersten Weltkrieg verwickelten Ländern treffen wollten. Damals herrschte Kriegs-euphorie in Europa. Doch es gab auch Querulantinnen, die sich diesem Jubel nicht anschlossen. Vom 28. April bis 1. Mai 1915 trafen sie sich zum Ersten Internationalen Frauenkongress in Den Haag. Die Visionärinnen und Frauenrechtlerinnen Anita Augspurg, ihre Arbeits- und Lebensgefährtin Lida Gustava Heymann und die niederländische Ärztin Aletta Jacobs luden gemeinsam zum Kongress ein.

Feministische Außenpolitik und meine Arbeit dazu sind nur dank dieses historischen Fundaments möglich: den Feministin-nen, die vor uns kamen. Meine Organisation, das *CFFP*, und ich stehen auf den Schultern von Riesinnen. Der Kongress von 1915 sowie der Folgekongress 1919 in Zürich mündeten in der Grün-dung der Internationalen Frauenliga für Frieden und Freiheit – der *Women's International League for Peace and Freedom (WILPF)*. Der Mut, die Resilienz und die Unnachgiebigkeit der Feminis-tinnen in Den Haag befeuerten und ermutigten auch mich, den Kampf für Gerechtigkeit an der Schnittstelle von Aktivismus und Diplomatie zu führen. Ohne sie gäbe es dieses Buch nicht.

Was die Frauen schon damals zeigten: Aktivismus und Di-plomatie passen wunderbar zusammen. Meist werden sie aller-dings als fast konträre Konzepte wahrgenommen. Demnach seien Aktivist:innen Unruhestifter:innen, die laut und ohne Rücksicht auf Verluste ihre Ideale durchsetzen wollten. Diplomatisch hin-gegen verhalte sich, wer trotz unterschiedlicher Vorstellungen und Interessen Kompromisse findet, mit denen alle Parteien leben können. Dieser Gegenüberstellung stimme ich natürlich nicht zu – dieses komplette Buch widerspricht dieser Annahme. Gerade wir Frauen müssen die zugrunde liegenden Traditionen und Denkmuster hinterfragen und deutlich machen, dass sie keine Gesetzmäßigkeiten sind, sondern dass wir Dinge ändern können. Das gilt im Privaten ebenso wie im Politischen und auch auf internationaler Ebene: Wer hat beispielsweise bestimmt, welche Staaten im Sicherheitsrat der *Vereinten Nationen* eine Veto-Stimme haben? Wie konnte es jemals als fair angesehen werden, dass dort bis heute kein afrikanischer, nahöstlicher oder lateinamerikanischer Staat ständig vertreten ist? Wer hat entschieden, welche Straftaten »Verbrechen gegen die Menschlichkeit« sind oder dass es legitimes diplomatisches Verhalten ist, wenn Staaten drohen, Massenvernichtungswaffen einzusetzen?

Feministische Bewegungen haben immer wieder gezeigt, dass sie ganz gewiss nicht von der Idee befangen sind, nichts ändern zu können. Im Gegenteil: Feministische Bewegungen sind der entscheidende Faktor – und oft auch der einzige –, der Veränderung in Bezug auf Frauen- und damit Menschenrechte bringt.[2] Die Mobilisierung feministischer Zivilgesellschaft, so eine Studie von Mala Htun und Laurel Weldon durchgeführt mit Datensätzen aus 70 Ländern und über vier Jahrzehnte, ist der entscheidende Faktor, wenn Maßnahmen und Gesetze verabschiedet werden, um Gewalt gegen Frauen einzudämmen und zu ahnden. Eine starke Frauenbewegung ist laut der Studie folglich viel wichtiger für solche Veränderungen als beispielsweise nationaler Wohlstand, linke Parteien oder die Präsenz von Frauen in der Regierung.[3] Eine weitere Studie zeigt, dass eine Gesetzesreform zu Frauenrechten weniger wahrscheinlich ist, wenn sich die feministische Zivilgesellschaft nicht einmischt.[4]

Feministische Koalitionen haben einen fundamentalen Wandel herbeigeführt, wie über die Gleichstellung der Geschlechter gedacht und welcher Stellenwert ihr beigemessen wird. Von der Schaffung der *Kommission der Vereinten Nationen zur Rechtsstellung der Frau (CSW)* im Jahr 1946 bis zu den Verhandlungen, die 2015 zu den *UN*-Zielen für nachhaltige Entwicklung mit dem eigenständigen Teilziel der Geschlechtergerechtigkeit führten – immer kam der Druck auf Regierungen, die Gleichstellung der Geschlechter und die Rechte der Frauen in internationalen Abkommen und Normen einzubeziehen, aus der feministischen Zivilgesellschaft.[5]

FEMINISMUS FÜR ALLE

Immer wieder werde ich gefragt, ob denn *Feminismus* der richtige Begriff für das sei, was ich tue. Ich (und das *CFFP*) träten schließlich nicht nur für Frauenrechte ein. Vielleicht müsse da ein neuer Begriff erfunden werden? Nein, überhaupt nicht. Denn für mich ist Feminismus ein Sammelbegriff für Theorien und Bewegungen, die politische Organisierung und Aktivismus fordern und antreiben. Er ist ein Werkzeug zur Analyse und hinterfragt bestehende Machthierarchien. Er artikuliert Utopien und Visionen für eine gleichberechtigte und gerechte Gesellschaft, in der alle Menschen frei von Unterdrückung, Marginalisierung und Ausgrenzung leben. Dazu gehören ein Ende von Ungerechtigkeiten und Machthierarchien, inklusive Sexismus, Rassismus, Kolonialismus und Klassismus, also die noch nicht so gut erforschte Benachteiligung aufgrund von Schichtzugehörigkeit. Solche diskriminierenden Phänomene sind leider auch innerhalb der feministischen Bewegung aufgetreten – man denke nur schmerzlich daran, wie *Women of Colour* ausgeschlossen wurden, als für das Frauenwahlrecht gekämpft wurde. Deshalb geht es mir und dem *CFFP* um die Alltagserfahrungen marginalisierter Menschen mit diversen Hintergründen, Erfahrungen und Identitäten. Also ja, es stimmt: Die feministische Bewegung hat ihren Ursprung im Kampf für Frauenrechte, daher auch die entsprechende Bezeichnung. Und der Einsatz für die Rechte der Frauen ist weiterhin ein großer Schwerpunkt der Bewegung – denn Frauen sind die größte politisch marginalisierte Gruppe in unserer Gesellschaft. Doch der Feminismus heute hat sich weiterentwickelt und schließt nun alle Formen der Unterdrückung und Marginalisierung mit ein. Darum ist Intersektionalität ein Kernelement des Feminismus, wie ich ihn verstehe und praktiziere.

Der Begriff Intersektionalität wurde Ende der 1980er-Jahre von der Juraprofessorin Kimberlé Crenshaw geprägt, wobei bereits in den 1970er-Jahren entscheidende Ideen von Schwarzen Aktivist:innen und Lehrenden formuliert wurden. Crenshaw war in ihrer Arbeit auf einen juristischen Streit von 1976 gestoßen: Emma DeGraffenreid hatte zusammen mit mehreren anderen Schwarzen Frauen die Firma General Motors wegen Diskriminierung verklagt. Sie begründete das damit, dass Schwarze Frauen nicht eingestellt würden. Das Gericht aber sah darin keine Diskriminierung, schließlich stellte General Motors Schwarze Männer sowie weiße Frauen ein. Es läge also weder Rassen- noch Geschlechtsdiskriminierung vor. Das von DeGraffenreid und ihren Mitstreiterinnen empfundene Unrecht war ein blinder Fleck der Justiz – und Crenshaw beschloss, das zu ändern. Ihr Konzept beschreibt, wie unterschiedliche Formen von Diskriminierung zusammenkommen (eben wie an einer Kreuzung – im Englischen *Intersection*). Diskriminierungserfahrungen überlappen sich, und aus diesen Überschneidungen ergeben sich neue Formen und Qualitäten der Diskriminierung. Crenshaw wollte ursprünglich damit vor allem auf die *Whiteness* im Mainstream-Feminismus hinweisen. Denn die Stimmen von nicht weißen und insbesondere von Schwarzen Frauen wurden oft überhört und zur Seite gedrängt, da die Erfahrungen schwarzer Männer mit Rassismus und die Erfahrungen weißer Frauen mit Sexismus als Norm galten.[6] Intersektionaler Feminismus analysiert und hinterfragt

Machtstrukturen und fordert lautstark, dass Macht, Ressourcen und Zugänge in unsere Gesellschaft gerecht verteilt werden. Das geht nur, wenn das Patriarchat abgeschafft wird.

Wenn schon intersektionaler Feminismus, warum dann nicht gleich Humanismus? Richtig: Menschenrechte sollen für alle da sein. Aber weil sie es eben seit Tausenden von Jahren nicht sind, sondern die Rechte einer kleinen Gruppe stets über die der numerischen Mehrheit gestellt wurden, braucht es einen Begriff, der die jahrtausendelange Unterdrückung und Ausbeutung verdeutlicht. Humanismus tut das nicht. Kann er nicht, solange Frauen, *People of Colour*, Menschen mit Behinderungen oder queerer Geschlechtsidentität und viele andere eben nicht denselben Schutz und die Rechte genießen wie die männliche weiße Elite. Wer fordert, emanzipatorische Bewegungen wie die feministische oder die antirassistische »Humanismus« zu nennen, versagt darin, die Unterdrückung zu sehen. Es mangelt an Verständnis oder Wissen, dass beispielsweise die Humanisten zur Aufklärungszeit teilweise selbst frauenverachtend und rassistisch waren. Auch erinnern mich solche Forderungen zu sehr an Aussagen wie »*All Lives Matter*« als Reaktion auf »*Black Lives Matter*« oder »*#NotAllMen*« als Reaktion auf »*#MeToo*«. Hätten wir eine Gesellschaft, in der die Leben und die Unversehrtheit von *People of Colour* und Schwarzen Menschen genauso wertgeschätzt würden wie die weißer Menschen, in der nicht fast jede junge Frau sexuell belästigt würde und in der nicht jede dritte Frau deutlichere Formen von männlicher Gewalt erleben müsste, dann könnten wir von Humanismus statt Feminismus sprechen. Aber wir sind weit von so einer Gesellschaft entfernt, solange eine mächtige Minderheit privilegiert ist und Probleme negiert oder relativiert, nur weil sie selbst nicht davon betroffen ist.

Die Politikwissenschaftlerin Emilia Roig schreibt in *Why We Matter – Das Ende der Unterdrückung*, dass Forderungen nach »*All*

Lives Matter« oder »Humanismus« statt Feminismus nicht nur kontraproduktiv seien, »sondern auch unterdrückend, weil sie das Ergebnis von Trennung und Spaltung negieren. Die Stimmen im Kampf für soziale Gerechtigkeit werden durch solche Ansagen zum Schweigen gebracht und delegitimiert«. Roig zufolge zielen Befreiungsbewegungen eben nicht auf Spaltung ab, sondern wollen die Schäden reparieren, die durch Trennung, Spaltung und Klassifizierung angerichtet wurden.[7]

Diese neue Form des Feminismus geht viel weiter als frühere Konzepte und ist doch nicht dasselbe wie Humanismus. Cinzia Arruzza, Tithi Bhattacharya und Nancy Fraser, die Autorinnen von *Feminism for the 99%*, schreiben: »Die Zeit der Neutralität und der Zurückhaltung ist vorbei, und Feminist:innen müssen Stellung beziehen: Werden wir weiterhin die ›Chancengleichheit‹ anstreben, während der Planet brennt? Oder werden wir die Geschlechtergerechtigkeit in einer antikapitalistischen Form neu interpretieren – eine, die über die gegenwärtige Krise hinaus zu einer neuen Gesellschaft führt?«[8] Für mich als Feministin, die in Diplomatie und Außenpolitik tätig ist, besteht kein Zweifel daran, dass das auch unser Ziel ist. Die Feministische Außenpolitik ist ein intersektionales Vorgehen.

MARGINALISIERUNG UND VULNERABILITÄT

Vulnerabilität ist ein Fachbegriff für Verletzlichkeit. Sie meint nicht nur Mangel, sondern einen gesellschaftlichen Zustand, der durch Unsicherheit und Schutzlosigkeit geprägt ist.[9] Verwundbare Menschen und Bevölkerungsgruppen sind Schocks und Stressfaktoren ausgesetzt und haben Schwierigkeiten, diese zu bewältigen. Gerade diese Gruppen aber werden oft an den Rand der gesellschaftlichen Wahrnehmung gedrängt, sie sind gleichzeitig marginalisiert.

In vielen Berichten und Studien, vor allem von internationalen Organisationen wie den *Vereinten Nationen*, bleibt es aber bei der Etikettierung. Dort steht dann Folgendes: Die finanziell Armen und Marginalisierten in unseren Gesellschaften seien besonders vulnerabel. Mich verärgert diese Verkürzung: Vergleichbar mit Begrifflichkeiten wie »Gewalt gegen Frauen« trifft sie keinerlei Aussagen darüber, wie es zu dieser direkten oder strukturellen Marginalisierung kommt. Dass die finanziell armen und marginalisierten Gruppen in vielen Gesellschaften strukturell vulnerabel sind, mag zwar stimmen. Doch diese Aussage verschleiert den wohl wichtigsten Aspekt: Was ist die Ursache dafür, dass sie vulnerabel sind? Oder wie im Fall von »Gewalt gegen Frauen«: Wer wendet diese Gewalt an? Es ist kein Naturgesetz, dass sich unsere Gesellschaften so entwickelt haben, dass ein Großteil der Menschen strukturelle Gewalt – also Marginalisierung – erlebt. Unsere Gesellschaften wurden absichtlich so gebaut, dass sie nur eine kleine Gruppe der Menschheit dauerhaft privilegiert. »*The system is not broken – it was built to be unjust*«, so die philippinische Klimaaktivistin Mitzi Jonelle Tan.[10]

GEGEN DAS PATRIARCHAT, FÜR MEHR SICHERHEIT

Die Historikerin Gerda Lerner schreibt in *Die Entstehung des Patriarchats,* dass die Zeit der »Errichtung des Patriarchats« kein einmaliges »Ereignis« gewesen sei, sondern ein Prozess, der sich über einen Zeitraum von fast 2500 Jahren zwischen etwa 3100 bis 600 v. Chr. entwickelte. *Patriarchat* bedeutet wörtlich »Väterherrschaft, Vaterrecht«. Es beschreibt eine Gesellschaftsordnung, in der das männliche Familienoberhaupt die rechtliche und ökonomische Macht über die von ihm abhängigen weiblichen und männlichen Familienmitglieder ausübt.* Für die Namensgebung und die soziale Stellung ist die männliche Linie (Patrilinearität) ausschlaggebend. Patrilokalität bedeutet, dass die Frau nach der Heirat in den Haushalt der Familie des Ehemannes zieht (weiterhin die Norm, besonders in Asien, Afrika und dem Mittleren Osten). Das stellt seit Jahrtausenden sicher, dass männliche Netzwerke gefestigt und soziale Netze der Frau mit der Heirat zerstört werden, da sie wegziehen müssen – was den Aufbau von Frauennetzwerken zum feministischen Akt macht. Im Ergebnis ist das Patriarchat die jahrtausendealte Gesellschaftsordnung, in der der Mann eine bevorzugte Stellung in Familie und Staat einnimmt.

Die Kategorien »Mann« und »Frau« werden nicht im biologischen Sinne verstanden (»sex« für Geschlechtszugehörigkeit im Englischen). Stattdessen wird das Geschlecht als soziales Konstrukt (»Gender« bzw. Geschlechterverhältnis) gesehen, als eine Art Produkt unserer Sozialisierung. Für die amerikanische Philosophin Judith Butler ist die Einteilung in zwei Geschlechter das Ergebnis eines kulturellen Herstellungsaktes. Um es in den Worten der feministischen Vordenkerin Simone de Beauvoir zu sagen: »On ne naît pas femme, on le devient.[12] Man wird nicht als Frau geboren, sondern wird erst zur Frau. Die verhältnismäßig kleinen Unterschiede zwischen Geschlechtern definieren aufgrund des Zusammenwirkens von Sprache, Wissen und Macht unsere sozialen Beziehungen. Butler spricht von der »Performativität« des Geschlechts in der Tradition von de Beauvoir: Unser Geschlecht wird nicht nur durch biologische Parameter bestimmt, sondern entsteht letztlich im Sprechen und Handeln. Sie nennt das auch »doing gender«. Ich

---

* In Indien besitzen Frauen beispielsweise nur 13 Prozent des Landes, wenn gleichzeitig Studien gezeigt haben, dass Frauen, die Land besitzen, zu Hause mehr Verhandlungsmacht haben und weniger häufig von männlicher Gewalt zu Hause betroffen sind.[11]

werde also nicht aufgrund meines biologischen Geschlechts primär als Frau gelesen, sondern weil ich mich überwiegend »typisch weiblich« verhalte – also so, wie unsere patriarchale Gesellschaft es definiert.[13] Alle, die nicht dem Stereotyp des Männlichen entsprechen, werden abgewertet, unterdrückt und diskriminiert. Das trifft Frauen, Transsexuelle, Angehörige der LGBTQI*-Community* oder Menschen, die verletzlich sind oder bei der Performance des männlichen Rollenbildes nicht mitspielen.

Dabei ist das Patriarchat an sich auch hierarchisch strukturiert. Männer unterschiedlicher Klassen, Rassen** oder unterschiedlicher ethnischer Zugehörigkeiten, sexueller Orientierungen, Religionszugehörigkeiten usw. nehmen folglich unterschiedliche Plätze in dieser Hierarchie ein. Weiße, europäische Männer aus der Oberschicht dominieren über nicht weiße Männer der Arbeiterschicht. Heterosexuelle Männer genießen mehr gesellschaftliche Privilegien als homosexuelle Männer. Intersektionalität erlaubt es uns, genau diese Nuancen zu sehen und zu verstehen. Doch was im Großen und Ganzen historisch gesehen all diese Männer in unseren patriarchalen Gesellschaften eint: Sie dominieren über die Frauen in ihrem Umfeld. In der Familie. Im Staat.

Das Patriarchat fußt auf Misogynie, also Frauenfeindlichkeit, auf der einen Seite und auf Androzentrismus, also einer Sichtweise, die Männer als Zentrum, Maßstab und Norm versteht, auf der anderen. Der Philosophin und Autorin von *Down*

---

*   LGBTQI* steht für Lesbian, Gay, Bisexuell, Trans, Queer und Intersexuell, das Sternchen ergänzt weitere Identitäten.
**   Ich stütze mich bei der Verwendung des Begriffs auf die Politikwissenschaftlerin Dr. Emilia Roig. Obwohl im biologischen Sinne keine Rassen existieren, so tun sie es als soziopolitische Konstrukte, die sich auf die Lebenserfahrungen unterschiedlicher Menschen deutlich auswirken. Aus diesem Grund plädiert Roig beispielsweise dafür, dass der Begriff »Rasse« nicht aus Artikel 3 des Grundgesetzes gestrichen wird. Vgl. Roig: *Why we matter. Das Ende der Unterdrückung*, Aufbau 2021.

Girl – Die Logik der Misogynie, Kate Manne, zufolge ist Misogynie nicht primär als Hass von Männern auf Frauen zu verstehen. Tatsächlich geht es darum, all die Frauen zu kontrollieren und zu bestrafen, die die männliche Dominanz herausfordern. Forschung zeigt, dass Frauen, die bestimmter und durchsetzungsfähiger sind, häufiger sexuell belästigt und angegangen werden.[14] Eben genau die Gewalt, die ich abbekam, als ich die Kampagne gegen die *BILD*-Zeitung machte. Oder für »Nein heißt Nein«. Oder die Verunglimpfungen, die wir vom *CFFP* für unsere Arbeit zu Feministischer Außenpolitik erfahren, da auch wir die dominierende hegemoniale Männlichkeit herausfordern. Jede Frau, die den patriarchalen Status quo infrage stellt, erfährt diese Gewalt. Frauen, die den patriarchalen Status quo mitzementieren, werden hingegen von diesem System belohnt.

Den Dreiklang aus Misogynie, Androzentrismus und Patriarchat zu sehen, ist maßgeblich, um dieses Buch zu verstehen. Dieser Akkord mit seinen Verbindungen zu Eurozentrismus, Imperialismus und Rassismus erklärt die Frauen ausschließende und marginalisierende Geschichte der Diplomatie und der Internationalen Beziehungen sowie eine Praxis internationaler Politik, was für die Mehrheit der Gesellschaft faktisch ungerecht ist.

Folglich ist unsere Gesellschaftsform für alle mit Gerechtigkeitssinn schwer erträglich. Nichts von den folgenden Beispielen ist akzeptabel: Es ist ungerecht, dass das Vermögen der über 2000 Milliardäre des Planeten während der Corona-Pandemie zwischen März 2020 und März 2021 um 4 Milliarden US-Dollar oder 54 Prozent gestiegen ist (9 der Top 10 Milliardäre sind Männer),[15] während der geschätzte Anstieg der weltweiten Armut im Jahr 2020 beispiellos war, wovon in besonderem Ausmaß Frauen betroffen sind.[16] Es ist nicht in Ordnung, dass weltweit unbezahlte Care-Arbeit von Frauen erwartet wird, sie sich also mehrheitlich um Kinder, kranke Angehörige und den Haushalt kümmern.[17] Es ist empörend, dass in nur sechs Ländern dieser Welt Frauen die gleichen Arbeitsrechte haben wie Männer[18] und dass Männer stark überproportional die Entscheider in Wirtschaft und in Politik sind. Im globalen Maßstab ist nicht hinnehmbar, dass bis zum Ende dieses Jahrhunderts große Teile der Erde unbewohnbar sein werden. Je patriarchaler eine Gesellschaft ist, umso wahrscheinlicher beutet sie die Umwelt aus. Die Unterdrückung von Frauen und »Mutter Natur« geht Hand in Hand. Es ist nicht normal oder akzeptabel, dass wir Frauen weiterhin zu oft nicht über unseren eigenen Körper bestimmen dürfen und in der Folge heimliche bzw. unsichere Abtreibungen laut WHO die dritthäufigste Ursache für Müttersterblichkeit* weltweit sind.[19] Das ist Patriarchat. Obwohl der Schaden durch die patriarchale Ordnung so deutlich sichtbar ist, werden deren Verteidiger:innen immer lauter und massiver, wie ich weiter hinten im Buch aufzeige.

Dabei sollten wir als Gesellschaft alle daran arbeiten, das Patriarchat zu einem Relikt der Vergangenheit zu machen. Die große Schriftstellerin und Bürgerrechtlerin Maya Angelou sagte einst, dass sie natürlich Feministin sei – sie sei schon so lange eine Frau gewesen, es wäre dumm, nicht auf ihrer eigenen Seite zu stehen. Doch auch Männer sollten sich dem Feminismus anschließen. Feminismus war nie gegen Männer gerichtet, sondern stets gegen ein System. Feminismus braucht Männer als Mitstreiter, und noch mehr brauchen Männer den Feminismus. Denn auch sie leiden in hohem Maße unter den patriarchalen Strukturen und Anforderungen – ihre Suizidrate ist beispielsweise weltweit deutlich höher im Vergleich zu Frauen. Das Patriarchat redet ihnen ein, sie dürften nicht verletzlich sein und schon gar nicht nach Hilfe fragen – mit potenziell tödlichen Folgen.

---

* Frauen, die aufgrund einer unsicheren Abtreibung sterben, werden von der *WHO* als mütterliche Todesfälle (*Maternal Deaths*) qualifiziert.

Und die Folgen des Patriarchats sind noch viel weitreichender. Die patriarchale Gesellschaftsordnung entscheidet über Krieg und Frieden. Die US-amerikanische Politikwissenschaftlerin und Beirätin des *CFFP*, Valerie Hudson,* untersuchte gemeinsam mit weiteren Wissenschaftler:innen mithilfe von Datensätzen aus 176 Ländern, wie weltweit Geschlechterhierarchien die Regierungsführung und nationale Sicherheit beeinflussen. In ihrem Buch *The First Political Order – How Sex Shapes Governance and National Security Worldwide* zeigen Hudson und ihre Kolleg:innen, dass die Kontrolle über Frauen und ihre Körper weltweit Hierarchien schafft und Gewalt normalisiert. Die empirischen Analysen des Forscher:innen-Teams zeigen eindrücklich, dass die Unterdrückung von Frauen** unmittelbar mit dem Wohlergehen von Nationen zusammenhängt. Je stärker eine Gesellschaft Frauen missachtet und unterdrückt, desto massiver sind die negativen Folgen: schlechtere Regierungsführung, schlimmere Konflikte, weniger Stabilität, geringere Wirtschaftsleistung, weniger Ernährungssicherheit, schlechtere Gesundheit, verschärfte demografische Probleme, weniger Umweltschutz und sozialer Fortschritt. Wenn beispielsweise der Körper und die Sexualität von Frauen zum Eigentum der Familienoberhäupter und maßgeblich zum Erhalt der Familienehre erklärt werden, kann (außerehelicher) Geschlechtsverkehr von Frauen zu Vergeltungsschlägen gegenüber der Frau

---

* Ein Porträt über Valerie Hudson findet sich auf Seite 80.

** Hudson und ihr Team messen die Unterdrückung von Frauen anhand folgender Variablen: die Prävalenz von männlicher Gewalt gegen Frauen sowie die gesellschaftlichen Sanktionen für diese; Prävalenz von patrilokaler Heirat; Prävalenz von Heirat zwischen Cous:inen; Präferenz für Söhne inkl. Abnormalitäten im numerischen Geschlechterverhältnis; legales Heiratsalter für Mädchen; allgemeine Ungerechtigkeit in Gesetzen, die Familienangelegenheiten regulieren und Männer bevorzugen (bspw. Erbfolge); Prävalenz von Vielehen; Eigentumsrechte von Frauen in Recht und Praxis

und auch der Ermordung beschuldigter Männer führen, was der Beginn eines Klan-Konflikts sein kann. Und wenn die Verachtung von Frauen zur disproportionalen Abtreibung weiblicher Föten oder der Vernachlässigung von Mädchen führt – geschätzt fehlen weltweit 130 Millionen Mädchen –, dann hat das zur Folge, dass viel zu viele Männer Single bleiben. Frustrierte Männer sind nicht selten gefährlich. Lena Edlund von der Columbia University und ihre Co-Autor:innen fanden heraus, dass in China die Gewalt- und Eigentumskriminalität um jeweils 3,7 Prozent zunahm pro 1 Prozent Anstieg des Verhältnisses von Männern zu Frauen (also dadurch, dass es mehr Männer als Frauen gab). In Teilen Indiens mit besonders vielen überzähligen Männern gibt es auch mehr Gewalt gegen Frauen. Der Aufstand in Kaschmir hat sicherlich politische Wurzeln, aber es ist auch nicht hilfreich, dass dieser Staat eines der verzerrtesten Geschlechterverhältnisse in Indien hat.[20] Der *Economist* fügt weiter hinzu, dass es wohl kein Zufall sei, dass alle der 20 fragilsten Länder des *Fragile States Index* des *Fund for Peace* Polygamie praktizieren (insgesamt leben weltweit nur 2 Prozent der Menschen in polygamen Haushalten; in beispielsweise Mali, Burkina Faso oder Südsudan sind es mehr als ein Drittel und im Nordosten Nigerias, wo die Jihadisten von Boko Haram große Teile des Landes kontrollieren, leben 44 Prozent der Frauen zwischen 15 und 49 in polygamen Haushalten).[21] Wenn die reichsten zehn Prozent der Männer jeweils vier Frauen haben, dann haben die finanziell ärmsten 30 Prozent, für die eine Heirat verbunden mit einem Brautpreis weit schwieriger zu erreichen ist, keine – das kann zu Gewalt führen. Polygynie, also die Form der Polygamie, bei der der Mann mehrere Frauen hat, hat deutlich negative Konsequenzen für Frauen und ihre Rechte sowie Krieg und Frieden.[22]

Die Unterdrückung von Frauen wird durch Gewalt(-androhung) aufrechterhalten, vor allem durch Waffengewalt, weshalb ein Ende des Waffenhandels sowie Abrüstung urfeministische Anliegen sind.

Auf eine Frau als Täterin bei Gewaltverbrechen kommen in allen Ländern etwa zehn Männer als Täter. Der US-amerikanische Psychologe David P. Barash hat dafür deutliche Worte: »Die überwältigende Männlichkeit der Gewalt ist in jeder menschlichen Gesellschaft so allgegenwärtig, dass sie typischerweise nicht einmal als solche erkannt wird; es ist der Ozean, in dem wir schwimmen.«[23] Die gewaltvollen, patriarchalen Gesellschaftsordnungen schaffen nicht nur Unsicherheiten innerhalb von Staaten, sondern auch international. Wie Frauen behandelt werden, steht in direktem Zusammenhang zu Krieg und Konflikten weltweit. Die empirischen Ergebnisse von Hudson und ihrem Team machen klar, dass das Patriarchat gestört und abgebaut werden muss, um Frieden, Stabilität, Sicherheit und Widerstandsfähigkeit herzustellen und zu sichern.

Denn, ja: Staaten ziehen tatsächlich wegen Öl und knapper Ressourcen in den Krieg. Aber es ist wahrscheinlicher, dass sie es tun, wenn sich in der Gesellschaft Normen von Gewalt etabliert haben, die auf geschlechtsspezifischer Ungleichheit beruhen. Gesellschaften, die häusliche Gewalt und sexuelle Übergriffe (vermeintlich »Persönliches« oder »Privates«) akzeptieren, und Gesellschaften, in denen *Rape Culture* – also die weitverbreitete Akzeptanz geschlechtsspezifischer Gewalt – Teil der DNA sind, ziehen eher in den Krieg. Ohne Feminismus kann es keinen nachhaltigen Frieden geben.

FEMINISTISCHE SICHERHEIT JENSEITS DES NATIONALSTAATS

Wenn Feminist:innen von Frieden sprechen, dann beziehen sie sich auf das Konzept des »feministischen Friedens« als Basis Feministischer Außenpolitik. Diese sieht in Frieden und Sicherheit mehr als das Fehlen gewaltsamer Konflikte, ob zwischenstaatlicher oder anderer Art. Sie orientiert sich an der Idee der *feministischen Sicherheit* – die wiederum eine Weiterentwicklung von *menschlicher Sicherheit* ist – statt an der vorherrschenden militarisierten Vorstellung der staatlichen Sicherheit und setzt sich für Gerechtigkeit und Gleichberechtigung ein.

Menschliche Sicherheit beschreibt den *Vereinten Nationen* zufolge das »Recht der Menschen auf ein Leben in Freiheit und Würde, frei von Armut und Verzweiflung. Alle Menschen, insbesondere schutzbedürftige Menschen, haben Anspruch auf Freiheit von Angst und Not, mit gleicher Chance, alle persönlichen Rechte zu genießen und ihr menschliches Potenzial voll zu entfalten«.[24] Doch tatsächlich gehen Feminist:innen noch einen Schritt weiter. Denn obwohl *menschliche Sicherheit* bereits den Fokus auf all das legt, was Menschen wirklich sicher macht – wie die Einhaltung von Menschenrechten, der Schutz der Lebensgrundlage und Ökosysteme, Nahrungssicherheit, Gesundheitsversorgung sowie wirtschaftliche Sicherheit –, differenziert menschliche Sicherheit nicht zwischen Gruppen von Menschen und gar Individuen, die aufgrund von Unterdrückungsstrukturen wie Sexismus, Rassismus oder Klassismus unterschiedliche Sicherheitserlebnisse und -bedürfnisse haben. *Menschliche Sicherheit* basiert auf einem allgemeingültigen Verständnis von »menschlich« und greift damit viel zu kurz. Dem Konzept gelingt es nicht, gesellschaftliche Machtdynamiken ausreichend zu analysieren. In der Folge ist die mangelnde Analyse nicht ausreichend für einen umfassenden Lösungsansatz, der die genannten Unterdrückungssysteme aushebeln kann. *Feministische Sicherheit* hingegen beleuchtet diese Machtdynamiken aus einer intersektionalen Perspektive.[25]

Wenn ich an *feministische Sicherheit* denke, dann explizit an die Länder des »globalen Südens« und des »globalen Nordens«. Diese Begriffe entstanden im späten 20. Jahrhundert und haben den entwicklungspolitischen Diskurs fortschrittlicher und gerechter gemacht. Zuvor (und leider zu oft auch heute noch) wurde von »Entwicklungsländern« und »Industrienationen« oder Ländern der »Ersten« und »Dritten Welt« gesprochen. Diese Begriffe sind kolonialistisch begründet und diskriminierend. Sie bilden eine Rangordnung ab und legen nahe, dass »Entwicklung« nachzuholen sei und nur in eine Richtung verlaufe und verlaufen solle – die der Industrienationen. Um diese Konnotationen zu vermeiden, spricht man heute in der Entwicklungszusammenarbeit von globalem Norden und Süden. Diese Begriffe sind nicht streng geografisch, sondern geopolitisch zu verstehen und zielen nicht allein darauf ab, diskriminierende Sprache zu ersetzen. Sie verweisen auf Kolonialismus und Neoimperialismus, die zu den herrschenden Machtverhältnissen zwischen Exkolonisierten (globaler Süden) sowie Exkolonisatoren (globaler Norden) geführt haben. Diese Begriffe verweisen auf die anhaltenden starken globalen Ungleichheiten in puncto Lebensrealität und -standard sowie den unterschiedlichen Zugang zu Ressourcen – und damit auf verschiedene Bedürfnisse, wenn es gilt, *feministische Sicherheit* zu erringen.[26]

Feministische Außenpolitik kritisiert vermeintliche Sicherheitsmaßnahmen, die Militarismus fördern oder normalisieren, und macht die Entmilitarisierung zu einem zentralen Thema. Denn Friedenszeit bedeutet nicht immer automatisch, dass Frauen und andere politische Minderheiten friedlich und frei leben können. Frieden kann daher nicht nur als Abwesenheit von Krieg (negativer Frieden) verstanden werden, sondern es müssen strukturelle Gewalt einschließlich Armut, Hunger, soziale Ungerechtigkeit und Ungleichheit abgebaut und ein positiver Frieden erreicht werden. Feministische Außenpolitik besteht in diesem Prozess auf Inklusivität und transparenten Entscheidungen vom Lokalen zum Globalen in allen Fragen von Frieden und Sicherheit.

An dieser Stelle ist es wichtig festzuhalten, dass aus feministischer Perspektive der Nationalstaat eine urpatriarchale und imperialistische Institution ist. Das Konzept entstand mit dem Westfälischen Frieden und wurde in der Französischen Revolution ausdekliniert. Es beinhaltet die idealistische Vorstellung, dass eine homogene ethnische Gemeinschaft (das »Volk« oder die »Nation«) und die territorial-rechtliche Herrschaft (der »Staat«) übereinstimmen.[27] Damit entstehen Absolutheitsansprüche gegenüber anderen Staaten, und Minderheiten werden nicht toleriert. Deshalb sind Nationalstaaten und das Konzept der Feministischen Außenpolitik nicht wirklich miteinander vereinbar.

Die Politikwissenschaftlerin Toni Haastrup* betont, dass der Nationalstaat vor allem aus zwei Gründen entstand: Kontrolle und Expansion. In der Geschichte des Nationalstaats spielen Sklaverei und Exklusion sowie die Kontrolle aller, nicht nur von Frauen, eine große Rolle. Immer wieder haben Nationalstaaten ihr Gebiet auf Kosten anderer erweitert und sind eng verwoben mit Kolonialismus. Das Konzept der Nation stützt das Patriarchat und den Nationalismus. Frauen wird nach diesem Verständnis eine geschlechts- und genderstereotype Rolle als Produzentin des Nachwuchses und Ehegattin übergestülpt, denn ohne diese Aufgaben kann die Nation nicht weiterbestehen. Dies zeigt auch, weshalb Nationalismus, Faschismus und Antifeminismus sehr eng miteinander verknüpft sind. Wie so oft im Leben ist natürlich selten etwas nur schwarz oder nur weiß. So wies der ehemalige deutsche Außenminister Sigmar Gabriel darauf hin, dass es nicht nur ausschließlich der (demokratische) Nationalstaat sei, der die Ideen der Aufklärung, Emanzipation und Demokratie bislang in Verfassungen gegossen und sie für viele verteidigt habe, was ihn für viele Völker der Erde gleichbedeutend mit Freiheit von Fremdherrschaft mache. Zusätzlich sei es so, dass es keine

---

* Ein Porträt über Toni Haastrup findet sich auf Seite 55.

Institution außerhalb des Nationalstaates gebe, die verfassungs-
mäßige Rechte von Menschen schützt. »Ohne den Nationalstaat,
der eigene Grenzen markiert sowie die der Nachbarstaaten akzeptiert, das Gewaltmonopol ebenso sichert wie die demokratischen Freiheiten, hätte es weder die KSZE, die Europäische Union
noch eine deutsche Wiedervereinigung gegeben«, so Sigmar Gabriel.[28] Diese sehr positive Erzählung des Nationalstaates ist im
gesellschaftlichen Diskurs dominant. Deshalb ist es mir wichtig,
demgegenüber die Anfangszeilen zu setzen, die ich zum »Nationalstaat« schrieb. Ich finde es wichtig, unterschiedliche Positionen anzuerkennen und aufzuzeigen – genau deshalb schreibe ich
dieses Buch. Aber das historische Verständnis von Außen- und
Sicherheitspolitik ist eindimensional – und das ist ein Problem.

FAZIT: WARUM (FEMINISTISCHE) AUSSENPOLITIK ALLE ANGEHT

Alle vorgestellten Konzepte sind wesentlich für das Fundament
einer Feministischen Außenpolitik und haben weitgehende Konsequenzen für sie. Es sollte klar geworden sein, dass die Feministische Außenpolitik und ihre Aktivist:innen nicht dafür kämpfen,
einfach nur einen Platz am Tisch zu erhalten. Es geht vielmehr
darum, den alten zu zerstören und einen komplett neuen Tisch
zu bauen. Dafür sind wir mit der Gründung unseres *Centre for
Feminist Foreign Policy* angetreten als weltweit erste Organisation,
die dezidiert zu Feministischer Außenpolitik arbeitet. Wir setzen
uns ein für eine globale Sicherheitspolitik, die Menschen – nicht
Staaten – ins Zentrum stellt und dazu bisher marginalisierten
Gruppen eine Stimme verleiht, die intersektional feministisch ist.
    Feministische Außenpolitik betrifft alle Bereiche der Diploma-
tie, der Außen- und Sicherheitspolitik. Sie bietet eine neue Perspektive, da offensichtlich ist, dass wir nicht mit »*Business as usual*«
fortfahren können. Neben den bereits dargestellten Konzepten

basiert sie auf Menschenrechten, ist geprägt von Zivilgesellschaft; sie ist transparent, antimilitaristisch und auf Klimagerechtigkeit und Kooperation statt Herrschaft über andere ausgerichtet. Außen- und Sicherheitspolitik scheinen zu oft sehr weit weg von unserem alltäglichen Erleben. Sind sie jedoch nicht. Krieg und Konflikte gehören für Millionen von Menschen zum Alltag. Und auch in vordergründig friedlichen Gesellschaften wirken die Entscheidungen, die international auf außenpolitischen Bühnen getroffen werden, in den Alltag hinein. Internationale, rechtlich bindende Übereinkünfte zum Klimaschutz und für Klimagerechtigkeit beeinflussen die Beschlüsse unserer Bundesregierung, mit denen wir dann leben müssen. Entscheidungen über Entwicklungszusammenarbeit verändert den Markt – beispielsweise für Kleidung, Nahrungsmittel oder Energie. Wenn die internationale Aufrüstung derart stark voranschreitet, dass ein heute geborenes Kind wahrscheinlicher einen Nuklearkrieg erleben wird als keinen,[29] zeigt sich: Diplomatische sowie außen- und sicherheitspolitische Entscheidungen haben konkrete und teilweise zutiefst persönliche Auswirkungen auf unser Leben. Genau deshalb müssen wir uns in diese Politikfelder einmischen. Genau deshalb müssen sie feministisch werden.

Mit meinem Buch möchte ich die spannende Geschichte genauso wie die Theorie und Praxis der Feministischen Außenpolitik darlegen. Eher konzeptionelle Teile werden durch Betrachtungen konkreter Anwendungsfelder sowie persönliche Anekdoten ergänzt. Damit klar wird, dass es nicht darum geht, lediglich mehr Frauen in die Konsulate und Botschaften sowie in außenpolitische Führungspositionen zu bekommen, werde ich am Ende eine Vision für die Zukunft formulieren. Komplettiert wird mein Buch durch Porträts von 13 Vordenkerinnen, die ich für dieses Buch interviewen durfte, da deren Forschen und Handeln dazu beigetragen haben, dass ich heute überhaupt dieses Buch schreiben kann.

TONI HAASTRUP: »ZU HAUSE WAR NIE EIN ORT FÜR MICH.«

So beschreibt die in Nigeria geborene, in den USA ausgebildete und aktuell in Großbritannien lebende Akademikerin Toni Haastrup, wie ihre Faszination für internationale Beziehungen entstand. Toni hat es sich zur Aufgabe gemacht, internationale Beziehungen in ihrer traditionellen Konzeption radikal zu hinterfragen und stattdessen aus einer postkolonialen Perspektive zu betrachten. Postkolonialismus negiert die Prämisse, dass internationale Beziehungen vom Staat aus zu denken sind, und konzentriert sich in der Analyse auf Machtzusammenhänge.

Denn bei internationalen Beziehungen geht es immer um Macht, vor allem um relative Macht: »Staat A hat Macht, wenn Staat A mehr Macht als Staat B hat.« Daraus ergibt sich die Frage, auf welcher Grundlage der Machtzuwachs von Nationen wie Russland oder China, die traditionell nicht dem globalen Norden zuzuordnen sind, kritisiert wird: Sind es wirklich die fragwürdigen Menschenrechtspraktiken? Oder aber die bloße Tatsache, dass ein Machtgewinn Chinas oder Russlands einen Machtverlust der historischen Kolonialmächte bedeutet?

Toni hebt hervor, dass Feminismus nicht immer mit der Idee des Nationalstaates vereinbar ist. Der Nationalstaat entstand vor allem aus zwei Gründen: Kontrolle und Expansion. Die Geschichte des Nationalstaats zeigt: Dieses Konstrukt verstärkte die Tendenz, Menschen auszuschließen. Sklaven, Frauen und all diejenigen, die »anders« waren, sollten – durch das Wahlrecht zum Beispiel – kontrolliert werden. Außerdem schuf der Nationalstaat die Legitimation, das eigene Gebiet durch koloniale Eroberungen zu erweitern. Für Toni ist Feminismus genau diesen Prinzipien – Kolonialismus, Militarismus, Unterdrückung – entgegengesetzt.

Wenn wir also an die Transformationskraft Feministischer Außenpolitik glauben, kann Feministische Außenpolitik immer nur ein Ideal sein, nach dem wir als Feminist:innen streben. Denn eine wirklich Feministische Außenpolitik würde unsere gesellschaftspolitischen Systeme über die bloße Inklusion von Frauen in das bestehende System hinaus revolutionieren. Sie schafft neue gesellschaftliche Strukturen. Demnach kann eine Feministische Außenpolitik niemals existieren, denn nachdem sie ihren Zweck der Transformation erfüllt hat, ist die Idee des Nationalstaats und damit sie selbst als Feministische Außenpolitik obsolet, so Toni – die wohlgemerkt eine große Verfechterin Feministischer Außenpolitik ist.

Zu Tonis Lieblingsautor:innen zählen Toni Morrison und John Irving.

3 DIPLOMATIE: IT'S A MAN'S WORLD

Für die beharrlichen Frauen –
bleibt verdammt noch mal schwierig!
CAROLINE CRIADO-PEREZ

Anfang Januar 2020, ich arbeitete nun seit einem Jahr als Beraterin im Auswärtigen Amt. Die Aufgabe: ein Frauennetzwerk zwischen Lateinamerika, der Karibik und Deutschland unter der Schirmherrschaft des damaligen Außenministers Heiko Maas (SPD) aufzubauen. Also verbrachte ich 2019 vier Tage in der Woche im Außenministerium (die Abende, Nächte und Wochenenden gehörten *CFFP*). Das Netzwerk wurde »*Unidas*« getauft und wurde dezidiert feministisch, selbstverständlich. Ich ging in dieser Zeit in das Gebäude am Werderschen Markt in Berlin-Mitte ein und aus und war auch bei den Feierlichkeiten zum 150. Geburtstag des Auswärtigen Amtes dabei. Und da gab es diesen einen Moment, als ich kaum meinen Ohren traute. Ich stand mit Hunderten anderen Mitarbeitenden im Lichthof, dem beeindruckenden lichtdurchfluteten Besuchereingang des deutschen Außenministeriums. Es gab Drinks und Snacks, der damalige Staatsminister Niels Annen (SPD) hielt eine Rede. Und dann, fast am Schluss, kam dieser Satz:

»Und nicht zuletzt, ich weiß, dies bleibt ein heikles Thema, sollten wir uns darüber Gedanken machen, wie wir eine ›Hauskultur‹ schaffen, die in unser Jahrhundert passt. Teamgeist statt Obrigkeitsdenken, Kollegialität statt Herrschaftswissen und – das darf ich hier als Mann einmal sagen – Feminismus statt Patriarchat –, auch das folgt aus einem verantwortungsvollen Umgang mit unserer Geschichte.«

Da war es: *Feminismus statt Patriarchat*. Ausgesprochen und eingefordert von einem Staatsminister jenes Auswärtigen Amtes, das in seiner 150-jährigen Geschichte weitgehend ein natürliches Habitat des Patriarchats gewesen ist. Wer den Prozess des Redenschreibens für die Führungsebene des Auswärtigen Amtes einmal mitbekommt, weiß, wie viele Menschen da ein Wörtchen mitreden und den Text absegnen: unterschiedliche Referate, das Team des (Staats-)Ministers und die Redenschreiber:innen. Ich stand gerührt da und fühlte mich in diesem Moment wie eine alte Frau, die vergnügt in sich hineinlächelt: »Dass ich das noch erleben darf!«*

EIN STEINIGER WEG

Frauen als Diplomatinnen? Ganz sicher nicht. So lautete die fast übereinstimmende Antwort der Botschafter, als Charles Howard Smith, erfahrener Diplomat und Abteilungsleiter im britischen Außenministerium, diese 1933 im Auftrag seines Dienstherrn befragte. Es ging darum, ob die diplomatische Laufbahn in der Monarchie auch für Frauen geöffnet werden sollte. Wie Helen McCarthy in ihrem Buch *Women of the World – The Rise of the Female Diplomat* beschreibt, war Smith fest entschlossen, alle Munition aufzutreiben, die dagegensprechen würde. Er strengte sich an. Schließlich musste er gut begründen, weshalb Großbritannien Frauen verwehren sollte, was beispielsweise die USA und die Sowjetunion zu diesem Zeitpunkt bereits erlaubten und auch praktizierten. Also schickte Smith allen britischen

---

* Dass nur knapp zwei Jahre später, nachdem Niels Annen diese Worte aussprach, und ein halbes Jahr, nachdem ich diese Zeilen schrieb, die neue Ampel-Koalition in ihrem Koalitionsvertrag *Feministische Außenpolitik* aufgenommen hat, zeigt deutlich, wie schnell – und auch zum Guten – sich manchmal Dinge ändern können.

Botschaftern Briefe mit der Frage: Glauben Sie, dass Frauen einen genauso guten Job machen würden wie die Männer? Bis auf wenige Ausnahmen waren die Antworten durchweg negativ: Es wurde davon abgeraten, ja sogar gewarnt, Frauen den Zugang zur diplomatischen Laufbahn zu öffnen. Einige der Botschafter legten sich besonders ins Zeug, um ihre Abneigung gegenüber Diplomatinnen aktenkundig zu machen. Die Herrschaften der Vertretungen beispielsweise in Brasilien, Frankreich und den USA schrieben jeweils achtseitige Begründungen; Sir Claud Russell, der britische Botschafter in Portugal, stellte seine Frauenverachtung sogar auf ganzen 15 Seiten dar, was in Zuschreibungen wie »undenkbar«, ja gar »kriminell« gipfelte. Frauen würden nicht nur die Wirksamkeit der britischen Diplomatie zerstören, sondern den Ruf der »Majestätischen Regierung« weltweit in den Schmutz ziehen. Frauen zuzulassen wäre schlicht zu teuer und umständlich, da angeblich neue Unterkünfte gebaut und neue Dresscodes bestimmt werden müssten. Ferner vermutete er, andere »weniger zivilisierte« Nationen könnten mit Frauen in diesen Positionen nicht umgehen; auch könnten Frauen härtere Gepflogenheiten wie etwa trinkende Seefahrer nicht aushalten, und überhaupt würden Diplomatinnen keine guten Ehemänner finden, die mit ihnen herumreisten. Smith hatte Erfolg. Frauen blieb der Zugang zur diplomatischen Laufbahn weiterhin verwehrt. Erst 1946 änderte sich das in Großbritannien – 1949 auch in beiden deutschen Staaten. Es dauerte allerdings noch bis 1973, bis die sogenannte *Marriage Bar* aufgegeben wurde. So lange mussten Frauen ihre Diplomatinnenkarriere bei einer Heirat an den Nagel hängen. Erst ab diesem Zeitpunkt konnten Frauen also sowohl Diplomatin als auch Ehefrau sein. Das ist nicht lange her.

Bereits im 15. Jahrhundert hatte der italienische Dichter, Diplomat und Philosoph Niccolò Machiavelli eine deutliche

Meinung zu Frauen und ihrer Rolle. Er bestand darauf, dass Frauen aufgrund ihres »Frauseins« für Diplomatie nicht geeignet seien. Um sich in diplomatischen Kreisen zu beweisen, fehlten ihnen die nötigen, »einzigartig männlichen« Attribute, so Machiavelli.[1] Viele andere stützten seine Position. Lange Zeit waren Frauen daher in den meisten Ländern vom diplomatischen Dienst grundsätzlich ausgeschlossen. »Frauen sind anfällig für Eigenschaften wie Eifer, Mitgefühl und Intuition, die, wenn sie nicht unter strengster Kontrolle gehalten werden, gefährliche Eigenschaften in internationalen Angelegenheiten sind«,[2] sagte Sir Harold Nicholson (1886–1968), Diplomat und Ehemann der Schriftstellerin Vita Sackville-West (1892–1962). Damit stand er nicht alleine da. Die patriarchale, frauenfeindliche Einstellung führender Außenpolitiker und Diplomaten erklärt, weshalb Frauen so lange aus dem diplomatischen Feld ausgeschlossen wurden und immer noch werden.

König und Prinzen, Sultane und Emire, später Premierminister und Präsidenten mit ihren Gesandten und Repräsentanten – seit Beginn der Menschheitsgeschichte waren stets Männer die Hauptakteure der Geopolitik.[3] Bis Frauen sich Gehör erkämpften und gar selbst auf diesem Feld reüssieren konnten, dauerte es. Die Diplomatie und Außenpolitik sind stark konservative und elitäre Bereiche unserer Gesellschaft, und Eliten, politische zumal, waren und sind männlich dominiert. Frauen fungierten als Sekretärin ihres Botschafter-Ehemanns oder engagierten sich karitativ, wurden lediglich als Anhängsel gesehen und hatten es schwer, wegen der vielen Umzüge und Reisen einem eigenen Beruf nachzugehen.[4]

Erst im 20. Jahrhundert erkämpften sich Frauen langsam den Zugang in die Welt der Diplomatie. In Bulgarien beispielsweise im Jahr 1920, in Chile 1927, in Japan 1958. Es war das Jahrhundert, in dem die feministische Bewegung auch das

Wahlrecht, Eigentumsrechte, uneingeschränkten Zugang zu Bildung sowie zum Arbeitsmarkt nach und nach für sich erstritt. Helen McCarthy macht darauf aufmerksam, dass es gar nicht so einfach sei festzustellen, wie und wann genau Frauen weltweit Zugang zur diplomatischen Laufbahn erhielten, es müsse noch viel mehr Forschung dazu geben. Auch könne nicht ganz sicher gesagt werden, wer nun wirklich die weltweit erste, voll akkreditierte weibliche Diplomatin war. Es gebe zwei Frauen im Rennen um diesen Titel: Rosika Schwimmer, die als Gesandte Ungarns im Februar 1919 an einer internationalen Konferenz in Bern teilnahm, sowie Nadeja Stancioff, eine Gesandte Bulgariens in Washington.[5]

WEIBLICHE DIPLOMATIE IN DEUTSCHLAND

Das Auswärtige Amt hat seine ganz eigene Geschichte des Ausschlusses von Frauen. Im Rahmen der Feierlichkeiten zum Internationalen Frauentag am 8. März 2020 stellte der damalige Außenminister Maas einen Bericht vor, den es so zuvor noch nie gegeben hatte: *Geschlechtergerechtigkeit in der deutschen Außenpolitik und im Auswärtigen Amt.* Dieser Bericht setzt sich unter anderem selbstkritisch mit der Gleichstellung im Auswärtigen Amt auseinander: »Als Frau auf dem diplomatischen Parkett glänzen – das bedeutete noch bis in die 1980er-Jahre hinein oftmals nicht etwa, Deutschland als Botschafterin im Ausland zu vertreten und politische Gespräche zu führen, sondern beschränkte sich darauf, als Ehegattin Empfänge zu organisieren, Gäste zu bewirten und sich ehrenamtlich sozial zu engagieren.«[6] Obwohl es Frauen zwar »bereits« ab 1914 erlaubt wurde, nach und nach Stellen im Außenministerium zu besetzen, beschränkten sich diese auf Anstellungen in unterstützenden Positionen wie beispielsweise Stenotypistinnen, Kontoristinnen, Registratorinnen, Sekretärinnen oder auch Dolmetscherinnen.

1950 dann ein kleiner Durchbruch. Mit der Volkswirtin Helen Schoettle-Bourbon (1919–1997) absolvierte in Westdeutschland erstmals eine Frau (neben 18 Männern) den ersten Lehrgang für den höheren Auswärtigen Dienst. Schoettle stammte aus einer Kölner Handwerkerfamilie, hatte Wirtschafts- und Sozialwissenschaften studiert und zuvor u. a. für die britische Militärregierung gearbeitet. Als sie 1951 heiratete, wirkte sich dies nachteilig auf ihre Karriere aus:»Eine mehrere Monate nach ihrer Hochzeit zunächst avisierte Versetzung an eine Auslandsvertretung wurde aufgrund der Bedenken des Missionsleiters nicht durchgeführt, da dieser eventuell auftretende protokollarische Schwierigkeiten im Zusammenhang mit dem gesellschaftlichen Verkehr und der Stellung des Ehemannes an der Seite einer Diplomatin befürchtete.«[7] Ihre Karriere beendete sie auf dem Posten der Generalkonsulin in Mumbai und in Montreal.[8] In den folgenden 30 Jahren – 1950 bis 1980 – wurden durchschnittlich nur zwei Frauen pro Jahr in den höheren Dienst, also in die Diplomat:innen-Laufbahn, aufgenommen.

Auch der emanzipiertere deutsche Osten war in puncto weiblicher Teilhabe in den internationalen Beziehungen nicht wirklich weiter. Die erste Diplomatin im Ministerium für Auswärtige Angelegenheiten in der DDR war 1950 die aus einer Arbeiterfamilie stammende Änne Kundermann (1907–2000),[9] die auch direkt mit übernommener Leitung der Diplomatischen Mission der DDR in der Volksrepublik Bulgarien im April 1950 Botschafterin in Sofia wurde.[10] In den Folgejahren wurde sie ebenfalls als Botschafterin nach Polen und Albanien entsandt. Nichtsdestotrotz war die DDR-Diplomatie sehr männlich geprägt.

Auch in den 1990er-Jahren, nach der Wiedervereinigung, lag der durchschnittliche Frauenanteil bei den Neueinstellungen im höheren Dienst des Auswärtigen Amtes immer noch bei lediglich 20 Prozent. Inzwischen treten circa 50 Prozent Frauen pro

Ausbildungsjahr die Diplomat:innen-Laufbahn an. Doch weil Frauen so lange benachteiligt wurden und auch heute noch strukturelle Gründe vorliegen, die die Ausübung eines solchen Amtes erschweren, liegt auch heute der Anteil der Botschafterinnen, also die höchstmögliche Position im diplomatischen Dienst, um die 20 Prozent.[*]

Erst 1969 wurde mit der aus einer uradligen Familie stammenden Ellinor von Puttkamer (1910–1999) die erste Frau zur westdeutschen Botschafterin ernannt. Die *BILD*-Zeitung titelte bei ihrer Ernennung sichtlich verwundert »Eine Frau wird deutscher Botschafter!« Ellinor von Puttkamer leitete bis 1973 die Ständige Vertretung beim Europarat in Straßburg, bevor sie 1974 in den Ruhestand ging. Zuvor hatte sie bereits neun Jahre das Referat *Vereinte Nationen, Internationale weltweite Organisationen* geleitet. Im Oktober 2020 wurde der Pressebriefingraum im Auswärtigen Amt in Ellinor-von-Puttkamer-Saal umbenannt – das erste Mal, dass ein Raum im deutschen Außenministerium nach einer Frau benannt wurde." Bereits zwei Jahre zuvor hatten Diplomatinnen den Verein *frauen@diplo* aufgebaut, um die weiblichen Mitarbeitenden zu vernetzen und dafür zu sorgen, dass deren Bedürfnisse stärker artikuliert und berücksichtigt werden. Seit Gründung des Vereins tauscht das *CFFP* sich mit den Diplomatinnen aus. Wandel klappt immer am besten in Solidarität, wenn gleichzeitig von innen und von außen Druck ausgeübt wird.

Zynischerweise rechtfertigen viele Verantwortliche im Auswärtigen Amt mit dem jahrzehntelangen Ausschluss von Frauen

---

[*] Der Frauenanteil bei Leitungspositionen im Ausland lag – Stand Oktober 2020 – bei 20,18 Prozent. Dazu zählen auch die Leitungsfunktionen an multilateralen Vertretungen (wie Deutschlands Vertretung bei den *Vereinten Nationen*) und an Generalkonsulaten. Wenn man allein auf Botschaften schaut, lag der Frauenanteil zu diesem Zeitpunkt bei 18,75 Prozent.

von der diplomatischen Laufbahn das jetzige Nichtstun. Bei Veranstaltungen im Auswärtigen Amt habe ich immer wieder zu hören bekommen, man müsse nur lange genug warten, dann würde sich das schon von alleine richten. Dass dies bloß eine faule Ausrede ist und mehr darüber aussagt, wie wenig man dort handeln möchte, als wie viele fähige Frauen es gibt, zeigt das kanadische Beispiel. Denn wo ein politischer Wille, ist eigentlich immer ein Weg: Im Jahr 2013, damals noch unter Premierminister Stephen Harper, waren bloß 29 Prozent der Top-Positionen in der Diplomatie (Botschafter:innen, Hohe Kommissar:innen und Generalkonsul:innen*) Frauen und 71 Prozent Männer. Bereits 2017 waren 44 Prozent der obersten Diplomat:innen Frauen und 56 Prozent Männer.[12] Und zwar allein, weil dem 2015 angetretenen Premierminister Justin Trudeau eine faire Repräsentation von Frauen nicht allein ein Lippenbekenntnis war. Und überhaupt: Müsste die Argumentation nicht eher lauten, dass, gerade *weil* jahrhundertelang Frauen bewusst diskriminiert und ausgeschlossen wurden, man nun den Anspruch und den Willen habe, das wiedergutzumachen? Historische Unterdrückung darf nicht als Rechtfertigung für anhaltenden Ausschluss gelten.

Von Trudeau'schem Bewusstsein und Handeln ist Deutschland noch weit entfernt.** Ich erinnere mich noch gut: Zu meiner Zeit als Beraterin im Auswärtigen Amt wurde im Intranet zu

---

* Botschafter:innen vertreten die Regierung eines Landes im Gastland. Generalkonsul:innen nehmen mit ihren Mitarbeiter:innen vor allem die Interessen der Bürger:innen des Entsendestaates wahr, wie die Ausgabe von Pässen oder auch die Unterstützung von Staatsangehörigen in Notlagen. Hohe Kommissar:innen wiederum sind in Spitzenpositionen internationaler Organisationen, beispielsweise mit dem Schwerpunkt Flüchtlingsfragen, Menschenrechte oder Minderheitenschutz.
** Was sich unter einem grünen, von Annalena Baerbock geführten Außenministerium hoffentlich ändern wird. Das kann ich zur Zeit der Fertigstellung des Buches jedoch noch nicht wissen.

einer Veranstaltung für männliche Mitarbeiter des Außenministeriums eingeladen, die Sorgen und Fragen bezüglich der Förderung von Frauen hatten. Denn immer wieder beschwerten sich beispielsweise Diplomaten bei internen Konferenzen oder bei der Personalabteilung darüber, dass nun angeblich nur noch Frauen Karriere machen konnten und es nun mal reiche. Auch mir sagte ein hochrangiger Diplomat ins Gesicht: »Wollen Sie nicht Diplomatin werden? Die Chancen stehen gut, als Mann macht man hier sowieso keine Karriere mehr.« Offenbar ist die Vorstellung, dass Bestenauslese statistisch wahrscheinlich zu Parität führt, unerträglich. Frauen sind in dieser Lesart also vor allem deshalb Diplomatinnen, weil sie bevorzugt werden. Wenn sich der Versuch, mehr Gerechtigkeit zu erreichen, für manche wie Unterdrückung anfühlt, sagt das sehr viel über die vielen Privilegien aus, die diese Person bisher genießt und nicht missen möchte.

Obwohl inzwischen in vielen Ländern Frauen fast gleichberechtigt Zugang zur diplomatischen Laufbahn haben, werden diplomatische Kreise und Außenpolitik nach wie vor von Männern dominiert. Dies zeigt sich, schaut man sich die Verteilung der höchsten diplomatischen Positionen weltweit an. Eine Untersuchung von 2017 (mit Zahlen von 2015) zeigt, dass damals lediglich 15 Prozent der Botschafter:innen der 50 reichsten Nationen weiblich waren.* Die Analyse offenbart auch: Sie werden viel seltener in militärisch starke Länder oder Krisenländer entsandt. Dabei sind es gerade die Posten in Krisengebieten, die sich positiv auf den Karriereverlauf auswirken. In der internationalen Politik werden

---

* Siehe die Infobox zu *Shecurity* auf der nächsten Seite für aktuelle Zahlen. Ein weiterer Index, der AGDA Women in Diplomacy Index 2021, der die 40 größten Volkswirtschaften unter die Lupe nimmt, kommt zu dem Ergebnis, dass 2021 lediglich 20,7 Prozent der Botschafter:innen-Posten von Frauen besetzt waren.

Frauen weiterhin mit den sogenannten »weichen« Themen wie Entwicklungszusammenarbeit, Kultur und Frieden assoziiert. Diese Rollenbilder führen dazu, dass sich vor allem Männer in den als komplizierter und vor allem wichtiger angesehenen Themen und Ländern behaupten können, aufsteigen und die zentralen und folgenschwersten diplomatischen Entscheidungen treffen.[13]

SHECURITY. EIN FAIRNESS-GRADMESSER

Auch wenn es seit 2017 eine Zunahme an Fairness in Bezug auf die Botschafter:innen-Positionen gegeben hat, so sind wir in unserer Gesellschaft noch viel zu viele Jahre von wirklicher Gerechtigkeit bei der Besetzung von politisch einflussreichen Posten entfernt.[14] Ein Team um die Europaabgeordnete Hannah Neumann zeigt diese zu kritisierende Wirklichkeit anhand der Zahlen des *Shecurity Index 2021*, für den 104 Datensätze (alle *EU*- und *G20*-Mitgliedsstaaten, die *EU* selbst sowie alle Staaten, die einen *Nationalen Aktionsplan* zur *Women, Peace and Security*-Agenda formuliert haben) in den Bereichen Politik, Diplomatie, Militär, Polizei, internationale Missionen und außen- und sicherheitspolitischen Thinktanks ausgewertet wurden. Umso höher und prestigereicher die Position, desto weniger Frauen sind vertreten. So wird es beispielsweise noch 37 Jahre dauern, bis Parität in nationalen Parlamenten erreicht sein wird, in 2020 waren lediglich 25,5 Prozent der Botschafter:innen Frauen, und im militärischen Bereich sind Frauen nur zu 11,4 Prozent repräsentiert – und somit würde es weitere 155 Jahre dauern, um im Militär Parität zu erreichen. Männer sind mit 75–77 Prozent in den Führungspositionen von europäischen und US-amerikanischen außen- und sicherheitspolitischen Thinktanks stark überrepräsentiert.

FAIRE REPRÄSENTATION NICHT NUR FÜR FRAUEN

Es sind nicht allein Frauen, die versuchen, patriarchale Strukturen zu durchbrechen und Betonmauern in der internationalen Politik einzureißen. Auch andere politisch Unterrepräsentierte kämpfen seit Jahrzehnten um Respekt, Anerkennung und ein Agieren auf Augenhöhe. Beispielsweise gibt es im deutschen Außenministerium seit den 1990er-Jahren die Gruppe *Rainbow*, innerhalb derer sich Mitarbeitende für LGBTQI*-Rechte einsetzen, anfänglich etwa für die Gleichbehandlung gleichgeschlechtlicher Partner:innen bei Versetzungen ins Ausland. Denn das war nicht immer gegeben: Ohne gleichgeschlechtliche Ehe, selbst nach Einführung der eingetragenen Lebenspartnerschaft im Jahr 2001, gab es große rechtliche Schwierigkeiten bei der Begleitung durch homosexuelle Partner:innen. Und bis heute gewähren viele Staaten gleichgeschlechtlichen Ehepartner:innen nicht dieselben diplomatischen Immunitäten und Privilegien wie heterosexuellen Ehepartner:innen von Diplomat:innen. Das kann beinhalten, dass die gleichgeschlechtlichen Ehepartner:innen anders als heterosexuelle keinen geregelten Aufenthaltsstatus für das Gastland erhalten. Ein klassischer Lösungsweg ist, dass die homosexuellen Partner:innen in solchen Staaten als Hausangestellte angemeldet werden. Dies stößt an Grenzen, wenn LGBTQI* im selben Gastland kriminalisiert werden: Mangels Schutz vor Strafverfolgung müssen der entsendende Staat wie auch die Eheleute in diesen Fällen genau abwägen, welche Risiken für die gleichgeschlechtlichen Ehepartner:innen und für die Arbeitsfähigkeit der Botschaft mit der Entsendung einhergehen.

In Russland gibt es beispielsweise keinerlei Anerkennung für homosexuelle Partner:innen. China erteilt zwar einen Aufenthaltstitel und gewährt minimale Rechte, aber nur gegen die notifizierte Versicherung des entsendenden Staates, dass die gleichgeschlechtlichen Ehepartner:innen nicht bei offiziellen Veranstaltungen des Gastlandes als solche auftreten. Die homosexuellen Partner:innen werden somit amtlich ins *Closet* verbannt. Dabei geht es nicht ohne eine gesicherte diplomatische Immunität vor strafrechtlicher Verfolgung, gerade in Staaten, wo Homosexualität kriminalisiert wird. Wie soll eine Diplomatin die Interessen des eigenen Staates vertreten oder durchsetzen, wenn über all ihrem Tun und Handeln im Gastland das Damoklesschwert pendelt, dass ihre Ehefrau – da als solche nicht anerkannt – vielleicht schon nur aufgrund der bestehenden Ehe ins Gefängnis muss?

Seit 2020 gibt es nun auch das Netzwerk *Diplomats of Color* (DoC), eingebettet in das im Mai 2021 gegründete *Diversitry*-Netzwerk* zur Förderung von Diversität in der gesamten Bundesverwaltung. Denn:»Laut einer Studie des Bundesinstituts für Bevölkerungsforschung haben nur etwa 12% der Beschäftigten in der Bundesverwaltung einen sogenannten Migrationshintergrund, verglichen zu 26% in der Gesamtbevölkerung. Diese 12% sind häufiger befristet oder in weniger qualifizierten Positionen beschäftigt«,[15] schreibt *Diversitry*. Die ehemalige Mitarbeiterin des Auswärtigen Amtes, Tiaji Sio, ist die Gründerin von *Diplomats of Color*, das sich ebenso für eine kritische Aufarbeitung der kolonialen Vergangenheit des Auswärtigen Amtes einsetzt.»Seit NSU und NSU 2.0, Hanau und Halle sowie dem Mord an George Floyd ist der Diskurs zu strukturellem Rassismus auch in Deutschland angekommen«, so Tiaji Sio.»Ich setze mich dafür ein, dass die Bundesregierung erkennt, dass Diversität und Chancengerechtigkeit ein Gewinn für uns alle sind und nachholt, was trotz des dringenden Handlungsbedarfs bisher versäumt wurde.«[16]

---

* Es handelt sich um ein BIPoC-Netzwerk, die Abkürzung steht für *Black, Indigenous, People of Color*.

Doch nicht nur die deutsche Diplomatie hat ein Rassismus-problem. So wird auch Institutionen internationaler Politik wie den *Vereinten Nationen* immer wieder mangelnde Diversität und Rassismus innerhalb der Institution als auch ein neokoloniales Verhalten vorgeworfen. Dies zeigt sich unter anderem am Pass der bei der *UN* Arbeitenden: Angestellte kommen überproportional häufig aus europäischen Staaten wie Großbritannien, Frankreich, Italien oder Spanien, weshalb diese Staaten mehr Einfluss haben. Die am besten bezahlten Jobs in den Headquarters in New York City und Genf gehen an Arbeitnehmer:innen aus westlichen Staaten. In manchen Unterorganisationen der *UN*, etwa dem *Amt der Vereinten Nationen für die Koordinierung humanitärer Angelegenheiten (UN OCHA)*, wirken weißes Privileg und daraus resultierender *White Gaze* in der Entwicklungszusammenarbeit besonders stark – die Führungsetage besteht fast ausschließlich aus weißen Menschen.[17] Eine interne Umfrage im Frühjahr 2021 ergab, dass über 50 Prozent der knapp 3000 befragten Mitarbeitenden der *UN* mit afrikanischer Abstammung in ihrer Arbeit Rassismus erfahren haben. »Die *Vereinten Nationen* sind eine Institution des Westens. Westliche Staaten dominieren die internationale Policy-Arbeit genauso wie die Belegschaft«, wird dort ein:e ehemalige:r *UN*-Mitarbeitende:r zitiert.[18]

Bei einer Gedenkveranstaltung der *UN*-Generalversammlung zum Internationalen Tag zur Beseitigung der Rassendiskriminierung am 21. März 2021 wurde die Schwarze *UN*-Botschafterin bei den *Vereinten Nationen*, Linda Thomas-Greenfield, sehr deutlich: »Und weil *Black Lives Matter* [also Schwarze Leben zählen], müssen wir die weiße Vorherrschaft zu jeder Gelegenheit abbauen.«[19] Denn weiße Vorherrschaft (im Englischen *White Supremacy*) geht Hand in Hand mit der Abwertung von nicht weißem Leben. Diese weiße Vorherrschaft und Abwertung von Staaten des globalen Südens liegt in der DNA der *Vereinten Nationen*. Sie erklärt unter anderem (neo)koloniale Strukturen wie die Zusammensetzung der ständigen Mitglieder des *UN*-Sicherheitsrats (USA, Russland, China, Frankreich, Großbritannien) sowie den strukturellen Rassismus innerhalb der Organisation. »Die Gründung der *Vereinten Nationen* basierte auf einem neuen globalen Konsens über Gleichberechtigung und Menschenwürde. Und eine Welle der Dekolonisierung fegte über die ganze Welt«, so *UN*-Generalsekretär António Guterres im Juli 2020 in der jährlichen Nelson-Mandela-Vorlesung.* »Aber täuschen wir uns nicht. Das Erbe des Kolonialismus hallt immer noch nach.«[20]

Die *Vereinten Nationen* wurden 1945 von 50 Staaten gegründet. Viele der Gründungsstaaten waren damals selbst noch Kolonialmächte (von den europäischen etwa Frankreich, Großbritannien, Italien, Belgien und Portugal). Zu viele Menschen litten damals noch unter kolonialer Herrschaft, vor allem auf dem afrikanischen Kontinent und in Südostasien. Jahrhundertelang war fast die komplette Welt unter der Herrschaft und Gewalt von europäischen Staaten. *White Supremacy* hatte zudem Genozide, Ausbeutung, Sklaverei und Plünderungen rund um den Globus rechtfertigt. Es gibt weltweit nur vier Staaten, die nie unter einer Form europäischer Kolonialisierung litten: Japan, Korea, Thailand und Liberia. Deshalb ist der Einfluss der Kolonialisierung auf der ganzen Welt, in jedem Land, bis heute zu spüren und ist nach wie vor höchst relevant für das Verständnis und die Praxis internationaler Politik. Ja, es stimmt: Die *Vereinten Nationen* werden wohl wie kaum eine andere internationale Organisation mit dem Kampf für gleiche Rechte und Rassengerechtigkeit verbunden, aufgrund ihrer Arbeit während der Zeit der Dekolonialisierung.

---

*   Die Nelson-Mandela-Vorlesung, organisiert von der Nelson Mandela Stiftung, findet einmal jährlich statt, wobei prominente Redner:innen über wichtige soziale Herausforderungen sprechen.

Auf der Habenseite stehen auch die Unterstützung für die US-amerikanische Bürgerrechtsbewegung und der Kampf gegen Apartheid in Südafrika. Und dennoch besteht innerhalb der *UN* ein strukturelles Problem mit Rassismus und neokolonialen Machtverhältnissen.

Diese neokolonialen Tendenzen gibt es natürlich nicht nur bei den *Vereinten Nationen*, sondern das ganze System internationaler Diplomatie und vor allem der sogenannten Entwicklungszusammenarbeit ist davon durchzogen. Der *Internationale Währungsfonds (IWF)* und die Weltbank, aber auch die *Welthandelsorganisation (WTO)* stehen regelmäßig für neokoloniale Praktiken und Strukturen in der Kritik. Zu bemängeln sind Strukturanpassungsprogramme,* ungerechte Handelsabkommen oder die Regulierung bestimmter Politikfelder bei finanziell ärmeren Ländern (Ex-Kolonien), mit der reiche Länder (Ex-Kolonialmächte) einst zu Wohlstand gelangten. Ein Beispiel ist die Tatsache, dass Staaten wie die USA eben auch durch Protektionismus in Form von Zöllen auf ausländische Produkte zu wirtschaftlichem Wohlstand kamen und sich erst danach den Idealen des »freien« Handelns verschrieben, wohingegen sie diese Offenheit von Ländern des globalen Südens fordern, ohne ihnen selbige Möglichkeit der Wohlstandsgenerierung durch Protektionismus zu erlauben.[21]

Organisationen im Herzen internationaler Diplomatie können nicht zu gerechter und auf feministischer Sicherheit

---

* Strukturanpassungsprogramme (SAPs) waren durch den *Internationalen Währungsfonds* und die *Weltbank* gewährte Großkredite zu Sonderkonditionen für Länder des globalen Südens. Voraussetzung war, dass das Empfängerland ein gemeinsam ausgearbeitetes Entwicklungsprogramm umsetzte, das vor allem die Beseitigung wahrgenommener struktureller Schwächen (Staatshaushalt, Außenhandel, Infrastruktur etc.) im Fokus hatte. Laut Kritiker:innen führen SAPs zur Vergrößerung sozialer Ungerechtigkeit, da sie u. a. auf die Privatisierung von staatlichen Leistungen abzielen.

basierender Außenpolitik und internationaler Politik beitragen, wenn die eigenen Strukturen derart von Unterdrückung geprägt sind. Patriarchale Strukturen (die *UN* hatte beispielsweise noch nie eine Frau als Generalsekretärin) und weiße Vorherrschaft sind immer noch wirksam. Das kann und darf nicht sein. Nicht bei Organisationen, die sich den Menschenrechten, der Menschenwürde und Gerechtigkeit verschrieben haben.

FRAUEN SICHTBAR MACHEN

Diese Dominanz der Erfahrungen, Bedürfnisse, Ideen und Erfolge von weißen Männern auf globaler Ebene werden mir im Alltag immer wieder sehr deutlich bewusst. Kleinere, alltägliche Ereignisse zeigen mir nachdrücklich auf, wie diese mit den globalen Machtverschiebungen zusammenhängen. So zum Beispiel im Frühjahr 2019, als ich im Rahmen meiner Tätigkeit als Beraterin für das Auswärtige Amt mit dem damaligen Außenminister Maas und seiner Delegation in Salvador da Bahia in Brasilien, in Bogotá in Kolumbien sowie in Mexiko-Stadt in Mexiko war. Es ging darum, das Lateinamerika, die Karibik und Deutschland verbindende feministische Netzwerk *Unidas* vorzustellen. Nach getaner Arbeit nutzte ich die Gelegenheit und blieb noch ein paar Tage länger in Mexiko-Stadt. Ich reise sehr gerne allein und lasse mich von meiner Intuition durch Städte treiben. An einem Tag Anfang Mai schlenderte ich durch die mexikanische Hauptstadt und entdeckte zufällig im *Museo de la Ciudad de México* eine Ausstellung über Aurora Reyes (1908–1985), die erste Wandmalerin Mexikos, Freundin Frida Kahlos und beeindruckende Feministin.

Ich hatte nie eine besondere Affinität für Kunst. Sie spielte für mich in meinem Aufwachsen keine große Rolle. Das hat mit meiner Herkunft zu tun, lag aber auch stark am Kunst-Kanon. Es interessierte mich einfach nicht, wie all diese weißen Männer, deren Werke die Museen der Welt füllen, die Welt sehen. Der weiße männliche Blick – der *White* und *Male Gaze* – tangierte mich nicht. Doch all das änderte sich, als ich auf die Arbeit von (feministischen) Künstlerinnen aufmerksam wurde. Deren Bildnisse, Skulpturen, Performances und sonstigen Arbeiten faszinieren mich, da ich mich mit ihnen identifizieren kann. Sie können Vorbilder für mich sein. Deshalb freute ich mich sehr, Aurora Reyes und ihre Werke in der Ausstellung in Mexico City kennenzulernen. Gleichzeitig wurde mir mal wieder klar, wie wenig wir über die Frauen wissen, die vor uns kamen, und wie sehr weibliche Vorreiterinnen aus der Vergangenheit in unseren Geschichtsbüchern fehlen. »Wir leben in solch einer Macho-Gesellschaft, dass sehr wenige Menschen von Aurora Reyes wissen – die Arbeit von weiblichen Künstlerinnen ist kaum anerkannt. Jede:r kennt Diego Rivera (der selbst Muralist, Wandmaler, war). Jedoch Reyes war Mexikos erste weibliche Muralista, aber ihre Geschichte wird uns nicht gelehrt«, sagte mir die Mexikanerin, die durch die Ausstellung führte. Wir können nur auf die Erfahrungen, Perspektiven und Errungenschaften von Menschen aufbauen, wenn wir von ihnen wissen, wenn sie und ihre Geschichte sichtbar sind. *Eine* Perspektive ist viel zu wenig, um die Komplexität unserer Welt zu begreifen.

Frauen sichtbar zu machen ist nicht nur mit Blick auf die Geschichte wichtig, sondern auch für unsere Zukunft und muss durch politische Entscheidungen erzeugt werden. Nur so werden Jungen nicht länger in eine Welt hineingeboren, in der sie in dem Glauben aufwachsen, überlegen zu sein. Wo sie es als natürlich und rechtmäßig betrachten, Ruhm und Ehre sowie die Top-Positionen in Politik, Wirtschaft, Kultur und Gesellschaft einzufahren und den öffentlichen Raum zu dominieren. Denn wohin sie auch schauen, sehen sie sich repräsentiert: in Zeitungen, im Fernsehen, in (Schul-)Büchern oder auch in den Ahnengalerien von Ministerien. Überall, wo Macht und Reputation vorzufinden sind, herrscht eine Überrepräsentierung von Männern. Jungen wachsen in dem Glauben auf, dass das ihr rechtmäßiger Platz sei. Während Mädchen noch viel zu oft beigebracht wird, sich still und leise zu verhalten und keinen Raum einzunehmen. Das prägt. 2017 zeigte eine amerikanische Studie, dass Jungs und Mädchen bereits im Alter von sechs Jahren glauben, »Brillanz« sei eine männliche Eigenschaft[22] – und überall auf der Welt denken Männer wider jegliche wissenschaftliche Erkenntnis, sie seien schlauer als Frauen.[23] Dieses Phänomen, dass *Confidence* und *Competence* nicht übereinstimmen, sondern meist ein hohes Vertrauen in die eigenen Fähigkeiten und Selbstbewusstsein (von Außenstehenden) mit tatsächlicher Kompetenz verwechselt wird, zeigt sich in vielen Bereichen des Alltags. Die Autorin Margarete Stokowski schreibt in ihrem Buch »Untenrum frei«: »Die Jungs um mich herum sprechen mit einer Selbstverständlichkeit von sich als Philosophen, als hätte Platon sie persönlich getauft.«[24]

UNTERDRÜCKUNG UND GEWALT – FRAUENLEBEN HEUTE UND GESTERN

Es ist wichtig zu verstehen, wie viel Diskriminierung in unserer Gesellschaft alltäglich ist. Wenn Frauen oder andere politische Minderheiten sich Sicht- und Wirksamkeit erkämpfen, wird dies oft dargestellt, als sei nun endlich mal eine Frau bzw. eine Person of Colour fähig genug, um mit den Männern mitzuhalten, die schon so viel länger in ihren Positionen sind. Dieses Narrativ ist so falsch wie gefährlich. Es war höchste Zeit, dass im Januar 2021 mit Kamala Harris die erste Frau, die erste Schwarze und zum ersten Mal eine Person mit südasiatischer Familiengeschichte Vizepräsidentin der USA wurde. Doch zugleich muss uns bewusst sein: Bis ins Jahr 1865 wäre sie als Schwarze in den USA noch versklavt worden. Bis ins Jahr 1920 hätte sie als Frau noch nicht wählen dürfen, und als Schwarze Frau wäre sie insbesondere in den Südstaaten der USA bis ins Jahr 1965 aktiv gehindert worden, ihr Wahlrecht wahrzunehmen.[25] Bis ins Jahr 1954 hätte sie noch in nach Rasse getrennten Schulen lernen müssen, und bis 1974 hätte sie keine eigene Kreditkarte haben dürfen. Während all dieser Jahre waren weiße Männer Präsidenten der USA und damit mitverantwortlich für diese systematische und unmenschliche Unterdrückung von Frauen und Schwarzen. Schon 1837 brachte die Abolitionistin Sarah Grimké die Missstände wie folgt auf den Punkt: »Ich bitte um keinen Gefallen für mein Geschlecht. Alles, worum ich bitte, ist, dass unsere Brüder ihre Füße von unserem Nacken nehmen und uns aufrecht stehen lassen.«[26]

Noch nach Anbruch des 20. Jahrhunderts durften Frauen im deutschen Kaiserreich oft nicht einmal allein spazieren oder ins Restaurant gehen, ohne Gefahr zu laufen, als »alte Jungfern« verspottet, als »Lesbierin« verdammt oder als »Dirne« behandelt zu werden. Noch schlimmer: Aufgrund des damaligen »rückständigen Familienrecht[s] konnten Angehörige sie [die Frauen] bei solchem ›Verdacht‹ in die Psychiatrie einweisen und zwangsbehandeln lassen. [...] Jede Frau, die sich der Prostitution verdächtig machte, konnte festgenommen und zwangsuntersucht werden. Und verdächtig war jede, die allein unterwegs war.«[27] Trotz dieser widrigen Umstände machten sich damals die herausragendsten Frauen und Feministinnen auf, gegen verschiedene Formen von Ungerechtigkeit und Diskriminierung vorzugehen. Manche organisierten sich in feministischen Frauenvereinen, die Anfang des 20. Jahrhunderts einflussreich waren. Doch das preußische Vereinsgesetz verbot es diesen Organisationen, sich politisch zu äußern. Nicht überraschend. Die Männer wollten die Unterdrückung der Frauen durch die von ihnen etablierten gesellschaftlichen und institutionellen Strukturen aufrechterhalten. Kämpferinnen wie Anita Augspurg und Lida G. Heymann ließen sich auch davon nicht aufhalten. Sie gehören zu den bekanntesten Feministinnen der deutschen Geschichte und brachten als Vorreiterinnen feministische Ideen in die Außen- und internationale Politik.

Für die oben dargestellten Realitäten gibt es Gründe: Patriarchat und Misogynie. Frauen werden kontrolliert und alle diejenigen bestraft, die die männliche Dominanz herausfordern. Eins von zu vielen Beispielen dafür: Die Feministin Olympe de Gouges forderte 1791 während der französischen Revolution die Gleichstellung von Mann und Frau mit ihrer revolutionären »Erklärung der Rechte der Frau und Bürgerin«. »Die Frau ist frei geboren und bleibt dem Manne gleich an Rechten«, lautet Artikel 1 ihrer Deklaration. Zwei Jahre später wurde die mutige Vordenkerin von den jakobinischen Machthabern geköpft – ihre Hinrichtung begründeten die Richter wie folgt: »Ein Staatsmann wollte sie sein, und das Gesetz hat die Verschwörerin dafür bestraft, dass sie die Tugenden vergaß, die ihrem Geschlecht geziemen.«[28] Ebenso bedrohlich war die rohe männliche Gewalt – wie gewaltsame Festnahmen und Zwangsernährung in Gefängnissen –, die britische Frauenrechtlerinnen Anfang des 20. Jahrhunderts traf, weil sie sich für das Frauenwahlrecht einsetzten.[29] Sie hätten nichts im öffentlichen Bereich verloren, würden dadurch Kind und Haushalt vernachlässigen. Kathrine Switzer, die 1947 als Tochter eines Majors der US-Army in Deutschland geboren wurde, lief 1967 als erste Frau den Boston-Marathon. Die Veranstalter wollten sie gewaltsam von der Bahn entfernen. Angeblich würden echte Frauen keinen Marathon rennen, dafür seien sie zu fragil. Ein weiteres Beispiel sind die Beleidigungen, Demütigungen und sexualisierten Anspielungen gegenüber Politikerinnen zuzeiten der Bonner Republik. Im 2021 erschienenen Dokumentarfilm *Die Unbeugsamen* ist zu sehen, welchem Sexismus sich unter anderem Herta Däubler-Gmelin (SPD), Rita Süssmuth (CDU) oder Petra Kelly (Die Grünen) als weibliche Mitglieder des Bundestags ausgesetzt sahen. Männliche Abgeordnete versuchten ihnen beharrlich zu vermitteln, dass das Parlament keine natürliche Umgebung für Frauen sei.

Das als natürlich empfundene Recht von Männern, Machtpositionen einnehmen zu dürfen, zeigt sich schmerzlich in alltäglichsten Verhaltensweisen: Im Februar 2021 titelte *Der Spiegel*: *Feindbild Frau – Die dunkle Welt enthemmter Männer. Und was gegen den Hass hilft.* Die Titelgeschichte bestätigt den erschütternden Zustand auch für Politikerinnen im deutschen Bundestag: »69 Prozent der Parlamentarierinnen, die auf die Umfrage geantwortet haben [64 von 222 angeschriebenen], erlebten schon Frauenhass, 36 Prozent wurden angegriffen«, und »72 Prozent der 64 Abgeordneten bejahten die Frage, ob sie Frauenfeindlichkeit innerhalb des Parlaments von Kollegen oder Mitarbeitern erlebten«.[30] In dem Artikel berichten Politikerinnen dieser Legislaturperiode wie Ute Vogt (SPD), dass die Hassnachrichten nicht mehr nur anonym seien. Unter Nennung von Namen und Postanschrift sei sie als »dreckige Flüchtlingshure« und »widerliches Stück Scheiße« beschimpft worden. Lisa Paus (Die Grünen) berichtet von Anrufen, in denen sie als »Schlampe«, »Miststück« oder »Fotze« beschimpft würde. Der Abgeordneten Yasmin Fahimi (SPD) wurden bereits Patronen zugeschickt, und Aydan Özoğuz (SPD) musste mehrfach vom BKA geschützt werden, ihre Tür im Wahlkreisbüro darf nicht mehr offen stehen. Hier kommen Rassismus und Frauenhass zu einer besonders bedrohlichen Mischung zusammen.

Ein besonders tragisches Beispiel hierfür ist Marielle Franco, eine junge, Schwarze, lesbische Afrobrasilianerin aus den Favelas. Sie schaffte 2016, was bis dato unmöglich erschien: Diese junge Frau aus der Arbeiterschicht wurde in den Stadtrat Rio de Janeiros gewählt. Sie setzte sich ein für die Rechte von Frauen, vor allem von Schwarzen Frauen, für die LGBTQI*-Community und gegen Polizeigewalt sowie Korruption. Sie war noch kein

Jahr im Amt, als sie und ihr Fahrer nach einer politischen Veranstaltung im Auto erschossen wurden. Nicht allein Marielle sollte zum Schweigen gebracht werden. Die barbarische Ermordung sollte alle – vor allem Schwarze – Frauen treffen, die es wagten, politische Macht zu ergreifen. Patriarchat und Rassismus gehen Hand in Hand.

FAZIT: DIVERS UND EFFIZIENT

Die Berücksichtigung unterschiedlicher Lebensrealitäten von unterschiedlichen Menschen führen zu besserer Politik – nämlich zu einer Politik, die allen Bedürfnissen gerecht wird. In *Unsichtbare Frauen* legt Caroline Criado-Perez mithilfe vieler Studien dar, dass Frauen in politisch mächtigen Positionen so wirken, dass Frauen davon profitieren.[31] Das trifft genauso auf andere politisch unterrepräsentierte Gruppen zu. Politik ist am Ende nur so gut wie die Köpfe dahinter divers. Eben weil dann unterschiedliche Lebensrealitäten und Perspektiven in politische Entscheidungen einfließen und *nicht,* weil die Politik dann beispielsweise effizienter ist. Denn Frauen und andere politisch marginalisierte Gruppen haben zunächst das Recht, entsprechend ihrer Gruppengröße Macht zu ergreifen und in Entscheidungsebenen repräsentiert zu sein. Einfach, weil es ihnen zusteht und eine überproportionale Berücksichtigung einer bestimmten gesellschaftlichen Gruppe immer auf ungerechte Prozesse hindeutet. Das gilt ganz genauso für die Diplomatie und Außenpolitik. Wenn wir die größten globalen Herausforderungen erfolgversprechend angehen und lösen wollen, können wir es uns nicht leisten, weiterhin die Deutungs- und Entscheidungsoptionen zu limitieren.

Doch patriarchale, unterdrückende Strukturen werden nicht allein zerschlagen, wenn Menschen künftig fair repräsentiert werden. Zusätzlich müssen Konventionen, Paradigmen und Glaubenssätze hinterfragt und neu gedacht werden. Frauen und andere politisch Marginalisierte zu stärken und in wichtige Positionen zu bringen ist daher nur der Anfang. Feministische Inhalte müssen folgen.

**VALERIE HUDSON:
»ES WAR EINE LANGE
VERRÜCKTE REISE.«**

Das sagt die Politikwissenschaftlerin, Autorin und Dozentin Vale-rie Hudson über ihre Entwicklung zur Feministin und die Findung ihres Forschungsschwerpunkts: den Zusammenhang zwischen der Sicherheit von Staaten und der Unterdrückung von Frauen. Die Reise begann damit, dass Valerie in ihrem Studium eine Wis-senschaft, eine Politik und Geschichte kennenlernte, die frau-enlos war. Diese Unsichtbarkeit von Frauen gepaart mit einer Reihe von Erfahrungen, etwa Valeries Arbeit in der Army bei den Special Forces, machten ihr klar: Wir betrachten die Welt aus den Augen von Männern und mithilfe der Definitionen, die sie aufge-stellt haben. Dabei übersehen wir die Expertise und Erfahrungen von Frauen und ignorieren, dass die Stabilität des Nationalstaa-tes und der Grad an Gleichberechtigung der Geschlechter im Land zusammenhängen. Aber es mangelte an Daten – bislang hatte niemand die weltweite Situation und Sicherheit von Frauen umfassend analysiert. Deshalb begann Valerie das *WomanStats Project*, eine Datenbank, die heute Informationen über die Si-cherheit von Frauen in 176 Ländern erfasst. Valerie stellte unter anderem fest, dass der aussagekräftigste Faktor für die Gewalt-bereitschaft eines Staates im Innen und Außen das Niveau an Gleichberechtigung der Geschlechter innerhalb des Landes ist. Es ist ein signifikant wichtigerer Faktor, um die staatliche

Sicherheit vorauszusagen, als das Bruttoinlandsprodukt oder die Staatsform. Doch es ist schwer, quantitative Daten zu sammeln, da Staaten meist schlichtweg keine Statistik zu Frauenleben erfassen. So gibt es heute immer noch circa 30 Nationen, die Vergewaltigungen nicht dokumentieren.

In ihrem neuesten Buch *The First Political Order – How Sex Shapes Governance and National Security Worldwide* stellt Valerie dar, wie diese Geschlechterungleichheiten entstanden. Die umfangreiche Forschung und Datensammlung dafür wurden vom US-amerikanischen Verteidigungsministerium mit 1,3 Millionen US-Dollar finanziert. Die erste »politische Ordnung«, die universell die Grundlage jeder Gesellschaft bildet, sei – so Valerie – vom Verhältnis zwischen den Geschlechtern bestimmt. In vielen Gesellschaften werde dieses Verhältnis als Hierarchie angesehen und zeige sich in der Unterdrückung der Frau durch Kontrolle und Ausbeutung. Diese Mechanismen würden anschließend auf alle weiteren Individuen und Gruppen, die z. B. aufgrund ihrer Hautfarbe oder Religion als »anders« gelten, übertragen.

Valeries Lieblingsbuch ist *Parity of the Sexes* von Sylviane Agacinski.

4 ALTE WEISSE MÄNNER IN DER THEORIE

> *Die Repräsentation der Welt ist – wie die*
> *Welt selbst – das Werk der Männer;*
> *sie beschreiben sie von ihrem Standpunkt aus,*
> *den sie mit der absoluten Wahrheit verwechseln.*
>
> SIMONE DE BEAUVOIR

MEIN PERSÖNLICHES UNBEHAGEN

2014 – ich hatte es geschafft. Dachte ich. Ich zog zum Studium nach Oxford. Diplomatie in Oxford zu studieren klingt elitär. War es auch. Wie es auch das Feld der Diplomatie an sich ist. Meine Mitstudierenden waren teilweise damals schon Diplomat:innen oder sind es jetzt, kamen von Elite-Unis wie Yale und arbeiten heute bei den *Vereinten Nationen*, nationalen Regierungen, großen Tech-Unternehmen, Beratungsfirmen oder an der Verteidigung von Menschenrechten. Ich war überzeugt: Besser kann es nicht werden. Unsere Dozent:innen waren die besten auf ihrem Gebiet.

Doch schon bald wunderte ich mich. Warum eigentlich wurden wir fast ausschließlich von Männern unterrichtet? Und warum wurden in Kursen wie *Security Issues in Fragile States* die Unterdrückung von Frauen und patriarchale Gesellschaftsordnungen nie als wichtige Kriterien angeführt, um die Fragilität von Staaten zu verstehen? Schließlich machen Feminist:innen seit Jahrzehnten darauf aufmerksam, wie von Frauen erlebte persönliche Schwierigkeiten mit politischen Problemen zusammenhängen.[1] Der dazugehörige Slogan »*The Personal is Political*«

stammt aus einem gleichnamigen Artikel der US-amerikanischen Feministin Carol Hanisch, der 1970 im Sammelband *Notes from the Second Year: Women's Liberation* erschien. Die im Privaten erlebte Gewalt hängt mit staatlicher Gewalt zusammen, massenhaft »persönlich« erlebte Ungerechtigkeit hat eine politische und strukturelle Ebene. Die bereits erwähnte Forschung von Valerie Hudson und ihrem Team machen das deutlich.[2] In meinem Studium war keine Rede davon. Der überwiegende Teil der Pflichtlektüre wurde von weißen westlichen Theoretikern dominiert. Manche Lehrbücher über die Geschichte der Diplomatie wie *Diplomatic Theory from Machiavelli to Kissinger* griffen ausschließlich auf die Ideen von Männern zurück. Das fühlte sich alles nicht richtig an, gleichzeitig trübte der Fokus auf diese Theorien und Gedankenwelt mein Interesse am Studium der Diplomatie. Und ich war damit nicht alleine.

Mein Frust wurde produktiv, als ich Jennifer Cassidy[*] kennenlernte. Sie war damals noch Doktorandin an dem Institut, an dem ich studierte und wo auch sie wenige Jahre zuvor dasselbe Masterstudium absolviert hatte. Auch sie fühlte diese Leerstelle in der Lehre und fing deshalb an, zu Frauen in der Diplomatie zu recherchieren. Als sie damals »Frauen« und »Diplomatie« in die Suchmaschine eingab, erschienen fast ausschließlich Informationen über Botschaftergattinnen, was sie so nicht stehen lassen wollte. 2017 erschien das von ihr herausgegebene Buch *Gender and Diplomacy*, in dem sie einleitend zusammen mit Sara Althari den Androzentrismus auf den (internationalen) politischen Bühnen darstellt und dessen Folgen für Frauen kritisiert. Heute ist sie nicht nur eine sehr geschätzte Freundin, Mitkämpferin und Beirätin meiner Organisation, sondern ebenso eine der gefragtesten

---

[*]   Ein Porträt über Jennifer Cassidy findet sich auf Seite 258.

Politkommentator:innen in Großbritannien und Irland, auf Twitter folgen ihr über 130 000 Menschen. Ich weiß noch, wie elektrisierend der Austausch mit Jennifer war. Bei einem Abendessen im Jahr 2014 in meinem Oxforder College, St Cross, erzählte sie mir, dass die damalige Außenministerin Margot Wallström* gerade für Schweden als erstes Land weltweit eine »Feministische Außenpolitik« verkündet hatte. Das war vor dem Hintergrund der jahrtausendelangen Exklusion von Frauen und Feminist:innen aus allen Bereichen des öffentlichen Lebens etwas sehr Besonderes. Ich war voller Freude und Aufregung – und voller Begeisterung für diese Frau, die heute im Beirat meines CFFP ist und weiterhin jemand, zu der ich sehr aufschaue.

IMPERIAL BROTHERHOOD. ODER: DER ANDROZENTRISMUS IST ÜBERALL

Welche gefährlichen Auswirkungen diese Abwertung oder gar Negierung von Frauen haben kann, hat beispielsweise die feministische Autorin Caroline Criado-Perez in ihrem 2019 erschienenen Bestseller *Unsichtbare Frauen* aufgezeigt. Sie macht deutlich, was passiert, wenn unsere Gesellschaft nach den Bedürfnissen, Ideen und Maßstäben von Männern aufgebaut ist.

Wenn Männer der Standard sind, werden zum Beispiel Städte so geplant und gebaut, dass sie sicher und zugänglich für Männer sind. Dann werden Infrastrukturen geschaffen, die den Lebensstil von Frauen nicht mitdenken und diese folglich benachteiligen: Männer fahren beispielsweise häufiger als Frauen mit dem Auto, während Frauen häufiger zu Fuß unterwegs sind oder öffentliche Verkehrsmittel nutzen. Mittel aus Infrastrukturfonds werden jedoch eher eingesetzt, um Straßen zu verbessern, und nicht um

---

* Ein Porträt über Margot Wallström findet sich auf Seite 33.

breitere, miteinander verbundene Gehwege zu gewährleisten. Dadurch sind Frauen und Kinder einem höheren Risiko ausgesetzt, Opfer eines Verkehrsunfalls zu werden.

In der Medizin ist mindestens seit der Zeit der antiken Griechen der männliche Körper die Norm. Man sah keinen nennenswerten Unterschied zwischen dem männlichen und weiblichen Körper, bis auf seine reproduktive Funktion und die Größe. Auch heute noch wird der weibliche Körper oft als Abweichung vom männlichen Standard angesehen. Es wird etwa überwiegend an männlichen Probanden medizinisch geforscht und fälschlich angenommen, dass die Ergebnisse einfach auf Frauenkörper übertragen werden könnten. Und das, obwohl es geschlechtsspezifische Unterschiede im Gewebe- und Organsystem des menschlichen Körpers gibt und Krankheiten je nach Geschlecht unterschiedlich schwer verlaufen. Frauen haben beispielsweise ein höheres Risiko als Männer, an rechtsseitigem Darmkrebs zu erkranken, der sich häufig aggressiver entwickelt. Der häufig zur Erkennung dieser Krankheit verwendete Stuhlbluttest schlägt jedoch bei Frauen weniger zuverlässig an als bei Männern. Auch sind aufgrund der männlichen Norm Herzinfarkte bei Frauen schwieriger zu identifizieren. Dass Herzinfarkte unerkannt bleiben oder eine Fehldiagnose gestellt wird, ist bei Frauen daher 50 Prozent wahrscheinlicher.[3] Der Androzentrismus wirkt auf vielen Ebenen und kann durchaus tödliche Konsequenzen haben.

Männer, überwiegend weiße, haben in unseren patriarchalen Strukturen also nicht nur den Stift gehalten, um die Geschichte niederzuschreiben. Die niedergeschriebene und interpretierte Aufzeichnung der Vergangenheit der Menschheit ist unvollständig, weil praktisch nur Männer darin vorkommen und als relevant empfunden wurden.

Das gilt alles genauso und sogar im besonderen Maße für die großen Paradigmen und Eckpfeiler von Diplomatie und

Außenpolitik als vermeintlich männlichen Domänen. Ein wichtiger theoretischer Baustein ist der sogenannte Realismus, die einflussreichste der Denkschulen innerhalb der Internationalen Beziehungen (zumindest in der Theorie ähnlich einflussreich sind der Liberalismus und der Konstruktivismus). Im Realismus – nicht zu verwechseln mit Realpolitik als politischer Handlungsmaxime – sind der Staat, staatliche Macht und Interessen, nationale Sicherheit sowie die Drohung mit oder der Einsatz von Gewalt zentral. Der Realismus sieht die Existenz von Staaten nebeneinander als Anarchie, da es keine supranationale Regierung gibt. Und um in diesem anarchischen Zustand einflussreich und mächtig zu sein, versuchen Staaten, zu dominieren und zu unterdrücken – am besten mithilfe des Militärs und Waffengewalt. Individuen (und ihre Bedürfnisse) spielen keine Rolle in diesem Konzept – und wenn doch, dann bloß als angestrebte Kontrolle von »Man over Man«. Zu den Wegbereitern und Vordenkern gehören unter anderem der antike Feldherr und Denker Thukydides (um 460 v. Chr. bis um 395 v. Chr.), der bereits erwähnte italienische Dichter, Diplomat und Philosoph Niccolò Machiavelli, der Philosoph und Staatstheoretiker Thomas Hobbes (1568–1679) und der US-amerikanische Politikwissenschaftler Hans J. Morgenthau (1904–1980). Die Bezeichnung Realismus gründet auf der Überzeugung dieser Herren (und ihrer Vertreter:innen), dass ihr Denken und Handeln die Realität abbilde, neutral und objektiv sei. Doch nichts könnte weniger neutral, objektiv oder real sein als die limitierte Perspektive einer exklusiven numerischen Minderheit.

Fatalerweise prägten die Annahmen und Gedanken von Männern auch Strömungen, die gemeinhin als fortschrittlich gelten, etwa die Aufklärung. Jean-Jacques Rousseau, der »große Aufklärer«, erläutert in *Emile oder Von der Erziehung*, dass Frauen die Vernunft fehle, die für die Teilnahme am öffentlichen Leben notwendig sei, da sie Gefangene ihrer sexuellen Leidenschaften seien. Frauen gehörten daher auf die häusliche Privatheit beschränkt und sollten vom öffentlichen Leben ausgeschlossen bleiben. Auch Thomas Hobbes möchte die Rolle der Frau aufs Haus beschränken, aufgrund ihrer Aufgaben des Sorgens und Pflegens.

Und Machiavelli beschäftigt sich in seinem Hauptwerk *Discorsi – Gedanken über Politik und Staatsführung* in einem ganzen Kapitel damit, wie Frauen (Staats-)Männer dazu verführen, öffentliche Angelegenheiten mit privaten zu vermischen. (Das Narrativ, Frauen würden Männer verführen und ins Unglück stürzen, bestimmt seit Evas angeblichem Sündenfall die DNA christlich geprägter Gesellschaften.) Machiavelli zufolge sind (Staats-)Männer aufgrund ihres Handelns im öffentlichen Interesse des Staates zu beurteilen, während Frauen an ihrem Handeln im Privaten gemessen werden. Die Politikwissenschaftlerin Barbara Finke fasste es so zusammen: »Im Mittelpunkt der klassischen realistischen Schule stand das Konzept des (männlichen) öffentlichen Interesses in der Tradition Machiavellis, das nicht mit (weiblichen) privaten Angelegenheiten zu vermischen sei.«[4]

Ist es überraschend, dass die Beschäftigung mit Machiavelli und den anderen Herren keinesfalls förderlich für mein Interesse an den Studieninhalten war? Machiavellis *Der Fürst* (1513) gilt als eines der ersten Werke – wenn nicht als *das* erste – der modernen politischen Philosophie. Dort und in seiner staatstheoretischen Schrift *Discorsi* tilgt er moralisch-religiöse Ideale aus dem politischen Handeln. Denn für Machiavelli stehen Machterhalt und die Herrschaftssicherung im Zentrum der Staatsführung, moralisches Handeln sei in der Politik zum Scheitern verurteilt. Er gibt beispielsweise Tipps, wie man sich Alleinherrschaft erobert und sichert; all seinen Ausführungen liegt das pessimistische Menschenbild von skrupellosen Egoisten zugrunde. »Denn man kann im Allgemeinen von den Menschen sagen, daß sie undankbar, wankelmütig, heuchlerisch, feig in der Gefahr, begierig auf

Gewinn sind [...].«[5] Die Machtausdehnung und den Machterhalt empfiehlt Machiavelli mit allen nötigen Mitteln durchzusetzen, Rücksichtslosigkeit und Gewalt inklusive.

In meinen Augen zu Unrecht gilt Machiavellis Buch heute als eines der wichtigsten Werke der modernen politischen Philosophie. Nach der weitverbreiteten Lesart orientiert es sich nicht an moralischen Idealvorstellungen, sondern an der politischen »Realität«, die allerdings jene einer eher kleinen Gruppe der Gesellschaft war, die aber die Macht hatte, sie als Realität für alle zu deuten. So schreibt auch der Politikwissenschaftler Herfried Münkler, der für seine Forschungen zu Machiavelli bekannt ist, es werde oftmals angenommen, dass »Machiavelli [...] an die Stelle eines Ideals der Politik deren Wirklichkeit gesetzt [hat]«.[6] Münkler selbst ordnet Machiavelli jedoch anders ein. Und zwar nicht als Amoralisten, sondern als Begründer politischer Verantwortungsethik – so wie es der Soziologe und Nationalökonom Max Weber in seinem Vortrag *Politik als Beruf* (1919) tat.

Doch wie genau hängt das Patriarchat mit dem Realismus als politisches Paradigma zusammen? Da im Realismus Staat, staatliche Sicherheit und militärische Stärke im Mittelpunkt stehen und diese ausschließlich mit Männern assoziiert werden, zementiert der Realismus patriarchale Strukturen und die Dominanz von Männern gegenüber Frauen. Andere zu dominieren und eigene Interessen sowie Hierarchien mit Gewalt durchzusetzen: Das ist der Kern des Patriarchats. Schon 1981 schrieb die Politikwissenschaftlerin Zillah R. Eisenstein: Solange sich Feminist:innen nicht bewusst seien, dass der Staat sich für den Schutz des Patriarchats als Machtsystem einsetzt (ähnlich wie er Kapitalismus und Rassismus als Systeme schützt), könnten Feminist:innen nicht erkennen, warum eine Reformpolitik nicht ausreiche. Dafür brauche es eine feministische Staatstheorie. Dem Realismus aber liegt keine feministische Staatstheorie zugrunde.[7]

Der politische (klassische) Realismus kann nicht ohne das Wirken Hans J. Morgenthaus erklärt werden, der sich auf die Schriften von Hobbes und Machiavelli berief. Der US-amerikanische Politikwissenschaftler und Berater für das US-amerikanische Außenministerium erklärt in seinem Hauptwerk *Politics Among Nations* von 1948 (auf Deutsch *Macht und Frieden*), wie er das internationale System der Nationen sieht: als Anarchie mit immerwährenden Macht- und Interessenkonflikten. Internationale Politik ist demnach ein ewiger Kampf um Vorherrschaft. Die Publikation war ein Erfolg, vermutlich auch weil sie in eine Zeit fiel, als die USA nach dem Zweiten Weltkrieg ihre Außenpolitik neu ausrichteten. Damals wurde auch die NATO etabliert, und die *Containment-Politik* der USA gegenüber der UdSSR begann.[8]

Der ehemalige US-Außenminister und Nationale Sicherheitsberater Henry Kissinger soll gesagt haben, dass diejenigen, die Internationale Beziehungen lehren, mit Morgenthaus Ideen beginnen müssten, so der US-amerikanische Autor Barry Gewen in *The Inevitability of Tragedy – Henry Kissinger and His World*. Alle, die von »nationalen Interessen« als analytischem Werkzeug sprächen, stünden in der Tradition von Hans J. Morgenthau.[9] »Es können nur sehr wenige Gelehrte von sich behaupten, eine ganze Disziplin erfunden zu haben, aber Morgenthau kommt dem nahe«,[10] so Gewen. Morgenthau zufolge orientiert sich Politik an objektiven Gesetzen, basierend auf einer unveränderlichen Natur des Menschen. Deshalb könne eine rationale, objektive Theorie aufgestellt werden. Moralische Abwägungen dagegen stünden in Spannung zu erfolgreichem politischem Handeln und dem Ziel der Machtausdehnung im Wege. Wer in der internationalen Politik moralisch agiere, müsse versagen, da alle anderen sich unmoralisch verhielten.

Der bekannteste dem Realismus verpflichtete Zeitgenosse Morgenthaus ist wahrscheinlich Henry Kissinger. Sein jahrzehntelanger Einfluss auf die US-amerikanische Außenpolitik war beachtlich. Kissinger ist eine sehr umstrittene Persönlichkeit und Friedensnobelpreisträger zugleich. Für die einen ist er einer der größten Außenpolitiker:innen des 20. Jahrhunderts. Andere – wie der Journalist Christopher Hitchens in seinem Buch *The Trial of Henry Kissinger* – sehen in ihm einen Kriegsverbrecher, der dafür zur Rechenschaft gezogen werden sollte, dass er weitreichende und todbringende strategische und militärische Entscheidungen verantwortete: unter anderem Bombardierungen in Kambodscha während des Vietnamkriegs (1973), das Stillhalten angesichts der indonesischen Invasion in Osttimor (1975) oder die Behinderung der sozialistischen Regierung Allende in Chile (1973).* Gewen schreibt, dass Kissinger ein so deutlicher Verfechter von Realpolitik sei, dass er sogar dafür plädierte, die Versuche anderer Länder, Demokratien aufzubauen, zu unterdrücken, wenn diese Entwicklung den Interessen der USA entgegenstünden. Aus diesem Grund wurde er von vielen als ein Machiavelli bezeichnet.[11]

Kissingers viel zitierte Realpolitik steht »für den Versuch, die Realität zurechtzubiegen, bis sie wieder ins Korsett eherner Vorgaben passte«,[12] so der Historiker und Amerikanist Bernd Greiner, der eine kritische Kissinger-Biografie verfasst hat und dessen Prinzipien er mit »Gewalt, Macht und Hegemonie« beschreibt. Dazu passend zitiert er einen Ausspruch Kissingers: »Wie soll man denn Diplomatie ohne Androhung von Gewalt betreiben? Ohne diese Drohung gibt es keine Grundlage für Verhandlungen.«[13] Diplomat:innen müssten demnach »das Handwerk der Nötigung beherrschen«, so Greiner.[14] Den Status Kissingers als

---

* In Chile ging es 1970 darum, die Wahl des Sozialisten Salvador Allende zu verhindern, was nicht gelang. Politische und ökonomische Interventionen trugen später zum Putsch gegen Präsident Allende im September 1973 bei, sodass der Diktator Augusto Pinochet an die Macht kam.

originären und intellektuellen Denker hält er für überschätzt, er sei eher ein »Werbetexter und Impresario seiner selbst«.[15]

Doch offensichtlich hat Kissinger viele Menschen sehr beeindruckt, darunter Morgenthau. Die beiden pflegten über Jahrzehnte hinweg einen intellektuellen Austausch. »Es ist wahrscheinlich nicht übertrieben zu sagen, dass Kissinger keinen Denker mehr respektiert hat als Morgenthau. Und Morgenthau hielt Kissinger für einen der besten Außenminister der amerikanischen Geschichte«, so Gewen.[16] »Morgenthau war ein Realist bis in die Knochen. Für ihn ging es nicht einmal darum, dass das Beste der Feind des Guten ist; das Gute war auch ein Feind.«[17] Wie sehr Kissingers Außenpolitik vom klassischen Realismus geprägt wurde, liegt auf der Hand. Ideen bleiben nicht nur Ideen. Sie leiten unser Verhalten. Oder die Außenpolitik eines Staates.

Welch verheerende Konsequenzen bestimmte Ideen und Handlungsmaximen in der politischen Wirklichkeit haben können, zeigt die Analyse des Politikwissenschaftlers Robert D. Dean. In seinem Buch *Imperial Brotherhood – Gender and the Making of Cold War Foreign Policy* geht es unter anderem um Kissingers Rolle als Nationaler Sicherheitsberater und US-Außenminister im Vietnamkrieg und im Kalten Krieg im Allgemeinen. Dean beschreibt dabei die vorherrschende, maskulinisierte Kultur der Anhänger des politischen Realismus, die in der zweiten Hälfte des 20. Jahrhunderts (nicht nur) die US-amerikanische Außenpolitik dominierte. Verteidigungsminister Robert McNamara, Kissinger und ihr weiteres Umfeld seien alle Teil einer Elite gewesen, die von vermeintlich maskuliner *Toughness* geprägt gewesen sei, so Dean, und dies hätte ebenso den Nährboden für folgenschwere Entscheidungen dargestellt. Dean legt dar, dass das Mindset der Verantwortlichen in Washington, D. C. einen großen Anteil daran gehabt habe, dass der Vietnamkrieg so viel Zerstörung, Tod und Leid mit sich brachte. So beschrieb es auch Robert McNamara, der ebenfalls der *realistischen* Denkschule zugeordnet wird. In seinen Memoiren ordnet der Ex-Verteidigungsminister rückblickend viele seiner Handlungen als Fehler ein:»Wir von den Regierungen [John F.] Kennedy und [Lyndon B.] Johnson, die an den Entscheidungen über Vietnam beteiligt waren, handelten nach den, wie wir glaubten, Prinzipien und Traditionen dieser Nation. Wir haben unsere Entscheidungen im Lichte dieser Werte getroffen. Aber wir lagen falsch, schrecklich falsch.«[18]

Dean benennt die zugrunde liegende Kultur als *Imperial Brotherhood* – also ein imperialistisches, dominantes und auf Stärke setzendes Verständnis von Maskulinität. Sie folgt aus der Sozialisierung in der Ausbildung und *Elite Men's Clubs,* auch die Prägung aus der McCarthy-Ära und u. a. homophobe Denunziationen spielen eine Rolle.»[D]ie Handlungen und Einstellungen der außenpolitischen Entscheidungsträger [beruhten] auf vorgeschriebenen Lektionen, die in einer Reihe von exklusiven, nur Männern vorbehaltenen Institutionen gelernt wurden – Internatsschulen, Ivy-League-Bruderschaften und Geheimgesellschaften, Elitemilitärdienst, großstädtische Männerclubs –, wo imperiale Traditionen des ›Dienens‹ und ›Opferns‹ erfunden und an die Nachfolgenden vererbt wurden«,[19] so Dean. Auch wenn das Versagen und die Brutalität der damaligen Entscheidungsträger ihrer individuellen Verantwortung zuzuschreiben seien, so entstünden Handlungen doch im Kontext vorherrschender soziopolitischer Strukturen – einer Kultur, die Diplomatie, *Appeasement*, Schwäche und Homosexualität gleichsetzte und damit ein toxisches Verständnis von Maskulinität fortschreibe.»Die Politik der Männlichkeit hat die Tragödie von Vietnam entscheidend geprägt«,[20] so Dean.

WAS IST DER MENSCH DEM MENSCHEN?

Verschiedene Disziplinen teilen mit dem Realismus die rationalistische Grundannahme und ein pessimistisches Menschenbild.

In der volkswirtschaftlichen Lehre basieren Überlegungen und Modelle beispielsweise auf dem *homo oeconomicus*. Das ist der rationale, egoistische Mensch – man erinnere sich an Machiavellis Worte –, der stets auf Gewinnmaximierung aus ist. Doch ein derart negatives Menschenbild passt nicht zu Phänomenen in unserer Gesellschaft wie Care-Arbeit, Spendenbereitschaft, ehrenamtliches oder humanitäres Engagement. Die Politökonomin Maja Göpel erklärt in ihrem Bestseller *Die Welt neu denken*, wie sämtliche Strukturen unserer Gesellschaft auf der Grundlage eines *homo-oeconomicus*-Menschenbildes geschaffen wurden und deshalb ein egoistisches Verhalten kreieren, quasi als sich selbsterfüllende Prophezeiung. In einer Welt mit fast erschöpften planetaren Ressourcen, einer unaufhaltsam wachsenden Bevölkerung und zunehmender Ungleichheit sei es desaströs, unser Gesellschafts- und Wirtschaftssystem weiter auf diesem negativen Menschenbild nach den Bedürfnissen eines allein auf den eigenen Vorteil bedachten *Homo oeconomicus* auszurichten.

Der niederländische Autor Rutger Bregman geht noch einen Schritt weiter. In seinem Buch *Im Grunde gut – Eine neue Geschichte der Menschheit* untersucht er, ob der Mensch ganz im Sinne der westlichen Denktradition tatsächlich böse ist oder nicht doch von Grund auf gut. Er fragt sich, ob nicht all die Herren vielleicht doch falschlagen: Männer wie Hobbes, Machiavelli oder der US-amerikanische Psychologe Philip George Zimbardo. Mit seinem berühmt gewordenen *Stanford Prison Experiment* zeigte Zimbardo 1971 angeblich, dass Menschen aufgrund von situativen und sozialen Faktoren böse werden und ihre Macht missbrauchen. Bregman führt eine Vielzahl von Beweisen an, die seine konträre Annahme – dass Menschen im Grunde eher gut seien – stützen: So gibt es etliche Kontroversen rund um Zimbardos Gefängnisexperiment, die deutlich gegen die diagnostizierte natürliche Boshaftigkeit der am Experiment

Teilnehmenden sprechen. Bregman macht aber vor allem die Relevanz der Geschichten, die wir uns als Gesellschaft erzählen, deutlich. Sie beeinflussen, wie wir uns selbst sehen, woran wir glauben, wie wir leben, wie wir handeln. Bregman zitiert unter anderem den Medienwissenschaftler George Gerbner, der die Wirkung von gesellschaftlichen Narrativen wie folgt zusammenfasst: »Wer die Geschichten einer Kultur erzählt, hat wirklich die Macht über das menschliche Verhalten.«[21] Und das können selbstverständlich auch Geschichten des Guten sein.

Es ist wirklich verwunderlich, dass die Vertreter:innen eines derart negativen Menschenbildes als Realist:innen angesehen werden, wenn ihre Vorstellung und Beschreibung der Welt nicht der Wirklichkeit entspricht. Wissenschaftler:innen wie Berkeley-Professor Dacher Keltner erforschen, wie realistisch Machiavellis Ausführungen und sein Verständnis von Machtergreifung sowie Machterhalt sind. In seinem Buch *The Power Paradox* argumentiert er, dass Menschen nicht durch Zwang und Unterdrückung (à la Machiavelli) Macht erhalten, sondern durch sozial intelligentes und empathisches Verhalten.

Theorien wie die von Morgenthau und vielen anderen Vertreter:innen des Realismus sollten vor diesem Hintergrund nicht als Realität, sondern als selbsterfüllende Prophezeiungen betrachtet werden – Prophezeiungen, die patriarchale Gewalt aufrechterhalten, unter der besonders Frauen und andere politische Minderheiten leiden: Denn wenn Repräsentant:innen von Staaten überwiegend von dem Bösen in anderen Staaten und deren Vertreter:innen ausgehen, dann beeinflusst diese Sicht ihr außenpolitisches Verhalten. Konflikte und Aggressionen können dann zu bevorzugten Strategien des Machterhalts werden. Solche problematischen Annahmen rechtfertigen Dogmen wie »internationale Sicherheit und Frieden können nur durch nukleare Abschreckung erreicht werden«. Waffen werden dann als Friedens- und Sicherheitsgarant dargestellt, obwohl sie dazu dienen, Hunderttausende Menschenleben per Knopfdruck auszulöschen. Das pervertiert die Idee von nachhaltigem Frieden. Letztendlich basiert diese Art der Politik auf Angst und Fragilität – im Ego und im Denken.

Das pessimistische Menschenbild wird besonders von Menschen kritisiert, deren Leben nicht von dem Privileg geprägt ist, über Macht zu verfügen, und die somit eine ganz andere Lebensrealität haben. Das scheint auf den ersten Blick absurd, da gerade diese Personen am ehesten durch das Gebaren Mächtiger unterdrückt werden und allen Grund hätten, ein pessimistisches Menschenbild zu entwickeln. Doch im Gegenteil: Feminist:innen beispielsweise kritisieren dieses Menschenbild schon sehr lange. Es ist typisch maskulin und setzt Macht mit Gewalt gleich. Die Schwarze Autorin Minna Salami schreibt, dass im Verlauf der Geschichte Männer – mit ihrer Definitionsmacht – Macht stets auf eine Weise bestimmten, die ihnen zugutekam. Folglich habe das klassische patriarchale Verständnis von Macht drei gemeinsame Merkmale: die Verknüpfung von Macht mit Staat und seinen Institutionen (Regierung, Militär, Parlament, Wahlkreise), die alle männlich dominiert werden; eine Definition, die synonym ist mit Dominanz, Autorität, Gewalt, Unterdrückung und Zwang; Macht als messbares Konzept.[22] Macht wurde historisch von vielen Philosoph:innen – meist weißen europäischen Männern – von Plato bis Foucault als »Macht über« *(Power over)* verstanden. »Insofern weiße Männer die Machttheorien dominieren, überrascht es nicht, dass sich dieselben drei Charakteristika mindestens bis zu dem Rennaissance-Philosophen Niccolò Machiavelli und seiner Abhandlung dieses Themas in *Der Fürst* zurückverfolgen lassen«, schlussfolgert Salami. Später wurde Macht als »Macht zu« *(Power to)* positiv konzeptualisiert, unter anderem durch Hannah Arendt und die amerikanische Politikwissenschaftlerin Hanna Pitkin, wodurch der Aspekt der Unterdrückung wegfällt. Da Macht, etymologisch vom lateinischen *potere*, also *können* oder *fähig sein*, abstamme, sei Macht etwas, das befähige.[23]

Ein zerstörerisches Menschenbild und Machtverständnis ist problematisch für die Utopie einer gerechten Gesellschaft, wie die niederländische Autorin Joke J. Hermsen in ihrem Buch *Rosa und Hannah – Das Blatt wenden* über Rosa Luxemburg und Hannah Arendt auf den Punkt bringt. Verglichen mit Hannah Arendt »klagte [Rosa Luxemburg] auf radikalere Weise die kapitalistische Gesellschaft an, die auf dem fundamentalen Missverständnis beruhe, dass eine gerechte Welt auf der Basis von Konkurrenz, Ausbeutung der anderen und Profitstreben entstehen könne«.[24] Und genau das ist der Punkt: Eine Gesellschaft, die sich solche Werte als Grundlage gibt und sie in ihrem Narrativ perpetuiert, wird nie gerecht sein können. Solange internationale Beziehungen auf Ausbeutung, Dominanz und Zerstörung setzen, werden sie also nie zu nachhaltigem Frieden beitragen können. Getroffene politische Maßnahmen und Entscheidungen basieren auf Theorien und Annahmen. Genau deshalb ist es so wichtig, sie infrage zu stellen. Denn wenn solche Annahmen patriarchal und gewaltvoll sind, ist es kein Wunder, wenn sie zu verheerender Politik führen.

In den 1980er-Jahren sollte sich dieses Denken allmählich wandeln. Hatte der Fokus in den internationalen Beziehungen nach dem Zweiten Weltkrieg zunächst auf nationaler Sicherheit, militärischen Debatten und dem nuklearen Wettrüsten gelegen, entwickelten sich nun langsam Ansätze zu internationaler Kooperation und internationalen Normen. Ein Zeichen dafür ist Hedley Bulls 1977 erschienenes Buch *The Anarchical Society*, in dem er Werte wie Frieden und die Reduzierung von Gewalt als Hauptziele einer internationalen Gemeinschaft definiert. Doch die Dominanz des militarisierten Diskurses und die Bedeutung nationaler vs. menschlicher Sicherheit war – und ist – nicht zu leugnen: Denn die Welt war in zwei Hälften zerbrochen, den kapitalistischen Westen unter Führung der USA (*NATO*-Staaten) und den kommunistischen Osten (Staaten des *Warschauer Pakts*). Der Kalte Krieg regierte die Welt. Die Anzahl der weltweit verfügbaren Nuklearwaffen war 1986[25] auf einem Höchststand – knapp 65 000 im Vergleich zu circa 14 000[26] heute, wobei die heutigen weitaus zerstörerischer sind. Das Wettrüsten der beiden gegnerischen Systeme war nur *ein* Aspekt des Konkurrenzkampfes, aber ein mächtiger in der ideologischen Propaganda der Supermächte und ihrer Verbündeten. Zwar gab es nie eine direkte militärische Auseinandersetzung zwischen den USA und der Sowjetunion und ihrer Militärblöcke, doch gab es Stellvertreterkriege wie in Korea oder Vietnam oder Afghanistan und brenzlige Situationen, die fast zu einem heißen Krieg führten: die Berlin-Blockade 1948/49, die Kubakrise 1962 und der Streit um die Aufstellung von Mittelstreckenraketen zwischen 1979 und 1982/83.

Mit dem Ende des Kalten Krieges 1989 wurden verstärkt neue Ansätze, Analysemethoden und Prioritäten in der wissenschaftlichen Disziplin der Internationalen Beziehungen in den Blick genommen. Das galt auch für feministische Perspektiven auf internationale Politik.[27] Wo bisher die politische Theorie des Realismus dominiert hatte, forderte die Denkschule des Liberalismus diese Zentrierung auf den Staat und die Macht heraus. »Spätestens seit der Überwindung des Ost-West-Konflikts 1989 spielt der Liberalismus als Forschungsparadigma in den Internationalen Beziehungen eine führende Rolle«, schreiben Daniel F. Schulz und Jan Tilly in ihrem Beitrag zum *Casebook Internationale Politik*.[28] Anders als im Realismus sei im Liberalismus das internationale System (im Realismus durch Anarchie gekennzeichnet) nicht die primäre Determinante für staatliches Verhalten. Stattdessen wirkten staatsinterne Faktoren wie die Art der Regierung, die verfassungsrechtliche Ordnung, Innenpolitik, Menschenrechte oder auch die Zivilgesellschaft: Diese Faktoren seien essenziell, um das Verhalten von Staaten zu verstehen und eben nicht nur deren Wunsch nach Machtausdehnung.

Ab Ende der 1980er-Jahre befassten sich Feminist:innen dann mit den Theorien der Internationalen Beziehungen. Vordenkerinnen wie J. Ann Tickner, Chandra Mohanty, Cynthia Enloe, Gayatri Chakravorty Spivak, Christine Sylvester, V. Spike Peterson, Rebecca Grant, Kathleen Newland, Anne Sisson Runyan, Carol Cohn oder Sandra Whitworth setzten sich mit den vorherrschenden Ideen des Realismus kritisch auseinander. Da sich feministische Ansätze in der Politikwissenschaft aus den feministischen Bewegungen speisten, erfuhren solche Betrachtungen einen besonderen Schub. Vor allem sozialistische und antiimperialistische Frauengruppen (also vor allem durch Ost-Süd-Allianzen) pochten schon sehr früh darauf, das Thema Frauenrechte in Verbindung mit Kolonialismus, Imperialismus, und Aufrüstung zu setzen und es somit als Teil der Außenpolitik oder zumindest der Internationalen Beziehungen zu verstehen. Akademikerinnen wie Kristen R. Ghodsee[29] (u. a. Autorin von *Warum Frauen im Sozialismus besseren Sex haben*) erinnern uns daran, dass feministische Bewegungen in staatssozialistischen Ländern (wie der UdSSR) und solche im globalen Süden für die Entwicklung internationaler Politik ab den 1950er-Jahren sehr bedeutend waren. Ghodsee schreibt, dass Anfang der 1970er-Jahre die Sowjetunion und ihre Verbündeten auch die Diskussion von Frauenfragen bei den *UN* dominierten. Gleiches galt für verschiedene Kongresse, die von der *Internationalen Demokratischen Frauenföderation (IDFF)* organisiert und gesponsert wurden. Die *IDFF* war 1945 in Paris von Frauen der Linken als Dachverband einer ganzen Reihe von Frauenorganisationen gegründet worden. An der Gründungssitzung hatten Frauen aus 40 Ländern teilgenommen.

Diese feministischen Bewegungen wurden radikaler und systemkritischer in ihren Forderungen. Während sich große Teile der feministischen Bewegung im Westen zu lange mit Fragen der Repräsentation zufriedengaben, verbanden Feminist:innen aus (Ex-)Kolonien und sozialistischen Systemen die Frauenfrage mit der Klassenfrage sowie der Forderung nach dem Ende des Rassismus. Zwischen feministischen Bewegungen in staatssozialistischen Ländern und (ehemaligen) Kolonien gab es Bünde der Solidarität, und Erstere unterstützten letztere in ihren Unabhängigkeitsbestrebungen. Lily Monze, die große Vorkämpferin für Frauenrechte in Sambia, sagte:»Die Kooperation mit den Frauen aus sozialistischen Ländern hat uns sehr geholfen. Zum Beispiel durch Studienstipendien oder gegenseitige Besuche, und mitunter bezahlten sie für unsere Teilnahme an diesen Konferenzen.«[30]

1975 war es nicht mehr zu leugnen: Die Frauenfrage hatte internationale Schlagkraft entwickelt. Die UN erklärten auf Initiative der IDFF das Jahr 1975 zum Internationalen Jahr der Frau. Dass dieses Jahr zum Auftakt einer ganzen Dekade der Frau wurde – während der die drei großen internationalen Konferenzen zur Frauenfrage stattfanden: 1975 in Mexiko-Stadt, 1980 in Kopenhagen und 1985 in Nairobi – und das ganze Jahrzehnt eine progressive feministische Agenda hatte, sei vor allem den Frauen aus dem Ostblock und dem globalen Süden zu verdanken, so Ghodsee.[31]

Auch der akademische Feminismus im Rahmen der Internationalen Beziehungen entstand aus der feministischen Bewegung der 1960er- und 1970er-Jahre und profitierte von ihr. Er wandte sich unter anderem gegen die Idee, dass internationale Politik vor allem zwischen Staaten praktiziert werde. Denn diese spiele sich genauso zwischen internationalen Organisationen (wie den Vereinten Nationen, der NATO, der OECD und vielen anderen), sozialen Bewegungen wie der antirassistischen oder pazifistischen sowie der Zivilgesellschaft und anderen nichtstaatlichen Akteur:innen wie transnationalen Unternehmen, internationalen Finanzorganisationen und Menschenrechtsorganisationen ab.[32]

Feministische Denker:innen betonen dabei besonders die Bedeutung von (feministischer) Zivilgesellschaft. Denn die Zivilgesellschaft, also politisch und sozial engagierte Bürger:innen, und insbesondere die feministische Bewegung können am effektivsten gesellschaftlichen Wandel hin zu einer gerechteren Gesellschaft bewirken. Ab den 1990er-Jahren wurde in diesem Zuge in den Internationalen Beziehungen insgesamt das Verständnis davon breiter, wer die relevanten Akteur:innen waren – Zivilgesellschaft und NGOs kamen als Forschungsgegenstände sukzessiv im Mainstream an. Wovon die ehemalige SPD-Politikerin und Bundesministerin Käte Strobel (1907–1996) schon 1959 überzeugt gewesen war, wurde nun nach und nach allgemeines Verständnis: »Politik ist eine viel zu ernste Sache, als dass man sie alleine den Männern überlassen könnte.«[33]

DIE REVOLUTIONIERUNG INTERNATIONALER BEZIEHUNGEN

Die 1988 erschienene Sonderausgabe *Women and International Relations* des Magazins *Millennium* wird heute als der Beginn feministischer Ansätze in der Lehre der Internationalen Beziehungen anerkannt.[34] Darin dekonstruiert J. Ann Tickner* – eine pionierhafte feministische Theoretikerin der Internationalen Beziehungen – den politischen Realismus von Hans J. Morgenthau. Sie schreibt: »Internationale Beziehungen sind eine Männerwelt [...], eine Welt der Macht und voller Konflikte, in der Kriegführung die bevorzugte Tätigkeit ist.«[35]

Mit ihrem 1988 veröffentlichten Text legte J. Ann Tickner den Grundstein für eine feministische Revolution in der Disziplin der Internationalen Beziehungen. Morgenthaus Prinzipien sind für

---

* Ein Porträt über J. Ann Tickner findet sich auf Seite 319.

sie eine sehr verkürzte Beschreibung internationaler Politik, da sie auf einem Menschenbild beruht, das einseitig ist – Männlichkeit bevorzugt und alles Weibliche herabwürdigt. Morgenthau selbst steht für sie für die männliche, patriarchale Sichtweise. Wie er »Macht« interpretiert oder auch »Sicherheit« definiert, basiert hauptsächlich auf den Erfahrungen weißer europäischer Männer.

Scharfsinnig zerlegt also Tickner in *Hans Morgenthau's Principles of Political Realism: A Feminist Reformulation* daher das Morgenthau'sche Theoriegebäude und stellt ihm eine feministische politische Theorie gegenüber. Sie sagt: Zentrale Begriffe von Morgenthau müssen neu definiert werden. Objektivität muss dynamische Objektivität werden, um uns eine realitätstreuere Sicht mit weniger Dominanzpotenzial zu bieten. Nationales Interesse ist multidimensional, kontextabhängig und geht weit über Machtinteressen hinaus. Es setzt auf Kooperation statt auf Nullsummenlösungen, um globale Probleme zu lösen. Statt Macht, die mit Dominanz und Kontrolle assoziiert wird*, braucht es Macht, die als kollektive Ermächtigung (»Empowerment«) verstanden wird. Moral kann nicht einfach von politischem Handeln getrennt werden. Jegliches politische Handeln hat moralische Bedeutung. Traditionelle »Realisten« stellen die Moral der Ordnung über die moralischen Werte von Gerechtigkeit und die Befriedigung von Grundbedürfnissen. Feminist:innen versuchen, gemeinsame moralische Vorstellungen zu finden. Damit kann

---

* Die Gleichsetzung von Macht mit Dominanz und Kontrolle ist eine Auffassung und ein Narrativ, das feministische Intellektuelle über die Jahrzehnte immer wieder kritisiert und dekonstruiert haben. Siehe unter anderem Minna Salami *Sinnliches Wissen. Eine schwarze feministische Perspektive für alle* oder zur Geschichte des Ausschlusses von Frauen von traditionell verstandenenen Sphären der Macht bei Mary Beard *Frauen & Macht: Ein Manifest.*

eine Basis geschaffen werden, um internationale Konflikte zu deeskalieren und eine internationale Gemeinschaft zu realisieren. Autonomie wird in unserer westlichen Kultur im Politischen einseitig maskulin dargestellt. Die pluralistische Auffassung der menschlichen Natur wird so negiert und Belange von Frauen, die nicht der engen autonomen Sphäre des Politischen zugerechnet werden, werden ausgeschlossen.

Als ich J. Ann Tickner für dieses Buch interviewte, betonte sie, dass sie nicht glaube, dass Morgenthau in Anbetracht der globalen Pandemie nur falschlag mit seinem *Politischen Realismus*. Dennoch war ihr wichtig, dass Morgenthaus Darstellung der Realität bei Weitem nicht das ganze Bild zeichnete: Vor allem deshalb, weil der politische Realismus und Realpolitik für die Lebensrealität der Mehrheit der Bevölkerung kaum relevant seien. Menschen werden krank, sie brauchen eine funktionierende Gesundheitsversorgung und Pflege, sie sorgen sich um ihre Familien und Mitmenschen – das sind unsere alltäglichen Bedürfnisse. Die wenigsten Menschen sind daran interessiert, ein anderes Volk mithilfe eines Knopfdruckes auslöschen zu wollen, wie es uns die vom Kalten Krieg geprägte *realpolitische* Außenpolitik suggeriert. Diese Vorstellungen sind schlichtweg ein von Männern und dem Patriarchat geschaffener und von einer kleinen Gruppe der Machthabenden aufrechterhaltener inakzeptabler Zustand, der uns alle in Unsicherheit hält.

Das würde wohl auch die Direktorin der amerikanischen Behörde für Entwicklungszusammenarbeit *USAID* Samantha Power* bestätigen. Sie ist in ihrem Berufsleben des Öfteren mit den Folgen des realistischen Paradigmas konfrontiert worden. Die ehemalige *Senior Director* für multilaterale Angelegenheiten und

---

* Ein Porträt über Samantha Power findet sich auf Seite 382.

Menschenrechte und spätere *UN*-Botschafterin der USA (beides in den Amtszeiten von Präsident Obama) beschreibt in ihrer Autobiografie mit dem sprechenden Titel *The Education of an Idealist* die Dominanz dieses Weltbildes und Sicherheitsverständnisses. Über ihre Zeit im Nationalen Sicherheitsrat der USA schreibt sie, dass sich Regierungsbeamte zwar nicht offiziell mit Labels wie »Realist« oder »liberaler Internationalist«, die im Akademischen üblich sind, identifizieren. Dennoch dominiere die realpolitische Sichtweise, in der »Werte« als sekundär gelten. »Für viele US-amerikanische Regierungsvertreter:innen stand die Priorisierung von Menschenrechten im Spannungsfeld mit, wenn nicht sogar konträr zu unseren traditionellen Sicherheitsbedenken.«[36]

AGENDA 2030 – DIE NATO AUF DEM WEG IN DIE ZUKUNFT

Diese Art des Denkens und der Priorisierung von militärischer Stärke über menschliche Sicherheit ist nicht nur in nationalen Regierungen verbreitet, sondern gilt auch in internationalen Organisationen wie der *North Atlantic Treaty Organization*. Die NATO wurde 1949 im Zuge der Blockbildung des Kalten Krieges als klassisches militärisches Verteidigungsbündnis zur Gewährleistung »kollektiver Sicherheit« gegründet. In den letzten Jahrzehnten hat sie sich zunehmend zu einer militärisch-politischen Organisation gewandelt, die ein umfassenderes Sicherheitsverständnis hat.

Beim *NATO*-Gipfel 2019 im Dezember in London baten die Regierungs- und Staatschef:innen der 30 Mitgliedstaaten *NATO*-Generalsekretär Jens Stoltenberg, einen Reflexionsprozess anzustoßen. Wie könnte die politische Dimension der *NATO* (neben der militärischen) gestärkt werden? Sie reagierten damit auf die polemische Aussage des französischen Präsidenten Emmanuel Macron im November des Jahres, wonach die *NATO* »hirntot« sei. Die Tatsache, dass das letzte formelle strategische Konzept der *NATO* zu diesem Zeitpunkt bereits rund ein Jahrzehnt alt war, spielte dabei auch eine Rolle.[37] In der Folge berief Stoltenberg eine zehnköpfige unabhängige *Reflection Group,* die im November 2020 ihr Ergebnis vorlegte.[38] Der Co-Vorsitzende Wess Mitchell beschrieb die Kernbotschaft wie folgt: »Die *NATO* muss sich auf eine Ära strategischer Rivalität mit Russland und China einstellen, auf die Rückkehr eines geopolitischen Wettbewerbs, der sowohl eine militärische Dimension als auch eine politische hat.«[39] Dieser Bericht ist ein wichtiger Pfeiler für die *NATO 2030 Agenda.*[40] Und damit auch für die neue Strategie der *NATO,* die beim Gipfel 2022 verabschiedet werden soll.[41]

Im Februar 2021 präsentierte die *NATO Watch Group* ihren Gegenbericht[42] – verfasst von Denker:innen und Praktizierenden einer menschenrechtsbasierten Außenpolitik. Die Gruppe bemängelt, dass der *NATO*-Bericht es abermals versäume, menschliche Sicherheit ernst zu nehmen. Stattdessen setze der Bericht auf militärische Stärke und überbetone die Rivalität zwischen Russland und China auf der einen sowie NATO-USA-EU auf der anderen Seite, während die wahren Krisen der Weltgemeinschaft, wie die Klimakrise oder Pandemien, nicht genug berücksichtigt würden. Die *NATO Watch Group* zeigte sich davon kaum überrascht, da bekannt sei, dass die zehn beauftragten *NATO*-Expert:innen das realpolitische Paradigma verträten. Diese Perspektive dominiere noch immer das Denken in den meisten transatlantischen Thinktanks zu Sicherheitspolitik, sowohl in der akademischen Forschung als auch innerhalb des Verteidigungssektors.

WENN DIE WIRKLICHKEIT RECHTS ÜBERHOLT

Gerade in Phasen, in denen klassische politische Themen hinter globale Herausforderungen zurücktreten, wird besonders drastisch deutlich, wie wichtig dementgegen Theorie und Praxis der menschlichen – und feministischen – Sicherheit sind. Die Nachrichten von überlasteten Gesundheitssystemen überall auf der Welt sind seit Frühjahr 2020 fast täglicher Begleiter. Es wird zu oft – auch von mir – einfach hingenommen, dass dies eine unvermeidbare Erscheinung ist. Wir dürfen nicht vergessen, dass solche Zustände eben keine natürlichen Gegebenheiten sind, sondern durch bewusste politische Entscheidungen der Ressourcenvergabe herbeigeführt werden. Solche Entscheidungen sind keine Naturgesetze. Unser kapitalistisches System und die unterschiedliche Ausstattung von Lebensbereichen und finanzpolitischen Ressorts beruht auf politischen Entscheidungen. Wie kann es sein, dass 2020 der Verteidigungsetat mit 8,98 Prozent des deutschen Bundeshaushalts besser ausgestattet war als das Gesundheitsministerium, das 8,11 Prozent der Bundesmittel erhielt?[43] Und selbst diese Zahl ist nur dem Aktionismus in der Pandemie und den entsprechenden Nachtragshaushalten im Gesundheitssektor geschuldet. Die mit dem Friedensnobelpreis ausgezeichnete Organisation *International Campaign to Abolish Nuclear Weapons* (*ICAN*) hat sich die Ausgaben der Nuklearwaffenstaaten Frankreich, Großbritannien und der USA für die Wartung, Verbesserung und Weiterentwicklung ihres Nukleararsenals angeschaut und mit jenen für die Gesundheitsversorgung verglichen. Das Ergebnis überrascht bedauerlicherweise nicht: Die Nuklearausgaben hätten gerade in der Pandemie Ressourcen im Gesundheitssektor stiften können, die Tausende Menschenleben gerettet hätten.[44]

Ob Theorie oder Praxis: Historisch gesehen (re)produzieren weiße Männer Wissen, lenken Debatten, machen Politik und gestalten Diplomatie. Ein paar Jahrzehnte der feministischen Bewegung machen 4000 bis 6000 Jahre Patriarchat, in denen

Frauen und andere politisch unterrepräsentierte Gruppen ausgeschlossen, an den Rand gedrängt und marginalisiert wurden,
nicht so ohne Weiteres wett. Doch spätestens seit den 1980ern
werden die Sichtweise und das Handeln von Männern auch in
den Internationalen Beziehungen immer mehr infrage gestellt.
Zum Glück. »Der (Neo-)Realismus ist inzwischen weniger präsent, und
auch Kooperation wird keineswegs vernachlässigt. Es gibt neue
große Forschungsstränge wie die Normenforschung, die Norma-
tivität, Fortschritt und regelgeleitetes Handeln in der internationalen Politik in den Mittelpunkt stellt – und nicht den konflikt-
reichen Zustand«, so die Politikwissenschaftlerin Elvira Rosert.[45]
Es geht auch gar nicht anders, wenn tatsächlich eine friedlichere
und gerechtere Welt erreicht werden soll – ein Ziel, das politische
Theoretiker:innen stets motiviert hat.

EPISTEMIZID – WISSENSVERNICHTUNG

Doch einen Schritt zurück: Es drängt sich natürlich die Frage
auf, wie es überhaupt dazu kommen konnte, dass die Ideen, Gedanken und Theorien einer Minderheit – der weißen Männer
aus Italien, Frankreich, England, Deutschland und den USA – die
Welt des Wissens sowie die Lehre an Universitäten dispropor-
tional beherrschen und für ihre Arbeiten Objektivität, Neutralität und die Deutungshoheit beanspruchen.* Wie war es möglich – so fragt der aus Puerto Rico stammende Soziologe Ramón
Grosfoguel –, dass das Wissen von Männern aus diesen fünf
Ländern Allgemeingültigkeit beansprucht und sich damit über
tradierte Wissensformen erhebt? Grosfoguel bezeichnet das als

---

* Dieser Abschnitt ist deutlich von Emilia Roigs Buch *Why We Matter.
  Das Ende der Unterdrückung* inspiriert.

»epistemisches* Privileg«, wobei die andere Seite der Medaille epistemische Unterlegenheit sei und die Medaille selbst epistemischer Rassismus/Sexismus heiße.[46]

Und die Politikwissenschaftlerin Emilia Roig geht in ihrem Bestseller *Why We Matter – Das Ende der Unterdrückung* diesen Fragen mit beeindruckender Rigorosität nach und nennt den vom portugiesischen Soziologen Boaventura de Sousa Santos als *Epistemizid* bezeichneten Prozess der Auslöschung von Wissenssystemen im Zuge der westlichen Kolonisation als Hauptgrund. Emilia Roig schreibt über die Bedeutung des Epistemizids, dass »heutige Universitäten und Schulen nur einen sehr kleinen Teil des umfangreichen und vielfältigen Wissens der Welt abbilden. Sie schließen viele der vielfältigen Wissenssysteme aus, einschließlich derjenigen der indigenen Völker und der ausgegrenzten, minorisierten ethnischen Gruppen sowie derer, die aufgrund von Geschlecht, Klasse oder Sexualität ausgeschlossen sind.«[47] Das Wissen aus dem globalen Süden, das nicht so stark von der Aufklärung geprägt ist und mehr auf tradiertem Wissen und Erfahrungen beruht, oder das Wissen von Frauen gilt als unterlegen. Ohne damals diese Begriffe zu kennen, war es genau diese Eindimensionalität, die mir bei meinem Studium der Diplomatie in Oxford ein solches Unbehagen beschert hat. Aus diesem Grund sind Studiengänge wie *Women's Studies* inzwischen so verbreitet wie nötig. Laut dem Soziologen Ramón Grosfoguel, auf den auch Emilia Roig verweist, geht die heutige Eindimensionalität des Wissens – er nennt es intellektuelle Kolonisierung – auf die vier Epistemizide des langen 16. Jahrhunderts[48] zurück: Erstens, als bei der Eroberung von al-Andalus die jüdische und muslimische

---

* *Episteme* stammt aus dem Altgriechischen und bezieht sich auf Wissen, Wissenschaft oder Verständnis.

Bevölkerung vertrieben wurde. Zweitens, als die Spanier begannen, die indigenen Völker zuerst in Amerika und dann in Asien zu kolonisieren. Der dritte Fall ist der transatlantische Sklavenhandel, in dessen Zuge Millionen von Menschen vom afrikanischen Kontinent entmenschlicht, versklavt und ermordet wurden. Der vierte ist die sogenannte »Hexenverbrennung«. Dieser Mord an Zehntausenden von indoeuropäischen Frauen auf dem Scheiterhaufen geschah, »weil ihre Wissenspraktiken nicht von Männern kontrolliert werden konnten«,[49] so Roig.

Frauen waren von all diesen Epistemiziden betroffen, in der »Hexenverbrennung« stellen sie etwa drei Viertel der Opfer. Mit den Frauenleben wurden bewusst und strategisch frauenspezifisches Wissen, Spiritualität, Intuition und besondere Praktiken ausgelöscht. Dieses jahrhundertelange Massaker an Frauen, das im 15. Jahrhundert begann und 1782 endete, als in der Schweiz die letzte als Hexe diffamierte Frau hingerichtet wurde, leitete auch die Epoche der Aufklärung ein. »Die Bewegung, die die Hexen töten wollte, ist auch diejenige, natürlich unbewusst, die Montesquieu, Voltaire und Kant hervorgebracht hat«,[50] schreibt der Historiker Guy Bechtel. Das Zeitalter der Aufklärung wird einseitig positiv und dem Fortschritt verpflichtet dargestellt, was wieder auf die Deutungshoheit einer kleinen männlichen Elite zurückzuführen ist.* Das ist umso fataler, wenn man sich die Welt- und Menschensicht ihrer berühmten Vertreter anschaut. Immanuel Kant zum Beispiel formulierte eine hierarchische

---

* Auch wenn sicherlich gemeinhin – beispielsweise im Schulunterricht – die Aufklärung überwiegend positiv thematisiert wird, so gibt es bereits seit der Entstehung des Konzepts Theoretiker:innen, die sie und den damit verbundenen Fortschrittsbegriff kritisch einordnen und weiterführen; im 20. Jahrhundert u. a. Hannah Arendt (»Aufklärung und Judenfrage«, 1932), Theodor W. Adorno / Max Horkheimer (*Dialektik der Aufklärung*, 1944) und – deutlich postkolonial verankert – Edward Said (*Orientalism*, 1978).

Rassentheorie, war Antisemit und betrachtete Weiße als überlegen – ähnlich wie Voltaire, der ebenfalls an der Menschlichkeit der Schwarzen zweifelte.[51] Die Aufklärung ist in diesem Sinne nicht nur ein »unvollendetes Projekt der Moderne«, wie Jürgen Habermas einmal sagte, sondern mit den Worten der Philosophin und Kulturwissenschaftlerin Iris Därmann eine halbierte Angelegenheit, die weder versklavte Menschen in den Kolonien noch nicht männliche Personen umfasste.[52]

MIT DER POSTKOLONIALEN BRILLE

Im Akademischen bieten die Methoden und Konzepte der postkolonialen Kritik ein unerlässliches Instrument, internationale Politik und Außenpolitik besser zu verstehen und sich vom herrschenden Eurozentrismus abzugrenzen. Also von der Idee, dass der globale Norden, vor allem Europa, einzigartig und überlegen – und daher der Mittelpunkt der Moderne und aller internationaler Politik sei.[53] Das ist so wenig wahr wie ein Kolumbus, der Amerika entdeckt hat.

Im Frühsommer 2020, nicht lange nach der Ermordung des Schwarzen US-Amerikaners George Floyd durch einen weißen Polizisten, schrieben die Politikwissenschaftlerinnen Kelebogile Zvobgo und Meredith Loken in *Foreign Policy* über *Why Race Matters in International Relations:*[54] Rasse mitzudenken sei nicht bloß eine notwendige Perspektive in den Internationalen Beziehungen, sondern zentral für das Verständnis von internationaler Politik. Da etwa europäische Staaten zu bestimmten Zeitpunkten in der Geschichte fast alle Länder dieser Welt unter ihre koloniale Herrschaft gebracht hatten, müssten diese früheren und anhaltenden Beziehungen berücksichtigt werden, wenn wir heute internationale Beziehungen analysieren und außenpolitisches Handeln beurteilen. Sie analysieren auch die *Containment*-Politik der USA während des Kalten Krieges, also den Versuch, die

Ausbreitung des Kommunismus und Stalinismus zu verhindern und einzudämmen. Antikommunismus und Rassismus seien untrennbar miteinander verwoben gewesen im Verhalten gegenüber Afrika, Asien, Zentralamerika, der Karibik und Südamerika. Beim nach 9/11 ausgerufenen War on Terror sowie der Extremismus- und Terrorprävention spielten rassistische Vorurteile eine bedeutende Rolle.

Rassismus und damit Imperialismus, Versklavung und Kolonialisierung gehen zurück auf den Westfälischen Frieden von 1648 am Ende des Dreißigjährigen Krieges. Aus ihm ergaben sich die noch heute gültigen Prinzipien von Staatlichkeit und Souveränität. Im Gefolge dieser national orientierten Bestimmungen wurde die Welt aber auch in *zivilisiert* und *unzivilisiert* aufgeteilt und somit Invasionen, Plünderungen und Genozide gerechtfertigt.[55] Aktualisiert wurden diese Überzeugungen auf der Berliner Konferenz (»Kongokonferenz«) von 1884/1885 im Reichskanzlerpalais. Auf Einladung Otto von Bismarcks trafen sich Gesandte der europäischen Großmächte; Vertreter der USA, Russland und des Osmanischen Reiches waren ebenfalls vertreten. Sodann wurden Grenzen mit dem Lineal gezogen, die Aufteilung Afrikas in Kolonien beschlossen und in der Folge brutal durchgesetzt. Afrika sollte »zivilisiert« werden. Geplant war, den Kontinent auf sozialer, kultureller (inkl. sprachlicher und religiöser) und wirtschaftlicher Ebene auf das europäische Niveau zu bringen.

Was heute längst nicht mehr denkbar scheint, findet trotzdem seine Fortsetzung. Bis heute sind wichtige Ereignisse der internationalen Politik in ihrer Komplexität nur dann korrekt zu verstehen, wenn man die post- und dekoloniale Brille aufsetzt. Nehmen wir als Beispiel die Finanzkrise von 2007/2008 und die daraus folgende europäische Staatsschuldenkrise – ein Beispiel dafür, wie koloniale Ideen der Unterlegenheit anderer Länder sogar innerhalb der EU angewandt wurden. Die EU entschied sich damals für eine sehr strikte Austeritätspolitik gegenüber Griechenland. Dabei wurde immer wieder das Bild des »faulen Griechen« bedient, um die Politik der Sparsamkeit zu legitimieren und durchzusetzen. Derartige Rechtfertigungen sind nicht neu. In der Kolonialzeit begründeten die Kolonialherren die Ausbeutung und Unterdrückung in den Kolonien damit, dass die Bevölkerung unterlegen, faul und unzivilisiert sei. Auch erinnerten die Maßnahmen gegenüber Griechenland an die sogenannten Strukturanpassungsprogamme (SAP) und die in der Folge entstandenen *Poverty Reduction Strategy Papers*. SAPs sind wirtschaftliche Maßnahmen in Ländern des globalen Südens wie etwa Haushaltsdisziplin, Subventionsabbau und Deregulierung. Ab den 1980ern waren sie Voraussetzung, dass Finanzinstitutionen wie *Internationaler Währungsfonds (IWF)* und *Weltbank* Kredite vergaben oder Schulden erließen. Nicht lange nach Einführung der SAPs wurde deutliche feministische Kritik an ihnen laut – unter anderem durch Ester Boserup, Maria Mies oder Chandra Mohanty:[*] Sie würden marginalisierte Bevölkerungsgruppen besonders hart treffen und seien aufgrund des Abhängigkeitsverhältnisses zwischen globalem Süden und globalem Norden neokolonial.

SAPs setzen stark auf den Abbau des öffentlichen Sektors und Privatisierungen. Wie sich das auf Frauen und ihre Rechte auswirkt, habe ich 2013 am Beispiel von Ghana für meine Abschlussarbeit an der Universität in London untersucht. Während meines Forschungsaufenthalts in Accra, Ghana, erfuhr ich, welche desaströsen Effekte entstanden: Wird der öffentliche Sektor abgebaut, zum Beispiel Stellen in der Verwaltung gestrichen, trifft dies überdurchschnittlich häufig Frauen, da sie überproportional

---

[*] Ein Porträt über Chandra Mohanty findet sich auf Seite 155.

dort arbeiten. Und wenn immer mehr öffentliche Leistungen abgeschafft werden wie im Bildungs- oder Gesundheitsbereich, dann tragen auch hier überwiegend Frauen die Konsequenzen. Denn sie müssen diese Aufgaben dann innerhalb der Familie übernehmen, weil weltweit weiterhin verlangt wird, dass Frauen den Großteil des Haushalts, der Pflege und der Erziehungsarbeit stemmen. Neokoloniale Abhängigkeiten und Gender nicht berücksichtigende internationale Politiken führen also dazu, dass Ungerechtigkeiten wie Rassismus und Sexismus zementiert werden. Eine feministische dekoloniale Außenpolitik möchte genau dagegen vorgehen.

Der Sektor der »internationalen Entwicklungszusammenarbeit« (ehemals »Entwicklungshilfe«) muss sich ganz besonders den Vorwurf des Neokolonialismus gefallen lassen. Die von meiner Mentorin Scilla Elworthy gegründete Organisation *Peace Direct* (seit vielen Jahren unter der Leitung von Dylan Mathews) veröffentlichte im Mai 2021 gemeinsam mit *Adeso (African Development Solutions)*, *Alliance for Peacebuilding* und *WCAPS (Women of Colour Advancing Peace, Security, and Conflict formation)*, gegründet von Bonnie Jenkins*, den Bericht *Time to Decolonise Aid*.[56] Darin legen die Autor:innen und konsultierten Expert:innen dar, wie tief struktureller Rassismus in der Entwicklungszusammenarbeit und Friedensförderung verankert ist. Viele bilaterale Partnerschaften – sei es zwischen einzelnen Ländern, zwischen Organisationen des globalen Nordens und des globalen Südens oder zwischen Geberorganisationen wie den *UN* und Empfängerländern des globalen Südens – beruhen auf ehemaligen kolonialen Verhältnissen. Und manches hat sich auch nur marginal verändert: Es gibt parallele Beschäftigungssysteme, bei denen Mitarbeiter:innen aus dem globalen Norden um ein Vielfaches besser bezahlt werden als

---

*   Ein Porträt über Bonnie Jenkins findet sich auf Seite 357.

solche aus dem globalen Süden. Die Grundstruktur und das Forschungsdesign vieler Programme basiert auf westlichen Werten und Standards, ohne Anpassung an lokale Erfordernisse oder Gegebenheiten. Insbesondere die Perspektiven intersektional marginalisierter Gruppen, wie beispielsweise LGBTQI*-Personen oder Menschen mit körperlicher Behinderung, werden oft nicht berücksichtigt.

Dieser strukturelle Rassismus zeigt sich auch in der verwendeten Sprache. Ein Beispiel ist der Begriff des *Capacity Building*. Er suggeriert, dass es Fähigkeiten und Kenntnisse ohne Expert:innen aus dem globalen Norden nicht geben könne, und perpetuiert die Mär von der Unzivilisiertheit der Gesellschaften. Nicht minder problematisch ist die sichtbare Mentalität vieler Mitarbeiter:innen aus dem globalen Norden, die sich selbst als *White Saviors** sehen – eine Denkart, die ihren Ursprung ebenfalls im Kolonialismus hat.

Als ich selbst beim Entwicklungsprogramm der *Vereinten Nationen* (*UNDP*) in Yangon, Myanmar, arbeitete, gab es fast täglich Momente, in denen ich mich sehr unwohl fühlte, ohne damals richtig artikulieren zu können, was eigentlich los war. Mir war bewusst, wie falsch es ist, dass ich – gerade einmal seit zwei Jahren mit der Uni fertig – mehr Verantwortung und oft spannendere Aufgaben bekam als viele der lokalen Beschäftigten. Und das, obwohl sie teils jahrzehntelange Berufserfahrung hatten und natürlich die politische, soziale und ökonomische Situation ihres

---

* Unter dem Begriff *White Savior Complex* wird das Phänomen verstanden, dass insbesondere weiße Menschen aus dem globalen Norden für verschiedenste Projekte in den globalen Süden gehen, um dort zu »helfen«. Dabei geht es allerdings oft nicht darum, sinnvolle Unterstützung zu leisten, sondern sie dienen oftmals eher der Selbstdarstellung und Selbstüberhöhung der »helfenden« weißen Personen. Viele der Projekte beziehen lokale Stimmen nicht mit ein, sondern funktionieren eher als touristische Industrie, insbesondere für junge Menschen aus dem globalen Norden.

Landes sehr viel besser kannten als ich. Ich hatte zur Vorbereitung lediglich einige Bücher über Myanmar gelesen – eins davon ein Reiseführer. Es war absurd: Obwohl ich keinerlei geografische und nur eine bedingte fachliche Expertise hatte, sollte ich Strategien zu »Frauen, Frieden und Sicherheit« schreiben, während erfahrenere myanmarische Frauen mir zuarbeiten sollten. Die Überzeugung, dass konzeptuelle, meist oberflächliche Fähigkeiten, die funktionalistisch und stark angepasst an die europäischen Rahmenbedingungen sind, wichtiger sind als situiertes Wissen – das sind neokoloniale Strukturen.

Der Bericht zu *Decolonise Aid* fordert, all diese Problematiken wahrzunehmen und abzuschaffen. Gefordert wird, die vorherrschenden Machtdynamiken grundsätzlich zu hinterfragen und eine ganz neue Kultur, in der Kritik offen geäußert werden kann und zu der auch Selbstreflexion und Ehrlichkeit gehören. Die Finanzierung muss dahingehend reformiert werden, dass auch kreative, neuartige Projekte zugelassen werden, um insbesondere Antragsteller:innen zu fördern, die weniger etabliert und bekannt in der Szene sind. Investiert werden muss zudem in die Nutzung von lokalem, einheimischem und indigenem Wissen.[57]

Obwohl Rasse und Rassismus so zentral sind für das Verständnis von internationaler Politik, gab es viel zu lang viel zu wenig Forschung dazu. Zwischen 1945 und 1993 wurde in den fünf relevantesten akademischen Journalen nur ein einziger Artikel mit dem Wort *Race* im Titel veröffentlicht.[58] Ob Kolonialpolitik, Imperialismus oder die Machtkonzentration von Entscheidungsbefugnissen internationaler Organisationen im Westen, das Testen von Nuklearwaffen in ehemaligen Kolonien, Strukturanpassungsprogramme, Flüchtlingspolitik, der Zugang zu globaler Gesundheit wie Impfstoffen oder der *War on Terror* – internationale Politik kann nur vollständig verstanden werden, wenn wir Rasse betrachten.

FAZIT: ALTE WEISSE MÄNNER – ZU WENIG, UM DIE WELT ZU VERSTEHEN

»Das Narrativ, durch das wir das Wissen betrachten, ist sowohl der Samen als auch die Frucht der Kultur, die es produziert. Um nahrhafte Früchte zu produzieren, müssen wir eine vortreffliche Saat aussäen«, schreibt die Autorin Minna Salami in *Sinnliches Wissen – Eine schwarze feministische Perspektive für alle*.[59] Es ist also wichtig zu verstehen, wo die Ursprünge politikwissenschaftlicher Theorie und der diplomatischen Praxis liegen, wie Frauen und andere politische Minderheiten dagegen kämpfen. Um dann ein feministisches Wissen, Denken und Handeln, mitten in die Diplomatie hinein, zu etablieren. Nur so können wir begreifen, wie irrsinnig das Patriarchat wirkt, welche Folgen toxische Maskulinität in Form nuklearer Abschreckung, neokolonialer Politik, Angriffe auf die Menschenrechte von Frauen oder der LGBTQI*-Community oder die Zerstörung unseres Planeten haben. Um entsprechend anders, besser zu handeln zu können.

NINA BERNARDING: »GENDERN IST EIN ORDNEN VON MACHT.«

»Wenn man in einem Land wie Deutschland lebt, das so privilegiert ist, hat man eine Verantwortung den Ländern gegenüber, die diese Privilegien nicht teilen.« – Ursprünglich beschäftigte sich Nina mit Entwicklungspolitik. Doch die dort vorherrschende Haltung, man müsse trotz offensichtlicher Ungerechtigkeiten unpolitisch sein, führte dazu, dass Nina sich auf Sicherheitspolitik konzentrierte. Immer wieder stellte sie fest, dass es nach kriegerischen Konflikten nicht darum geht, ein Fundament für eine fairere, gleichberechtigtere Gesellschaft zu schaffen, sondern um eine Wiederherstellung des Status quo unter Führung kriegsbeteiligter Parteien. Nina wollte sich die vermeintliche Neutralität in diesem Umfeld nicht länger vorgaukeln lassen und entschied sich, gemeinsam mit mir das *CFFP* aufzubauen.

Nina setzt sich vor allem mit Abrüstung, Rüstungskontrolle und den internationalen Angriffen auf Frauen- und LGBTQI*-Rechte auseinander. Waffenhandel zum Beispiel stützt diejenigen, die für die patriarchalen Verhältnisse des Status quo verantwortlich sind – also die »Mächtigen« –, in ihrer Macht. Dabei wird ein Konfliktlösungsansatz propagiert, der die Stärke des Best-Ausgerüsteten anstelle der Gerechtigkeit in den Mittelpunkt stellt. Wenn diese Realität nicht angesprochen wird, so Nina, können wir keine Friedenspolitik mit gleichberechtigten

Prozessen betreiben. Deshalb läuft alles auf die Frage hinaus, wer Politik für wen macht.

Der Einsatz von Waffen führt zu geschlechtsspezifischer Gewalt mit globalpolitischen Folgen: Etwa ein Drittel aller Femizide wird mittels Feuerwaffen begangen, und so wie Frauen im Kleinen behandelt werden, werden andere Länder im Großen behandelt. Als Opfer infolge von Waffenexporten haben sie oft kaum Einfluss auf die Prozesse des Waffenhandels. So entsteht ein Ungleichgewicht zwischen einer Zivilgesellschaft, die erst Belege dafür erbringen muss, dass Waffen zu geschlechtsspezifischer Gewalt führen, während die Waffenlobby weiterhin Profit macht und diese Beweislast nicht trägt.

Für die Zukunft wünscht sich Nina: Lasst uns die Notwendigkeit einer Feministischen Außenpolitik weniger als eine Frage, sondern vielmehr als einen Imperativ verstehen. Aus diesem Schwung entsteht Energie, die vor allem der Umsetzung der Feministischen Außenpolitik zukommen kann.

Ninas Lieblingsbücher sind *Freedom is a Constant Struggle* von Angela Davis und *Das achte Leben* von Nino Haratischwili.

5 DIE ANFÄNGE FEMINISTISCHER AUSSENPOLITIK

i stand
on the sacrifices
of a million women before me
thinking
what can i do
to make this mountain taller
so the women after me
can see farther
– legacy

RUPI KAUR

Im Jahr 2018 traf ich die ehemalige schwedische Außenministerin Margot Wallström zum ersten Mal. Sie war für ein Treffen mit dem damaligen deutschen Außenminister Heiko Maas zu Besuch in Berlin und nutzte die Gelegenheit, um Vertreter:innen der Zivilgesellschaft in kleiner Runde zum Mittagessen einzuladen. Ich hatte erst vor Kurzem das *CFFP* in Deutschland gegründet. Sie persönlich kennenzulernen und ihr eine Ausgabe unseres damaligen Printmagazins *Disrupted* zu schenken, war ein besonderer Moment für mich. Seit Jennifer Cassidy mir damals im College in Oxford erzählt hatte, dass Wallström für ihr Land eine Feministische Außenpolitik etabliert hatte, beobachtete ich ihr Wirken sehr aufmerksam. Als Wallström dann weitere drei Jahre später, im Frühjahr 2021, unsere Einladung annahm, dem *CFFP*-Beirat beizutreten, war ich begeistert.

Denn wann immer von Feministischer Außenpolitik gesprochen und ihre Geschichte betrachtet wird, fällt der Blick schnell nach Schweden und auf Margot Wallströms visionäre Arbeit. Das Land war 2014 das erste (und zunächst einzige), das eine Feministische Außenpolitik verkündete. Ein großer Gewinn – nicht nur für den Feminismus, sondern auch für eine wirksame globale Friedens- und Sicherheitspolitik – und Inspiration für viele andere Staaten, aber auch für die Zivilgesellschaft. Ohne Margot Wallström und ihren Mut würde es wahrscheinlich auch das *CFFP* nicht geben. Doch genauso hätte Ministerin Wallström niemals eine Feministische Außenpolitik verkünden können ohne die jahrzehntelange Vorarbeit von Feminist:innen in internationaler Politik.

»Indem wir die Vergangenheit ignorieren, werden wir ermutigt, ihre Fehler zu wiederholen. Die ›Generationenlücke‹ ist ein wichtiges soziales Instrument für jede repressive Gesellschaft. Wenn die jüngeren Mitglieder der Gemeinschaft die älteren Mitglieder als verächtlich oder verdächtig oder überschüssig betrachten, werden sie niemals in der Lage sein, sich die Hände zu reichen und die lebendigen Erinnerungen der Gemeinschaft zu betrachten oder die überaus wichtige Frage ›Warum?‹ zu stellen. Dies führt zu einer historischen Amnesie mit der Folge, dass wir jedes Mal das Rad neu erfinden müssen [...]«,' schrieb die Schwarze feministische Vordenkerin und Kämpferin Audre Lorde und zeigte damit, dass wir es wertschätzen und anerkennen sollten, auf den Schultern unserer feministischen Ahn:innen zu stehen. Ein Erbe, das uns den Auftrag gibt und in die Verantwortung nimmt weiterzukämpfen. Nicht stehen zu bleiben und auszuruhen, da es keine Pause geben darf im Kampf für Menschenrechte und Gerechtigkeit. Wie in einer Pyramide steht Schulter auf Schulter in diesem feministischen Kampf, und so wachsen die Bewegung und ihr Einfluss immer mehr gen Himmel. Dank dieser Schultern unzähliger Vorkämpferinnen können

Sie nun dieses Buch in Ihren Händen halten, nur deshalb gibt es das *CFFP* und Staaten mit Feministischer Außenpolitik.

1915: ALLES BEGINNT IN DEN HAAG

Feministische Außenpolitik stammt aus keinem Ministerium. Sondern sie ist getragen von Aktivist:innen, die die Ursachen von Konflikten und Gewalt analysierten und mit den Lehren daraus Kriege verhindern wollten. Die bereits genannten amerikanischen Frauen, die sich 1915 auf den Weg nach Den Haag zum ersten internationalen Frauenkongress machten, stehen idealtypisch dafür.

Die Juristin Freya Baetens bezeichnet den *International Congress of Women (Internationaler Frauenkongress)* als »die vergessene Friedenskonferenz«. Sie war die dritte Friedenskonferenz in Den Haag, auf der die Weichen für das 20. Jahrhundert gestellt werden sollten. Die erste Den Haager Friedenskonferenz fand 1899 auf Anregung des russischen Zaren Nikolaus II. statt. Damals hatte es zwei Ziele gegeben: dem Wettrüsten der europäischen Großmächte Einhalt zu gebieten und internationale Konflikte friedlich zu regeln. Vertreter von 26 Staaten (ausschließlich Männer, Frauen waren nicht zugelassen) waren anwesend. Die Konferenz galt trotz ihres Scheiterns in diesen beiden Punkten als erfolgreich, denn man einigte sich im Rahmen der Haager Landkriegsordnung auf Grundsätze, die heute zum humanitären Völkerrecht zählen. Dabei geht es um den größtmöglichen Schutz von Menschen, Infrastruktur und Umwelt im Falle kriegerischer Konflikte. Da der Wille zum Krieg jedoch in vielen Staaten – beispielsweise in Südafrika (Zweiter Burenkrieg, 1899–1902) oder zwischen Russland und Japan (1904–1905) – ungebrochen schien, war eine zweite Friedenskonferenz nötig. Sie fand zwischen Juni und Oktober 1907 statt, diesmal mit Vertretern aus 43 Ländern.[2] Sieben Jahre später begann der Erste Weltkrieg.

Um die Jahrhundertwende wurden auch Feministinnen im deutschen Kaiserreich unter Kaiser Wilhelm II. besorgter, das Thema Abrüstung wurde in vielen Frauenvereinen diskutiert. Doch »wer sich damit befasste, wurde schnell als vaterlandsloser Geselle [für Gesellinnen war die Zeit sprachlich wohl noch nicht reif] angesehen, wenn nicht gar als Verräter[:in] an der nationalen Sache«.[3] Kriegseuphorie war weit verbreitet. Doch die beiden deutschen Feministinnen Anita Augspurg und Lida G. Heymann, die während des Ersten Weltkrieges an der Spitze der deutschen Frauenfriedensbewegung standen,[4] hielt das nicht ab. Sie packten das heiße Eisen an, weil sie im Wettrüsten eine kommende Kriegsgefahr sahen.

Augspurg und Heymann waren Teil des »radikalen« Flügels der bürgerlichen Frauenbewegung,[5] Lebenspartnerinnen und gehörten mit zu den Ersten, die im Jahr 1923 die Ausweisung Hitlers forderten. Sie erreichten viel im Kampf für die Rechte der Frauen: Sie waren Mitbegründerinnen des *Deutschen Vereins für Frauenstimmrecht*, Herausgeberinnen ihrer eigenen feministisch-pazifistischen Zeitschrift *Die Frau im Staat* und gründeten den Frauenverein *Frauenwohl*, der sich für umfassende Gleichberechtigung einsetzte. Augspurg war zudem die erste promovierte Juristin Deutschlands. Für ihr Studium musste sie (ebenso wie Rosa Luxemburg) nach Zürich gehen, denn 1893 waren Frauen an deutschen Universitäten noch nicht zugelassen.

Heymann und Augspurg waren alarmiert, als 1898 der Reichstag das »Flottengesetz« verabschiedete, das den zügigen Ausbau der Kriegsflotte vorsah. Kurz darauf gründete sich ein »patriotischer Flottenverein«. Er warb für Aufrüstung sowie Machtpolitik und versammelte schon bald eine Million Mitglieder. Heymann und Augspurg wollten dem etwas entgegensetzen und organisierten im Mai 1899 vor der ersten Friedenskonferenz in Den Haag eine Woche lang große Frauenkundgebungen, die ein Ende des Rüstungswahns forderten. Doch in lediglich sechs deutschen Städten wurden entsprechende Demonstrationen auf die Beine gestellt – verglichen mit der internationalen Resonanz und Beteiligung an der Aktion sehr dürftig. Beiden war bewusst, wie weit ihr Land hinter den internationalen Entwicklungen herhinkte. Die Treffen mit den internationalen Feministinnen – den Suffragetten der internationalen Stimmrechtsbewegung – halfen dabei, das damals progressivere Denken von Feministinnen anderer Länder auch in das deutsche Kaiserreich überschwappen zu lassen.[6]

Anfang August 1914 begannen die Kampfhandlungen des Ersten Weltkriegs. Heymann und Augspurg waren erschrocken, wie begeistert der Krieg von vielen Intellektuellen, in Teilen der Medien und der deutschen Bevölkerung aufgenommen wurde. »Es war ein Jubel, ein Taumel, wie die damals lebende Generation ihn überhaupt noch nicht erlebt hatte. Das deutsche Volk, sonst zerrissen, fühlte sich plötzlich wie ein mächtiger Koloß einig. [...] Wer es gewagt hätte, gegen diese Einheit aufzustehen, der wäre überrannt, erdrückt, gelyncht worden.«[7] Augspurg und Heymann dagegen waren sich sicher: Der Krieg war »das größte Verbrechen« und der »Kulminationspunkt männlicher Raff- und Zerstörungswut«.[8] Die beiden ließen nicht locker, gegen den Krieg zu arbeiten, und wirkten daran mit, dass sich schon bald nach Kriegsbeginn Feministinnen verfeindeter Länder die Hände reichten: Im Februar 1915 trafen sich Aktivistinnen in Amsterdam, um den ersten internationalen Frauen-Friedens-Kongress zu planen.[9] Lida G. Heymann wurde dafür zum bayerischen Kriegsministerium zitiert und ermahnt, nicht weiter gegen den Krieg vorzugehen. Doch nach den Vorbereitungen von Heymann, Augspurg, der niederländischen feministischen Ärztin Aletta Jacobs und englischer Suffragetten war es so weit: Die dritte Friedenskonferenz in Den Haag und zugleich der erste internationale

Frauen-Friedens-Kongress fand vom 28. April bis zum 1. Mai 1915 statt. Die Niederlande wurden als Veranstaltungsort ausgewählt, weil sie im Ersten Weltkrieg eine neutrale Position einnahmen. Die Konferenz kann als der Moment verstanden werden, in dem das Fundament für Feministische Außenpolitik gelegt wurde.[10] Über tausend Frauen aus zwölf Ländern nahmen teil. Und es hätten noch viele mehr sein können, wäre das Engagement der Feministinnen nicht massiv torpediert worden. Aus Deutschland konnten beispielsweise lediglich 28 Frauen anreisen, weil viele der Interessentinnen von den Behörden aus unterschiedlichen Gründen keinen Pass erhielten. Aus England hatten sich ganze 180 Teilnehmerinnen angemeldet (sie waren auch besonders in die Vorbereitungen involviert gewesen), jedoch erreichten nur fünf ihr Ziel, da Winston Churchill, damals Erster Lord der Admiralität, den Kanal für die Überfahrt der Pazifistinnen sperren ließ. Auch wurde das Schiff mit den 40 US-amerikanischen delegierten Frauen kurzzeitig von der britischen Marine in Dover festgehalten; dann ließ man sie aber doch weiterziehen, um diplomatische Verstimmungen mit den USA zu vermeiden.[11] Der Versuch, das Engagement und Wirken der Frauen zu sabotieren, ist ganz typisch für das Patriarchat – so agiert es immer, wenn Kritiker:innen zu mächtig werden. Es stellt sich ihnen in den Weg und übt seine Macht aus. Eben weil es die Macht der Feministinnen erkennt. Die meisten Teilnehmerinnen waren Suffragetten, die sich in Organisationen wie der *International Women Suffrage Alliance (IWSA)*[12] zusammenschlossen. Sie trafen sich regelmäßig zum Schmieden von Strategien und Plänen, um das Frauenwahlrecht zu erkämpfen.[13] Sie kannten sich von früheren Frauenkongressen (zum Frauenwahlrecht). Doch in Den Haag wollten die Versammelten über andere Themen sprechen: über nichts Geringeres als Krieg und Frieden. Das Innovative und Revolutionäre daran ist gar nicht hoch genug einzuschätzen: Eine als politisch machtlos angesehene und noch nicht einmal mit bürgerlichen Stimmrechten versehene Gruppe von Visionärinnen traf sich nicht nur, um den real stattfindenden Krieg zu besprechen. Es ging vielmehr darum, konkrete Vorschläge für ein Ende des Konflikts, für Abrüstung und ein neues internationales Rechtssystem zu entwickeln, damit zukünftige Kriege verhindert werden konnten.

Doch es gab auch unter den Frauen Differenzen und problematisches Verhalten. Die französische Frauenrechtsbewegung boykottierte den Kongress, da sie nicht gemeinsam mit deutschen Frauen an einer Konferenz teilnehmen wollte. Und manche Frauen – auf einzelne davon werden wir noch zu sprechen kommen – sprachen sich dezidiert gegen Frauenwahlrecht und Frieden aus.[14] Frauen aus den Kolonien wurden erst gar nicht eingeladen, und den wenigen *Women of Colour*, die dabei waren, begegnete die Mehrheit nicht auf Augenhöhe. Das war nicht das erste Mal, dass Feminist:innen rassistisch agierten und Schwarze Frauen als minderwertig betrachteten.

Die Organisatorinnen des Kongresses baten die US-Amerikanerin Jane Addams (1860–1935), eine der angesehensten Sozialreformerinnen ihrer Zeit, dessen Leitung zu übernehmen – unter anderem, weil die USA 1915 noch nicht in das Kriegsgeschehen auf dem Kontinent involviert waren. Das spiegelte den Wunsch der Teilnehmerinnen nach Überparteilichkeit wider. Addams war eine der Mitbegründer:innen der *American Civil Liberties Union (ACLU)*, die sich seit 1920 für Bürgerrechte einsetzt, sowie der *National Association for the Advancement of Colored People (NAACP)*, die eine der ältesten und einflussreichsten Schwarzen Bürgerrechtsorganisationen der USA ist. Ihr feministischer Aktivismus machte sie zur ersten Präsidentin der neu gegründeten *Organisation für dauerhaften Frieden* (ab 1919 umbenannt in *Women's International League for Peace and Freedom (WILPF)*).

125

Addams leitete den Kongress gemeinsam mit Emily Greene Balch (1867–1961), Professorin der Volkswirtschaft und Soziologie am Wellesley College,[15] sowie Alice Hamilton (1869–1970), ebenfalls US-Amerikanerin und die erste (Assistant) Professorin an der medizinischen Fakultät von Harvard.[16] Greene Balch wurde Sekretärin und Schatzmeisterin von *WILPF* und als Nachfolgerin von Addams später dann Ehrenpräsidentin. Beide Frauen erhielten den Friedensnobelpreis.

Augspurg, Heymann, Addams, Balch, Hamilton und viele ihrer Weggefährtinnen setzten sich zeitlebens gegen Militarismus und für Frieden und soziale Gerechtigkeit ein. Also ziemlich genau das, was wir beim *CFFP* tun – unsere Arbeit gibt es nur dank dieser Visionärinnen.

DIE RESOLUTION DER FRAUEN

Am Ende des Kongresses einigten sich die Feministinnen auf eine Resolution mit 20 Punkten. Eine ihrer Hauptforderungen war, den Weltkrieg sofort zu beenden und – das war revolutionär – Krieg als illegal im internationalen Recht zu verankern.

Die Frauen verlangten, dass zu diesem Zeitpunkt neutrale Staaten sofort zu vermitteln versuchen, dabei eine internationale Organisation als Instanz eingeschaltet sowie ein internationaler Schiedsgerichtshof etabliert werden sollten.[17] Sie einigten sich auf Grundsätze für einen Frieden und auf ein Treffen gleich nach Kriegsende, um die Friedensverhandlungen zu beeinflussen. Viele der vor über 100 Jahren verabschiedeten Forderungen sind heute noch aktuell. Wie die Autorinnen Anna Dünnebier und Ursula Scheu anmerken, wurden ähnliche Ideen auf den vorherigen Den Haager Kongressen zwar schon diskutiert, aber niemals beschlossen. Die Forderung, dass Staatsgebiete niemals ohne die Einwilligung ihrer Bürger:innen übertragen werden dürfen, richtete sich unter anderem gegen das deutsche Kriegsziel, Belgien und einen Teil Frankreichs zu annektieren. Des Weiteren verlangten sie, dass die Rüstungsindustrie verstaatlicht, der Waffenhandel international kontrolliert und universell abgerüstet wird, da Profite aus dem Waffenhandel einer kapitalistischen Gesellschaft nachhaltigem Frieden und Gewaltlosigkeit zuwiderlaufen. Eine weitere Hauptforderung war, die Geheimdiplomatie in der Außenpolitik abzuschaffen und demokratische Kontrolle durch gleichberechtigt gewählte Frauen und Männer einzuführen.[18]

Damals wurden diese Forderungen viel zu wenig beachtet – die männlichen Staatsoberhäupter, denen die Feministinnen ihre Forderungen in persönlichen Treffen präsentierten, ignorierten diese zum Großteil –, erst über die Jahrzehnte wurden sie zumindest in Ansätzen verwirklicht. Das zeigt, wie visionär und weit voraus die Frauen der Zeit und dem Patriarchat waren. Beispielsweise als sie forderten, Krieg als illegal und völkerrechtswidrig im internationalen Recht anzusehen. Erst nach dem Ende des Zweiten Weltkrieges, als die *Charta* (also das Grundgesetz oder die Verfassung) der frisch gegründeten *Vereinten Nationen* verabschiedet und damit das internationale Völkerrecht begründet wurde, wurde es Staaten verboten, Gewalt anzudrohen oder anzuwenden. Also 30 Jahre nachdem die Feministinnen es gefordert hatten.

Damit nicht genug: Bahnbrechend war, demokratisch gewählte Parlamente zu fordern in einer Zeit, als die meisten Staaten keine Demokratien waren. Dabei auch das Frauenwahlrecht zu verlangen war 1915, als es weltweit in nur fünf Ländern eingeführt war, gleichermaßen revolutionär.[19] Auch waren die Feministinnen von damals visionär in der Frage, wie wichtig und bedeutsam die Erziehung von Kindern ist. Zu einer Zeit, als diese in den ärmeren Bevölkerungsschichten vor allem als billige Fabrikarbeiter:innen ausgebeutet oder als Hilfskräfte in der heimischen Landwirtschaft eingesetzt wurden und es keine allgemein durchsetzbare Schulpflicht gab, legten die Feministinnen großen Wert auf die Rechte von Kindern. Sie sollten eine qualitativ hochwertige Bildung genießen. Und zwar so, dass die Ideale und der Wert von konstruktivem Frieden vermittelt werden würden.[20] Die Forderungen der Frauen nach einer allgemeinen Versammlung der Länder und einem Gericht für wirtschaftliche Konflikte legten die Grundlage für die später entstehende Generalversammlung der *Vereinten Nationen* sowie die 1995 gegründete *Welthandelsorganisation WTO* – also 80 Jahre nachdem die Frauen in Den Haag ihre Forderungen aufgestellt hatten. Und mit ihrer Forderung, Konflikte durch Schiedsverfahren und Schlichtungen friedlich beizulegen und sozialen, moralischen und ökonomischen Druck auf gewaltanwendende Staaten auszuüben, legten sie die Basis für die Umsetzungs-/Durchsetzungsmechanismen des *Völkerbundes* und dann später der *Vereinten Nationen*. Die Forderung nach universeller Abrüstung und einem Ende der privaten Rüstungsindustrien ist die einzige Hauptforderung, die bislang nicht ins Völkerrecht eingegangen ist.[21] Noch heute wird sie als naiv verschrien.

Die Feministinnen thematisierten auch systematische Massenvergewaltigungen als Kriegsstrategie und völkerrechtsrelevante Kriegsverbrechen. Direkt zu Beginn des Kongresses sprach Lida G. Heymann eines der größten Tabus aller Kriege an, was auf rasenden Beifall stieß: »Wir wollen nicht länger hören, dass wir Frauen durch den Krieg beschützt werden. Nein, wir werden durch den Krieg vergewaltigt!«[22] Erst in den 1990ern, mit den Internationalen Strafgerichtshöfen für Ruanda und das ehemalige Jugoslawien, wurden Massenvergewaltigungen als das anerkannt, was der Kongress bereits 1915 formuliert hatte: eine gegen Frauen eingesetzte Kriegswaffe und bewusste Strategie zur Demütigung ganzer Völker. Auch wurde 2002 mit dem *Römischen Statut* rechtlich bindend anerkannt, dass Vergewaltigungen als Kriegsverbrechen im Völkerrecht und Verbrechen gegen die

Menschlichkeit zu bewerten sind. Fast ein Jahrhundert nachdem die Feministinnen in Den Haag das gefordert hatten.

Es ist nicht nur beachtlich, *was* die Feministinnen erreichten, sondern auch *wie* sie das unter den gegebenen Umständen taten: Während per nationaler Propaganda alle anderen Länder zu Feinden erklärt wurden, kamen sie zusammen und stellten gemeinsam Forderungen, die noch heute relevant sind. Daran erkennt man die wichtigsten Charakteristika feministischer Zivilgesellschaft: visionär, solidarisch, kooperativ, ihrer Zeit voraus und Grenzen überspringend.

DELEGATIONEN MIT EINER MISSION

Die Feministinnen beschlossen, Delegationen um Aletta Jacobs und Jane Addams herum zu einer Vielzahl von Regierungs- und Staatschefs zu schicken, um ihre Vorschläge und Ideen einzubringen und zu diskutieren. Sie kamen in vielen Ländern mit Ministerpräsidenten oder anderen hochrangigen Politikern zusammen: in den Niederlanden, dem Vereinigten Königreich, Deutschland, Österreich, Ungarn, der Schweiz, Italien, am Heiligen Stuhl, in Belgien, Dänemark, Norwegen, Schweden, Russland und den Vereinigten Staaten von Amerika. In Deutschland wurden sie durch Gottlieb von Jagow, Staatssekretär des Auswärtigen Amtes, in Norwegen auch vom König und in Rom von Papst Benedikt XV. empfangen.[23] Doch wohin sie auch kamen: Ihre Friedens- und Vermittlungsbemühungen stießen auf wenig Sympathie. Denn die allgemeine Stimmungslage wurde dominiert von Nationalismus, von der 1915 noch andauernden Kriegsbegeisterung, Empörung über Feinde oder auch Patriotismus.[24] Es herrschte »die Flut des Militarismus«, so Jane Addams.[25]

Es gab auch andere Wege, den Forderungen Wirksamkeit zu verschaffen. Emily Greene Balch nutzte Kontakte aus ihrer Studienzeit am Bryn Mawr College. Das 1885 gegründete

Frauen-College in Pennsylvania war die erste Hochschule, die ihren Absolventinnen Abschlüsse und sogar eine Promotion ermöglichte. Weil sie dort Schülerin des nunmehrigen US-amerikanischen Präsidenten Woodrow Wilson gewesen war, gelang es ihr, ihn mehrere Male zu treffen und die Resolution des Kongresses zu übergeben. Sie drängte den Präsidenten, einen Mediationsprozess zu initiieren, geleitet von den neutralen Staaten Schweden, den Niederlanden und den USA. Langfristig sollte der Prozess in eine internationale Organisation zur Konfliktbeilegung und Verhinderung künftiger Kriege münden. Wilson fand die Forderungen politisch klug und zukunftsweisend, übernahm den größten Teil (insbesondere die Idee für eine zu gründende internationale Institution) – überarbeitete ihn und präsentierte das Ganze als *14 Punkte – für einen Frieden ohne Sieger und Besiegte* im Januar 1918 im US-amerikanischen Kongress. Jedoch ohne auf die Arbeit der Feministinnen hinzuweisen und geschweige denn sie anzuerkennen.[26] Noch heute lernen Studierende der Geschichte, dass Wilson der Hauptarchitekt des 1919 gegründeten *Völkerbundes* sei. Er war geschaffen worden, um internationale Konflikte per Schiedsgericht beizulegen, Abrüstung voranzutreiben und ein System kollektiver Sicherheit dauerhaft zu etablieren. 1919 erhielt Wilson gar den Friedensnobelpreis »für seine Verdienste um die Beendigung des Ersten Weltkriegs und die Gründung des Völkerbunds«, so die offizielle Begründung. Die Geschichte des Patriarchats ist auch die Ausradierung der Errungenschaften von Frauen und vor allem Feminist:innen.

Obwohl die Gespräche zwischen Politikern und den feministischen Delegationen nicht dazu führten, dass ihre Forderungen direkt umgesetzt wurden, so konnten sie doch internationale Aufmerksamkeit erzeugen. Diese internationale Öffentlichkeit sei schließlich auch ein Machtfaktor, so Greene Balch. Doch rückblickend scheint mir ihre Einschätzung viel zu bescheiden. Die

Feminist:innen haben sich nicht nur eine Stimme und öffentliche Wahrnehmung verschafft, sondern den internationalen Diskurs geändert und Außenpolitik neu gedacht.

1919: EIN KONTINENT SORTIERT SICH NEU

Am Ende des Kongresses 1915 in Den Haag hatten sich die Feministinnen darauf geeinigt, sich dann und dort wieder zu treffen, wann und wo die Friedensverhandlungen nach Ende des Ersten Weltkrieges stattfinden sollten. Das war im Januar 1919 im Rahmen der Pariser Friedenskonferenz in Versailles. Doch den Feministinnen wurde es untersagt, der Konferenz beizuwohnen – einer an den Verhandlungen beteiligten internationalen Frauenkommission stimmten Wilson und andere mit Hinweis auf den Charakter der weiblichen Forderungen nicht zu. Hinzu kam: Die deutschen und österreichischen Vertreterinnen durften als Feindstaatsangehörige nicht nach Frankreich einreisen, also wurde umdisponiert und ein neutraler Ort gesucht: So kamen im Mai 1919 in Zürich circa 150 Frauen aus 15 Ländern zum Frauenfriedenskongress zusammen. Heymann begann ihre Rede mit den folgenden Worten: »Fünf Jahre Krieg und Waffenstillstand haben die Welt in ein Narrenhaus verwandelt! Wir Frauen sind in der Lage, eine neue Welt zu bauen, eine Welt, deren Grundlage nicht Lügen sind, nicht Haß, sondern Recht, Liebe und Verständigung.«[27]

Die Feministinnen hatten verlangt, dass bei der Friedenskonferenz nach dem Ersten Weltkrieg Frauen vertreten sein sollen. Doch leider erfolglos: Wie in den Geschichtsbüchern nachzulesen ist, wurde bereits am 28. Juni 1919 der Friedensvertrag von Versailles unterschrieben, nachdem am 11. November 1918 der Waffenstillstand den Ersten Weltkrieg beendete. Seit Januar 1919 wurden bei der Pariser Friedenskonferenz die Inhalte des Friedensvertrages verhandelt. Vertreter aus 27 Staaten waren involviert, geleitet wurde die Konferenz von den Siegermächten USA, Frankreich, dem Vereinten Königreich und Italien. Pazifist:innen sowie die Verliererstaaten Deutschland und Österreich-Ungarn waren nicht eingeladen.[28] Alle Delegierten waren Männer, und die Verhandlungen fanden hinter geschlossenen Türen statt, was Frauen und Pazifist:innen daran hinderte, ihre Bedenken und Ideen einzubringen.

Dass Frauen nicht an den Verhandlungen 1919 in Paris teilnahmen, lag definitiv nicht daran, dass sie es nicht versucht hatten. So bat beispielsweise bereits eine Woche nach dem Waffenstillstand im November 1918 die französische Suffragette Marguerite de Witt-Schlumberger, Vizepräsidentin der *International Women's Suffrage Alliance (IWSA)* den amerikanischen Präsidenten Wilson, weibliche Delegierte zu den Friedensverhandlungen mitzunehmen. Doch es gab Widerstand – nicht nur von Männern. Ein Beispiel dafür ist Alice Hay Wadsworth, eine führende Anti-Frauenwahlrecht-Aktivistin. Wadsworth und ihr Ehemann, der US-Senator James W. Wadsworth, setzten sich vehement gegen das Frauenwahlrecht ein. Sie argumentierten, dass Regierungsgeschäfte Männern überlassen werden sollten. Alice Hay Wadsworth führte für einige Zeit die *National Association Opposed to Women Suffrage*. Diese von Frauen gegründete und geleitete Organisation fand vor allem Zuspruch unter wohlhabenden Familien, die den Status quo bewahren wollten. Ebenso unter Plantagenbesitzer:innen im Süden der USA, die befürchteten, dass mehr Rechte für Frauen auch mehr Rechte für politische Minderheiten nach sich ziehen könnten. Denn es ist ein Trugschluss, dass sich (weiße) Frauen nicht antifeministisch oder gar misogyn verhalten können, um das Patriarchat – und eben auch den Rassismus – aufrechtzuerhalten.

Wadsworth wollte Frauen nicht generell von den Verhandlungen ausgeschlossen sehen, jedoch Pazifistinnen – wie sie die

Feministinnen rund um Jane Addams und Emily Greene Balch nannte. Wadsworth befürchtete, dass diese Frauen gnädigere Konditionen für die Verliererstaaten fordern würden. Und so machte sich Präsident Wilson ohne Frauen auf den Weg nach Paris. Letztlich wurde Frauen und Feministinnen die Teilnahme an den Friedensverhandlungen in Paris auch aus einem geradezu komisch anmutenden Grund verwehrt: Die Verhandler sorgten sich, dass diese Frauen sich für Frieden einsetzen würden und sie anfällig für Deutschlands Forderungen nach einer milderen Bestrafung wären.[29] Welch Ironie: Feministinnen *nicht* zu einer Friedenskonferenz einzuladen, da sie sich für *zu viel Frieden* einsetzen würden!

Doch nicht nur die Frauen des Züricher Frauenkongresses brachten feministische Forderungen voran. Wohl noch einflussreicher zeigte sich die Arbeit der *Interalliierten Frauenkonferenz* in Paris, die zwischen Februar und April 1919 tagte. Sie durfte zwar an den Ausschüssen der Friedensverhandler nicht teilnehmen, diese aber zumindest beraten. Zahlreiche ihrer Forderungen gingen in die Überlegungen der Feministinnen in Zürich ein – und führten schließlich zur Formulierung der *Women's Charter* der *Internationalen Frauenliga für Frieden und Freiheit*.

Feminist:innen waren international also eine wichtige Gruppe, die den Versailler Vertrag diskutierte und viele seiner Konditionen verurteilte. Mit Ausnahme der Idee des *Völkerbundes*. Mit ihm verbanden sie die Hoffnung, dass ihre transnationale Vision – also Nationalstaaten und nationales Denken zu überwinden – Realität werden könnte. Doch auch hier kritisierten sie einige der vorgesehenen Regularien. Beispielsweise, dass nicht alle Staaten, die Mitglied werden wollten, dies auch können sollten. Die Frauen interpretierten den projektierten *Völkerbund* als einen Zusammenschluss der Sieger gegen die Besiegten. Würde man nicht aus den bestehenden Mustern ausbrechen, werde die Macht einer Gruppe von Staaten gegenüber einer anderen und damit die alte Ordnung, die zum Weltkrieg geführt hatte, gefestigt. Die Frauen überbrachten die *Women's Charter* nach Paris mit der Forderung, deren Inhalte in den Friedensvertrag von Versailles aufzunehmen: die Vision einer Gesellschaft, die auf Gleichberechtigung und Gerechtigkeit basiert.[30]

Ein Beispiel, das die mögliche Rolle eines mit Beteiligung von Frauen ausgestalteten Friedenswerks illustriert, ist die bereits 1915 vorgebrachte Idee, Staatsgebiete nicht ohne Zustimmung der betroffenen Bevölkerung anderen Nationen zuschlagen zu dürfen. Diese feministische Forderung wurde während der Verhandlungen zum Versailler Friedensvertrag diskutiert, jedoch abgelehnt. Die Nationalsozialisten konnten daher die Ausgestaltung des Versailler Vertrages für ihre Propaganda ausnutzen. Sie betonten immer wieder, dass Deutschland dadurch beträchtliche Teile seines Staatsgebiets an die Siegermächte des Ersten Weltkrieges verloren habe und damit geschmäht worden sei, was die u. a. in Elsass-Lothringen, Westpreußen und Oberschlesien lebenden Menschen anfällig für populistische Propaganda der Nationalsozialisten werden ließ. Es entstand das Narrativ, allein die demokratischen Kräfte – nicht das Kaiserreich, das den Krieg verloren hatte – innerhalb Deutschlands seien für den Kriegsausgang und die als hart empfundenen Bedingungen des Friedens verantwortlich, was dem aufkeimenden Autoritarismus einen Nährboden bereitete.[31]

Alle der hier vorgestellten Frauen wirkten dauerhaft auf die Konstituierung einer Feministischen Außenpolitik. Am Ende des Kongresses von 1915 war Jane Addams bereits zur Präsidentin des neu geschaffenen *Internationalen Komitee für dauernden Frieden* ernannt worden. Anlässlich des Friedenskongresses 1919 in Zürich wurde es auf Vorschlag Anita Augspurgs in *Women's International League for Peace and Freedom (WILPF)* umbenannt.[32] Jane Addams wurde zur Vorsitzenden, Emily Greene Balch zur Schatzmeisterin und Sekretärin von WILPF und Lida G. Heymann in den Vorstand gewählt. Heymann wirkte zwischen 1919 und 1924 als Vizepräsidentin für WILPF und blieb bis zu ihrem Tod Ehren-Vizepräsidentin der Organisation. Anita Augspurg gehörte dem Vorstand des deutschen Zweiges von WILPF an, bis sie 1933 ins Exil gehen musste und die Nazis die Zweigstelle verboten. Erst in den 1950er-Jahren entstand sie wieder, vor allem im Zuge der Proteste gegen die deutsche Wiederaufrüstung. Die deutsche WILPF-Sektion spielte eine wichtige Rolle in der internationalen Gestaltung und Arbeit der Organisation. Die Deutsche Eleonore Romberg war internationale Präsidentin.[33] Der Hauptsitz der Organisation war und ist Genf.

Zentral für die Arbeit von WILPF war und ist die Forderung nach einem Ende von Rassismus, Ethnozentrismus, religiösem Hass und allen anderen Arten der Unterdrückung von Menschen. Doch am allerwichtigsten war WILPF stets, die Gewalt gegen Frauen sowohl auf der individuellen als auch der global-politischen Ebene zu beenden. Auch war für die Feministinnen von WILPF stets klar: Das sich auf Gewalt gegen Frauen stützende Patriarchat ist die Hauptursache von Militarisierung und Krieg.[34]

FRAUEN UND FRIEDENSVERHANDLUNGEN

Obwohl es ohne Frauen keinen Frieden geben kann, sind sie bis heute weltweit bei Friedensverhandlungen massiv unterrepräsentiert. Dies ist umso fataler, als es Belege dafür gibt, wie positiv sich die Beteiligung von Frauen an staatlicher Konfliktbearbeitung auswirkt: Ist die Zivilgesellschaft inklusive Frauen maßgeblich an der Formulierung der Friedensabkommen beteiligt, ist Studien zufolge die Gefahr des Scheiterns um 64 Prozent geringer. Und die Wahrscheinlichkeit, dass ein Friedensabkommen mindestens 15 Jahre hält, ist um 35 Prozent höher, wenn Frauen beteiligt werden.[35] Wenn Frauen an Friedensprozessen mitarbeiten, wirkt sich das unglaublich effektiv auf die Reduzierung von Konflikten und die Förderung der langfristigen Stabilität eines Staates aus. Unter anderem aufgrund der Themen, die sie mit in die Friedensverhandlungen bringen – wie an den Friedensprozessen in Nordirland und Kolumbien ersichtlich. Zwischen 1992 und 2019 machten Frauen durchschnittlich jedoch nur 13 Prozent der Verhandelnden, 6 Prozent der Mediator:innen und 6 Prozent der Unterzeichnenden in wichtigen Friedensprozessen auf der ganzen Welt aus.[36] Bei etwa 20 Prozent der Friedensprozesse waren noch immer keine Frauen als Vermittlerinnen oder Unterzeichnerinnen beteiligt, bei weiteren fast 30 Prozent lieferten die Teilnehmenden keine geschlechtsspezifischen Daten. Es könnte daher sein, dass bis zu 50 Prozent der Friedensprozesse gänzlich ohne weibliche Beteiligung vonstatten gingen. Es ist also unbedingt erforderlich, die Rolle der Frauen in kritischen Friedensverhandlungen zu stärken. Die ehemalige US-Botschafterin Swanee Hunt hat mit ihrer *Women Waging Peace Commission* eine Menge dafür getan, dass sich das ändert: Die Kommission hat nicht nur Untersuchungen durchgeführt, um die entscheidende Rolle von Frauen in Friedensprozessen weiter herauszustellen. Sie hat auch zur Schaffung eines Netzwerks hochqualifizierter Frauen beigetragen, die potenzielle Mediatorinnen sind und weitere dafür geeignete Frauen identifizieren sollen.[37] In den letzten Jahren haben sich weltweit viele sogenannte regionale Frauenmediatorinnen-Netzwerke etabliert. Heute gibt es rund ein Dutzend solcher regionaler, subregionaler und nationaler Netzwerke, die Frauen in der Friedensmediation zusammenbringen. Beispiele sind das von der Afrikanischen Union gegründete *FemWise Mediation Network*, das skandinavische Netzwerk *Nordic Women Mediators* und *Women Mediators Across the*

Commonwealth. Diese Netzwerke unterscheiden sich in ihren Strukturen und Mandaten. Sie alle entstanden jedoch als Reaktion auf den anhaltenden Ausschluss von Frauen aus Friedensprozessen und zielen darauf ab, die Stellung von Frauen in der Mediation zu stärken.[38]

Doch diese Netzwerke sind auch innerhalb der feministischen Community umstritten. Denn sie bürden Frauen auch viel Verantwortung für eine nachhaltige Änderung auf. Die Netzwerke können vielleicht dazu beitragen, Strukturen zu ändern, doch es wird viel mehr gebraucht. Wie ich schon schrieb: Es genügt nicht, Frauen oder andere politische Minderheiten lediglich an den Tisch zu bringen. Der Tisch muss zerschlagen und ein neuer gebaut werden. Inhalte und Agenden müssen erneuert werden. Es muss ein Umdenken dahingehend stattfinden, wie Friedensverhandlungen gestaltet werden, wer alles daran teilnehmen darf (nicht nur bezogen auf das Geschlecht, sondern beispielsweise auch den Status – ob also bloß die Regierung oder auch zivilgesellschaftliche Akteur:innen mitwirken dürfen) oder welche Themen besprochen werden.

Was würden wir wohl heute in Geschichtsbüchern lesen, hätte man damals auf die Feministinnen gehört und Frauen in die Friedensverhandlungen einbezogen? Hätte der Zweite Weltkrieg mit seinen Millionen Toten verhindert werden können? Welche Entwicklungen, die zu Gerechtigkeit beitragen, hätten viel früher stattgefunden? Wie weit könnte die Welt auf dem Weg zu einer friedlichen Gemeinschaft heute sein?

SEIT 1920: DAS KLEINE PFLÄNZCHEN HOFFNUNG WÄCHST

In der Zwischenkriegszeit intensivierte *WILPF* ihre Abrüstungsbemühungen. Der Zweite Weltkrieg war dann ein Desaster für *WILPF*. In den faschistischen Ländern wurde die Organisation verboten und Frauen wurden für ihre Mitgliedschaft sowie ihren Einsatz für Pazifismus, Frauenrechtsarbeit und gegen Menschenrechtsverletzungen verfolgt. Manche kamen in Konzentrationslagern ums Leben.

Als der Krieg vorbei war, wurden die *Vereinten Nationen* geboren. *WILPF* war eine der ersten NGOs mit offiziellem Beobachterstatus.* Sie war auch eine der ersten Organisationen, die sich öffentlich erschüttert über die im August 1945 über Hiroshima und Nagasaki abgeworfenen US-amerikanischen Atombomben äußerten. Ihr Einsatz gegen das nukleare Wettrüsten wurde eine der Hauptaktivitäten der Organisation, die universelle Abrüstung stets als eines ihrer Kernziele definiert hatte. Als in den 1950er-Jahren immer mehr ehemals kolonisierte Nationen ihre Unabhängigkeit zurückgewannen, solidarisierte sich *WILPF* mit diesen Ländern und vor allem mit den Frauen, die an der Spitze der dortigen Unabhängigkeitsbewegungen standen.

Ab Mitte der 1970er-Jahre gab es zahlreiche wichtige internationale Zusammenkünfte der Frauenrechtsbewegung, und unterschiedliche Initiativen wurden realisiert: 1975 fand in Mexiko-Stadt die erste *UN-Weltfrauenkonferenz* statt, im Anschluss verkündeten die *UN* die ab 1976 geltende *UN-Dekade der Frau*. 1979 wurde von der *UN*-Generalversammlung die *Konvention zur Beseitigung jeder Form von Diskriminierung der Frau (Frauenrechtskonvention, CEDAW)* verabschiedet. 1980 versammelten sich die Teilnehmenden auf der zweiten *UN-Weltfrauenkonferenz* in Kopenhagen, die dritte war 1985 in Nairobi und 1995 schließlich die vierte und wohl bekannteste Konferenz in Peking. Das

---

* Dieser Status ermöglicht, an bestimmten Treffen und Veranstaltungen teilzunehmen, aber ohne Abstimmungsrechte oder die Möglichkeit, Resolutionen einzubringen.

Abschlussdokument von Peking stellt fest, dass die Rechte der Frauen und ihre gleichberechtigte Beteiligung Menschenrechte sind. In der verabschiedeten *Beijing Platform for Action* wurden zwölf Bereiche benannt, in denen nationale Regierungen strategische Schritte zur Gleichberechtigung einleiten sollten: Armut, Bildung, Gesundheit, Gewalt gegen Frauen, bewaffnete Konflikte, Wirtschaft, Macht und Entscheidungsgewalt, institutionelle Mechanismen zur Förderung der Gleichberechtigung, Menschenrechte, Medien, Umwelt und Mädchen.[39]

Auch als im Jahr 2000 eine kleine Revolution im *Sicherheitsrat* der *Vereinten Nationen* stattfand, war dieser Erfolg der feministischen Zivilgesellschaft zu verdanken: Im Herbst 2000 verabschiedete der Sicherheitsrat einstimmig die Resolution 1325 zu *Women, Peace and Security*, die inzwischen neun Folgeresolutionen aufweist. Das war die allererste Resolution, die die Bedeutung von Frauen in Konflikten und ihren Lösungen sowie die Erfahrungen von Frauen in Kriegen thematisierte – und eine so wichtige, dass ich ihr ein eigenes Kapitel gewidmet habe.

FEMINISTISCHES VÖLKERRECHT

Das internationale Völkerrecht ist keine neumodische Erfindung. Wichtige Impulse entstanden bereits zu Zeiten der europäischen Renaissance, doch die Anfänge liegen weit vor Christi Geburt im Nahen Osten.* Jedoch wurden Konzept und Wirkung im 20. Jahrhundert bedeutend weiterentwickelt – unter anderem beginnend mit den Konferenzen in Den Haag – und als Antwort auf den Zweiten Weltkrieg beschleunigt, entscheidend durch

---

* Völkerrechtliche Verträge sind beispielsweise aus den mesopotamischen Stadtstaaten Lagash und Umma bekannt, ebenso aus dem Alten Ägypten oder zwischen souveränen griechischen Stadtstaaten.

die Gründung der *Vereinten Nationen* inklusive ihrer *Charta* (1945)* sowie der Etablierung des *Internationalen Gerichtshofs.* Weitere Meilensteine waren die Verabschiedung der *Allgemeinen Erklärung der Menschenrechte* sowie wichtiger internationaler Abkommen – allen voran der neun Kernpfeiler des Menschenrechtssystems.

Als Ende der 1980er-Jahre und Anfang der 1990er-Jahre, gegen Ende des Kalten Krieges, feministische Intellektuelle und Wissenschaftler:innen begannen, das Feld der Internationalen Beziehungen umzukrempeln, geschah Ähnliches auch in anderen wissenschaftlichen Disziplinen, unter anderem im Völkerrecht. So veröffentlichten im Jahr 1991 die Akademikerinnen Hilary Charlesworth, Christine Chinkin und Shelley Wright ihren Artikel *Feminist Approaches to International Law,*[40] der die Grundlage der intellektuellen, feministischen Auseinandersetzung mit dem internationalen Völkerrecht bildet.

In dem Artikel kritisieren sie den Andro- und Eurozentrismus des Völkerrechts und die (damalige) Unantastbarkeit des Völkerrechts gegenüber feministischer Analyse. Sie zeigen, wie notwendig eine solche für das Völkerrecht ist. »Eine feministische Analyse des Völkerrechts zeigt auf, dass wir in einer Welt leben, in der Männer aller Nationen das staatliche System genutzt haben, um wirtschaftliche und nationalistische Prioritäten zu setzen, die den männlichen Eliten dienen, während grundlegende menschliche, soziale und wirtschaftliche Bedürfnisse nicht befriedigt werden«, so Charlesworth und ihre Kolleginnen. In internationalen Institutionen sehe es nicht anders

---

* Die *Charta der Vereinten Nationen* ist ihr Gründungsvertrag. Ihre universellen Ziele und Grundsätze bilden die Verfassung der Staatengemeinschaft, zu der sich alle 193 Mitgliedsstaaten bekennen. Das Statut des *Internationalen Gerichtshofs* ist ein wesentlicher Bestandteil der *Charta.*

aus. Das ist bis heute so. Die internationale rechtliche Ordnung spiegelt die Prioritäten und Sichtweisen von weißen privilegierten Männern und stellt deren kontinuierliche Dominanz sicher. In den Hauptsubjekten des klassischen Völkerrechts – Staaten und internationale Organisationen – sind Männer überrepräsentiert, und die Exklusion von Frauen (auf Führungsebene) ist deutlich sichtbar. Des Weiteren gründet das Völkerrecht immer noch auf mächtigen Staaten, also einem Rechtssystem, das stark eurozentriert ist und zum Schutz der Interessen der mächtigen Staaten geschaffen wurde gegenüber denen, die nicht so imperialistisch waren.

Denn Völkerrecht besteht zum größten Teil aus politischen Vereinbarungen und Verträgen, die auf internationalem Parkett verhandelt werden. Politische Macht und Dominanz spielen eine wesentliche Rolle bei der Frage, worauf sich wie und in welchem Detail geeinigt wird. Ein Veto im *UN*-Sicherheitsrat von den ständigen Mitgliedern kann beispielsweise Bestimmungen und Rechtsentwicklung nahezu lahmlegen.

Das bedeutet: Unser derzeitiges internationales Rechtssystem ist, obwohl es genau diesen Anspruch zu erheben scheint, weder in seiner Entwicklung noch in seiner Umsetzung neutral. Im Gegenteil, es wurde weitgehend von Männern und für Männer entwickelt und vereinbart. Dies zeigt sich beispielsweise darin, dass – obwohl Gewalt gegen Frauen bereits 1979 durch *CEDAW** als

---

* Das Übereinkommen der *Vereinten Nationen* zur *Beseitigung jeder Form von Diskriminierung der Frau (CEDAW)* ist das wichtigste Menschenrechtsinstrument für die Rechte von Frauen. Die *Frauenrechtskonvention* wurde am 18. Dezember 1979 von der *UN-Generalversammlung* verabschiedet und trat 1981 in Kraft. Seit der Verabschiedung haben 189 Staaten, darunter Deutschland (1985), die *Frauenrechtskonvention* ratifiziert. Damit sind die Vorgaben in Deutschland innerdeutsches Recht im Rang eines Bundesgesetzes.

Menschenrechtsverletzung anerkannt wurde – erst in der *Wiener Erklärung** von 1993 Frauenrechte im weiteren Sinne als Menschenrechte und erst in den späten 1990er-Jahren SGBV (sexualisierte und geschlechtsspezifische Gewalt, die vorwiegend Frauen betrifft) als Kriegsverbrechen, Verbrechen gegen die Menschlichkeit und sogar Völkermord durch die Kriegstribunale für das ehemalige Jugoslawien *(ICTY)* und Ruanda *(ICTR)* als Straftatbestand im Völkerstrafrecht anerkannt wurden.** »Darüber hinaus hapert es am allermeisten an der Umsetzung und an dem ungleichen Zugang zu den nötigen Ressourcen, die nötig sind, solche Fälle wirklich zur Anklage zu bringen«, so die Expertin für Geschlechterfrieden und Sicherheitsfragen, Nicola Popovic. »Frauen sind da strukturell und nahezu durch die Bank weg benachteiligt, und SGBV ist außerdem extrem schwierig zu beweisen und zur Anklage zu bringen.«[41]

---

* Die *Wiener Erklärung* von 1993 ist das Abschlussdokument der *Menschenrechtsweltkonferenz* der *Vereinten Nationen* in Wien 1993. Die Erklärung und das Aktionsprogramm von Wien bildeten die Grundlage einer Resolution der *UN-Generalversammlung* vom Dezember 1993, in deren Folge das Amt der Hohen Kommissarin für Menschenrechte eingerichtet wurde. Des Weiteren war diese Abschlusserklärung bedeutsam für die Legitimation der Menschenrechte, da sich die fast vollzählig versammelten 171 Staaten zu ihren menschenrechtlichen Verpflichtungen bekannten. Denn die *Allgemeine Erklärung der Menschenrechte* von 1948 war nur von circa 57 Staaten verabschiedet worden, da es damals die meisten der heute existierenden Staaten noch nicht gab und viele heute unabhängige Länder noch unter kolonialer Fremdherrschaft standen.

** Dies ist rechtlich von Bedeutung, weil so unter *CEDAW* das Komitee als auch (im Zweifelsfall) Menschenrechtsgerichtshöfe Staaten dazu heranziehen konnten, auf Gewalt gegen Frauen angemessener zu reagieren. Seit den Neunzigern muss die Internationale Gerichtsbarkeit in extremen Fällen (bei systematischer und flächendeckender Anwendung dieser Gewalt) nicht mehr den Umweg über die Staaten nehmen, sondern kann Individuen direkt durch das Völkerstrafrecht entsprechende Täter:innen verfolgen und vor Gericht stellen. Die Rechtsprechung hat sich in dem Sinne weiterentwickelt, dass SGBV nicht mehr ein akzeptiertes Nebenprodukt von Konflikten ist, sondern einen zentralen Tatbestand von schwerer Gewalt wie Folter darstellt.

Das Recht wirkt in unsere gesellschaftlichen Beziehungen hinein. Solange sich die rechtlichen Rahmenbedingungen mit ihren patriarchalen Normen nicht ändern, wird Gleichberechtigung utopisch bleiben. Das aktuelle Rechtssystem hat eine unzureichende Situation hervorgebracht, die die ungleiche Stellung von Frauen und anderen politischen Minderheiten auf der ganzen Welt legitimiert hat, anstatt sie infrage zu stellen.

Die historische Aufteilung von Lebens- und Wirkungsbereichen in öffentlich versus »häuslich« und damit Männern versus Frauen ist ein weiterer Grund für die anhaltende patriarchale Grundstruktur des Völkerrechts. So schreiben Charlesworth, Chinkin und Wright: Die allen Gesetzen, einschließlich der internationalen Menschenrechtsnormen, zugrunde liegende Annahme ist, dass die Unterscheidung zwischen öffentlich und »häuslich« (privat) real sei. Als könnten die menschliche Gesellschaft und das menschliche Leben in zwei unterschiedliche Sphären unterteilt werden. Diese Spaltung sei ein ideologisches Konstrukt, das Frauen von öffentlicher und politischer Macht ausschließe und dieses Vorgehen zum vernunftgemäßen Prinzip erkläre. Sie ermögliche auch die Aufrechterhaltung repressiver Kontrollsysteme über Frauen: Frauen sind – trotz anderslautender Behauptungen von Männern, die mit dieser Beschränkung ihre Schutzaufgabe verwirklicht sehen – im »Häuslichen« (Privaten) von genau jenem Schutz ausgeschlossen, den Akteure in den öffentlichen Räumen durch Menschenrechtsgarantien genießen.

Die eben angesprochenen Menschenrechtsgarantien und Menschenrechte nehmen eine besondere Rolle im Völkerrecht ein. Das internationale Menschenrechtssystem ist Teil des internationalen Völkerrechts und unterscheidet sich vom »klassischen« Völkerrecht, da der Hauptbezugspunkt der Schutz der Rechte des Einzelnen und nicht der Staaten ist: Der Staat trägt die Verantwortung für die Achtung, den Schutz und die Erfüllung der Verpflichtungen, die sich aus der Ratifizierung der Menschenrechtsinstrumente ergeben. Menschenrechte stellen die Staatszentriertheit des Völkerrechts infrage (auch wenn Staaten das Herz des Völkerrechts bleiben, da diese weiterhin internationale Menschenrechtsverträge abschließen und umsetzen müssen). Das ist eine Errungenschaft, da durch die Menschenrechtsgesetzgebung Menschen – und menschliche Sicherheit – wichtiger im historisch staatenzentrierten Völkerrecht wurden. Auch können dadurch Staaten zur Verantwortung gezogen werden, wenn sie beispielsweise Frauen nicht ausreichend vor Gewalt schützen. Regionale Durchsetzungsmechanismen ermöglichen eine Rechenschaftspflicht, wenn Gerichte eingerichtet wurden. Eine Grenze gibt es: Die Rechenschaftspflicht im Rahmen der verschiedenen Vertragsorgane ist begrenzt, denn Staaten können zwar aufgefordert werden, Maßnahmen zur Behebung von Verstößen zu ergreifen, dies kann jedoch von der internationalen Gemeinschaft nicht durchgesetzt werden.

Zwar gab es in den letzten Jahren und Jahrzehnten eine fortschrittliche normative Entwicklung hin zu mehr Rechten für Frauen, LGBTQI*, Indigenen und anderen politisch unterrepräsentierten Gruppen. Doch diese Menschenrechtsabkommen werden oft nicht oder nur mangelhaft umgesetzt. Staaten weigern sich zu oft, Überprüfungen zuzulassen, oder ignorieren, wenn sie zur Durchsetzung der Menschenrechte durch internationale Menschenrechtskommissionen, Kommissare oder gar Gerichtshöfe aufgefordert werden. Völkerrecht und damit auch Menschenrechtsabkommen bedürfen der Zustimmung von Staaten (Ratifizierung), um innerhalb ihrer Jurisdiktion gültig zu sein. Staaten können allerdings auch sogenannte *Reservations* – Vorbehalte – gegen bestimmte Klauseln internationaler Abkommen einbringen; dadurch sind diese Punkte dann nicht vorbehaltlos gültig im eigenen Land. Die Frauenrechtskonvention *CEDAW* ist übrigens das Abkommen, gegen das Staaten die meisten *Reservations* haben. Dies zeigt, wie hochkontrovers selbst die fundamentalen Rechte von Frauen bis heute sind.

Wir mögen also auf gutem Weg sein, aber festzuhalten bleibt: Im Völkerrecht hat bisher kein ausreichender transformativer Wandel stattgefunden. Feministische Forschung nimmt in der Völkerrechtswissenschaft immer noch einen Nischenstatus ein. Nur 2,3 Prozent der völkerrechtlichen Zeitschriftenartikel hatten in den 2000er-Jahren einen feministischen Ansatz, und noch weniger waren es zwischen 2010 und 2016.[42]

MENSCHENRECHTSABKOMMEN DER UN

Ein kurzer Exkurs zu den Quellen des internationalen Völkerrechts und seinen Verpflichtungen.

Auf internationaler Ebene hat Deutschland die folgenden acht von neun *UN*-Menschenrechtsabkommen ratifiziert,[43]* die den für Deutschland geltenden Menschenrechtsrahmen bilden:**

- das Internationale Übereinkommen zur Beseitigung jeder Form von Rassendiskriminierung (*International Convention on the Elimination of All Forms of Racial Discrimination, ICERD*),
- den Internationalen Pakt über bürgerliche und politische Rechte (*International Covenant on Civil and Political Rights, ICCPR*), auch als Zivilpakt bekannt,

---

*   Deutschland hat bislang nicht die Internationale Konvention zum Schutz der Rechte aller Wanderarbeitnehmer und ihrer Familienangehörigen (ICMW) ratifiziert.

**   Die Verträge sind in der Reihenfolge genannt, wie sie international in Kraft traten.

- den Internationalen Pakt der Vereinten Nationen über wirtschaftliche, soziale und kulturelle Rechte (*International Covenant on Economic, Social and Cultural Rights, ICESCR*),
- das Übereinkommen zur Beseitigung jeder Form von Diskriminierung der Frau (*Convention on the Elimination of All Forms of Discrimination Against Women, CEDAW*), auch als Frauenrechtskonvention bekannt,
- das Übereinkommen gegen Folter und andere grausame, unmenschliche oder erniedrigende Behandlung oder Strafe (*Convention against Torture and Other Cruel, Inhuman or Degrading Treatment or Punishment, CAT*),
- das Übereinkommen über die Rechte des Kindes (*Convention on the Rights of the Child, CRC*), auch als Kinderrechtskonvention bekannt,
- das Übereinkommen der Vereinten Nationen über die Rechte von Menschen mit Behinderungen (*Convention on the Rights of Persons with Disabilities, CRPD*), auch bekannt als Behindertenrechtskonvention,
- das Übereinkommen zum Schutz aller Personen vor dem Verschwindenlassen (*International Convention for the Protection of All Persons from Enforced Disappearance, CPED*), auch als Konvention gegen Verschwindenlassen bekannt.

Nicht nur eine bloße Anerkennung durch Unterschrift, sondern eine formelle Ratifizierung ist entscheidend im Völkerrecht, denn erst dadurch wird internationales Menschenrecht für einen Staat rechtlich bindend und verpflichtet ihn zur Achtung, zum Schutz und zur Erfüllung der in diesen Verträgen dargelegten Rechte gemäß Artikel 13 der Wiener Vertragsrechtskonvention von 1986.

Neben diesen zustimmungspflichtigen Pflichten ist Deutschland auch an das Völkergewohnheitsrecht gebunden, das für alle Staaten auch unabhängig von deren Zustimmung und Ratifizierung gilt – dazu zählt u. a. die *Allgemeine Erklärung der Menschenrechte* (*Universal Declaration of Human Rights, UDHR*). Außerdem sind die Resolutionen des *UN-Sicherheitsrats* nach Kapitel VII der *UN-Charta* für die Staaten bindend.* Die Klauseln in den meisten Resolutionen zu *WPS* (*Frauen, Frieden und Sicherheit*) verwenden jedoch eine nicht verbindliche Sprache, was die Einhaltung erschwert. Eine von der *UN-Generalversammlung* ausgesprochene Deklaration ist per se zunächst rechtlich nicht verpflichtend – sie kann aber zum Gewohnheitsrecht werden oder die Grundlage von Sicherheitsratsresolutionen bilden und damit rechtlich bindend werden.**

Christine Chinkin – eine der Mütter des feministischen Völkerrechts – betonte erst kürzlich bei einer *CFFP*-Veranstaltung, völkerrechtliche Fortschritte auf diesem Gebiet gebe es zwar, aber doch zu wenige, als dass grundlegende Strukturen

---

* Tatsächlich ist die Thematik etwas komplexer. Es gibt einige Rechtsgelehrte, die behaupten, dass nur Resolutionen nach Kapitel VII verbindlich seien. Andere würden behaupten, dass jeder Beschluss des Sicherheitsrats für die Mitgliedsstaaten rechtlich bindend ist, unabhängig davon, ob im Text der Resolution ausdrücklich auf Kapitel VII verwiesen wird oder nicht. Die Schlüsselfrage, um festzustellen, ob eine bestimmte Bestimmung einer Sicherheitsratsresolution für die Mitgliedsstaaten rechtlich bindend ist (d. h., ob es sich um einen »Beschluss« des Sicherheitsrats handelt), einschließlich des spezifischen Adressaten der Resolution, ist, ob der Sicherheitsrat sich dafür entschieden hat, in der Resolution Worte zu verwenden, die auf seine Absicht hinweisen, eine rechtlich bindende Verpflichtung zu schaffen (dies geschieht in der Regel – wenn auch nicht unbedingt ausschließlich – in Resolutionen nach Kapitel VII).

** Jedoch ist es so, dass meist Resolutionen des *UN-Sicherheitsrates (UNSCR)* zwar theoretisch für Staaten rechtlich bindend sind, es aber keinen Durchsetzungsmechanismus gibt. Dadurch sind die Resolutionen zahnlose Tiger – sogenanntes »Soft Law«.

herausgefordert würden.[44] Wichtige Bausteine wie Vertragsaus-
legung, Regeln zu Gerichtsbarkeit, Annahmen und Regeln zu
Souveränität, Regeln zur staatlichen Verantwortung und grundlegende Grundstrukturen des Völkerrechts würden kaum beleuchtet. Veränderungen seien in spezialisierten Bereichen des
Völkerrechts, wie dem internationalen Menschenrechtssystem,
dem Völkerstrafrecht (internationales Strafrecht) oder dem internationalen Umweltrecht zu erkennen. So wurden etwa die Kriminalisierung sexualisierter Gewalt und die Menschenrechte von
Frauen vorangebracht. Doch das geschieht, ohne sich das System
dahinter anzuschauen und dagegen anzugehen – denn SGBV und
auch besonders *Conflict-related Sexualised Violence* sind Ausdruck
von Geschlechterhierarchien und Geschlechterungerechtigkei-
ten, die das Völker(straf)recht nicht angehen kann, weil sie keine
strafrechtlichen Verbrechen per se sind.[45]

Frauenrechte sind also sicherlich ein feministischer Fortschritt
im Völkerrecht. Aber das reicht natürlich bei Weitem nicht. Macht
muss in allen Bereichen untersucht und neu justiert werden. Obwohl Völkerrecht traditionell das Recht für und von Staaten ist,
haben sich über die Jahre und Jahrzehnte immer öfter zivilgesellschaftliche Bewegungen engagiert und neue Entwicklungen im
Völkerrecht angeregt. So war es der Fall beim Verbot von Antipersonenminen *(Ottawa-Konvention, Anti-Personnel Mine Ban Convention)*, wofür die Feministin Jody Williams den Friedensnobelpreis
erhielt, beim *Atomwaffenverbotsvertrag*, für den die Aktivist:innen
rund um die Kampagne *International Campaign to Abolish Nuclear
Weapons* den Friedensnobelpreis verliehen bekam, oder bei der
Behindertenrechtskonvention (CRPD). Jeweils haben hier Mitglieder
der Zivilgesellschaft ein Problem erkannt, Koalitionen und Bewegungen gebildet, einen Vertragsentwurf verfasst und Schritt
für Schritt Staaten für ihr Anliegen gewonnen, bis die angestrebte
Regelung als internationales Völkerrecht realisiert wurde.

Im intersektionalen Feminismus und bei seinen Zielen, Dekolonialisierung voranzutreiben und den Eurozentrismus im Völkerrecht abzuschaffen, spielen außerdem regionale Menschenrechtsübereinkommen eine große Rolle: Das *Maputo-Protokoll der Afrikanischen Menschenrechtscharta* von 2003 über die Rechte von Frauen in Afrika ist beispielsweise progressiver als *CEDAW* und resultiert aus der Arbeit von Frauen des afrikanischen Kontinents.

Akila Radhakrishnan, Präsidentin des in New York ansässigen *Global Justice Center*, sagte bei dem von *CFFP* organisierten Event zu feministischem Völkerrecht: »Ziehe Bestätigung aus all den Momenten, in denen du Widerstand provozierst. Genau das ist der Punkt, an dem du weißt, dass du die richtigen Knöpfe drückst.«[46] Sie bezog das etwa auf ihre Erfahrungen zu sexueller und reproduktiver Gesundheit in bewaffneten Konflikten und ihre Ausgestaltung im humanitären Völkerrecht, bei der sie viel Gegenwind verspürte und eine große Kontroverse auslöste. Denn das *Global Justice Center* arbeitet unter anderem darauf hin, dass Staaten sich verpflichten müssen, für die medizinische Versorgung wie die Durchführung von Schwangerschaftsabbrüchen in Vergewaltigungsfällen als Bestandteil des humanitären Völkerrechts aufzukommen. Die Ablehnung solcher Initiativen durch viele zeigt vor allem eins: So ist es, wenn Strukturen von Menschen geschaffen werden, die bestimmte Lebenserfahrungen sehr wahrscheinlich nicht machen und sich daher davon nicht bedroht fühlen.* Diese Lebenserfahrungen werden ignoriert, und die Versuche, veraltete Strukturen zu ändern, werden bekämpft.[47]

Angesichts der anhaltenden transnationalen Herausforderungen wie der Covid-19-Pandemie, dem globalen Angriff auf

---

* Denn auch Frauen, die nie sexualisierte Gewalt erfahren haben, fürchten diese jedoch ein Leben lang – anders als Männer.

Frauenrechte und Rechte von LGBTQI* sowie dem Klimanotstand braucht die Welt dringend ein reaktionsfähiges, intersektionales feministisches internationales Rechtssystem. Dieses muss die gelebte Erfahrung gefährdeter und diskriminierter sozialer Gruppen wie Frauen anerkennen, indem deren Lebensrealität als Ausgangspunkt für die Gesetzgebung begriffen wird. Doch bis heute hat nicht mal *einer* der Staaten mit Feministischer Außenpolitik sich dezidiert und umfänglich mit feministischen Analysen des Völkerrechts beschäftigt. Wichtige internationale feministische Übereinkommen (wie *CEDAW*, *WPS* oder die *Pekinger Aktionsplattform*) bilden zwar meist die Grundlage nationaler Feministischer Außenpolitiken, aber ich sehe dort keinen Willen, Völkerrecht aus einer feministischen Perspektive weiterzudenken. Internationale Gerechtigkeit kann nur dann erreicht werden, wenn rechtliche Grundlagen ein gerechtes Rahmenwerk dafür schaffen.

FAZIT: DIE SCHULTERN DER RIESINNEN

Die feministischen Fortschritte in der Nachkriegszeit gehen wesentlich auf mutige und außergewöhnliche Aktivistinnen zurück. Was ihr Engagement bedeutete, wird klar, wenn man weiß, mit welchen persönlichen Einschränkungen Augspurg, Heymann, Addams, Greene Balch und andere ihren Kampf gegen das Patriarchat bezahlten.

Beginnen wir mit den amerikanischen Feministinnen: Mit dem Kriegseintritt der USA im April 1917 änderte sich das innenpolitische und gesellschaftliche Klima in den Vereinigten Staaten – plötzlich galten die vertretenen friedensfördernden Positionen als unpatriotisch und unamerikanisch. Jane Addams und Emily Greene Balch wurden in der Folge zu Gegnerinnen des Staates erklärt, Emily Greene Balchs Name tauchte auf amtlichen Listen sogenannter »Subversiver« auf, 1918 wurde sie schließlich als Professorin am Wellesley College entlassen.

Als im Januar 1919 der US-militärische Geheimdienst eine Liste mit 62 Namen »gefährlicher, destruktiver und anarchistischer Individuen« an den Senat leitete, standen auch Emily Greene Balch und Jane Addams darauf. Ein Bericht des US-Geheimdienstes von 1920 über »revolutionären Radikalismus« erwähnte die beiden explizit und bezeichnete sie als Agentinnen des imperialen Deutschlands und der Sowjetunion. Denn sie hatten sich gegen den Kriegseintritt der USA 1917 positioniert.[48] Auf dem europäischen Kontinent sah es nicht viel besser aus: Lida G. Heymann wurde 1917 wegen »pazifistischer Umtriebe« aus Bayern ausgewiesen; ihr gelang es jedoch, bis zum Kriegsende in München unterzutauchen. 1923 wurde WILPF als subversiv eingestuft.[49] Ebenso wie Heymann musste auch Anita Augspurg immer wieder Ausweisungen, Verbote und Hausdurchsuchungen über sich ergehen lassen. Beispielsweise konnte das Paar im Frühjahr 1933 nicht von einer Winterreise durch Mittelmeerländer in seine Münchner Wohnung zurückkehren. »Ihre Namen standen seit 1923 bei den Nationalsozialisten auf der Liste der zu liquidierenden Personen. Von ihrem Besitz blieben ihnen nur der Inhalt von vier Reisetaschen. [...] Der schmerzlichste Verlust, schreibt Heymann in ihren Memoiren, war der Verlust des gesamten Materials der Frauenbewegung und der umfangreichen Bibliothek mit Goetheausgaben von 1832 und 1932.«[50] Denn die Nazis zerstörten ihr umfangreiches Frauenarchiv und ihren gesamten Nachlass.[51]

Erst einige Jahre später wendete sich das Blatt: Jane Addams erhielt 1931 als erste US-Amerikanerin den Friedensnobelpreis »für ihr eifriges Bemühen, das Ideal des Friedens wiederzubeleben und den Geist des Friedens in ihrer eigenen Nation und in der gesamten Menschheit neu zu entfachen«[52]. Im Jahr 1946 wurde Emily Greene Balch als zweiter US-Amerikanerin der Friedensnobelpreis »für ihren Mut, ihre Klarsicht und ihren Einsatz für die Menschen, unabhängig von Rasse, Religion, Klasse, Geschlecht und Nationalität«, verliehen.[53] Doch die Ausgrenzungen hielten an, und weder Präsident Harry S. Truman noch ein anderes Mitglied der US-Regierung gratulierten Greene Balch.[54]

Es ist unermesslich, was das für die Frauen bedeutet haben muss: sich für mehr Gerechtigkeit in unserer Gesellschaft einzusetzen und dafür auf höchster politischer Ebene derart ausgegrenzt und bekämpft zu werden. Tatsächlich aber ist genau das weiterhin tägliche Realität für Menschenrechtsverteidiger:innen weltweit.

Ich selbst kenne zwar die Versuche, mich durch *Hate Speech*, Gewaltfantasien und sogar -androhungen zum Schweigen zu bringen. Und diese Versuche kommen immer wieder – das macht mich wütend und ist frustrierend. Doch lebe ich privilegiert im Deutschland des 21. Jahrhunderts, all meine Erlebnisse verblassen neben dem, was meine feministischen Vorkämpferinnen und Mitkämpferinnen in anderen Staaten ertragen mussten und müssen. Welche Last sie auf ihren Schultern getragen haben und tragen müssen!

Umso schwerer ist es nachvollziehbar für mich, wie wenig wir als Gesellschaft die großen historischen Frauen schätzen und an sie und ihr Wirken erinnern. Christian Ritz berichtet in seinem biografischen Text über Emily Greene Balch folgende Begebenheit: *WILPF* organisierte im November 1996 eine Gedenkfeier anlässlich des 50. Jahrestages der Verleihung des Friedensnobelpreises an Greene Balch am Wellesley College.[55] Doch, oh Wunder, kaum eine Studentin oder Dozentin kannte die Friedensnobelpreisträgerin, die 100 Jahre zuvor dort gelehrt hatte. Wie viel lernen wir alle über Männer und deren Heldentaten – und wie wenig über Frauen und vor allem Feministinnen. Feministisch denkenden und agierenden Frauen entgeht so die Möglichkeit, darauf aufzubauen, was bereits gedacht, formuliert und erreicht wurde – und führt dazu, wie Audre Lorde es beschreibt, ständig das Rad neu erfinden zu müssen. Und Alice Schwarzer erinnert sich in ihrem Vorwort für *Die Rebellion ist eine Frau*: »Als wir jungen Feministinnen Anfang der siebziger Jahre wieder einmal für die alten Forderungen auf die Straße gingen, da hielten wir die für neu. Wir dachten, wir sind die ersten und wir fingen – wieder einmal – bei null an. Statt uns auf die Schultern unserer Vorgängerinnen zu stellen, um endlich weiterblicken zu können.« Sie fährt fort: »Denn leider war inzwischen die erste deutsche Frauenbewegung fast vollkommen in Vergessenheit geraten.«[56] Und Balch, Addams, Augspurg oder Heymann hätten wiederum von dem Wissen profitiert, dass Feministinnen wie Olympe de Gouges, Bertha von Suttner oder Simone de Beauvoir bereits für ähnliche Themen gekämpft haben.

Aktivistinnen wie die hier genannten konfrontierten die Gesellschaft an der Wende vom 19. zum 20. Jahrhundert mit radikalen Forderungen. Akademikerinnen wie J. Ann Tickner, Chandra Mohanty oder Cynthia Enloe* zerlegten die Altherrentheorien der Politikwissenschaft ab den späten 1980ern. Und irgendwann trugen Politiker:innen diese Ideen in Parlamente und Ministerien. So kam es, dass nach Schweden auch Kanada, Frankreich, Mexiko, Luxemburg, Spanien und Libyen Feministische Außenpolitiken und Diplomatien verkünden konnten.

Die Geschichte, die ich hier erzähle, ist natürlich nicht die vollständige Wahrheit. Dafür tragen viel zu viele Vorgänge, Geschehnisse und Erfahrungen zu Sachverhalten und Entwicklungen bei. Erst all die Geschichten aus fern und nah, aus Vergangenheit und Gegenwart erklären, dass es heute sieben Staaten weltweit mit einer offiziell Feministischen Außenpolitik gibt.

---

* Ein Porträt über Cynthia Enloe findet sich auf Seite 226.

Ich hoffe, diese unerzählten Geschichten werden noch aufgeschrieben und weit verbreitet. Doch Worte allein genügen nicht, wir müssen auch handeln. Wir haben den Auftrag, auf bereits Erkämpftes aufzubauen. Dort weiterzumachen, wo andere aufgehört haben oder aufhören mussten. Das ist die wichtigste Form der Anerkennung.

CHANDRA MOHANTY:
»MEINE LOYALITÄT GALT NIE EINER INSTITUTION.«

Die Professorin und Autorin Chandra Mohanty bezeichnet sich als »Scholar Activist« – Wissenschaftlerin und Aktivistin zugleich. Sie kritisiert damit den Umstand, dass Wissen in primär akademischen und institutionellen Kontexten entsteht sowie wirkt und allzu oft getrennt von den Leben und Kämpfen seiner Subjekte verstanden wird. Aktivismus schafft Chandra zufolge eine andere Art des Wissens, die ebendiese Kämpfe, Machtbeziehungen und Realitäten des alltäglichen Lebens der betroffenen Individuen in den Vordergrund stellt. Aktivismus aktiviert bestimmte kritische Denk- und Wissensformen über Gerechtigkeit.

Für Chandra ist Feminismus (insbesondere antikolonialistischer und antirassistischer Feminismus) essenziell, da er Geschlecht und Sexualität bei der Frage, wie wir Staaten, Gesellschaften und soziale Beziehungen verstehen, in den Mittelpunkt stellt. Weiterhin sorgt Feminismus dafür, den Einfluss politischer Entscheidungen auf die am stärksten marginalisierten Gruppen in den Blick zu nehmen. In manchen Staaten werden Menschen beispielsweise durch Wahlrechtsentzug und Masseninhaftierung kategorisiert, marginalisiert und ihrer gesellschaftlichen Existenz beraubt.

Chandra betont die Notwendigkeit eines transnationalen Feminismus, der das Lokale mit dem Globalen über Staatsgrenzen hinaus verbindet. Staatsgrenzen sind das Produkt von Kolonialismus und Imperialismus. Sie hat sehr oft zu hören bekommen, eine Dekolonialisierung habe bereits stattgefunden – Länder hätten sich von kolonialer Herrschaft befreit und seien nun selbstbestimmt. Dieses Verständnis des Kolonialismus greift zu kurz, so Chandra. Denn Kolonialismus sei immer noch verwurzelt in den grundlegenden Strukturen unserer Gesellschaft, den Psychen und der Geschichte, die wir lehren und lernen. Zentral für eine Feministische Außenpolitik ist für Chandra, die Geschichte des Kolonialismus und Kapitalismus mit der geschlechts- und hautfarbenspezifischen Marginalisierung von Menschen zu verbinden. Gerechtigkeit sei stets vom Standpunkt der am stärksten marginalisierten Gruppen aus zu denken.

Es gibt viele Einflüsse, die prägend für Chandras aktivistische Forschung waren: zunächst ihr Aufwachsen in Indien und ihre eigene Erfahrung eines kolonialistischen Bildungssystems in Nigeria. Weiterhin vor allem die Gemeinschaft feministischer Aktivist:innen, die sie in ihren Zwanzigern mitaufbaute.

Zu Chandras Lieblingsautor:innen zählen Toni Morrison, Arundhati Roy, Angela Davis, Silvia Federici, Louise Erdrich, Leslie Feinberg und Cherríe Moraga.

6 FEMINISTISCHER AKTIVISMUS: DIE UN-RESOLUTION 1325

> *Who is heard and who is not*
> *defines the status quo.*
>
> REBECCA SOLNIT

IM UN-SICHERHEITSRAT

An einem sonnigen Märztag des Jahres 2017 gab ich mein Debüt als Zuhörerin im Sicherheitsrat der *Vereinten Nationen*. Ich arbeitete gerade bei *UNDP*, und eigentlich hatte ich genug Arbeit auf meinem Schreibtisch liegen. Doch als einige Kolleg:innen und ich hörten, welch prominente Rednerin an diesem Tag vor dem *UN-Sicherheitsrat* sprechen würde, hielt mich nicht mehr viel an meinem Schreibtisch. Daher wurde ich Zeugin einer exzellenten Rede einer sehr beeindruckenden Frau: Amal Clooney, die bekannte Menschenrechtsanwältin. Sie warf den Mitgliedern des Sicherheitsrates vor, sie täten nicht genug, um die Verbrechen der IS-Terroristen im Irak zu sühnen. Sie sprach gemeinsam mit der späteren Friedensnobelpreisträgerin Nadia Murad, einer Überlebenden des vom Islamischen Staat (IS) verübten Genozids an den Jesid:innen im Irak.

Dass beide diese Bühne und Redezeit bekamen, lag natürlich auch an dem großen Ansehen, das die beiden Frauen weltweit genießen. Noch zwanzig Jahre früher wäre der Auftritt insbesondere von Nadia Murad nahezu ausgeschlossen gewesen, denn Frauen und andere politische Minderheiten sowie ihre Lebenserfahrungen und Bedürfnisse haben in der über 75-jährigen Geschichte der *UN* und ihres Sicherheitsrates kaum eine Rolle gespielt. Der Sicherheitsrat ist historisch ebenso ein Boys-Club wie die Außen- und Sicherheitspolitik im Allgemeinen.

Der Sicherheitsrat der *Vereinten Nationen* in New York City ist laut Artikel 24 der *UN-Charta* das Gremium, das hauptverantwortlich für die Wahrung des Weltfriedens und der internationalen Sicherheit ist. Er hat 15 Mitglieder: Neben den fünf ständigen Mitgliedern mit Vetorecht – die *Permanent 5 (P5)* – werden zehn weitere Staaten von der *UN*-Generalversammlung jeweils für zwei Jahre in das Gremium gewählt.

Die *P5* stehen für Ideologien, die unterschiedlicher nicht sein könnten – (il)liberale Demokratie und Kapitalismus treffen auf Autoritarismus. Dadurch gibt es kaum Einigkeit zwischen den *P5*, immer häufiger wird das Vetorecht angewendet. Russland legt zum Beispiel oft sein Veto gegen Resolutionen ein, die von den USA eingebracht werden – und umgekehrt. Dies paralysiert den Sicherheitsrat und erschwert effektives gemeinsames Handeln. Vetos haben beispielsweise Maßnahmen zur Bewältigung humanitärer Katastrophen blockiert und die Konfliktlösungen in Bosnien-Herzegowina, Palästina, Syrien und Jemen eingeschränkt. Die Unfähigkeit und Ineffektivität des Sicherheitsrats schwächen seine internationale Glaubwürdigkeit. Dies führt dazu, dass seine Beschlüsse – sollten sie ohne ein Veto durchgebracht werden – immer seltener beachtet werden. Zum Beispiel wird das seit zehn Jahren gültige Waffenembargo des *UN*-Sicherheitsrats gegen Libyen regelmäßig ignoriert, sodass *UN*-Expert:innen im Frühjahr 2021 in einem Bericht das Waffenembargo gegen Libyen als vollkommen wirkungslos bezeichneten.[*1]

---

* Deutschland liefert beispielsweise Waffen an Jordanien, das unter Umgehung des Embargos Waffen nach Libyen liefert, vgl. Quellen-Fußnote.

Eine große Schwachstelle ist ferner, dass die Zusammensetzung des Sicherheitsrats die geopolitischen Machtverhältnisse von 1945 widerspiegelt, indem die Siegermächte des Zweiten Weltkriegs zu den permanenten Mitgliedern gemacht wurden. Unter den *P5* gibt es keine Vertretung Lateinamerikas, Afrikas oder Südasiens, wodurch eine Legitimitätslücke entsteht. Durch das Vetorecht können die *P5*, obwohl sie gemeinsam nur 8 Prozent der *UN*-Mitgliedstaaten repräsentieren, Entscheidungen treffen, die für alle gelten sollen. Die immer wieder angestoßenen Reformüberlegungen konnten bislang nicht durchgesetzt werden. Seit über einem Jahrzehnt versucht eine zwischenstaatliche Gruppe innerhalb der *UN*, einen Reformvorschlag auszuarbeiten.[2]

Um Beschlüsse durchzusetzen, verfügt der Sicherheitsrat über unterschiedliche Mittel, die durch Abstimmung zu bindenden Resolutionen werden können. Dazu zählen beispielsweise Sanktionen, humanitäre Interventionen im Sinne der Schutzverantwortung *(Responsibility to Protect, R2P)* und der Einsatz von *Peacekeeping*-Truppen, also *UN*-Friedenstruppen (»Blauhelme«). Am besten würde auf weltweit nachhaltigen Frieden hingewirkt, wenn eine in Artikel 26 der *UN-Charta*[3] festgehaltene Verpflichtung des Sicherheitsrates tatsächlich umgesetzt würde: nämlich Rüstungskontrolle.

Artikel 26
Um die Herstellung und Wahrung des Weltfriedens und der internationalen Sicherheit so zu fördern, dass von den menschlichen und wirtschaftlichen Hilfsquellen der Welt möglichst wenig für Rüstungszwecke abgezweigt wird, ist der Sicherheitsrat beauftragt, (...) Pläne auszuarbeiten, die den Mitgliedern der Vereinten Nationen zwecks Errichtung eines Systems der Rüstungsregelung vorzulegen sind.[4]

Dieser Artikel ist völlig unvereinbar mit einer Realität, in der die Vetomächte gemäß dem *Vertrag über die Nichtverbreitung von Kernwaffen (NVV)* die fünf Staaten sind, die Atomwaffen besitzen dürfen (vier weitere Staaten – Israel, Nordkorea, Pakistan und Indien – besitzen ebenfalls Nuklearwaffen). Die Pflicht zur Rüstungskontrolle beißt sich auch mit einer Realität, in der alle fünf ständigen Mitglieder des *Sicherheitsrates* Milliarden an Waffenexporten verdienen und zu den größten Waffenexporteuren der Welt gehören.[5]

Es ist hochproblematisch, dass Rüstungskontrolle oder auch Abrüstung oft gegen das ebenfalls in der *UN-Charta* festgeschriebene Recht auf Selbstverteidigung (Artikel 51) ausgespielt und also völlig missverstanden wird. Das Recht auf Selbstverteidigung wird dafür genutzt, Staaten auf der ganzen Welt mit Waffen auszustatten. Der in Artikel 26 formulierte Auftrag der Rüstungskontrolle an den Sicherheitsrat wird ignoriert. Abrüstung soll so erfolgen, dass Staaten mittels Waffen die interne Ordnung und Sicherheit gewährleisten können. Als ob Sicherheit nur durch Waffen garantiert werden kann! In diesem patriarchalen Verständnis steht durch Waffen geschaffene staatliche Sicherheit weiterhin über der Sicherheit von Menschen – ein Kernkritikpunkt feministischer Analysen zur Außenpolitik und internationalen Sicherheitsarchitektur. Die Sicherheit von Menschen – und nicht die Absicherung staatlicher Terrains – muss im Mittelpunkt politischer Entscheidungen stehen.

Für Feminist:innen wie Madeleine Rees* und Ray Acheson von *WILPF* ist die *UN-Charta* nicht ausreichend dafür ausgelegt, ihr eigentliches Ziel zu erreichen, nämlich Frieden und Sicherheit zu schaffen und zu wahren. Stattdessen sorgt sie dafür, dass militaristische Strukturen aufrechterhalten bleiben und ein Klima erzeugt

---

*   Ein Porträt über Madeleine Rees findet sich auf Seite 395.

wird, in dem wir die *Vereinten Nationen* überhaupt erst brauchten. Rees und Acheson zufolge versäumte es die *Charta*, »die institutionellen Strukturen und philosophische oder intellektuelle Ansätze zur Verhinderung von Krieg und Bewaffnung zu schaffen und zu entwickeln«.[6] Militarisierte Strukturen – geschaffen durch per *UN-Charta* akzeptierte Aufrüstung, Waffenproduktion und Rüstungsexporte – begünstigen Konflikte und Kriege, die dann wiederum Waffen und militarisierte Strukturen verlangen. Nur wenn wir uns endlich auf menschliche und feministische Sicherheit konzentrieren, kann dieser Teufelskreis durchbrochen werden.

Die ehemalige US-amerikanische *UN*-Botschafterin Samantha Power schreibt in ihrem Buch *The Education of an Idealist* über die Notwendigkeit, sich trotz dieser Schwierigkeiten und Einschränkungen in der Institution *UN* aktiv für Menschenrechte einzusetzen. Wandel innerhalb von Institutionen und Systemen zu schaffen sei stets ein langwieriger, frustrierender Prozess. Doch es könne kein Fortschritt erzielt werden ohne diejenigen, die sich trotz der Widerstände unbeirrt und unermüdlich für ihre Werte und Ideale einsetzen. Power wurde von der Arbeit des polnisch-jüdischen Juristen und Friedensforschers Raphael Lemkin ermutigt. Er hatte trotz aller Widerstände und Rückschläge 1947 die Grundlage für die *Konvention gegen Völkermord* geschrieben, die ein Jahr später fast unverändert und einstimmig beschlossen wurde. Statt den Sicherheitsrat komplett aufzugeben, muss die Weltgesellschaft sich kritisch mit seinen Werten und Zielen auseinandersetzen. Nur so kann ein zukunftsfähiger Sicherheitsrat entstehen, der den Herausforderungen des 21. Jahrhunderts effektiv und langfristig begegnen kann.

Feminist:innen versuchten genau das seit Jahrzehnten: den Sicherheitsrat zukunftsfähig zu machen. Mit der *Sicherheitsrats-resolution 1325* im Jahr 2000 und der darauf folgenden Agenda für *Women, Peace and Security (WPS)* ist ihnen das teilweise gelungen.

Denn vor allem dann, wenn entsprechende Reformen nicht von innen eingeleitet werden, kann zivilgesellschaftlicher Druck von außen den nötigen Wandel bewirken. Mein Team und ich versuchen beides gleichzeitig: Wandel von außen durch Kampagnen und Advocacy-Arbeit, aber auch durch Beeinflussung von innen, beispielsweise durch Beratung politischer Institutionen wie im Auswärtigen Amt. Wir glauben, dass deutliche, aber konstruktive Kritik von außen und Unterstützung für bestehende Strukturen, auch von innen heraus, gleichzeitig bestehen und wirken können und sollen.

DIE IDEE EINES FEMINISTISCHEN SICHERHEITSRATS

Im Jahr 2018 veröffentlichte *WILPF* eine bemerkenswerte Publikation: *Towards a Feminist Security Council,* also hin zu einem feministischen *UN-Sicherheitsrat.* Die Autorinnen argumentieren, dass es nicht ausreiche, auf aktive Konflikte lediglich mit Sanktionen, Interventionen oder anderen repressiven Einzelmaßnahmen zu reagieren. Stattdessen müsse der Sicherheitsrat seinen in der *UN-Charta* verankerten Auftrag, für internationalen Frieden und Sicherheit zu sorgen, aufrichtig ausführen. Er solle nachhaltigen und wirklich demokratischen Frieden sowie eine Gesellschaft schaffen, in der alle Menschen sicher sind. Das würde am besten mit lokaler Expertise von Frauen und Feminist:innen vor Ort in den betroffenen Gebieten gelingen. So fordern die Autorinnen, dass der Sicherheitsrat seine Zusammenarbeit mit feministischer Zivilgesellschaft ausbaut. Beispielsweise sollen mehr Frauen und Akteur:innen feministischer Zivilgesellschaft regelmäßig als Sachverständige im Sicherheitsrat auftreten und ihre Analysen, Expertise und Empfehlungen vom Sicherheitsrat aufgenommen werden. Als erste:r Vertreter:in der Zivilgesellschaft sprach am 2. Dezember 2016 Victoria Wollie, nationale Koordinatorin in Liberia für das

West Africa Network for Peacebuilding, vor dem Sicherheitsrat. Dass im Falle Liberias so spät auf eine lokale geografische Einschätzung gehört wurde, sagt viel über die historische Geringschätzung zivilgesellschaftlicher Expertise aus.[7] Seit 1992 hält der Sicherheitsrat jedoch auch sogenannte *Arria-Formel*-Sitzungen.* Diese außerordentlichen Sitzungen können auf Initiative eines oder mehrerer Mitglieder des Sicherheitsrates abgehalten werden, um Expert:innen-Wissen – meist aus der Zivilgesellschaft – und Informationen zu einem bestimmten Thema zu sammeln.[8]

Des Weiteren verlangt *WILPF* vom Sicherheitsrat, dass er lokale, nationale und regionale Friedensbemühungen unterstützt und dabei auch mindestens 30 Prozent Frauen in Mediationsteams und Friedensverhandlungen beteiligt. Auch sollten Gender-Konflikt-Analysen** in den Missionen des Sicherheitsrats und Bewertungen von Bedürfnissen vor Ort durchgeführt und entsprechende Ressourcen für Expert:innen bereitgestellt werden. Ferner wird gefordert, dass der Sicherheitsrat Berichte und Analysen von Gender- und Frauenrechtsexpert:innen einbezieht, sobald die Situation in Krisengebieten und -ländern diskutiert und beurteilt wird. Denn Geschlechterungerechtigkeit ist eine der Hauptursachen für Konflikte, wie die zu Beginn des Buches vorgestellte Forschung von Valerie Hudson und ihren Kolleg:innen deutlich macht. Werden diese Dynamiken missachtet, können die Analysen und beschlossenen Maßnahmen auch nicht zu nachhaltigem Frieden beitragen. In dem Papier wird außerdem gefordert, dass Artikel 26 der *UN-Charta* umgesetzt und universelle

---

*   Diese informellen Sitzungen wurden damals von dem venezolanischen Botschafter Diego Arria ins Leben gerufen.

**   Der Begriff bezeichnet das Hinzufügen der Kategorie Gender in typischen Elementen einer Konfliktanalyse wie Schlüsselakteur:innen, Hauptkonfliktursachen, Konfliktdynamiken oder Möglichkeiten für Frieden. So können Machthierarchien besser verstanden werden.

Abrüstung vorangetrieben wird. Dazu gehören Berichte und Analysen, wie sich Waffenhandel auf das Leben von Frauen auswirkt.

DIE UN-SICHERHEITSRATSRESOLUTION 1325

In normalen pandemiefreien Zeiten strömen jeden März, im Monat des internationalen Frauentags, Tausende Feminist:innen und Aktivist:innen nach New York City zum Hauptsitz der *Vereinten Nationen* zur wichtigsten *Frauenrechtskonferenz*, der *Commission on the Status of Women (CSW)*. In unzähligen Side- und Hauptevents, organisiert von den *Vereinten Nationen*, Regierungen sowie der Zivilgesellschaft, werden feministische Anliegen besprochen: Klimagerechtigkeit, Friedensverhandlungen, Mediation, internationaler Handel und viele mehr. Sie alle könnten Teil eines feministischen Sicherheitsrats sein.

Eine Vorlage gibt es ja schon: In jedem Jahr sind die *Sicherheitsratsresolution 1325* aus dem Jahr 2000 und die dort begründete *Women, Peace and Security (WPS) Agenda* in den Veranstaltungen ein prominentes Thema. 1325 ist eine der bekanntesten Resolutionen des höchsten Entscheidungsgremiums der *UN*. Der Einfluss der *Sicherheitsresolution* reicht in unzählige Regierungen und auch »klassische« militärische Organisationen wie die *NATO* hinein.

In der Zeit, in der ich bei *UNDP* in New York City tätig war, lernte ich bei einer der vielen Veranstaltungen im Rahmen der *CSW* 2017 eine Frau kennen, die mich nachhaltig beeindruckte und deren Wirken für die Entstehung von 1325 zentral ist, denn sie gilt als eine der Mütter dieser Resolution: Sanam Naraghi Anderlini*. Hätte mir damals jemand erzählt, dass diese Expertin und inspirierende Frau nun dem Beirat unseres *CFFP* angehört und wir regelmäßig mit ihr zusammenarbeiten, hätte ich das nicht glauben können.

---

* Ein Porträt über Sanam Naraghi Anderlini findet sich auf Seite 196.

Auf einem Panel sagte sie, man habe die *Women, Peace and Security (WPS) Agenda* falsch verstanden, wenn man versuche, nunmehr Frauen ins Militär zu bekommen, wie das in vielen Ländern vorangetrieben werde. Es müssten stattdessen die militaristischen und zerstörerischen Strukturen abgeschafft werden, damit weder Söhne noch Töchter dem Militär beitreten und in gewaltsamen Konflikten kämpfen müssen. Es gehe eben darum, Konflikte zu verhindern – und nicht, sie gleichberechtigt zu machen.

Als am 31. Oktober 2000 der *UN*-Sicherheitsrat einstimmig die *Resolution 1325* annahm, war dies eine Premiere: Erstmals erkannte die wichtigste internationale Instanz, die Entscheidungen über Krieg und Frieden trifft, die Belange, Erfahrungen und Bedürfnisse von Frauen sowie geschlechtsbezogene Themen an. Bis dahin galten Frauen und ihre Rechte und Perspektiven als nicht relevant für Frieden und Sicherheit.

Sanam Naraghi Anderlini beschreibt – in ihrem Kapitel im *Oxford Handbook on Women, Peace and Security* genauso wie in unseren persönlichen Gesprächen – eindrücklich die Ursprünge der *Resolution 1325*. Diese liegen ganz klar bei der feministischen Zivilgesellschaft. Auch wenn letztlich Mitglieder des Sicherheitsrates über die Resolution abstimmen mussten, sind sie nicht diejenigen, denen wir die Resolution zu verdanken haben.

Sanam erinnert sich daran, wie die Sache im Mai 1998 ins Rollen kam. Und zwar in London, bei einer internationalen Konferenz, ausgerichtet von der Organisation *International Alert*. Es war die erste globale Konferenz zu Erfahrungen von Frauen in Konflikten und *Peacebuilding*. Um die 50 Frauen aus Konfliktregionen der ganzen Welt nahmen teil – von Guatemala, Südafrika und Ruanda bis Afghanistan oder Israel. Besprochen wurden all die Themen, die diese Frauen in den Krisengebieten persönlich betrafen und ihr Leben beeinflussten: Menschenrechte und menschliche Sicherheit; die Auswirkungen bewaffneter Konflikte auf Frauen; kollektive Strategien für Frieden und Sicherheit; Demokratie und *Peacebuilding* und viele mehr. Bereits drei Jahre zuvor war der Ausgangspunkt für Forderungen gelegt worden, die im Zuge dieser Konferenz artikuliert wurden: 1995 wurde in Peking bei der vierten Weltfrauenkonferenz im Abschlussdokument der *Pekinger Aktionsplattform* ein Fokus auf »Frauen und bewaffnete Konflikte« gelegt. In Peking hatten vor allem Feministinnen aus Nordirland, Israel, Palästina, Guatemala, Ruanda und Bosnien für diesen Schwerpunkt Lobbyarbeit gemacht.

Sanam beschreibt, wie außergewöhnlich es war zu erleben, dass es trotz der unterschiedlichen Herkünfte und Länderspezifika eine allgemeingültige Erfahrung gab, die Frauen in den heimischen Konflikten machten. Nämlich als Frauen ganz besonders unter den kriegerischen Auseinandersetzungen zu leiden. Daraus wurde die Motivation für die *Resolution 1325* und die *Women, Peace and Security Agenda* geboren: Diese Erfahrungen müssten ebendort eingespeist und berücksichtigt werden, wo international Politik gestaltet wird – im *Sicherheitsrat der Vereinten Nationen*.

WOMEN, PEACE AND SECURITY

Die *WPS Agenda* besteht aus den folgenden zehn Resolutionen: der bereits näher diskutierten 1325, die den Grundstein legte, und den Folgeresolutionen 1820, 1888, 1889, 1960, 2106, 2122, 2242, 2467 und 2493. Die Agenda stützt sich auf vier Säulen: (1) die Beteiligung von Frauen an Friedensförderung (*Participation*), (2) Konfliktprävention durch Einbeziehung geschlechtsspezifischer Sichtweisen (*Prevention*), (3) Schutz von Frauen und Mädchen in bewaffneten Konflikten (*Protection*) sowie (4) geschlechtergerechte Hilfe, Wiederaufbau und Wiedereingliederung (*Relief and Recovery*). Im Englischen spricht man von den *drei P* und *R&R*.

Resolution (Jahr der Verabschiedung)	Inhalt
1325 (2000)	Der Sicherheitsrat thematisiert erstmals die disproportionalen Auswirkungen von bewaffneten Konflikten auf Frauen und erkennt an, dass die Beiträge von Frauen zur Konfliktprävention, Friedensschaffung und Konfliktresolution weder ausreichend wertgeschätzt noch genügend eingebunden werden. Diese Resolution betont, wie bedeutsam die volle und gleichberechtigte Beteiligung von Frauen ist, um Frieden und Sicherheit zu erreichen.
1820 (2008)	Sexualisierte Gewalt wird als Kriegswaffe und Kriegstaktik anerkannt. Demnach können Vergewaltigungen und andere Formen sexualisierter Gewalt die Tatbestandsmerkmale von Kriegsverbrechen, Verbrechen gegen die Menschlichkeit oder Völkermord erfüllen. Die Resolution verlangt u. a. Trainings zur Prävention der genannten Handlungen sowie mehr Frauen in Friedenseinsätzen.
1888 (2009)	Sexualisierte Gewalt und ihre Folgen stehen hier im Mittelpunkt. Diese Gewalt kann bewaffnete Konflikte verschärfen und somit internationalen Frieden und Sicherheit beeinträchtigen. Expert:innen-Teams sollen nach Vorfällen sexualisierter Gewalt eingesetzt werden.

Resolution (Jahr der Verabschiedung)	Inhalt
1889 (2009)	Hier geht es um alle Phasen des Friedensprozesses und vor allem die Beteiligung von Frauen im Stadium der Friedensschaffung nach Konflikten.
1960 (2010)	Diese Resolution verleiht der Forderung nach einem Ende sexualisierter Gewalt in Konflikten Nachdruck und begründet einen *Naming-und-Shaming*-Mechanismus. Er sendet die klare Botschaft, dass sexualisierte Gewalt konsequent geahndet wird, etwa durch Nennung in den Jahresberichten des *UN*-Generalsekretärs, Überweisungen an *UN*-Sanktionsausschüsse und an den *Internationalen Strafgerichtshof (ICC)*, internationale Verurteilung sowie Reparationszahlungen.
2106 (2013)	Hier wird auf bereits bestehende Verpflichtungen verwiesen. Es handelt sich um die erste der Resolutionen, die anerkennt, dass sexualisierte Gewalt auch Männer und Jungen betrifft.
2122 (2013)	Hier wird das Defizit in der Partizipation von Frauen methodisch angegangen und die Notwendigkeit anerkannt, die Grundursachen von bewaffneten Konflikten und Sicherheitsrisiken für Frauen zu beheben. Die Resolution verbindet Abrüstung mit Geschlechtergerechtigkeit, indem der *Vertrag über den Waffenhandel (Arms Trade Treaty, ATT)* zweimal im Text genannt wird.

Resolution (Jahr der Verabschiedung)	Inhalt
2242 (2015)	2242 verbindet das Vorgehen gegen gewaltbereiten Extremismus und Terrorismus (*Counterterrorism (CT)* und *Countering Violent Extremism (CVE)*) mit der *WPS Agenda* und verlangt, dass Gender bei diesen Problematiken analysiert wird. Auch betont diese Resolution, wie wichtig die Zusammenarbeit mit der Zivilgesellschaft ist.
2467 (2019)	In dieser Resolution wird anerkannt, dass sexualisierte Gewalt in Konflikten als Teil des Kontinuums von Gewalt gegen Frauen und Mädchen stattfindet. Sie sieht weiterhin die Notwendigkeit, Überlebende bei der Bewältigung und marginalisierte Gruppen bei der Prävention in den Vordergrund zu stellen, und unterstreicht die Verantwortlichkeit der Einzelstaaten, die Ursachen struktureller Geschlechterungleichheit und sexualisierter Gewalt anzugehen. Allerdings wurden die Themen reproduktive und sexuelle Gesundheit aus dem Resolutionsentwurf gestrichen, da die USA mit einem Veto drohten.
2493 (2019)	Die Resolution betont die anhaltende Gültigkeit und Notwendigkeit bestehender Verpflichtungen und verlangt weitere Informationen zu Fort- und Rückschritten bei der Umsetzung der *WPS Agenda*.

Einige Monate später begannen die Feministinnen ihre aktivistische Kampagnenarbeit, zu der auch eine Postkartenaktion von Frauen an den damaligen UN-Generalsekretär gehörte. Feminist:innen aus der ganzen Welt schrieben im Jahr 2000 an Kofi Annan und forderten unter anderem, dass Frauen als Entscheidungsträgerinnen bei Friedensverhandlungen einbezogen werden, dass geflüchtete und vertriebene Frauen stärker geschützt und repräsentiert werden und dass die Straflosigkeit bei Verbrechen gegen Frauen beendet werden muss.

Die 1990er-Jahre waren geprägt gewesen von der Hoffnung auf eine Stärkung der Menschenrechte. Es war aber auch die Dekade mit Kriegen in Bosnien, Somalia, Ruanda, im Kongo und in Liberia. In diesen Kriegen wurden Frauen vergewaltigt, sexualisierte Gewalt war eine weitverbreitete Taktik und Kriegswaffe. Die beiden in den 1990ern von den UN eingesetzten Tribunale für das ehemalige Jugoslawien *(International Criminal Tribunal for the former Yugoslavia, ICTY)* und Ruanda *(International Criminal Tribunal for Rwanda, ICTR)* sowie der 1998 gegründete Internationale Strafgerichtshof (ICC) konnten erstmals in der Rechtsprechung internationalen Strafrechts sexualisierte und geschlechtsbasierte Gewalt auf Basis des humanitären Völkerrechts als Verbrechen gegen die Menschlichkeit, Kriegsverbrechen und Völkermord ahnden. Trotzdem war beispielsweise bei den Friedensverhandlungen 1995 in Dayton, die zu einem Ende des offenen Konflikts in Bosnien führten, keine einzige bosnische Frau oder weibliche Stimme vor Ort involviert.

Der ehemalige deutsche Botschafter in den USA und Vorsitzende der Münchner Sicherheitskonferenz, Wolfgang Ischinger, beschreibt in seinem Buch *Welt in Gefahr – Deutschland und Europa in unsicheren Zeiten* die 21-tägige Konferenz fernab der bosnischen Schlachtfelder auf dem Luftwaffenstützpunkt in Dayton, Ohio, im November 1995 ausführlich. Er leitete die deutsche Verhandlungsdelegation. Wie Ischinger schreibt, war es das »erste Mal seit Jahren, dass der serbische Präsident Slobodan Milošević, der kroatische Präsident Franjo Tuđman und der bosnische Präsident Alija Izetbegović im selben Raum saßen«[9]. Die Kontaktgruppe, die die Verhandlungen begleitete und anderthalb Jahre zuvor das Krisenmanagement auf dem Balkan übernommen hatte, bestand aus Diplomat:innen der folgenden fünf Staaten: USA, Frankreich, Großbritannien, Russland und Deutschland. Und auch die EU war vertreten. Am 21. November 1995 stimmten alle Verhandlungsparteien dem Friedensvertrag in Dayton zu, und am 14. Dezember 1995 wurde er in Paris unterzeichnet. In seinem Kapitel zu Dayton räumt Ischinger verschiedene Versäumnisse ein. Doch als den größten Fehler sieht er, dass man »in der Folgezeit Bosnien und Herzegowina politisch zu sehr sich selbst überlassen«[10] habe. Aus feministischer Perspektive muss hinzugefügt werden: Einer der Hauptfehler bestand in dem Versuch, Frieden zu schaffen, ohne die Hälfte der Bevölkerung mit ihren Erlebnissen im Krieg einzubeziehen und ihre Bedürfnisse für eine neue Ordnung nach dem Konflikt anzuerkennen. Toxisch patriarchale Strukturen – etwa eine starke Hierarchie, die durch Ausüben von (sexualisierter) Gewalt gegenüber Frauen und anderen politischen Minderheiten erhalten wird – führen zu Konflikten und Kriegen. Werden diese nicht aufgelöst, ist nachhaltiger Frieden nicht möglich. Die UN schätzt, dass zwischen 20 000 und 50 000 Mädchen und Frauen im Krieg in Bosnien vergewaltigt wurden.

All diese internationalen Entwicklungen symbolisierten das Ende des Kalten Krieges. Dies bedeutete auch ein teilweises Ende der Paralyse des Sicherheitsrates, da die Blockbildung nun zu Ende war. Die vorausgegangenen Entwicklungen zu internationalen Frauenrechten wie die Pekinger Aktionsplattform sowie die Verurteilungen von Straftaten zu sexualisierter Gewalt bildeten den Kontext, in dem der Aktivismus für 1325 immer lauter und wirkmächtiger wurde. Die Aktivist:innen begannen, Partnerschaften mit Regierungsdelegationen bei den UN und zivilgesellschaftlichen Organisationen zu schließen. Sie gründeten ebenfalls die *Ad hoc Working Group on Women, Peace and Security*, die noch heute eine sehr wichtige Organisation in New York ist, mit der auch wir immer wieder eng zusammenarbeiten.

Ziel der 1325-Aktivist:innen war es, die Paradigmen hinter den Diskussionen zu Krieg und Frieden zu ändern, Fundamentales auf den Kopf zu stellen, dieselben Rechte für Frauen einzufordern. Es ging darum, dass niemand mehr den Horror von Kriegen erleben muss. Die Feminist:innen nahmen an zahllosen Veranstaltungen in von Konflikten betroffenen Regionen teil, führten Interviews und sammelten noch mehr Wissen, um zu zeigen: Es kann keinen Frieden geben, wenn nicht die Bedürfnisse und Lebenserfahrungen der Hälfte der Menschheit gerecht beachtet werden. Was eigentlich ein No-Brainer ist, wird in der Praxis aufgrund der patriarchalen Strukturen mit ihrer Überrepräsentanz von Männern und deren Sichtweise in Friedensprozessen zur Herausforderung. Die Beteiligung von Frauen an Friedensprozessen muss ermöglicht, statt weiterhin aktiv unterdrückt werden. Dazu bedurfte es einer bindenden Resolution. Die feministische Zivilgesellschaft schrieb den ersten Entwurf der Resolution 1325, Sanam, *WILPF* und eine beachtliche Koalition an feministischen NGOs waren führend beteiligt. Das Kernanliegen war, Konflikte erst gar nicht entstehen zu lassen. Es ging also nicht darum, dass Kriege für Frauen und andere politische Minderheiten sicherer gemacht werden sollten, sondern um das Ende der Kriegsführung.

Im Oktober 2000 brachte Namibia während seiner Sicherheitsratspräsidentschaft als nicht ständiges Mitglied die Resolution in den Sicherheitsrat. Als dessen Mitgliedstaaten darüber verhandelten, gingen sehr wichtige Aspekte verloren, wie beispielsweise Rechenschaftspflichten der Staaten sowie die Forderung nach Abrüstung. Dennoch war der Jubel unter den feministischen Akteur:innen groß, als am 31. Oktober 2000 der Sicherheitsrat die Resolution 1325 einstimmig annahm. Zum ersten Mal in der Geschichte bestätigten die Mitglieder des UN-Sicherheitsrats, dass Frieden nur geschaffen und erhalten werden kann, wenn Frauen in allen Belangen partizipieren.

Lobbyarbeit und Aktivismus ebneten den Weg für diese bekannteste feministische Resolution des Sicherheitsrates der Vereinten Nationen. Das beweist: Diplomatie und Aktivismus passen ganz wunderbar zusammen. Ohne feministischen Aktivismus in der Diplomatie kann und wird es keinen nachhaltigen Frieden geben.

Dieser feministische Erfolg war am Ende ein Kompromiss. Denn wenn du versuchst, Systeme von innen zu ändern, weil du es geschafft hast, auch innerhalb des Systems anerkannt zu sein und agieren zu können, sind die eigenen Möglichkeiten aufgrund der Schwergängigkeit des Systems sehr eingeschränkt. Es ist immer viel einfacher, von außen zu kritisieren. Wenn du erst mal drin bist, dann musst du viel strategischer sein.

Diese Erfahrung mache ich in meiner täglichen Arbeit: Natürlich probiere ich meistens, das maximal Utopische zu fordern – das ist der Ansporn und die Motivation für meine ganze Arbeit. Gleichzeitig bedarf es auch einem Feingefühl dafür, was wann wie geht. Politische Einflussnahme ist komplex und geprägt von Geben und Nehmen. Als ich beispielsweise 2019 als externe Beraterin im Auswärtigen Amt verbrachte, wurde mir unter anderem von anderen zivilgesellschaftlichen Akteur:innen vorgeworfen, ich agiere zu regierungsnah. Das ist das Los derjenigen, die von »außen« kommen, um »innen« was zu ändern: Für diejenigen, die weiterhin nur außen wirken, bist du zu regierungsnah. Und für diejenigen, mit denen du nun innen Seite an Seite arbeitest, bist du weiterhin eine Außenseiterin.

Ich erwähne die feministische Zivilgesellschaft hier so deutlich, da die Bewegungen und Grassroots-Arbeit, die hinter vielen Errungenschaften stehen, oft vergessen und ausgeblendet werden. Die Resolution 1325 war der Erfolg feministischer Zivilgesellschaft. Die *Women, Peace and Security Agenda* gibt es, weil vor allem Feminist:innen und Frauen aus Konfliktgebieten, oftmals im globalen Süden, ihre Erfahrungen teilten und Forderungen artikulierten. Die Agenda steht in einer langen Reihe von Errungenschaften, die wir nicht Regierungen zu verdanken haben. Das Frauenwahlrecht, das Ende der Rassentrennung, die »Ehe für alle« und vieles mehr wären ohne die Zivilgesellschaft und ihre Akteur:innen niemals möglich geworden. Sie waren für ihren Einsatz dieser heute mehrheitlich geschätzten Errungenschaften teils starker Gewalt ausgesetzt. Hungerstreikende Suffragetten wurden in Großbritannien um die Jahrhundertwende zwangsernährt, Homo- und Transsexuelle erlitten bei den Stonewall Riots von 1969 in der New Yorker Christopher Street massive Polizeigewalt. Wer sagt, das sei doch alles Jahrzehnte her, dem:r sei gesagt: Die gewaltvolle polizeiliche Antwort auf antirassistische Proteste in den USA oder die Niederschlagung feministischer Proteste wie in der Türkei sind nur wenige von viel zu vielen Beispielen, die zeigen, dass es ohne zivilgesellschaftliche Aktivist:innen immer noch nicht geht.

DAS BEISPIEL KOLUMBIEN

Als Paradebeispiel dafür, wie die *Vereinten Nationen* und ihr Sicherheitsrat lokale Friedensakteur:innen unterstützen können, statt selbst die Führung zu übernehmen, gilt Kolumbiens mehrjähriger Friedensprozess, der 2016 – nach einem zuerst abgelehnten Friedensreferendum – zum offiziellen Frieden zwischen der

kolumbianischen Regierung und der linken Guerillabewegung
FARC führte. Das Volk wurde in einem Referendum am 2. Oktober 2016 befragt, ob es dem Friedensvertrag zustimmen wolle.
Genau einen Tag davor landete ich in der kolumbianischen
Hauptstadt, um für ein paar Monate bei der feministischen Organisation *Sisma Mujer* im Zentrum Bogotás zu arbeiten.
Am Morgen des Abstimmungstags regnete es in Bogotá. Auch
an der kolumbianischen Karibikküste, wo der damalige Präsident Juan Manuel Santos sich großer Unterstützung erfreute,
gab es starke Niederschläge. Teilweise wurde dadurch der Zugang zu den Wahllokalen erschwert. Im Regen begleitete ich am
Morgen des Wahltags meinen kolumbianischen Mitbewohner
Juan zum Wählen in den Norden der Stadt. Aus allen Richtungen
strömten Menschen in das Wahllokal, und eine lange Schlange
bildete sich – die Wahlbeteiligung schien hoch. Doch später am
Tag musste ich feststellen, wie sehr ich mich getäuscht hatte.
Tatsächlich hatten bloß 37,4 Prozent ihr Votum abgegeben.

Am Nachmittag machte ich mich zum *Museo del Oro* im
Stadtzentrum auf, um an einer Stadtführung teilzunehmen. Es
war keine Selbstverständlichkeit, dass die Gruppe sich so unbeschwert im Zentrum der Stadt bewegen konnte. »Vor zehn
Jahren«, so die Stadtführerin, »war das aufgrund der innerstäd-
tischen Sicherheitslage nicht möglich.« Sie fügte hinzu, dass sie
sehr stolz auf die positiven Entwicklungen in ihrer Stadt sei. Deshalb komme für sie auch nur ein »Sí« beim heutigen Referendum
infrage. Sie sah die Abstimmung als eine echte Chance, das Land
dauerhaft zum Positiven zu verändern. Nach der Schließung der
Wahllokale um 16 Uhr wurden die ersten vorläufigen Ergebnisse
um 17 Uhr erwartet.

Nach Ende der Tour fuhr ich an diesem historischen Tag
im Taxi entlang der Steilhänge im Osten der Stadt zum *Parque
de los Hippies,* um dort mit Bekannten und Freunden meines

Mitbewohners das Ergebnis abzuwarten. Der Taxifahrer erzählte mir noch, er sei voller Zuversicht, was die Abstimmung angehe; auch er wolle Frieden in seinem Land sehen. Doch genau in diesem Moment stellten wir das Radio an: 90 Prozent der Stimmen waren ausgezählt, und es hieß, dass »No« knapp gewonnen habe. Dem Taxifahrer stiegen Tränen in die Augen, und als ich im Park ankam, lagen sich viele Menschen weinend in den Armen. Unweit der Grünflächen feierten diejenigen, die keine Hoffnungen mit dem Friedensabkommen verbunden und dagegen gestimmt hatten. Auf einer Großleinwand war das Ergebnis zu sehen: Die vom ehemaligen kolumbianischen Präsidenten Álvaro Uribe angeführte »No«-Kampagne gewann mit einem Vorsprung von 0,4 Prozent, das waren 54 000 Stimmen. Es war 2016. Das Jahr des Brexits war es schon, das des Wahlsiegs von Donald Trump würde es noch werden. Und nun auch noch das Jahr des abgelehnten kolumbianischen Friedensreferendums. Dabei hatte der Mitte der 1960er-Jahre begonnene kolumbianische Bürgerkrieg mehr als 220 000 Menschen das Leben gekostet. Mehr als sechs Millionen Menschen waren vertrieben worden.

»Nahezu alle gegenwärtigen Konflikte haben ihren Ursprung in der Ungleichheit, Armut und Ungerechtigkeit, die vom Kolonialisierungsprozess geschaffen wurden«, sagt eine der führenden Expert:innen zu *Gender, Peace and Security* in Deutschland, Nicola Popovic. Sie ist Geschäftsführerin von *Gender Associations International Consulting*, eine in Berlin ansässige internationale Beratungsfirma, die sich auf geschlechtergerechte Friedens- und Sicherheitsthemen spezialisiert hat. Dieser Ursprung war auch beim Bürgerkrieg in Kolumbien sichtbar – durch die Marginalisierung der Ureinwohner:innen, den Einfluss der katholischen Kirche und die große sozioökonomische Ungleichheit. Der Krieg war auch zurückzuführen auf ein globales Ungleichgewicht: Der illegale Kokaanbau wurde monetarisiert, während das Kokain überwiegend im globalen Norden verkauft wurde. Dazu kamen ein reformbedürftiger Sicherheitssektor und eine Armee, die die Menschenrechte regelmäßig missachtet. »Wir dürfen uns als Europäer:innen der Mitverantwortung an diesen Konflikten der Gegenwart nicht entziehen, indem wir nur die postkolonialen Dynamiken berücksichtigen und somit die Verantwortung im globalen Süden außerhalb Europas schieben«, fügt Nicola Popovic hinzu.[11]

Obwohl bereits mehrmals vergeblich versucht worden war, Frieden zu schließen, war es 2016 das erste Mal in der kolumbianischen Geschichte, dass das Volk über einen Friedensvertrag abstimmen konnte. Der knapp 300 Seiten lange Vertrag, der *Acuerdo Final Para La Terminación Del Conflicto,* gliedert sich in sechs Bereiche auf, die auch vom Geist der Sicherheitsratsresolution 1325 getragen wurden: Landreform, politische Partizipation der Bürger:innen, Ende des Konflikts und politische Integration der Guerilla, Lösung des Drogenproblems, Entschädigung für die Opfer sowie Durchführung des Friedensvertrags. Knapp vier Jahre hatten die Friedensverhandlungen im kubanischen Havanna gedauert. Der dem Volk zur Abstimmung vorgelegte Friedensvertrag war einer der inklusivsten der Weltgeschichte. Teil meiner Arbeit bei *Sisma Mujer* war es zu analysieren, wie oft und in welchem Kontext die Begriffe *género* (Gender), LGBTQI* und *mujer* (Frau) im Text vorkamen.

Vor allem diejenigen, die schlimme Gewalterfahrungen gemacht hatten, sprachen sich für den Friedensvertrag aus. So etwa in Bojayá, im Departamento Chocó, wo die *FARC*-Guerillas bei einem Massaker im Mai 2002 knapp 120 Menschen ermordet hatten, stimmten 96 Prozent der Wähler:innen für »Ja«. Analysen zufolge war aber letztlich der sogenannte *Uribismo* einer der entscheidendsten Faktoren für das Abstimmungsverhalten. Die Anhänger:innen des ehemaligen kolumbianischen Präsidenten

Uribe, der zu seiner Amtszeit militärisch hart gegen die *FARC* vorgegangen war, und seine Partei *Centro Democrático* lehnten den Vertrag überwiegend ab. Sie machten die Abstimmung somit zu einem Referendum über die Regierung seines Nachfolgers Santos. Das Lager Uribes wandte sich gegen das Zugeständnis an die *FARC*, sich in eine politische Bewegung verwandeln zu dürfen. Außerdem wollten sie auch die Inklusivität des Vertrags verhindern, wie er sich in den ausformulierten LGBTQI*-Rechten zeigt. Ich erfuhr bei meinem Aufenthalt in Bogotá und meiner Arbeit im Rahmen des Friedensprozesses im Land erstmals, wie mächtig diejenigen sind, die gegen Menschen-, Frauen- und LGBTQI*-Rechte vorgehen.

Das »No«-Ergebnis bei der Abstimmung über den Friedensvertrag war daher auch ein »No« für eine gleichberechtigtere Gesellschaft. Was von feministischer Zivilgesellschaft weltweit als Vorzeigefriedensprozess verstanden wird, war den Konservativen und Populist:innen in Kolumbien ein Dorn im Auge. Sie hatten den Vertrag als *Ideología de Género,* Gender-Ideologie,* unter dem Deckmantel des Schutzes der Familie und ihrer Werte diffamiert. Dabei war er eine bemerkenswerte Errungenschaft von kolumbianischen Opfer- und Frauenrechtsorganisationen, die an der Ausgestaltung maßgeblich beteiligt waren.

Auch wenn der Vertrag in dieser Form am 2. Oktober 2016 abgelehnt wurde – er war weltweit der erste, der die Geschlechterperspektive und die Rechte von Frauen und der LGBTQI*-Community derart prominent integrierte. Damit nahm er auf die Resolution 1325 des *UN-Sicherheitsrats*, die die unterschiedlichen Erfahrungen der Geschlechter im Konflikt anerkennt und die Möglichkeit der aktiven Beteiligung von Frauen am Friedensprozess

---

* In Kapitel 8 gehe ich ausführlich auf den Ursprung des antifeministischen Konstrukts der »Gender-Ideologie« ein.

fordert, Bezug. Diese Resolution bietet eine rechtliche Grundlage für eine solche geschlechtersensible Friedensschaffung und Friedenssicherung. So wurde in Kolumbien beispielsweise eine *Sub-Kommission für Geschlechterfragen* einberufen, der sowohl Vertreter:innen der *FARC* als auch der Regierung angehörten, damit diese eine Geschlechterperspektive in den Friedensvertrag einfügten – zum ersten Mal in einem Friedensprozess. 18 Frauen- und LGBTQI*-Organisationen waren an der Formulierung des Friedensvertrags beteiligt, zehn Expert:innen wurden zum Thema »sexualisierte Gewalt« angehört. Das alleine ist ein historischer Erfolg, wenn man bedenkt, wie wenige der Verhandelnden und Mediator:innen in offiziellen Friedensgesprächen Frauen sind.[12] Forschung zeigt, dass inklusivere Friedensverträge und -prozesse zu nachhaltigerem Frieden führen.[13] Genau aus diesem Grund wurde das »Nein« von Opfer- und Frauenrechtsorganisationen als Schlag ins Gesicht empfunden.[14]

Als am 24. November 2016 dann der überarbeitete Vertrag zwischen der Regierung und der *FARC* unterschrieben wurde (diesmal ohne Referendum), war dieser trotz der antifeministischen Angriffe historisch, indem er die Perspektiven von Frauen und anderen politischen Minderheiten anerkannte: Mehr als 100 Regelungen bezogen sich auf Geschlechterdimensionen, beispielsweise hinsichtlich der Neuverteilung von Land, das in Kolumbien – wie überall auf der Welt – vor allem in Männerhand ist. Dazu gehörte die Bestimmung, dass es null Toleranz für sexualisierte und geschlechtsspezifische Gewalt geben darf. Auch führte das Friedensabkommen zu einer der erfolgreichsten Waffenniederlegungen in der Geschichte: Knapp 9000 Waffen wurden abgegeben.[15] Auch die überarbeitete und unterzeichnete Version des Friedensvertrags ist weiterhin inklusiv. Aber bei Weitem nicht mehr in dem Maße wie die ursprüngliche Fassung. Beispielsweise wurden die Begriffe »LGBTQI*« und »Gender«

großteils gelöscht und letzterer durch »Frauen« ersetzt. Ein typisches Vorgehen derjenigen, die sich einer gleichberechtigten Gesellschaft in den Weg stellen, da sie an einer patriarchalen Gesellschaftsordnung festhalten, die binär ist und Männer und Frauen in traditionelle Rollenmuster presst.

Obwohl andere Regierungen und Organisationen den Prozess stark unterstützten, war es die kolumbianische feministische Zivilgesellschaft, die die Fortschrittlichkeit des Friedensvertrags sicherstellte. Das wurde mir ganz besonders Mitte Dezember 2016 bewusst, als ich mich, der Einladung meiner Chefin bei *Sisma Mujer* (eine landesweit bekannte Feministin und Menschenrechtsverteidigerin) folgend, eines Abends in einem schicken Hotel in Bogotá für ein Arbeitstreffen einfand. Vor dem Konferenzraum stand bewaffnetes Sicherheitspersonal. Ich war überrascht. Mir war die Gefahr, der sich Menschenrechtsverteidiger:innen im Land aussetzen, noch nicht so präsent. Im Raum befanden sich führende Menschenrechtsverteidigerinnen und Frauenrechtlerinnen, unter ihnen Professorinnen, Juristinnen, Leiterinnen von NGOs sowie Vertreterinnen der *FARC*. Sie – man möge denken, doch eigentlich Erzfeindinnen – hatten sich dort zusammengefunden, um zu besprechen, wie der Friedensvertrag und die darin enthaltenen Zugeständnisse an Frauen und andere gesellschaftlich unterdrückte Gruppen wie LGBTQI*-Personen, Afrokolumbianer:innen oder die indigene Bevölkerung nun praktisch umgesetzt werden könnten. »Auch wenn wir uns nicht in allen Dingen einig sind, müssen wir hier an einem Strang ziehen«, sagt eine der Feministinnen, mit der ich an diesem Dezemberabend an einem Tisch saß. Obwohl sie auf unterschiedlichen Seiten standen, vereinte sie der Wunsch nach einer gleichberechtigteren Gesellschaft.[16]

Wenige Tage später, am 23. Dezember um 23 Uhr, erhielt ich eine Nachricht von meiner Chefin. Aber nicht, weil sie mir besinnliche Feiertage wünschen wollte. In ihrer SMS an alle

Mitarbeiterinnen informierte sie über die neuen Notfallmaßnahmen der kolumbianischen Regierung zum Schutz von Menschenrechtsverteidiger:innen. Im Jahr 2016, das offiziell Frieden nach Kolumbien brachte, waren so viele Menschenrechtsverteidiger:innen im Land ermordet worden wie schon seit sechs Jahren nicht mehr. 80 Menschen bezahlten ihr Engagement mit dem Leben. Und in der ersten Jahreshälfte des Folgejahres sollten noch einmal 31 Prozent mehr Morde an Menschenrechtsverteidiger:innen verübt werden, verglichen mit dem Vergleichszeitraum 2016.[17] Auch die darauffolgenden Jahre setzte sich der Trend fort. 2020 war das tödlichste Jahr für Menschenrechtsverteidiger:innen und Aktivist:innen, die für Frieden oder im Umweltschutz arbeiten, in Kolumbien: 199 von ihnen wurden umgebracht.[18] Wo Menschenrechtsverteidiger:innen getötet werden, herrscht kein Frieden.

Noch immer kann der kolumbianische Friedensprozess als vorbildhaft angesehen werden. Es ist richtig, dass seine Ursprungsfassung nicht angenommen wurde, und es ist richtig, dass in seiner Folge viele Aktivist:innen bedroht oder gar ermordet wurden – aber er ist ein Beispiel dafür, wie Friedensprozesse inklusiver und damit menschengerechter werden können.

DAS BEISPIEL NATO

Regierungen sind nicht die einzigen Beteiligten, die sich intensiv mit *WPS* beschäftigen. Auch die *EU* sowie viele internationale Organisationen und Zusammenschlüsse wie die *OSZE (Organisation für Sicherheit und Zusammenarbeit in Europa)*, die *OECD (Organisation für wirtschaftliche Zusammenarbeit und Entwicklung)* oder auch die *NATO* arbeiten zu *WPS*. Sie haben teilweise ihre eigenen Aktionspläne und auf ihre jeweiligen Aufgaben und Strukturen zugeschnittene Strategien. Im Falle der *NATO* finde ich das besonders interessant, wurde sie doch im Jahr 1949 als militärisches Bündnis – ein klassisches Verteidigungsbündnis – im Kalten Krieg gegründet, um »kollektive Sicherheit« für den Westen und seine Verbündeten zu gewähren. Über die letzten Jahrzehnte hat sich die *NATO* gewandelt. Aus dem Verteidigungsbündnis wurde eine Institution des Sicherheitsmanagements, die sich »in zunehmendem Maße als militärisch-politische Organisation [versteht], die umfassende Sicherheit gewährleisten soll«.[19]

Als Teil des strategischen *NATO 2030*-Prozesses wurde ich im Oktober 2020 als Panelistin zu einer Podiumsdiskussion eingeladen. Ich war aufgeregt, wollte ich doch bei einer Veranstaltung, an der auch der *NATO*-Generalsekretär Jens Stoltenberg teilnahm, meine deutliche Kritik gegenüber der *NATO* anbringen. Stoltenbergs Anwesenheit war mir wichtig, bezeichnet er sich selbst doch als Feminist und erkannte wiederholt die Bedeutung von *WPS* an. Außerdem sollten die ehemalige US-Sonderbotschafterin und aktuelle Exekutivdirektorin des *Georgetown Institute for Women, Peace and Security*, Melanne Verveer, sowie die Verteidigungsministerin Nordmazedoniens, Radmila Šekerinska Jankovska, sprechen.[20] Thema: Die Zukunft von *WPS* bei der *NATO*. In dem Briefing-Dokument, das ich von der *NATO* als Vorbereitung für die Podiumsdiskussion erhielt, stand selbstkritisch: »Auch wenn wir es bei unserer Gründung im Jahr 1949 vielleicht noch nicht verstanden hatten, ist eine Geschlechterperspektive von entscheidender Bedeutung, um die gesamte Bevölkerung, der die Allianz dient, und die Gemeinschaften, in denen wir uns engagieren, widerzuspiegeln. Nur mit einem menschenzentrierten und gleichstellungsorientierten Ansatz wird die *NATO* in der Lage sein, auf neue und unkonventionelle Sicherheitstrends zu reagieren.«

Dass solche Worte von der *NATO* zu hören sind, hat viel mit Clare Hutchinson zu tun. Sie hatte seit Januar 2018 die im Jahr 2012 geschaffene Position der *Secretary General's Special Representative for Women, Peace and Security* inne. In einem Interview mit meiner Organisation sagte Clare, sie halte Militär für essenziell – während sie gleichzeitig anerkannte, dass viele andere feministische Intellektuelle und Aktivist:innen, die zu Außen- und Sicherheitspolitik arbeiten, das ganz anders sehen.[21] Die Frage nach der Vereinbarkeit patriarchal-militärischer Strukturen mit Feministischer Außenpolitik ist selbst innerhalb der feministischen Community ein sehr umstrittenes Thema.

Es ist auch Clares persönlichem Einsatz zu verdanken, dass die *NATO* in Hinblick auf *WPS* sehr gut aufgestellt ist. Doch sie ist bei Weitem nicht die Einzige, die zu diesem langsamen, aber kontinuierlichen Fortschritt innerhalb der *NATO* beigetragen hat. In dem Buch *NATO, Gender and the Military – Women Organising from Within* beschreiben die Autor:innen, wie Frauen und Männer seit Jahrzehnten sich innerhalb der *NATO* engagieren, um einen Kulturwandel herbeizuführen. Es geht ihnen darum, die besonders patriarchale Organisation mit ihrem Verständnis, dass Maskulinität und Schutz Hand in Hand gingen, feministischer und progressiver zu machen und alte Ideale hegemonialer Männlichkeit abzulegen: Die *NATO* arbeitet bereits seit 2007 zu *WPS*, und schon seit 1961 gibt es Initiativen, die sich mit Geschlechterdynamiken auseinandersetzen, wie das *Committee on Women in NATO Forces* sowie die Nachfolgerin, das *NATO Committee on Gender Perspectives.*[22]

DER EINFLUSS FEMINISTISCHER ZIVILGESELLSCHAFT AUF UN-RESOLUTIONEN

Aber wie genau spiegeln sich die Einflüsse feministischer Zivilgesellschaft in den Resolutionen? Und wie wirkt es, wenn mächtige Regierungen dabei ganz eigene Ziele verfolgen? Dies will ich am Beispiel der eng mit meiner eigenen Arbeit verwobenen und von mir stark kritisierten Resolution 2467 veranschaulichen.

In der vorletzten Woche im April 2019 verbrachte ich sehr lange Tage im Auswärtigen Amt. Ich arbeitete bereits seit ungefähr drei Monaten als externe Beraterin im Ministerium, um gemeinsam mit meinen Diplomatie-Kolleg:innen das feministische Netzwerk *Unidas* aufzubauen. Es war der Tag vor der Abreise nach Salvador da Bahia, Brasilien. Gemeinsam mit dem Diplomaten, mit dem ich mir das Büro teilte, und Kolleg:innen von der Gesellschaft für Internationale Zusammenarbeit (GIZ) reisten wir zwei Tage vor dem Minister ab, um vor Ort alles vorzubereiten. Im Goethe-Institut in Salvador sollte *Unidas* festlich vorgestellt werden, wir ließen dazu Feministinnen aus unterschiedlichen Teilen des ganzen Kontinents einfliegen. Tags darauf reisten wir weiter nach Bogotá und danach weiter nach Mexiko-Stadt, wo ebenfalls Veranstaltungen mit südamerikanischen Feministinnen stattfanden. Die Planungen waren sehr zeitintensiv, und so verließ ich die Tage vor dem Abflug das Außenministerium meist erst kurz vor Mitternacht.

Gleichzeitig gab es an genau den beiden Tagen vor der Abreise, als ich mir die Nächte im Ministerium um die Ohren schlug, sehr viel an der Arbeit des Ministeriums und des Ministers im Sicherheitsrat zu kritisieren. Und das tat ich auch, sowohl auf Social Media als auch in Interviews gemeinsam mit meiner Mitgeschäftsführerin Nina Bernarding.[23] Beides kann parallel existieren: Kritik und Unterstützung.

Denn Folgendes war passiert: Als Deutschland 2019 für zwei Jahre nicht ständiges Mitglied im *UN-Sicherheitsrat* wurde, setzte das deutsche Außenministerium *Women, Peace and Security* ganz oben auf die Agenda – vor allem den Kampf gegen sexualisierte Gewalt in Konflikten. An sich eine gute Idee. Doch es kommt auf die Umsetzung an. Andere Resolutionen der *WPS Agenda* – siehe Infobox – hatten sich bereits dem Thema sexualisierte Gewalt in Konflikten gewidmet. Als Deutschland im April 2019 den Vorsitz im *Sicherheitsrat* innehatte, sollte eine entsprechende Resolution – die neunte der *WPS Agenda* – eingebracht werden. Heiko Maas holte sich unter anderem die öffentlichkeitswirksame

Unterstützung der Schauspielerin Angelina Jolie und des Friedensnobelpreisträgers Denis Mukwege – der Arzt, der im Kongo im Krieg vergewaltigte Frauen behandelt –, um für die Resolution bei anderen Staaten zu werben. Die Resolution 2467 sollte das Thema nun einen großen wichtigen Schritt nach vorn bringen. Doch seit Monaten war die feministische Zivilgesellschaft aufgrund der Zusammensetzung des *Sicherheitsrats* – mit autoritären und misogynen Staatsoberhäuptern wie in den USA (Trump) und Russland (Putin) – alarmiert. Je näher der Termin rückte, umso besorgter und dringlicher wurden Anrufe von Kolleg:innen aus der Zivilgesellschaft in New York City. Sie warnten uns davor, dass die USA wichtige Punkte zu sexueller und reproduktiver Gesundheit – wie den Zugang zu Abtreibungen für in Konflikten vergewaltigten Frauen – nicht durchgehen lassen wollten, sondern mit einem Veto drohten. Wir, Nina und ich, schrieben in Zusammenarbeit mit anderen feministischen Akteur:innen etliche E-Mails und telefonierten viel zwischen NYC und Berlin und brachten unsere Forderungen, nicht einzuknicken, an die zuständigen Stellen im Außenministerium. Es brachte nichts. Aufgrund des Drucks aus den USA nahmen die Verhandler:innen des Auswärtigen Amtes ebendiesen wichtigen Passus aus dem Text. Die Vereinigten Staaten unter Trump waren auf einem Feldzug gegen die Selbstbestimmung der Frauen über ihren eigenen Körper – auch bei den *Vereinten Nationen.* »Die Regierung Trumps zeigt hiermit wieder deutlich und ohne Scham das frauenverachtende Gesicht ihrer rechten Ideologie: Ihre Entschiedenheit, Frauen die Selbstbestimmung über den eigenen Körper zu verwehren, ist derart widerwärtig, dass sie den Sicherheitsrat damit erpressten, eine Resolution zu blockieren, die gezielter gegen einige der schlimmsten Verbrechen der Menschheit vorgehen wollte. Das ist absoluter Wahnsinn«, machte ich in einem Interview mit *Edition F* deutlich.[24]

Der damalige Außenminister Maas bezeichnete die Resolution als bahnbrechend. Weniger euphorisch sagte ich im Interview: »Die Resolution entwickelt zwar die *Frauen, Frieden, Sicherheit-Agenda* an entscheidenden Stellen weiter. Allerdings haben Deutschland und der gesamte *UN-Sicherheitsrat* dem Druck der USA nachgegeben, jegliche Sprache zu reproduktiver und sexueller Gesundheit aus dem Resolutionsentwurf zu streichen – ansonsten hätten die USA die Verabschiedung der Resolution durch ihr Vetorecht blockiert. Das ist besonders schmerzhaft, weil sich der *UN-Sicherheitsrat* in vorherigen Resolutionen zum Thema sexualisierte Gewalt bereits auf Sprache zu reproduktiver und sexueller Gesundheit geeinigt hatte.«[25]

Juristisch im Sinne des internationalen Völkerrechts hat sich zwar nichts verändert, doch politisch war es ein herber Schlag. Noch wenige Wochen zuvor, im März 2019, hatte ein breites Bündnis in Deutschland, dem auch wir angehören, eine Pressemitteilung verfasst, gerichtet an die Bundesregierung. Darin hatten wir vor eben diesen Angriffen auf demokratische Werte und vor allem sexuelle und reproduktive Rechte und Gesundheit gewarnt und gefordert: Sollte die Gefahr bestehen, dass antidemokratische Kräfte in Form der Vetomächte Russland, China und den USA eine deutsche Resolution verwässern wollten, Deutschland diese Resolution nicht zur Abstimmung einbringen dürfe. Wir waren sehr deutlich.[26] Und wurden dennoch nicht gehört.

Auch die Juristin Madeleine Rees kritisiert, dass sich die USA mit ihrer Veto-Drohung durchgesetzt haben und Staaten wie Deutschland sich mit einer geschwächten *WPS Agenda* zufriedengaben – auf Kosten derjenigen, die die Resolution schützen soll. Sie betont jedoch auch, dass die USA von vielen Staaten wegen ihrer Opposition zu reproduktiven Rechten stark kritisiert wurden. So gab es glücklicherweise mehr Staaten, die sich für die Anerkennung fundamentaler Selbstbestimmungsrechte einsetzten als solche, die sich dagegen aussprachen. Diese normative Diskursverschiebung sei ein entscheidender Fortschritt.[27]

DEUTSCHLANDS NATIONALER AKTIONSPLAN

Damit die *WPS Agenda* weltweit implementiert werden kann, haben Regierungen *Nationale Aktionspläne (NAP)* geschrieben, in denen sie darlegen, wie die einzelnen Punkte in ihrer nationalen Politik umgesetzt werden. Knapp 100 Länder (Stand Sommer 2021) haben inzwischen einen *NAP*.[28] Was dabei auffällig ist: Länder des globalen Nordens verstehen *WPS* vor allem außenpolitisch und beschreiben, wie sie gegenüber Ländern des globalen Südens und Konfliktregionen den Forderungen von *WPS* entsprechen können. Länder des globalen Südens hingegen stellen dar, wie sie in ihrem eigenen Land die Forderungen umsetzen können. Das hat einen faden, neokolonialen Beigeschmack, als ob Länder wie Deutschland es nicht nötig hätten, die eigene Politik feministischer zu gestalten.

Zum *NAP*-Prozess gehört, dass die zu *WPS* arbeitende Zivilgesellschaft – das *Bündnis 1325* mit Akteur:innen wie dem *CFFP* und anderen – sich zweimal jährlich im Auswärtigen Amt mit der *Interministeriellen Arbeitsgruppe (IMA)* trifft, um gemeinsam über den Fortschritt von 1325 zu sprechen. An der *IMA* nehmen neben den Vertreter:innen des Außenministeriums auch Expert:innen des Justizministeriums, des Bundesministeriums für Familie, Senioren, Frauen und Jugend, des Verteidigungsministeriums, des Bundesministeriums für wirtschaftliche Zusammenarbeit und Entwicklung und des Innenministeriums teil. Dabei sprechen wir vom *CFFP* immer wieder an, dass Innen- und Außenpolitik in vielen Punkten nicht zusammenpassen – also die mangelnde Kohärenz in diesen Einflussbereichen. Beispielsweise ist es lobenswert, dass sich das Auswärtige Amt immer mehr für sexuelle und reproduktive Rechte rund um den Globus einsetzt, weil es erkannt zu haben scheint, dass Demokratie nicht gefördert werden kann, solange die Hälfte der Gesellschaft nicht vollständig über den eigenen Körper bestimmen darf. Gleichzeitig sind Schwangerschaftsabbrüche in Deutschland weiter nicht legal. Laut Paragraf 218 des Strafgesetzbuches bleiben sie nur unter bestimmten Bedingungen straffrei, nämlich wenn frau sich einer Beratung unterzieht und bestimmte Fristen einhält. Es ist ein Skandal, dass Deutschland an einem veralteten Gesetz festhält. Die patriarchale Unterdrückung von Frauen findet im Verbot der Selbstbestimmung über den eigenen Körper einen perversen Höhepunkt.

Es ist unabdingbar, dass die feministische Zivilgesellschaft sich mit ihrer Expertise und ihrem Engagement einbringt, denn hier liegt eine transformative Kraft.

Doch mit Wissen und Herzblut allein ist es nicht getan. Die Aktivist:innen müssen auch finanziell fair entlohnt werden, um die wichtige Forschungs- und Aufklärungsarbeit leisten zu können. Zu oft bekommen diese sozialen Bewegungen – ganz besonders im globalen Süden – kaum Finanzierung, da diese meist an befristete Projekte im Zeichen des *Empowerments* gehen und nicht in die Bewegung selbst fließen. *Empowerment*-Ansätze aber reichen nicht aus, um einen systemischen Wandel zu bewirken und neue Machtstrukturen zu schaffen. Denn sie suggerieren, Frauen müssten einfach »besser« werden und lediglich fordern, dass sie in soziopolitische Systeme eingegliedert werden. Es ist notwendig, in die Bewegungen selbst zu investieren, um den Raum für systemverändernde Arbeit zu schaffen.[29] Denn: Niemand sonst ist so wirksam wie die sozialen Bewegungen. Deshalb bin ich auch überzeugt, dass Ministerien wie das Auswärtige Amt unserer Expertise vertrauen sollten, wenn wir uns einmischen und sagen, was sich ändern muss.

Bevor das Auswärtige Amt im Jahr 2020 seinen Prozess zur Ausarbeitung des neuen *NAP* zur *WPS Agenda* begann, stellte meine Organisation als Teil des *Bündnis 1325* mehrere

Forderungen an das Ministerium: Wir stiegen damit ein, dass der Einsatz für nachhaltigen Frieden niemals mit der Tatsache zusammengebracht werden kann, dass Deutschland weiterhin der viertgrößte Waffenexporteur der Welt ist. Das macht auch der erhebliche Ausbau der humanitären Hilfe nicht wett: Deutschland ist mittlerweile zweitgrößte Geberin von Entwicklungszusammenarbeitsgeldern.[30] Ist es nicht bizarr? Erst tragen deutsche Waffen massiv zu Zerstörung weltweit bei, und danach schicken wir humanitäre Hilfe u. a. in Form von Projektgeldern, um den demokratischen Aufbau von Ländern zu unterstützen.

Die Hauptmotivation der Resolution 1325 ist es, Konflikte zu verhindern. Militarisierung ist eine der Kernursachen von Konflikten. Zu den insgesamt 36 Punkten unseres Forderungskatalogs gehören daher institutionalisierte Veränderungen, zum Beispiel durch die Schaffung der Position einer:s Sonderbeauftragten zu 1325 sowie *Focal Points* zu dem Thema in allen deutschen Auslandsvertretungen. Des Weiteren verlangen wir, dass die Bundesregierung sich deutlich den internationalen Akteur:innen entgegenstellt, die sexuelle und reproduktive Rechte sowie das Recht auf körperliche Selbstbestimmung verweigern und Menschen aufgrund ihrer sexuellen Orientierung angreifen. Die Verbindung zwischen deutschen Waffenexporten und gewalttätigen Konflikten sowie sexualisierter Gewalt muss anerkannt werden, es muss folglich mittelfristig auf einen kompletten Rüstungsexportstopp hingearbeitet werden. Unerlässlich ist außerdem, dass Menschenrechtsverteidiger:innen im In- und Ausland geschützt und finanziell unterstützt werden sowie das Pariser Klimaabkommen ganzheitlich umgesetzt wird.[31]

Ende Februar 2021 verabschiedete die deutsche Bundesregierung ihren dritten *NAP* zur Umsetzung der *WPS-Agenda*. Verglichen mit den beiden deutschen Vorgänger-*NAPs* stellt der neueste eine erhebliche Verbesserung dar. Es wird deutlich, dass die Bundesregierung sich bei der Ausformulierung an anderen, progressiven Staaten orientiert hat. Außerdem hat sie die Forderungen aus dem Policy Briefing des *Bündnis 1325 – Die Agenda Frauen, Frieden und Sicherheit. Was zählt ist die Implementierung*[32] – teilweise berücksichtigt. Meine Mitgeschäftsführerin Nina hat federführend am Briefing mitgewirkt.

Einige Punkte sind anerkennend hervorzuheben: Dass die Bundesregierung explizit von einer intersektionalen Perspektive spricht, ist ein wichtiger konzeptioneller und politischer Fortschritt. Auch erwähnt der *NAP* explizit die LGBTQI*-Community als Betroffene. Ebenfalls loben wir, dass die Bundesregierung die zunehmende Gefährdung von Frauen und Minderheiten aufgrund des internationalen Demokratieabbaus und der Angriffe auf Frauen- und LGBTQI*-Menschenrechte hervorhebt und gleichzeitig ihre besondere Verantwortung anerkennt, diese Rechte zu schützen und auszubauen. Dazu gehört laut Bundesregierung auch das Recht auf reproduktive Gesundheit und sexuelle Selbstbestimmung.[33] In diesem *NAP* erkennt die Bundesregierung darüber hinaus erstmals an, dass ein menschenrechtsbasierter und intersektionaler Ansatz notwendig ist, um Konflikte zu verhindern und Frieden zu fördern. Des Weiteren nimmt der dritte *NAP* eine zentrale langjährige Forderung der Zivilgesellschaft auf: Es gibt nun endlich einen Mechanismus für Wirkungsmessung der Maßnahmen.

Doch es gibt auch noch Verbesserungsbedarf. Daher üben meine Organisation und ich am aktuellen *NAP* auch Kritik: Erstens muss der nächste *NAP* sich auf Abrüstung und Rüstungsexportkontrolle konzentrieren, vor allem im Bereich Konfliktprävention. Zweitens muss die Zivilgesellschaft bei der Erstellung und Evaluierung des *NAP* besser einbezogen werden. Und drittens bedarf es mehr politischen Willens, die Agenda bei internationalen Organisationen und in Foren zu stärken.

Die Bundesregierung verpflichtet sich im dritten *NAP* wieder nicht, eine explizite Friedenspolitik zu verfolgen. Sie äußert sich mit keinem Wort zur konfliktfördernden Wirkung von Rüstungsexporten oder dass sie Waffenausfuhren stoppen wird. Abrüstungspolitik wird nicht als Kernbestandteil von Krisen- und Konfliktprävention anerkannt: Deutschland bekennt sich kaum zu Abrüstung und Rüstungsexportkontrollen. Es hätte beispielsweise eine Verpflichtung gebraucht, Rüstungsexporte langfristig zu beenden, den Atomwaffenverbotsvertrag zu ratifizieren und einen internationalen völkerrechtlichen Verbotsvertrag zu vollautonomen Waffensystemen aktiv zu unterstützen.

Ein weiterer Mangel des dritten *NAP* ist, dass er keine innenpolitischen Maßnahmen für die Krisenprävention enthält. Die Co-Vorsitzende von *WILPF*-Deutschland, Victoria Scheyer, schreibt dazu:»Unsicherheiten und Bedrohungen entstehen in Deutschland nicht durch schwer bewaffnete militärische Fahrzeuge und Soldat:innen, sondern durch tief sitzende menschenfeindliche Ideologien. Diese sind institutionalisiert in rechtsradikalen Parteien, Gruppierungen und Bewegungen, zu deren Agenden meist Frauen- und Migrant:innenfeindlichkeit sowie Antisemitismus und Rassismus gehören und die nationalistische und antidemokratische Ziele verfolgen.«[34] Der Zusammenhang zwischen Geschlecht und gewalttätigem Extremismus sowie Terrorismus ist in der *WPS-Resolution* 2242 von 2015 dargelegt. Mit dem dritten *NAP* hätte es die Chance gegeben, genau darauf einzugehen.

VON KOMPROMISSEN UND MAXIMAL-FORDERUNGEN

Feministische Kritik und feministischer Aktivismus haben es in Form der *WPS Agenda* in den *UN-Sicherheitsrat* geschafft und dort binnen zwei Jahrzehnten ordentliche Wellen geschlagen. Doch die Errungenschaften der *WPS Agenda* innerhalb einer der mächtigsten Institutionen internationaler Politik führte auch zu vielen Vereinnahmungen und eher unfeministischen Kompromissen. Die in Melbourne lehrende Professorin Dianne Otto, Expertin für Menschenrechte, setzt sich vor diesem Hintergrund kritisch mit den Errungenschaften der *WPS Agenda* auseinander.[35] Otto zufolge geht der Erfolg der Resolutionen mit dem Verlust wichtiger feministischer Prinzipien einher. In der *Charta der Vereinten Nationen* wird 45-mal »Frieden« genannt, doch meistens in Verbindung mit Sicherheit statt beispielsweise mit Entwicklung oder Menschenrechten. Otto zufolge ist es deshalb nicht überraschend, dass auch die *WPS Agenda* Sicherheit militärisch fasst, statt feministischen Frieden zu priorisieren. Ebendieses feministische Verständnis von Frieden – nicht die Abwesenheit von militärischen Konflikten, sondern die Realisierung feministischer Sicherheit – war die Grundlage der 20 Resolutionen der Feministinnen von Den Haag 1915. Indem die *WPS Agenda* im *Sicherheitsrat* angenommen wurde, so Otto, habe sich der feministische Friedensaktivismus verschoben: vom Ziel, bewaffnete Konflikte illegal zu machen *(ius ad bellum)*, hin zum Versuch, die Gesetze für die Kriegsführung menschlicher zu machen *(ius in bello)*. Statt Krieg ein für alle Mal zu beenden, ging es nun darum, Kriege sicherer für Frauen zu machen. Das riecht nach Kuhhandel. Mit Blick auf die Den Haager Frauen kritisiert Otto, dass *WPS* den Hoffnungen ihrer feministischen Mütter nicht gerecht wurde: Denn statt die dominanten Ideen und Praktiken zu internationalem Frieden und Sicherheit zu ändern und damit zu transformieren, seien, so Otto, die ursprünglichen Forderungen der Feministinnen so verdreht worden, dass die Möglichkeiten militärischer Interventionen sogar ausgedehnt wurden, beispielsweise als Antwort auf sexualisierte Gewalt.

Sara E. Davies und Jacqui True[36] sind in ihrer Analyse nicht so streng und rechtfertigen einen pragmatischen Ansatz. Zu berücksichtigen sei, welche feministischen Anliegen wirklich innerhalb von patriarchalen Strukturen voll durchgesetzt werden können: eben meist solche, wo Kompromisse eingegangen werden können. Wenn keine Lösung innerhalb der patriarchalen Strukturen erreichbar sei oder Kompromisse ausgeschlossen seien, müsse die Agenda vor allem außerhalb der Strukturen weitergetragen werden. Sie argumentieren, dass das bisherige pragmatische Vorgehen einige Errungenschaften mit sich gebracht habe, wie den Einsatz von *Women Protections Advisors* und *Gender Protection Advisors* (also Expert:innen, die in Konfliktsituationen Geschlechterhierarchien und die Bedürfnisse von Frauen beachten) in Friedenseinsätzen, die Etablierung der *Informal Expert Group on WPS* (ein informeller Zusammenschluss von Staaten innerhalb des *UN-Sicherheitsrates*, der die *WPS Agenda* nach vorne bringen möchte) oder dass feministische Zivilgesellschaft in Friedenseinsätzen mit einbezogen und somit ihre Forderungen gehört werden.

FAZIT: WER MIT UNGEHEUERN KÄMPFT

Am Ende bleibt die Frage: Sollten radikale feministische Forderungen, die echten transformativen Wandel bewirken könnten hin zu komplett neuen Systemen, in Kompromissen so geschliffen werden, dass sie zwar innerhalb von Institutionen akzeptiert werden, dabei jedoch ihre transformative Kraft verlieren? Oder sollten solche Kompromisse niemals eingegangen werden, was aber bewirken könnte, dass die Forderungen zu den Entscheider:innen in den Zentren der Macht, wo aktuelle Politik entschieden und gemacht wird, gar nicht vordringen?

Auf diese Frage gibt es unzählige Antworten und Perspektiven. Gerade im Aktivismus ist genau das die Gretchenfrage, die nicht mit einem einfachen »Ja« oder »Nein« beantwortet werden kann, sondern situationsabhängig ist. Wie sagte schon Friedrich

Nietzsche: »Wer mit Ungeheuern kämpft, mag zusehn, dass er nicht dabei zum Ungeheuer wird. Und wenn du lange in einen Abgrund blickst, blickt der Abgrund auch in dich hinein.«[37]

Ich bewege mich mit meiner Arbeit Tag für Tag auf genau diesem feinen Grat. Seit ich mich feministisch öffentlich engagiere, war es stets ein Abwägen, und es gab noch viel mehr Kritik. Als wir – ein loser Zusammenschluss von feministischer Zivilgesellschaft und feministischen Aktivist:innen – 2016 zur Änderung des Sexualstrafrechts arbeiteten, forderten wir im Bündnis, dass die Formel »Nein heißt Nein« zur Äußerung des entgegenstehenden Willens ins Gesetz aufgenommen wird. Bis dahin konnte ein sexueller Übergriff, Nötigung oder Vergewaltigung nur dann strafrechtlich verfolgt werden, wenn dabei Gewalt gebraucht oder angedroht wurde und das Opfer sich physisch wehrte. Manche Feminist:innen, mit denen ich im Austausch war, wollten bei der Kampagne nicht mitmachen, sie wollten ein »Ja heißt Ja«. Ich machte es mir nicht leicht, leistete mir unter anderem schriftliche Schlagabtausche mit Rechtsprofessoren, um die verschiedenen Positionen und Möglichkeiten der Realisierung eines neuen Paragrafen zu durchdringen. Und ich kam zu dem Schluss: »Nein heißt Nein« war gerade das Maximale, das wir erreichen konnten. »*Don't let the perfect be the enemy of the good*« – dieses Motto gab mir damals eine viel erfahrenere Aktivistin mit auf den Weg, und ich hielt an »Nein heißt Nein« fest. Das heißt natürlich nicht, dass ich recht hatte. Es war einfach meine Einschätzung der Situation: Pragmatismus vor Idealismus.

Ob in meiner Zeit als Beraterin im Auswärtigen Amt oder wenn meine Organisation mit dessen Vertreter:innen interagiert: Im Zusammenhang mit deutscher Außenpolitik dagegen haben wir uns nie mit dem angeblich momentan Erreichbaren zufriedengegeben, wenn das Ministerium »mehr Frauen in der Außenpolitik« versprach, sobald wir unsere feministischen Forderungen stellten. Das reicht in unseren Augen kein bisschen aus. Feminismus ist so viel mehr als »mehr Frauen«. Es fällt mir nicht leicht, an dieser Stelle eine klare Antwort auf die Frage zu geben: Wie viel Utopie ist möglich angesichts der eingeschränkten Möglichkeiten? Doch hier bin ich mir sicher: Wenn eine Gesellschaft derart ungerechte Tatsachen produziert wie unsere, sollten wir maximal utopische Forderungen stellen – also laut nach einer gerechten Welt rufen. Wenn wir maximal utopisch fordern, dann erreichen wir im ersten oder zweiten Schritt vielleicht ein Ergebnis, auf das wir aufbauen können.

SANAM NARAGHI ANDERLINI: »WER KÄMPFT FÜR DIE MENSCHENRECHTE? ES SIND DIE FRAUEN.«

»Wenn das Land, in dem du aufwächst, implodiert, verstehst du, dass es Wendepunkte gibt, an denen sich die Geschichte entweder zum Negativen wendet oder transformiert werden kann.«

Sanam Anderlini machte es sich zur Aufgabe, diese Momente der Transformation mitzugestalten, und wirkte an zahlreichen Friedensprozessen mit. Sie wurde in die Elite des Iran hineingeboren, zog im Zuge der iranischen Revolution 1979 nach Großbritannien und pendelt nun zwischen dort und den USA – wo sie als Gründerin und Direktorin des *International Civil Society Action Network* arbeitet – und London, wo sie die Direktorin des *London School of Economics Centre for Women, Peace and Security* ist.

Ihre Motivation schöpft sie aus den Lebensgeschichten von Frauen, deren Erfahrungen und Umgang damit ihren eigenen gleichen: trotz großen persönlichem Verlusts im Krieg im Moment nach dem Konflikt sich für Menschlichkeit und Empathie zu entscheiden und Frieden zu schaffen statt nach Rache zu streben.[38] Sanam wird oft mit der Frage konfrontiert: Sind Frauen die friedlicheren Menschen? Darauf antwortet sie, dass Empathie nicht vom biologischen Geschlecht abhängt, sondern der Lebenserfahrung: Denn wer unterdrückt wird, muss um des Überlebens und der Unversehrtheit willen die Unterdrückenden und Mächtigen verstehen und deren Handlungen vorwegnehmen.

Dabei denkt sie insbesondere an Friedensarbeiter:innen, weil sie die Menschlichkeit anderer suchen, sogar die der Unterdrücker. Sie versuchen, deren Menschlichkeit zu begreifen, um einen Weg der Transformation und des gemeinsamen Friedens zu finden.

Feminismus ist für Sanam untrennbar mit Antimilitarismus verbunden. Sie unterscheidet zwischen einem Feminismus, der Frauen in bestehende Strukturen integrieren möchte, und einem Feminismus, der diese Strukturen fundamental infrage stellt. Sanam beobachtet im Westen eine Spaltung zwischen den Generationen. Beim Kampf der »Hillary-Clinton-Generation« um die Chancengleichheit der Geschlechter in einem patriarchalen und militaristischen System sei das antimilitaristische, den Status quo hinterfragende Element des Feminismus zu oft verloren gegangen. Die Jüngeren dagegen akzeptierten keine patriarchalen, zerstörerischen Strukturen innerhalb ihres Feminismus.

Für Sanam geht es um den Kampf für transformative Gleichberechtigung. Ihr Ziel ist nicht, dass alle Geschlechter die gleiche Chance haben, als Soldat:innen zu kämpfen und zu sterben oder zu töten, sondern, dass niemand die Schrecken des Krieges erleben muss.

Zu Sanams Lieblingsautorinnen zählt Isabel Allende, und zu ihren Lieblingsbüchern gehört *Daughter of Persia*, das ihre Tante Sattareh Farman Farmaian schrieb.

7 DER STATUS QUO FEMINISTISCHER AUSSENPOLITIK

> *Wer sich nicht bewegt,*
> *spürt seine Fesseln nicht.*
> ROSA LUXEMBURG

Im Oktober 2014, nach den Parlamentswahlen in Schweden, geschah etwas Außergewöhnliches. Die neu berufene Außenministerin Margot Wallström verkündete als erstes Land weltweit eine Feministische Außenpolitik. Viele Beobachter:innen trauten ihren Ohren nicht – wie konnte Schweden das ernst meinen, vor allem zu einer Zeit, in der sich Russland gegenüber Schweden und den baltischen Staaten immer aggressiver verhielt?[1] Wenige Monate nachdem Russland völkerrechtswidrig die Krim annektiert hatte – war das nicht etwas utopisch? Feministische Forderungen wurden sofort in die »naive« Ecke gestellt, in der Pazifismus negativ konnotiert ist. Wer die Biografie Wallströms kannte, wunderte sich wahrscheinlich weniger. Denn die Schwedin war im Anschluss an ihre Position als Vizepräsidentin der *Europäischen Kommission* von 2010 bis 2012 die erste Sonderbeauftragte des Generalsekretärs für sexualisierte Gewalt in Konflikten der *Vereinten Nationen*. Und sie hat selbst sexualisierte Gewalt durch einen Ex-Partner erfahren.[2]

Wallström ist seit Jahrzehnten eine entschlossene Aktivistin und Feministin. Mit Mitte zwanzig wurde sie bereits Mitglied der *Sozialdemokratischen Arbeiterpartei* Schwedens. Wallström unterstützte 2017 den von der Zivilgesellschaft angestoßenen *Atomwaffenverbotsvertrag (AVV)* und setzte sich – bislang erfolglos – dafür ein, dass ihr Land diesen ratifiziert. (Auch Deutschland hat diesen Vertrag nicht ratifiziert.) Dies sorgte für viel Unmut bei befreundeten Nationen, die Teil der *NATO* sind, die auf nukleare (und konventionelle) Abschreckung setzt. Doch Wallström ist eine Vordenkerin, und solche Frauen sind dafür bekannt, neue Wege zu gehen und das Konventionelle hinter sich zu lassen. »Ich habe nicht viel Zeit«, wird sie in einem Porträt der *New York Times* zitiert, »[i]ch habe keine Zeit, auf Cocktailpartys rumzulaufen. Ich denke nicht, dass das die Arbeit einer:s Diplomat:in ist.«[3]

Inzwischen gibt es weltweit sieben Staaten, die offiziell eine Feministische Außenpolitik* verkündet haben: Schweden, Kanada, Frankreich, Mexiko, Luxemburg, Spanien und Libyen.** Gefordert wird Feministische Außenpolitik aber auch durch Parlamentsfraktionen in den USA,[4] in der *EU*[5] und in Deutschland.[6] In einigen Ländern verlangen Akteur:innen der Zivilgesellschaft lautstark eine Feministische Außenpolitik, wie beispielsweise in Indien[7] oder klar auch in Deutschland, wo wir vom *CFFP* nicht zuletzt zur Bundestagswahl 2021 für eine Feministische Außenpolitik eintraten.[8] Während ich dieses Buch schreibe, wird aus zuverlässigen Quellen berichtet, dass Argentinien kurz davorstehe, eine Feministische Außenpolitik zu verkünden. Zudem legen Dänemark, Norwegen und die Schweiz einen deutlichen Schwerpunkt auf Gleichberechtigung in ihrer Außenpolitik.

Auch die Mehrheit der Abgeordneten des *EU-Parlaments* stimmte im November 2020 für eine Feministische Außenpolitik (wobei das Parlament keine legislative Autorität hat und der Außenminister der *EU*, offiziell »Hoher Vertreter der *EU* für

---

* Bzw. feministische Entwicklungspolitik oder feministische Diplomatie – im Folgenden werde ich von Feministischer Außenpolitik sprechen und in den spezifischen Länder-Unterkapiteln genauer spezifizieren.
** Die Nennung Libyens mag auf den ersten Blick überraschen, wird aber im Folgenden erläutert.

Außen- und Sicherheitspolitik«, nicht so viel Gewicht hat). Die Abstimmung basierte auf einem Bericht der Grünen-Abgeordneten Hannah Neumann und Ernest Urtasun. Um ihren Parlamentsreport bereitstellen zu können, beauftragten die beiden uns, *CFFP*, im Januar 2020, den ersten ausführlichen Bericht zu *Eine Feministische Außenpolitik für die Europäische Union* zu schreiben. Meine Mitbegründerin Nina und ich haben darin unsere Vision für eine feministische europäische Außenpolitik dargelegt.[9]

CFFPs Arbeit zu Feministischer Außenpolitik liegt folgendes Verständnis zugrunde: Wir können nicht mit einer Außenpolitik des *Business as usual* fortfahren. Traditionelle Außenpolitik kann keine gerechten und wirksamen Lösungen zu den dringendsten globalen Krisen unserer Zeit wie Klimakrise, Menschenrechtsangriffe oder (nukleare) Aufrüstung entwickeln – denn bestehende Ungerechtigkeiten würden dadurch fortgeschrieben. Nur neue Ansätze, Perspektiven und eine neu ausbalancierte Machtdynamik – eben eine Feministische Außenpolitik – können nachhaltigen Frieden und eine Welt schaffen, in der niemand zurückgelassen wird. Kernprinzipien sind ein umfassendes und inklusives Verständnis von Gender, Intersektionalität, Antirassismus sowie innen- und außenpolitische Kohärenz. Feministische Außenpolitik gründet auf Menschenrechten und wird von der Zivilgesellschaft mitformuliert. Sie ist transparent, antimilitaristisch und auf Klimagerechtigkeit und Kooperation statt Herrschaft über andere ausgerichtet. Feministische Außenpolitik möchte patriarchale Strukturen innerhalb von Außen- und Sicherheitspolitik zerschlagen.

Bei *CFFP* definieren wir Feministische Außenpolitik als politisches Rahmenwerk, das für das Wohlergehen marginalisierter Menschen nötig ist. Feministische Außenpolitik lässt die Betonung von militärischer Gewalt, Gewalt und Dominanz hinter sich und formuliert ein alternatives und intersektionales Verständnis von Sicherheit aus der Perspektive der Schwächsten. Sie zielt darauf ab, Erfahrungen und Handlungsfähigkeit von Frauen und marginalisierten Gruppen zu verbessern. Destruktive Kräfte wie Patriarchat, Kolonialisierung, Heteronormativität, Kapitalismus, Rassismus, Imperialismus und Militarismus werden enttarnt und gerechte Alternativen aufgezeigt.

Schauen wir uns einmal an, wie unterschiedlich dieser Ansatz in den bereits Feministische Außenpolitik praktizierenden Ländern gelebt wird.

SCHWEDEN

Obwohl Schweden bereits 2014 seine Feministische Außenpolitik einführte, dauerte es noch bis 2018, bis die Regierung ihr *Handbuch zu Schwedens Feministischer Außenpolitik* veröffentlichte. Ein Jahr nach der Publikation dieses Handbuchs traf ich bei einem kleinen Meeting auf eine ranghohe Vertreterin der schwedischen Regierung. Ich fragte sie nach ihren Erfahrungen mit der Realisierung der Feministischen Außenpolitik. Neben all den Erfolgen war sie so ehrlich zu sagen: »Weißt du, wir haben das Auto bereits gefahren, während wir noch dabei waren, es zusammenzubauen.« Obwohl 2014 noch nicht alles komplett durchdacht war, fuhr man schon mal los. Das ist in Ordnung und sogar notwendig, um andere mitzuziehen und vor allem Wandel zu betreiben. Denn würde man immer erst so lange warten, bis alle Fragen geklärt sind, würde man wohl nie loslegen. Seit der Verkündung konnten Akteur:innen der feministischen Zivilgesellschaft die schwedische Regierung dadurch in die Verantwortung nehmen und fordern, dass das Land tatsächlich feministisch agiert.

Das Handbuch erklärt, worum es bei Schwedens Außenpolitik geht. Im Zentrum stehen die drei R, nämlich Rechte, Repräsentation und Ressourcen: die Förderung der Menschenrechte aller Frauen und Mädchen (*Rechte*), faire Beteiligung von Frauen und Mädchen in allen Entscheidungspositionen (*Repräsentation*) und das Bereitstellen von ausreichend Ressourcen, um Gleichberechtigung zu ermöglichen *(Ressourcen)*. Ergänzt wird es um ein viertes R, es steht für Realität. Denn das gesamte Vorgehen beruhe auf Empirie und Fakten.[10] Valerie Hudson und ihr Forscher:innenteam konnten empirisch zeigen, dass es keinen Frieden und keine Gewaltlosigkeit geben kann, solange patriarchale Strukturen bestehen bleiben.[11] Das ist folglich die wahre »Realität« und nicht das, was Morgenthau oder Kissinger als solche bezeichnen.

Schweden hat seine Außenpolitik in drei Bereiche aufgeteilt: erstens klassische Außen- und Sicherheitspolitik; zweitens Entwicklungszusammenarbeit und humanitäre Hilfe sowie drittens Handelspolitik. Der Bereich der Außen- und Sicherheitspolitik umfasst die Themenkomplexe Frieden und Sicherheit, Menschenrechte, Demokratie und Rechtstaatlichkeit sowie Abrüstung. In den Bereich Entwicklungszusammenarbeit und humanitäre Hilfe fallen Klima, Umwelt und Geschlechtergerechtigkeit; zur feministischen Handelspolitik gehört nachhaltiges Wirtschaften. Die Strategien sind auf mehrere Jahre angelegt, die konkreten Unterziele werden in Aktionsplänen definiert: Der aktuelle *Aktionsplan 2019–2022* konzentriert sich darauf, alle Menschenrechte für Frauen und Mädchen zu verwirklichen; physische, psychologische und sexualisierte Gewalt gegen sie zu verbannen und sie an der Prävention und dem Lösen von Konflikten zu beteiligen. Außerdem sollen Frauen und Mädchen in allen Bereichen der Gesellschaft teilhaben, sie sollen ökonomisch *empowered* werden, und es soll für ihre sexuelle und reproduktive Gesundheit und Rechte gesorgt werden.[12]

Die Feministische Außenpolitik Schwedens entstand selbstverständlich nicht im luftleeren Raum, sondern basiert auf wichtigen internationalen Vereinbarungen. Zu diesen zählen die *Allgemeine Erklärung der Menschenrechte*, die *Frauenrechtskonvention*

CEDAW, die Aktionspläne der *Pekinger Aktionsplattform* (1995) und die *International Conference on Population and Development* in Kairo 1994, aber auch die *Women, Peace and Security Agenda* inklusive *Sicherheitsratsresolution 1325*, die Nachhaltigkeitsziele der *Vereinten Nationen* (*Agenda 2030*) sowie die Gleichberechtigungsstrategie in den Außenbeziehungen der EU.

In Schweden gibt es eine Botschafterin für Geschlechtergleichstellung und eine Koordinatorin für Feministische Außenpolitik. Diese kombinierte Funktion unterstützt die Umsetzung von feministischen Analysen und Maßnahmen im gesamten Auswärtigen Dienst und leitet ein kleines Team (derzeit zwei Personen). Außerdem gibt es in allen Abteilungen innerhalb des schwedischen Außenministeriums und Auslandsvertretungen *Focal Points* für Feministische Außenpolitik. Sie fungieren als Anlaufstellen, Leiter:innen und Koordinator:innen vor Ort, aber jede:r Mitarbeiter:in ist dafür verantwortlich, bei ihrer oder seiner Arbeit die Geschlechterperspektive zu berücksichtigen. Um dies zu unterstützen, hat das Außenministerium mehrere Instrumente entwickelt, darunter das bereits erwähnte Handbuch, einen Aktionsplan, der jährlich verfolgt und aktualisiert wird, eine thematische Website und E-Learning im Intranet usw. Das gesamte Regierungsbüro wird außerdem von einer Abteilung für Geschlechtergleichstellung unterstützt, die den Aufbau von Kapazitäten anbietet und sicherstellt, dass alle Ministerien bei ihrer Arbeit die Geschlechterperspektive einbeziehen.

Den transformativen und fortschrittlichen Anspruch Feministischer Außenpolitik zeigte Margot Wallström beispielsweise im Frühjahr 2015. Damals kritisierte sie öffentlich die Frauen- und Menschenrechtssituation in Saudi-Arabien und besonders das Auspeitschen des Bloggers Raif Badawi. Daraufhin wurde Wallström als Rednerin bei der Arabischen Liga ausgeladen. Schweden kündigte in der Folge ein Waffenabkommen mit Saudi-Arabien auf. Saudi-Arabien zog seinen Botschafter in Stockholm zurück, und schwedische Geschäftsleute verloren ihre Visa für das Königreich.[13] So manche »Expert:innen« orakelten damals, Wallström und Schweden hätten sich dadurch jeglicher außenpolitischer Autorität beraubt. Man könne das Land nicht mehr ernst nehmen bei außenpolitischen Entscheidungen, die Wiederwahl als nicht ständiges Mitglied in den *UN-Sicherheits-rat* für den Zeitraum 2017–2018 im Folgejahr sei damit erledigt.[14] Doch das Gegenteil trat ein: Schweden wurde in den *Sicherheits-rat* gewählt und rühmte sich nach Ende der zwei Jahre, in denen das Land Frauenrechte und Konfliktprävention auf die Agenda setzte, einiger Erfolge: Schweden habe sich besonders für die *WPS Agenda* eingesetzt, indem es sicherstellte, dass die Agenda in allen Diskussionen und Entscheidungen eine Rolle gespielt habe. So hatte Schweden während der Präsidentschaft des Sicherheits-rats im Juli 2018 Geschichte geschrieben, da es ebenso viele weib-liche wie männliche Sachverständige in den *Sicherheitsrat* einlud. Auch hat Schweden dafür gesorgt, die Verbindung zwischen der Klimakrise und Sicherheitsaspekten ernst zu nehmen, und ent-sprechende Debatten initiiert.[15] 2015 initiierte Wallström auch das *Swedish Women's Mediation Network*, um die Beteiligung von Frauen in Friedensprozessen zu erhöhen.[16]

Akteur:innen der schwedischen Zivilgesellschaft kritisierten jedoch, dass Schweden im Bereich der Konfliktprävention weder Abrüstung noch Nichtverbreitung (von Waffen) thematisiere oder dass es eine direkte Verbindung gebe zwischen der Verbreitung von Klein- und Leichtwaffen und männlicher Gewalt gegen Frau-en.[17] Akteur:innen der heimischen feministischen Zivilgesell-schaft kritisieren vor allem die anhaltenden Waffenexporte, die nicht zur offiziellen Agenda einer Feministischen Außenpolitik passen. Denn Schweden liefert weiterhin Waffen in Konfliktge-biete und Regionen, in denen Frauen sogar ihre grundlegendsten

Menschenrechte verweigert werden. Zu den Staaten, die 2018 Militärausrüstung aus Schweden erhielten, gehören Saudi-Arabien, die Vereinigten Arabischen Emirate, Jordanien, Kuwait, Bahrain und Katar – Länder, die in den bewaffneten Konflikt im Jemen verwickelt sind, der zu einer der größten weltweiten humanitären Krisen mit verheerenden Folgen für Frauen und Mädchen geworden ist. Durch Waffenexporte festigt Schweden eben jene patriarchalen und militarisierten Strukturen, die es durch eine Feministische Außenpolitik zu beseitigen gilt.[18]

Schwedens Feministische Außenpolitik fiel freilich nicht einfach so vom Himmel. Während eine derart umfassende progressive Politik im konservativen Deutschland noch schwer vorstellbar ist, war sie für die Schwed:innen sicherlich wenig überraschend oder gar ungewöhnlich. Schweden hat eine selbst ernannte feministische Regierung und ein weitverbreitetes feministisches Verständnis. Die Schweden sind uns Deutschen einige Jahrzehnte voraus: Schon seit 1971 werden Eheleute individuell besteuert – steuerliche Diskriminierung wie in Form des Ehegattensplittings wurde dort also vor Jahrzehnten bereits abgeschafft, während wir in Deutschland noch darum kämpfen. Schon 1974 führte Schweden als erstes Land für Mütter und Väter eine Elternzeit ein, die mit dem Elterngeld vergütet wurde.[19] Die Bekämpfung männlicher Gewalt gegen Frauen ist offiziell eine nationale Priorität. Seit 2007 gibt es einen Minister:innenposten für Gleichberechtigung.

Im September 2019 trat Margot Wallström wegen persönlicher Gründe vorzeitig als schwedische Außenministerin zurück. Wallström war (und ist weiterhin) in der feministischen Zivilgesellschaft sehr geschätzt als Frau, die feministische Werte wirklich verstanden hat und entsprechend agiert. Ann Linde, vormals Handelsministerin, folgte Wallström auf den Posten als Außenministerin. Sie genießt nicht ansatzweise eine ähnliche

Reputation – Akteur:innen der schwedischen feministischen Zivilgesellschaft sagen, sie habe keine feministische Integrität und missachte Zivilgesellschaft, indem sie Unternehmen als wichtigere Akteure bei ihrer Politik berücksichtige. Dies zeigt, wie sehr Individuen über die Wirksamkeit von Politik entscheiden.

Trotz aller Kritik und anhaltender Unzulänglichkeiten war die Einführung der Feministischen Außenpolitik in Schweden als weltweit erstes Land bahnbrechend und bewirkte, dass Länder wie Kanada, Frankreich und weitere eine ähnliche Außenpolitik verkündeten. Schweden ist inspirierend für viele Staaten, hoffentlich – nach der Präsentation des Koalitionsvertrags der neuen Ampel-Regierung Ende 2021 scheint es so – auch für Deutschland. Denn Wallström und Schweden waren mit der Verkündigung der schwedischen Feministischen Außenpolitik wirklich visionär. Sie bewiesen damit, dass Frauenrechte relevant für Krieg und Frieden sind. Dass Kooperation über Dominanz steht. Menschliche Sicherheit über militärischer. Und dass das Patriarchat internationale Politik bestimmt und damit Schluss sein muss.

KANADA

Im Juni 2017 verabschiedete Kanada seine *Feminist International Assistance Policy (FIAP)*[20] – seine feministische Entwicklungspolitik, die durch Förderung von Gleichberechtigung Armut nachhaltig bekämpfen möchte. Kanada hat sich vorgenommen, dass bis zum Jahr 2021/22 95 Prozent aller Entwicklungszusammenarbeitsgelder so vergeben werden, dass sie auf Geschlechtergerechtigkeit und das *Empowerment* von Mädchen und Frauen hinwirken. Kanadas *FIAP* deckt sechs Aktionsbereiche ab: die Gleichstellung der Geschlechter und Stärkung von Frauen und Mädchen; Menschenwürde (Gesundheit und Ernährung, sexuelle und reproduktive Gesundheit und Rechte, Bildung, humanitäre

Maßnahmen); Wachstum, das für alle funktioniert; Umwelt- und Klimaschutzmaßnahmen; eine inklusive Regierungsführung; Frieden und Sicherheit. Zusätzlich zu ihrer *FIAP* hat Kanada eine Reihe weiterer Gleichstellungsmaßnahmen eingeführt, dazu gehört sein neuer *Nationaler Aktionsplan* für die Umsetzung der Resolution des *UN-Sicherheitsrats* zu *WPS* sowie ein feministischer Ansatz für die Handelspolitik. 2019 ernannte Kanada eine Sonderbotschafterin für *Women, Peace and Security*: Jacqueline O'Neill. Auch ist es als positiv zu bewerten, dass Kanada geschlechtsspezifische Analysen in seiner Politik anwendet durch Programme wie *Gender-based Analysis Plus (GBA+)*. Mithilfe dieses Analysewerkzeugs wird bewertet, wie unterschiedlich sich Regierungspolitik, -programme und -initiativen im In- und Ausland auf die Geschlechter auswirken.

Im Zuge des G7-Gipfels im kanadischen Quebec im Jahr 2018 berief Premierminister Justin Trudeau den ersten *Gender Equality Advisory Council (GEAC)* ein. Auch in den Folgejahren anlässlich des G7-Gipfels 2019 im französischen Biarritz und 2021 im britischen Cornwall* wurde jeweils ein *GEAC* eingerichtet. In dem *Council* sind führende internationale Expert:innen zu Gleichberechtigung in unterschiedlichen Teilbereichen der Gesellschaft versammelt. Die Aufgabe des Beratungsgremiums: Empfehlungen für die Staatsoberhäupter der G7 zu verfassen. Und das taten beim Gipfel 2019 unter anderem die Schauspielerin Emma Watson und die ehemalige Exekutivdirektorin von *UN Women*, Phumzile Mlambo-Ngcuka: Sie forderten, dass alle G7-Staaten eine Feministische Außenpolitik haben sollten.[21] Durch die Etablierung des *GEAC* riss Kanada wieder etwas mehr von den

---

* Der G7 Summit 2020 hätte im US-amerikanischen Camp David stattfinden sollen und wurde aufgrund der Pandemie abgesagt.

patriarchalen Strukturen in internationaler Politik ein und bereitete feministischen Themen eine Bühne, wo sonst Realpolitik zu präsent ist.

Aber auch Kanadas Handeln ist nicht immer konsequent. So kritisierten Akteur:innen der feministischen Zivilgesellschaft die Entscheidung, dass die Waffenexporte nach Saudi-Arabien, die wegen der Ermordung des Journalisten Jamal Khashoggi angehalten worden waren, wieder aufgenommen wurden. Dies widerspricht Kanadas feministischen und damit antimilitaristischen Prinzipien.

Während ich diese Zeilen schreibe, entwickelt Kanada gerade sein *White Paper* zu Feministischer Außenpolitik – also einen allumfassenden Ansatz statt einer Beschränkung auf Teilbereiche. Dabei konsultierte die kanadische Regierung auch ausführlich Vertreter:innen der feministischen Zivilgesellschaft. Ich durfte dabei *CFFP* vertreten.[22]

FRANKREICH

Der französische Außenminister Jean-Yves Le Drian und die damalige Staatssekretärin für Gleichberechtigung Marlène Schiappa verkündeten im März 2019 in einem gemeinsam verfassten Artikel, dass Frankreich künftig eine »feministische Diplomatie« verfolgen werde.[23] Das war das erste Mal, dass Frankreich seine Diplomatie als »feministisch« deklarierte – dabei gab es entsprechende Teilstrategien schon seit Jahren. Obwohl im Artikel wiederholt der Begriff »feministische Diplomatie« vorkommt, konzentriert sich der Artikel großteils darauf, Mittel für die französische Entwicklungsbehörde, *Agence Française de Développement (AFD)*, bereitzustellen. In diesem Zuge haben feministische Organisationen ein Budget von 120 Millionen durch das *AFD* zuerkannt bekommen. Zusätzlich hat die Regierung der *AFD* das Ziel gesetzt, jährlich 700 Millionen Euro einzusetzen, um Projekte zur Verringerung von Geschlechterungleichheit zu finanzieren.[24]

Frankreich hat sich auf eine *Internationale Strategie zur Gleichstellung der Geschlechter für die Jahre 2018 bis 2022* festgelegt.* Darin erkennt die französische Regierung an, dass das Geschlecht durchgehend bei Regierungsentscheidungen und in allen Bereichen der Außenpolitik berücksichtigt werden muss. Die Strategie ist die Grundlage französischer feministischer Diplomatie und verfolgt fünf Hauptziele: erstens eine stärkere institutionelle Kultur der Gleichstellung der Geschlechter innerhalb der Regierungsarbeit fördern; zweitens die politische Lobbyarbeit Frankreichs für die Gleichstellung der Geschlechter intensivieren; drittens stärker auf die Gleichberechtigung der Geschlechter als Teil der Entwicklungszusammenarbeit fokussieren; viertens die Sichtbarkeit, Transparenz und Rechenschaftspflicht der Handlungen, die von den Ministerien und Regierungsagenturen für die Gleichstellung der Geschlechter ausgeführt werden, verbessern und stärken und fünftens die Beziehungen zu zivilgesellschaftlichen Akteur:innen, dem Privatsektor und Forschungsakteur:innen zur Bekämpfung der Ungleichbehandlung der Geschlechter stärken.

Frankreichs *Internationale Strategie zur Gleichstellung der Geschlechter* verpflichtet das Land auch dazu, die Gelder für die Entwicklungszusammenarbeit, die der Gleichstellung der Geschlechter zukommen, zu erhöhen. Bis 2022 sollen sie von knapp 30 (im Jahr 2018) auf 50 Prozent des Budgets gesteigert werden – was jedoch weit unterhalb von europäischen Zielen von 85 Prozent liegt.[25] Frankreich war gemeinsam mit Mexiko Co-Gastgeber des von *UN Women* initiierten *Generation Equality Forums*, das 2021 im

---

* Die erste dieser Strategien wurde bereits 2007 veröffentlicht.

März (Mexiko-Stadt) und Ende Juni/Anfang Juli überwiegend digital in Paris stattfand.* Am Ende des Forums in Paris wurde eine historische Summe von knapp 40 Milliarden US-Dollar versprochen, die Regierungen, der Privatsektor oder philanthropische Geldgeber:innen einsetzen wollen, um die globale Geschlechtergerechtigkeit bis 2026 deutlich voranzutreiben.[26]

Die Deklaration, wonach die französische Diplomatie von nun an feministisch sei, ist als Lippenbekenntnis zu bewerten. Denn inhaltlich änderte sich tatsächlich kaum etwas. Frankreich beauftragte den im Land ansässigen unabhängigen *High Council for Gender Equality (HCE)*, seine internationale Strategie für die Gleichberechtigung der Geschlechter zu evaluieren. Diese unabhängige Evaluierung ist positiv hervorzuheben. Der *HCE* kritisierte in seinem Bericht von 2020 den limitierten Blickwinkel der französischen Diplomatie und verlangt, dass eine feministische Analyse auch in den Bereichen Sicherheit, Verteidigung, Wirtschaft und Handel angewandt wird.[27] Am problematischsten ist jedoch, dass Frankreich im Besitz von Nuklearwaffen ist, als einer von fünf anerkannten Nuklearstaaten nach den Maßgaben des *Atomwaffensperrvertrags*.** Die Atombombe ist der stärkste Ausdruck von toxischer Männlichkeit mit ihrem Streben nach Zerstörung und Dominanz, ein Instrument des Patriarchats – und somit unvereinbar mit einer Feministischen Außenpolitik. Natürlich kann nicht von heute auf morgen alles radikal geändert werden. Aber ein Dialog mit feministischer Zivilgesellschaft zu ebendiesem Spannungsfeld muss von einem Staat verlangt

---

* Die Konferenzen in Mexiko-Stadt und Paris hätten eigentlich bereits 2020 stattfinden sollen, wurden aufgrund der Pandemie um ein Jahr verschoben und zum größten Teil digital ausgetragen.
** Der Atomwaffensperrvertrag, auch Nuklearer Nichtverbreitungsvertrag (NVV) genannt, ist nicht mit dem Atomwaffenverbotsvertrag zu verwechseln, dessen Ziele viel weiter gehen.

werden können, der öffentlich das Label »feministisch« für sich beansprucht. Sonst steht der Verdacht des *Pinkwashings* im Raum. Bislang hat Frankreich kein öffentliches, umfangreiches Dokument publiziert, das seinen feministischen Ansatz vollständig aufzeigen würde. Doch während der *Commission on the Status of Women* im März 2021 verkündete das Land, ein Handbuch zur eigenen Feministischen Außenpolitik herauszubringen.[28]

MEXIKO

Im Januar 2020 verkündete Mexiko als erstes Land des globalen Südens eine Feministische Außenpolitik. Mexikos *Agenda für Feministische Außenpolitik* für die Jahre 2020 bis 2024 liegt eine beachtliche feministische Analyse zugrunde.[29] Sie setzt sich aus fünf Hauptelementen zusammen:[30] die Förderung einer Außenpolitik mit geschlechtsspezifischer Perspektive und feministischer Agenda; die Gleichstellung der Geschlechter innerhalb des mexikanischen Außenministeriums; die Bekämpfung der geschlechtsspezifischen Gewalt auch innerhalb des Ministeriums; die Sichtbarkeit der Gleichstellung und das Praktizieren eines intersektionalen Feminismus.

Der umfassende Ansatz, der auch den Zusammenhang zwischen geschlechtsspezifischer Diskriminierung und Klimagerechtigkeit benennt, zeigte sich etwa im Engagement der mexikanischen Regierung während der *Weltklimakonferenz (Conference of the State Parties, COP 25)* der *UN* 2019 in Spanien. Dort forderte Mexiko die Gleichstellung der Geschlechter als nicht verhandelbaren Bestandteil eines jeden Abkommens über die Klimakrise. Cristopher Ballinas Valdés, Generaldirektor für Menschenrechte und Demokratie im mexikanischen Außenministerium, zufolge sei die Feministische Außenpolitik Mexikos nicht nur eine Frage des Geschlechts, sondern der Menschenrechte im Allgemeinen, bei der auch die LGBTQI*-Community und Menschen mit

Behinderung berücksichtigt werden. Mexiko habe sich auch deshalb zu einer Feministischen Außenpolitik entschlossen, um auf die starke feministische und zivilgesellschaftliche Mobilisierung innerhalb Mexikos und Lateinamerikas zu reagieren.[31]

Mexiko hat genau definierte Zeitpläne, um eine ehrgeizige Anzahl von Sofortmaßnahmen in seinen fünf Bereichen des Engagements zu erreichen: Bis 2024 strebt die Regierung Vollbeschäftigungsparität, gleiches Entgelt und die Anwendung einer Geschlechterperspektive auf jede außenpolitische Position, Resolution und jedes Mandat an.[32] Die Feministische Außenpolitik Mexikos wird bereits jetzt von einigen als eine Art globaler Goldstandard angesehen.

Problematisch ist allerdings insbesondere, dass Mexikos Feministische Außenpolitik und das Engagement für den Feminismus auf der globalen Bühne in starkem Kontrast zu der sich sogar verschlechternden Situation von Frauen im eigenen Land steht. Regierungsvertreter:innen sagen: Genau deshalb wurde die Feministische Außenpolitik ausgerufen. So soll Druck erzeugt werden, um Kohärenz zur Innenpolitik herzustellen und die Probleme im Land anzugehen. Akteur:innen der feministischen Zivilgesellschaft in Mexiko verweisen jedoch auf die stark verwurzelten patriarchalen Strukturen in Mexiko und die weitgehende Straflosigkeit von Verbrechen. Diese Faktoren wirken zusammen und produzieren extreme Zustände häuslicher und geschlechtsspezifischer Gewalt: So werden in Mexiko circa zehn Frauen pro Tag aufgrund ihres Geschlechts umgebracht.[33] Manche mexikanische Akteur:innen würden es daher vorziehen, dass sich Mexiko zuerst um die männliche Gewalt gegen Frauen im eigenen Land kümmert und Femizide konsequent bestraft.[34]

Und es gibt noch mehr Widersprüche: Wenngleich sich die mexikanische Regierung – ähnlich der schwedischen – als »feministische Regierung« bezeichnet,[35] gilt das nicht für ihr

Staatsoberhaupt. Denn der mexikanische Präsident Andrés Manuel López Obrador (oft als »AMLO« abgekürzt) handelt selbst alles andere als feministisch und würde sich auch niemals dieses Label anheften. Er teilt nämlich die Ansichten der religiösen Rechten und setzt sich für sogenannte traditionelle Familienwerte ein, was nur als Euphemismus gesehen werden kann. Denn damit geht einher, dass Frauen und die LGBTQI*-Community unterdrückt werden und ihnen die Selbstbestimmung über den eigenen Körper verwehrt wird. AMLO kürzte in seinem ersten Amtsjahr 2018 Gelder für Belange wie Frauen- und Indigenenrechte sowie für Zivilgesellschaft, gefährdete die finanzielle Unterstützung für zivilgesellschaftliche Arbeit aus dem Ausland[36] und setzte politische Entscheidungen durch, die Frauen unverhältnismäßig stark schadeten.[37]

Während die nationale Politik Mexikos kaum als feministisch bezeichnet werden kann, basiert die Außenpolitik auf genuin feministischer Analyse (statt lediglich eines Fokus nur auf Frauen). Die Regierungsvertreter:innen, die daran arbeiten, wirken aufrichtig überzeugt von dem Konzept, wie ich in meiner Zusammenarbeit mit manchen von ihnen immer wieder feststelle. Die Herausforderung wird bleiben, internationale und nationale Politik miteinander in Einklang zu bringen und antifeministische Akteur:innen, inklusive des Präsidenten, in Schach zu halten.

SPANIEN

Auch Spanien hat seit 2021 eine Feministische Außenpolitik, ausgerufen von der damaligen Außenministerin Arancha González Laya. Dabei hat das Land folgende Prioritäten: erstens die *WPS Agenda* intern sowie auf nationaler, EU und multilateraler Ebene fördern; zweitens geschlechtsspezifische Gewalt bekämpfen; drittens die Menschenrechte von Frauen und Mädchen gezielt stärken und Menschenrechtsverteidiger:innen unterstützen; viertens die Beteiligung von Frauen an Entscheidungsprozessen fördern und fünftens Wirtschaftsgerechtigkeit erzielen, indem eine geschlechtersensitive Handelspolitik verpflichtend wird.

Spanien setzt bei der Verwirklichung dieser Ziele unter anderem auf Gender-Mainstreaming in der Außenpolitik sowie in bilateraler, regionaler und multilateraler Diplomatie ebenso wie in internationaler Zusammenarbeit. Es verfolgt interne Maßnahmen des Ministeriums für die Gleichstellung der Geschlechter und nachhaltige Entwicklungsziele sowie verstärkte Mitwirkung auf *EU*-Ebene bei der Ausgestaltung des *EU-Aktionsplans* zu *WPS* (2019–2024). Zu den Kernprinzipien zählen ein transformativer Ansatz, ein engagierter Führungsstil, Verantwortungsübernahme, eine inklusive Partizipation und der Aufbau von Allianzen, Intersektionalität und Diversität. Es ist positiv hervorzuheben, dass Spanien von Anfang an jährliches Monitoring und Evaluation mitdenkt und plant, hierfür ein Beratungsgremium einzuberufen.[38]

Die Durchführung der spanischen Feministischen Außenpolitik wird durch Clara Cabrera Brasero sichergestellt. Sie ist als Sonderbotschafterin des spanischen Außenministeriums für die Gleichberechtigung der Geschlechter innerhalb der Außenpolitik zuständig. Clara, damals noch ausschließlich für Menschenrechte zuständig, lernte ich im Juni 2019 an der *Escuela Diplomatica* in Madrid bei einem Training für Führungskräfte im diplomatischen Dienst kennen. Nach den Begrüßungsworten des damaligen spanischen Außenministers Josep Borrell, jetzt *EU*-Außenminister, eröffnete ich damals die Veranstaltung mit einer Rede zu Feministischer Außenpolitik. Ich mochte Clara und die anderen spanischen Diplomatinnen, sie waren sehr forsch und feministisch. Als eine Teilnehmerin sagte, die Spanier:innen seien einfach noch nicht so weit, eine Feministische Außenpolitik

zu akzeptieren, erwiderte eine der Diplomatinnen: »Wir Frauen
wurden auch nie gefragt, ob wir bereit sind für das Patriarchat,
und haben es dennoch bekommen.«

Am Abend des ersten Tages des Trainings empfing Josep Borrell uns Teilnehmerinnen abends in einem Palast in der spanischen Hauptstadt. Es gibt ein Foto, wo ich mich freudig erregt
mit dem damaligen spanischen Außenminister unterhalte. Auf
Instagram schrieb ich damals unter den Schnappschuss: »Señor
Außenminister, ich finde, Spanien sollte auch eine Feministische
Außenpolitik haben.«[39] Ich war deshalb sehr froh, als Spanien im
Frühjahr 2021 diese verkündete. Jetzt muss die Regierung zeigen,
dass ihren Worten auch Taten folgen.

WEITERE STAATEN MIT EINER FEMINISTISCHEN AUSSENPOLITISCHEN AGENDA

Weitere Länder, die aktuell an der Entwicklung einer Feministischen Außenpolitik arbeiten, sind Libyen oder auch Luxemburg.
Die erste weibliche Außenministerin Libyens, Najla Mangoush,
verkündete im Juli 2021 während einer Veranstaltung im Rahmen
des *Generation Equality Forums* eine Feministische Außenpolitik
für ihr Land: »Die Einführung einer Feministischen Außenpolitik
würde nicht nur Libyen bei seiner Stabilisierung helfen, sondern
auch unsere Region stabilisieren«, so Mangoush. Allerdings gibt
es noch wenige Anhaltspunkte zur Ausgestaltung.[40] Ministerin
Mangoush fokussierte sich bei ihren Ausführungen für eine Feministische Außenpolitik ihres Landes auf die sicherheitspolitischen und wirtschaftlichen Herausforderungen und die anhaltenden Konflikte – wodurch der Kontext dieser feministischen
Politik doch ein komplett anderer ist als in den anderen Ländern,
die bereits eine Feministische Außenpolitik verkündeten. Laut
dem *International Center for Research on Women* betonte Mangoush die *WPS Agenda* als essenziell für die eigene feministische

Arbeit und nannte die libysche Stabilisierungsinitiative als Beispiel für eine Politik, die einen umfassenden, integrierten Ansatz zur Bekämpfung der Konfliktursachen in Libyen fördert, der sinnbildlich für den libyschen Ansatz für die Feministische Außenpolitik wäre. Die Initiative unterstützt mehrere Schlüsselthemen, darunter freie, faire und transparente Wahlen, die Bekämpfung des Waffenflusses und der Präsenz ausländischer Kämpfer sowie die Unterstützung eines auf Menschenrechten basierenden Ansatzes und der Rechtsstaatlichkeit.[41]

Ende 2018 verkündete die Regierung Luxemburgs in ihrem Koalitionsvertrag eine Feministische Außenpolitik.[42] Knapp drei Jahre später ergänzte der luxemburgische Außenminister, Jean Asselborn, sein Land wolle Frauen- und Mädchenrechte sowie Gleichberechtigung durch einen »3D«-Ansatz – *Diplomacy, Development* und *Defence* – voranbringen,[43] und während des *Generation Equality Forums* im Juni 2021 verpflichtete sich die Regierung, einen Aktionsplan zu Feministischer Außenpolitik auszuarbeiten.[44] Weitere offizielle Ressourcen gibt es aktuell noch nicht.

Auch in den USA gibt es starkes zivilgesellschaftliches Engagement unter anderem in Form der *Coalition for a Feminist Foreign Policy in the United States,* der wir, *CFFP*, neben Vertreter:innen von u. a. der *Rockefeller Foundation, Amnesty International* oder dem *Global Fund for Women* auch angehören.[45] Auch wurde im September 2020 ein Antrag für die Einführung einer Feministischen Außenpolitik von weiblichen Abgeordneten der Demokraten in das Repräsentantenhaus eingebracht.[46] Die überraschendste Entwicklung in letzter Zeit gab es jedoch in Deutschland: Als Ende November 2021 die damals designierte Ampel-Koalition ihren Entwurf für einen Koalitionsvertrag vorstellte, beinhaltete dieser Feministische Außenpolitik: »Gemeinsam mit unseren Partnern wollen wir im Sinne einer *Feminist Foreign Policy* Rechte, Ressourcen und Repräsentanz von Frauen und Mädchen weltweit stärken und gesellschaftliche Diversität fördern. Wir wollen mehr Frauen in internationale Führungspositionen entsenden, den *Nationalen Aktionsplan* zur Umsetzung der *VN-Resolution 1325* ambitioniert umsetzen und weiterentwickeln.«[47] Diese Entwicklung ist unbedingt zu begrüßen. Natürlich entspricht das im Koalitionsvertrag beschriebene Verständnis einer Feministischen Außenpolitik mit seinem Fokus auf Mädchen und Frauen innerhalb des bestehenden Systems statt der systematischen Infragestellung von patriarchalen Strukturen und Machtverteilung der internationalen Politik wie in diesem Buch aufgezeigt nicht meinem. Aber damit wird eine Tür aufgestoßen – und das ist, was gerade zählt. Und dass mit Annalena Baerbock Deutschland zum ersten Mal in seiner Geschichte eine Frau als Außenministerin stellt – und noch dazu eine derart kompetente –, freut mich immens.

MIT LANGEM ATEM: DAS GLOBAL PARTNERS NETWORK

Im November 2019 machte ich mich auf nach Bellagio am Comer See in Italien. In Deutschland war es bereits grau-ungemütlich. Dort aber war es ruhig, und die Sonne schien während der vier Tage, die ich dort zubrachte. Auf Einladung des US-amerikanischen *International Center for the Research on Women (ICRW)* und der *Rockefeller Foundation* verbrachten wir einige Tage auf dem Anwesen der nach dem amerikanischen Philanthropen benannten Stiftung. Wir, das war eine kleine bunte Mischung von Menschen, die sich mit Feministischer Außenpolitik beschäftigen: jeweils ein:e Vertreter:in der damals vier Länder, die bereits eine solche Außenpolitik praktizierten oder ihrer Außenpolitik zumindest einen feministischen Anstrich verliehen – Schweden, Kanada und Frankreich – oder kurz davorstanden, eine Feministische Außenpolitik zu verkünden, nämlich Mexiko. Des Weiteren waren etwa zehn Repräsentant:innen von Organisationen dabei, die führend zu Feminismus und Außenpolitik arbeiten, sowie die etabliertesten Forscher:innen auf dem Gebiet. Ich durfte unser *Centre for Feminist Foreign Policy* vertreten.

Die vier Tage in Bellagio waren geprägt von viel Vertrauen. Alle Unterhaltungen fanden unter *Chatham House Rules* statt. Das bedeutet, dass nichts, was gesagt wird, in Verbindung mit der Person gebracht werden darf, die es sagt. Wir führten hitzige Diskussionen und tranken guten Wein. Unsere *Bellagio Group*, wie wir sie informell nannten, war der Grundstein für das *Global Partners Network for Feminist Foreign Policy*, das Anfang Juli 2021 im Rahmen des *Generation Equality Forum* in Paris digital vorgestellt wurde und das zum Zeitpunkt der offiziellen Gründung bereits mehr als 30 Regierungen und Organisationen umfasste, um weltweit für Feministische Außenpolitik einzustehen.[48]

Seit dem Treffen stehen wir als Gruppe aus Regierungsvertreter:innen und Zivilgesellschaft in sehr regelmäßigem Austausch und arbeiten daran, das Konzept der Feministischen Außenpolitik weiterzuentwickeln und immer mehr Organisationen und Staaten dafür zu gewinnen. Auf einer Pressekonferenz am 11. März 2020 in New York (zwei Tage später brach ich meine US-Arbeitsreise pandemiebedingt ab) unter der Führung von *ICRW*s *Senior Director for Policy and Advocacy* Lyric Thompson präsentierten wir ein von uns entwickeltes Konzept und Rahmenwerk einer Feministischen Außenpolitik. Unter der Leitung des *ICRW* wurde dieses Konzept nach mehr als einem Jahr Forschung und mithilfe weltweiter Konsultationen von über 100 Organisationen in mehr als 40 Ländern auf der ganzen Welt entwickelt. Es enthält Richtlinien- und Umsetzungsempfehlungen für Regierungen sowie supranationale Organisationen. Das Konzept fußt auf der Annahme, dass es bei Feministischer Außenpolitik um nichts Geringeres geht, als bestehende Machtverhältnisse fundamental zu verändern.

FÜNF FRAGEN AN EINE FEMINISTISCHE AUSSENPOLITIK

Der Hauptbeitrag des Rahmenwerks benennt die zentralen Bestandteile einer Feministischen Außenpolitik: (1) Welchen *Zweck* erfüllt sie? – Gemeint ist der spezifische Zweck einer Regierung, eine Feministische Außenpolitik zu verabschieden, die mit der Innenpolitik verbunden sein muss. (2) Welcher *Definition* folgt sie? – Was bedeutet Feministische Außenpolitik für Regierungen oder internationale Organisationen, basierend auf einem intersektionalen Ansatz? (3) Welche *Reichweite* strebt sie an? – Inwiefern deckt eine Maßnahme die Bereiche und zuständigen Regierungseinheiten ab? (4) Welche *Ergebnisse* sind beabsichtigt, und welche *Maßstäbe* werden angelegt? – Also konkret zu erreichende Resultate, einschließlich eines festgelegten Zeitplans. (5) Ein *Plan* zur Umsetzung der Feministischen Außenpolitik – Wie und wann soll die Politik umgesetzt werden? –, der die Elemente Ressourcen, Repräsentation und Inklusion, einen Zeitplan zur Berichterstattung und den Aufbau von Kapazitäten umfasst.

Wir, *CFFP*, sind Teil des *Global Partners Network*, und gemeinsam arbeiteten wir entsprechende Rahmenwerke und konkrete Vorschläge aus, weil wir wissen: Feministischer Aktivismus braucht einen langen Atem. Vorkämpferinnen wie die von Den Haag haben uns genau das gezeigt. Es ist zwar langwierig, aber ich habe die Gewissheit, auch dank meiner vielen aktivistischen Erfahrungen: Strukturen und Paradigmen können sich ändern. Sonst würde ich meine Arbeit nicht tun.

MIT KLEINEN SCHRITTEN

Außenpolitik kann aber nicht nur ganzheitlich feministisch revolutioniert werden, sondern auch im Kleinen beginnen.[49] Das kann die Basis dafür legen, im nächsten Schritt außen- und sicherheitspolitisches Handeln wirklich feministisch werden zu lassen. Rachel Vogelstein und Jamille Bigio unterteilten in einer Studie zu möglichen Aktivitäten die außenpolitischen Interventionen von Ländern hinsichtlich Gleichberechtigung in folgende drei Hauptbereiche: (1) *Leadership*; (2) *Policies*; (3) *Ressourcenzuweisung*.

Im *Leadership*-Bereich können ganz unterschiedliche Maßnahmen eingeführt werden. Manche Regierungen haben beispielsweise hochrangige Positionen wie Sonderbotschafter:in und Gesandte für die Gleichstellung der Geschlechter geschaffen. So waren die USA 2009 das erste Land weltweit, das damals unter Präsident Barack Obama eine Position als *Ambassador-at-Large for Global Women's Issues* vergab. 2019 ernannte Kanada seine erste Sonderbotschafterin für *WPS*. In puncto *Policies* unterscheiden Bigio und Vogelstein vor allem zwischen Strategien zur Gleichstellung der Geschlechter und nationalen Aktionsplänen, um die *UN-Sicherheitsratsresolution 1325* zu *WPS* umzusetzen. Andere Länder wiederum nehmen Verpflichtungen zu Gleichstellung und Gleichberechtigung in ihrer Diplomatie, Handels- oder Verteidigungspolitik auf. So veröffentlichten beispielsweise die USA 2012 unter Außenministerin Hillary Clinton ihre erste *Policy Guidance on Gender Equality in National Security and Foreign Policy,* um den Status von Frauen in der Arbeit des US-amerikanischen Außenministeriums zu verbessern. Ähnliche Strategien wurden 2016 von Australien und Norwegen veröffentlicht. Bei den *Ressourcen* haben Vogelstein und Bigio vier verschiedene staatliche Instrumente gefunden, mit denen der Schritt zur Gleichstellung der Geschlechter finanziell untermauert wird: Zielgrößen innerhalb der Gelder für

Entwicklungszusammenarbeit, *Gender Budgeting*, Gleichberechtigungsfonds und kollektive Initiativen. Insgesamt wird jedoch sehr wenig Geld in die Gleichstellung der Geschlechter gesteckt: Laut dem *OECD-Ausschuss für Entwicklungszusammenarbeit* gingen 2018/19 lediglich 5 Prozent der bilateralen Entwicklungsgelder von *OECD*-Staaten an Programme, die die Gleichstellung der Geschlechter als primäres Ziel (Hauptziel) nannten. Der Großteil der Gelder für Entwicklungszusammenarbeit für die Gleichstellung der Geschlechter wurde für Programme bereitgestellt, die die Gleichstellung der Geschlechter als sekundäres politisches Ziel beinhalten: 47,4 Milliarden US-Dollar, was 40 Prozent der gesamten bilateralen Hilfe entspricht. 55 Prozent der Gelder der Entwicklungszusammenarbeit haben keinerlei Fokus auf Gleichstellung, sie sind *gender-blind*.[*]

Gender-Budgeting wurde erstmals 1984 in Australien eingeführt. Das bedeutet so viel wie »gendergerechter Haushaltsplan«. Beim Aufstellen eines Haushaltsplans soll transparent gemacht und berücksichtigt werden, welche Geschlechter wie von der Bereitstellung öffentlicher Gelder profitieren. Dann soll der Haushaltsplan so angepasst werden, dass alle Geschlechter gleichermaßen profitieren. Wenn beispielsweise bei Konjunkturpaketen

---

[*] Betrachtet man den durchschnittlichen Anteil der öffentlichen Entwicklungsgelder für die Gleichstellung von Frauen und Männern in den Jahren 2018 und 2019, bei dem die Gleichstellung das *Hauptziel* (primäres Ziel) oder ein *wesentliches* (sekundäres) *Ziel* ist, so liegt Kanada mit 92 Prozent an der Spitze der Welt, gefolgt von Schweden mit 84 Prozent und Frankreich mit 32 Prozent. (Kanada hat sich verpflichtet, bis zum Jahr 2022 95 Prozent zu erreichen, und Frankreich 50 Prozent). Der bessere Indikator, um die finanzielle Unterstützung für feministische Arbeit in der Entwicklungszusammenarbeit zu beurteilen, ist jedoch die Untersuchung der Ausgaben der Länder für die Gleichstellung der Geschlechter als *Hauptziel* (primäres Ziel), die deutlich niedriger sind. In denselben Jahren liegt Kanada bei etwa 24 Prozent, Schweden bei knapp 18 Prozent und Frankreich bei etwa 4 Prozent. Der Durchschnitt liegt weltweit bei 5 Prozent.

im Zuge der Pandemie der Automobilsektor überproportional finanziell unterstützt wird (wie in Deutschland mit der Innovationsprämie für E-Autos) und der Pflegesektor leer ausgeht, dann profitieren Männer, weil sie öfter im Automobilsektor beschäftigt sind und in der Pflege mehr Frauen arbeiten.

Wie es schließlich dazu kommt, dass Regierungen eine ganzheitliche Feministische Außenpolitik verkünden, untersuchte die australische *International Women's Development Agency,* der ich auch als Expertin zur Verfügung stand.[50] Ihrer Forschung zufolge sind die folgenden Faktoren entscheidend: Ein:e hohe:r Regierungsvertreter:in ist bereit, oft aus einer individuellen Präferenz heraus wie beispielsweise in Schweden oder Mexiko eine mutige, feministische Ankündigung zu machen, die teilweise sogar die Zivilgesellschaft in dem Land überrascht (so etwa ging es uns bei *CFFP,* als Ende November 2021 der Koalitionsvertrag der Ampel-Koalition in Deutschland eine Feministische Außenpolitik beinhaltete). Solch eine mutige Ankündigung ist jedoch nur erfolgreich, wenn das gesamtgesellschaftliche Klima gegenüber Feminismus überwiegend positiv gestimmt ist (im Falle Deutschlands bin ich davon überzeugt, dass wir von *CFFP* maßgeblich dazu beitragen konnten). Die fortschreitende Veränderung dieses Klimas ist vollständig feministischer Zivilgesellschaft zu verdanken – unser feministischer Einsatz bereitet also den Boden vor, auf dem der Samen einer Feministischen Außenpolitik gedeihen kann. Für solche Ankündigungen braucht es des Weiteren politische Führungskräfte mit progressivem persönlichem Wertekompass und geeignete Gelegenheiten. Ein solcher günstiger Moment kann eintreten, wenn eine neue Regierung sich durch eine feministische Politik zu konservativen Vorgänger:innen abgrenzen möchte oder Phänomene von globaler Bedeutung wie #MeToo die Öffentlichkeit und Medien dominieren. Internationale politische Anlässe wie die *G7* oder die *WPS Agenda* sind weitere gute Möglichkeiten für Regierungen, feministische Ankündigungen zu machen.[51]

FAZIT: WILLE ZUR TRANSFORMATION

Feministische Außenpolitik kommt von der Straße. Die sieben Länder, die offiziell eine Feministische Außenpolitik und/oder Entwicklungszusammenarbeitspolitik haben, stehen in der Schuld von feministischer Zivilgesellschaft und Feministinnen seit dem 19. Jahrhundert. An ihrer visionären Arbeit müssen sich Schweden, Kanada, Frankreich, Mexiko, Spanien, Luxemburg, Libyen – und nun auch Deutschland – messen lassen.

Mir ist bewusst, dass neue und fortschrittliche Entwicklungen immer innerhalb einer weiterhin patriarchalen Welt stattfinden. Ich bin der Meinung, dass wir als kritische Zivilgesellschaft diese Tatsache sehen müssen, wenn wir Regierungen kritisieren. Es geht darum, die richtige Balance zu finden: einerseits feministisches politisches Handeln wohlwollend anzuerkennen, andererseits dennoch utopische Forderungen zu stellen. Denn nur wer utopisch fordert, kann dringliche Veränderungen erreichen.

Es ist kein Widerspruch, wenn wir als feministische Zivilgesellschaft hin und wieder verständnisvoll mit manchen Umständen umgehen, die nicht von heute auf morgen und schon gar nicht durch uns geändert werden können. Dazu gehört, dass in unserer Gesellschaft Waffenhandel und Militarismus normalisiert sind – das gilt genauso für Massenvernichtungswaffen wie die Atombombe. Staaten sollten auch dann eine Feministische Außenpolitik deklarieren dürfen, wenn ihre Wirtschaft sich weiterhin am internationalen Waffenhandel beteiligt. Aber eben nur dann – und da darf es meines Erachtens keine Ausnahme geben –, wenn diese Staaten sich mit diesem problematischen Status quo aufrichtig auseinandersetzen. Feministische Außenpolitik ist reines *Pinkwashing*, wenn die Regierung nicht bereit ist, so zerstörerische und patriarchale Elemente wie Nuklear-waffenbesitz in der Außenpolitik zu thematisieren. Die großen feministischen Ahninnen würden sich wahrscheinlich im Grabe umdrehen, wüssten sie, was heute alles als »Feministische Au-ßenpolitik« durchgeht. Das liegt auch daran, dass Feminismus ein vielgestaltiger Begriff ist. Er steht für transformativen gesell-schaftlichen Wandel. Wenn Staaten eben das mit ihrer Außen-politik erreichen wollen, sehe ich keinen vernünftigen Grund, die eigene Politik nicht so zu bezeichnen.

CYNTHIA ENLOE:
»WO SIND DIE FRAUEN?«

Diese Frage beschäftigt Cynthia Enloe seit Jahrzehnten. Cynthia ist Politikwissenschaftlerin, Dozentin, Autorin zahlreicher Bücher und stellt die Welt der hergebrachten vergleichenden Politikwissenschaften radikal auf den Kopf. Die 1938 Geborene setzt den analytischen Fokus dort, wo bislang zu wenige hingeschaut haben: auf die Geschichten und Visionen von Frauen und ihr Agieren in der Politik. Berühmt wurde sie insbesondere für ihre Arbeit zu Feminismus und Militarismus.

Laut Cynthia ist Außenpolitik deutlich vielschichtiger, als es uns die Mehrheit der Politkommentator:innen glauben lassen will. Sie ist nicht nur von Machtkämpfen geprägt, sondern auch durch versteckte Widersprüchlichkeiten, wie etwa durch die Machtdemonstration eines Staates nach außen, die sich aus Unsicherheit und Verletzlichkeit im Inneren speist. Oft werden die internen und geschlechtsspezifischen Unsicherheiten und Schwachstellen eines Staates übersehen.

In der Vergangenheit waren Frauen stets ein Objekt staatlicher Politik, das es zu kontrollieren galt. Feministische Wissenschaftler:innen legen, so Cynthia, die Abhängigkeiten zwischen Patriarchat, Macht, Kontrolle, Unterdrückung und Politikgestaltung offen. Ihr zufolge ist es unmöglich, über Staaten zu sprechen, ohne über das Patriarchat zu sprechen. Sie bedingen einander. Sie warnt: Wenn wir uns über die Funktionsweise des Patriarchats nicht im Klaren sind, wird es unmöglich sein, die Ziele und Handlungen eines Staates verlässlich zu analysieren.

Cynthia möchte ebenfalls die Erkenntnis vermitteln, dass Frauen in all ihrer Diversität und Komplexität schon immer in allen Machtsphären aktiv waren. Wir haben ihre Geschichte(n) bloß bisher nicht gehört, weil unsere Lehrbücher nur eine einseitig von Männern gelenkte Weltgeschichte darstellen. Männer schreiben Geschichte über Männer. Daher haben die meisten von uns noch nichts von der internationalen Organisation von Frauen zur Beendigung des transatlantischen Sklavenhandels oder der globalen Strategie von Frauen, das Wahlrecht zu erlangen, gehört. Wir wissen wenig über Aktivistinnen in der Karibik, im Nahen Osten, in Afrika und in Asien, die sich organisierten, um die Kolonialherrschaft so zu beenden, dass die Gleichstellung von Frauen und Männern verbessert würde. Für Cynthia ist klar: Die Fragen, die wir stellen, sind ebenso wichtig wie Antworten, die wir erhalten.

Ihr bekanntestes Buch ist *Bananas, Beaches and Bases – Making Feminist Sense of International Politics*. Ihr absolutes Lieblingsbuch ist *Three Guineas* von Virginia Woolf.

8 ANGRIFFE AUF FRAUEN-, LGBTQI*- UND MENSCHENRECHTE

> *By redefining whose voice is valued,*
> *we redefine our society and its values.*
>
> REBECCA SOLNIT

Bevor Covid-19 unser aller Leben ab Frühjahr 2020 auf den Kopf stellte, sah auch mein Alltag als Mitbegründerin und Mitgeschäftsführerin des *CFFP* deutlich anders aus. Politische Arbeit, vor allem in Form von Aktivismus und Vernetzung, bedeutet, sich ständig mit anderen Menschen persönlich auszutauschen. Wenn es um Politik und ihre Auswirkungen geht, kommen sehr schnell auch sehr sensible und vertrauliche Themen auf. Diese werden am besten *Face to Face* besprochen. Konferenzen, Veranstaltungen und Tagungen – auch wenn ich vor der Pandemie immer wieder aufgrund der Menge dieser Veranstaltungen stöhnte – sind am Ende doch entscheidend, um politische Visionen voranzubringen.

Vor der Pandemie war es sehr voll in meinem Terminkalender geworden. Ich hielt Reden auf kleinen Bühnen vor 20 Leuten und auf sehr großen Bühnen vor Hunderten von Menschen in Prag, Lissabon oder Barcelona. Ich sprach auf Panels im US-amerikanischen Cambridge an der Universität Harvard, in New York, Bern, Budapest, München, Hamburg oder Berlin. Ich wurde zu politischen Seminaren in der Nähe von Washington, D. C., eingeladen oder nahm auf Einladung der *Bill and Melinda Gates Foundation* an Veranstaltungen und Gala-Abenden im Rahmen der Generalversammlung der *Vereinten Nationen* in New York teil. Und noch mehr Zeit verbrachte ich im Auswärtigen Amt als Beraterin, in unserem Büro in Berlin-Mitte oder am Schreibtisch in meiner Wohnung im Stadtteil Wedding. So interessant das Programm solcher Veranstaltungen auch sein mag – was wirklich zählt, sind die Pausen dazwischen oder die Abende, an denen man mit den anderen Teilnehmenden ins Gespräch kommt, ihre Ansichten und Erfahrungen kennenlernt und networken kann.

NETZWERKEN

Mitte Januar 2020 nahm ich für drei Tage an einer exklusiven Konferenz in Wilton Park in der Nähe von London teil. Die heute zum britischen Außen- und Entwicklungsministerium gehörende Tagungsstätte war 1946 von Winston Churchill gegründet worden und bis 1948 ein Umerziehungslager für deutsche Kriegsgefangene gewesen. Wilton Park ist ein wunderschönes Gebäude, alt, britisch, mit großen einladenden Räumen, weitem Garten und einem Wintergarten mit Zitronenbäumen. Dort treffen sich führende Denker:innen, Praktizierende und neue Stimmen und beratschlagen zu Themen der internationalen Politik wie Konfliktprävention, globale Gesundheit, Menschenrechte, Verteidigung und Sicherheit.

Mitte Januar 2020 war ich gemeinsam mit rund 50 anderen Teilnehmenden – hochrangige Mitarbeitende der *Vereinten Nationen*, Regierungsvertreter:innen und Menschenrechtsverteidiger:innen – nach Wilton Park zur Veranstaltung *Human Rights, Peace and Security: Strengthening the Links* eingeladen. In unterschiedlichen Formaten ging es darum, wie die verschiedenen Politikbereiche – Menschenrechte, Entwicklungspolitik sowie Frieden und Sicherheit – zusammengebracht werden können. Denn zu oft werden diese isoliert voneinander betrachtet und bearbeitet. Unter Sicherheit wird dann eben nicht die Verteidigung von Menschenrechten verstanden, sondern »harte Sicherheit« und somit eher Militär und Waffengewalt. Ein inklusiver

Sicherheitsbegriff war stets Anliegen von Feminist:innen in Außen- und Sicherheitspolitik.

Ich hatte eine tolle Zeit in Wilton Park, lernte beeindruckende Menschen kennen und genoss endlich wieder gutes englisches Frühstück – *Porridge, Hash Browns* und *fried Mushrooms* –, das ich, seitdem ich England 2016 verließ, doch hin und wieder vermisse. Ein ganz besonderes Resultat dieser drei Tage waren meine Gespräche mit einer freundlichen Mitarbeiterin der Leitungsebene des finnischen Außenministeriums. Wir tauschten uns vor allem über die stetig zunehmenden Angriffe von antifeministischen und rechten Akteur:innen auf Frauen- und LGBTQI*-Rechte aus. Ich schlug ihr vor, dass mein Team und ich das gerne unter die Lupe nehmen könnten, damit wir besser verstehen können, wie gut diese Akteur:innen vernetzt und was genau ihre Ziele sind. Denn nur so können wir, die sich tagtäglich für den Schutz von Menschenrechten einsetzen, besser gegen sie vorgehen. Sie mochte meine Idee, und einige Monate später arbeiteten wir zusammen. Für solche Synergieeffekte braucht es den vertrauensvollen Austausch. Es ist sehr problematisch, dass diese Möglichkeiten in der Pandemie wegfielen.

Was ich in diesem Kapitel darstelle, ist das Ergebnis dieser Zusammenarbeit zwischen *CFFP* und dem finnischen sowie deutschen Außenministerium. Das Projekt leitet bei uns Damjan Denkovski, der nach Nina und mir unser erster Mitarbeiter ist. Damjan ist neben Nina ebenso der Hauptautor unserer Studie *Power over Rights – Understanding and countering the transnational anti-gender movement,* deren Erkenntnisse im Folgenden eine wichtige Rolle spielen. Eine Feministische Außenpolitik muss alles dafür tun, um Angriffe gegen Menschenrechte durch rechte und antifeministische Akteur:innen abzuwehren. Denn nur, wenn Menschenrechte und feministische Sicherheit im Zentrum allen außen- und sicherheitspolitischen Handelns stehen, kann weltweit nachhaltiger Frieden geschaffen und den größten Herausforderungen unserer Zeit die Stirn geboten werden.

POWER OVER RIGHTS

Dank der Finanzierung des finnischen und deutschen Außenministeriums konnten wir aufbauend auf der Arbeit führender Wissenschaftler:innen wie Rebecca Sanders, David Paternotte oder Roman Kuhar die sich in vielen Ländern ausbreitende Anti-Gender-Bewegung untersuchen. Sie ist eine zunehmend transnationale, populistische, antifeministische und menschenrechtsfeindliche Bewegung, bestehend aus so unterschiedlichen Akteur:innen wie der katholischen Kirche, Regierungen und rechten Denkfabriken. Sie – oft unverbunden und sich durchaus nicht zwangsläufig als Partner betrachtend – entwickeln und produzieren doch gleichermaßen alternative Normen, die dem Konzept der universellen und unteilbaren Menschenrechte feindlich gegenüberstehen. Es handelt sich um eine gut organisierte (aber nicht zentralisierte), gut finanzierte, transnationale Bewegung, die aus unterschiedlichen Gründen daran arbeitet, die Rechte der Frauen, die Rechte von LGBTQI* und die Zivilgesellschaft zu untergraben.

Wir führten etwa Expert:innen-*Roundtables* durch. Bei einer Veranstaltung wurden die Angriffe der Anti-Gender-Akteur:innen in den USA, Mexiko und Europa besprochen, bei einer weiteren die Übergriffe in Irland, Argentinien, der *EU* und innerhalb des *UN*-Systems. Neben Wissenschaftler:innen und Vertreter:innen von NGOs kamen auch echte *Mover & Shaker* zu den digitalen Diskussionsrunden, wie die bekannte argentinische Autorin und Feministin Mariana Carbajal oder Ailbhe Smyth, die vorne mit dabei war, als 2018 in Irland das Abtreibungsverbot mittels Referendum abgeschafft wurde.

Viele der Aktivist:innen, mit denen wir für unsere Arbeit sprechen konnten, stimmen mit uns überein: Die aktuelle

Situation hat sich für die Betroffenen zugespitzt. Sie ist schlimmer, als sie es seit Langem war. Wir beim *CFFP* tun alles, was in unserer Macht steht, um den Fortschritt bei der Realisierung der Menschenrechte, den wir als Gesellschaft in den letzten Jahren erreicht haben, für alle zu verteidigen. Doch wir haben große Angst, diesen Kampf zu verlieren, obwohl wir besser informiert sind als je zuvor. Was uns hilft, ist das systematische Verständnis dafür, wie die Anti-Gender-Akteur:innen die (inter)nationale Politik beeinflussen.

DER URSPRUNG DER ANTI-GENDER-IDEOLOGIE

Die Anti-Gender-Akteur:innen verschafften sich bereits früh Gehör. Zum Beispiel auf der zweiten *Internationalen Konferenz für Bevölkerung und Entwicklung (Weltbevölkerungskonferenz, International Conference on Population and Development, ICPD)** in Bukarest 1974 und der dritten Konferenz in Mexico City 1984. Dort diskutierte man Themen wie Schwangerschaftsabbrüche, Familienplanung und diverse Familienmodelle (manche bezeichnen sie als »neu« – dabei waren sie niemals »neu«, sondern nur verboten und unterdrückt). Vertreter des Heiligen Stuhls und der USA äußerten sich sehr ablehnend und lobbyierten für restriktive Regeln. Als Ursprung der internationalen Anti-Gender-Bewegung gelten allerdings die *Weltbevölkerungskonferenz* 1994 in Kairo und die vierte *Weltfrauenkonferenz* in Peking 1995. Damals ging es darum, sexuelle und reproduktive Gesundheit und Rechte (*Sexual and Reproductive Rights and Health*, SRHR) in den Katalog der Menschenrechte aufzunehmen. Darunter versteht man das

---

* Die *Weltbevölkerungskonferenzen* sind eine Reihe von *UN*-Gipfeln zu Fragen der Weltbevölkerung; die erste fand 1954 in Rom statt, die letzte 2019 in Nairobi.

uneingeschränkte körperliche und seelische Wohlbefinden in Bezug auf alle Bereiche der Sexualität und Fortpflanzung des Menschen – dazu gehören u. a. der Zugang zu sicheren Abtreibungen, Sexualaufklärung, Prävention geschlechtsspezifischer Gewalt wie der Genitalverstümmelung, Familienplanung und Verhütungsmittel oder die Versorgung bei Schwangerschaft und Geburt. Die Konferenz 1994 in Kairo kann als historischer Wendepunkt bezeichnet werden, da sich erstmals 179 *UN*-Mitgliedstaaten darauf einigten, den Menschen – und nicht das Interesse des Staates – in den Mittelpunkt ihrer Gesundheitspolitik zu stellen. Der verabschiedete *Aktionsplan* legte fest, die sexuelle und reproduktive Gesundheit und Rechte aller Menschen zu schützen.[1] Ein Jahr später in Peking kamen dann Aktivist:innen und Delegierte aus 189 Staaten zusammen, um die weitreichendste und ambitionierteste Agenda für Frauenrechte in der Geschichte zu verabschieden. Es ging um nichts weniger als die »volle und gleichberechtigte Teilhabe der Frau am politischen, bürgerlichen, wirtschaftlichen, sozialen und kulturellen Leben auf nationaler, regionaler und internationaler Ebene und die Beseitigung jeder Form von Diskriminierung aufgrund des Geschlechts«.[2]

Doch mehr Rechte für Frauen lösen bei manchen Männern und insbesondere den Anti-Gender-Akteur:innen offensichtlich eine große Angst aus, selbst Rechte und Privilegien abgeben zu müssen. Je mehr also frauenrechtliche Fragen international diskutiert wurden und Aufmerksamkeit bekamen, desto stärker wuchs auch der Widerstand gegen diese progressive Politik insbesondere ausgehend vom Heiligen Stuhl in Rom. Dieser verhinderte 1994, dass Abtreibung als eine legitime Form von Familienplanung in das Abschlussdokument von Kairo aufgenommen wurde. Nicht nur das, darin steht stattdessen, dass Abtreibung eben keine Methode zur Familienplanung ist. Obwohl die Anti-Gender-Bewegung sich ordentlich ins Zeug legte, markieren die Konferenzen 1994 und 1995 dennoch eine Niederlage des patriarchalen Verständnisses von Gender und Sexualität, da sexuelle und reproduktive Gesundheit und Rechte weiterhin im Abschlussdokument erwähnt werden.

Im Nachgang der Konferenzen in Kairo und Peking entwickelten der Vatikan und die katholische Kirche das Narrativ der sogenannten »Gender-Ideologie«. Die Fortschritte von 1994 und 1995 wurden dabei als »Ideologie« verbrämt, um das Abweichende und Bedrohliche hinsichtlich der sogenannten biologischen Standards (z. B. die Unterschiede zwischen Mann und Frau) zu verdeutlichen. Seit den Ursprüngen in den 1990er-Jahren wurde dieses Narrativ der »Gender-Ideologie« erfolgreich von Anti-Gender-Akteur:innen weltweit genutzt. Unter anderem in Deutschland von der *CSU*, die in ihrem Parteiprogramm 2016 schreibt: »Eine Gesellschafts- und Bildungspolitik, die Gender-Ideologie und Frühsexualisierung folgt, lehnen wir ab.«[3] Wer den Begriff »Gender-Ideologie« benutzt, egal ob in Kolumbien, in Bayern oder sonst wo auf dem Globus, suggeriert: Menschenrechte für alle zu fordern, sei ideologisch motiviert – also ein einseitiges, dogmatisches Vorgehen. Dabei geht es in der Realität doch genau darum, eben nicht einseitig oder gar starr zu sein, sondern allen Menschen Freiheit, Entfaltung und Sicherheit zu ermöglichen. Der Begriff »Gender-Ideologie« ist ein aktiver Versuch, unseren Einsatz für Freiheit und Rechte für alle zu delegitimieren.

DIE ALTEN, DIE NEUEN UND DIE ALLIES

Die verschiedenen antifeministischen Akteur:innen können in drei Gruppen unterteilt werden: die Alten, die Neuen und die *Allies*.[4]

Zu den alten Akteur:innen gehören neben der katholischen Kirche rechte *Think Tanks* und Institutionen, viele von ihnen aus den USA. Diese etablierten Akteur:innen haben sehr gute

Verbindungen in die Machtzentren dieser Welt, da sie in Behörden vertreten sind, Beobachterstatus in internationalen Organisationen haben oder durch beachtliche finanzielle Mittel ihre Agenda international vorantreiben können. *Open Democracy* enthüllte Anfang 2020 in einem Investigativreport, wie 28 rechte christliche US-Organisationen, darunter die *Heritage Foundation* und andere Organisationen mit Verbindungen zur Trump-Administration, seit 2007 weltweit mindestens 280 Millionen US-Dollar ausgegeben haben, um ausländische Gesetze, Richtlinien und die öffentliche Meinung gegen die Rechte von Frauen und LGBTQI*-Personen zu beeinflussen. Der größte Teil (fast 90 Millionen US-Dollar) dieser gigantischen Summe floss nach Europa. Die reaktionäre Lobbyarbeit wurde hauptsächlich über zwei Organisationen orchestriert und durchgeführt: das 1990 gegründete *American Center for Law and Justice (ACLJ)* und die *Alliance Defending Freedom (ADF)*. Das *ACLJ* wird vom konservativen Anwalt Jay Sekulow geleitet, der Donald Trump in dem Amtsenthebungsverfahren gegen ihn verteidigte, und hat mit seiner europäischen Niederlassung– *The European Center for Law and Justice (ECLJ)* ein Standbein auf dem Kontinent. Sowohl *ECLJ* als auch *ADF* haben einen beratenden Status bei den *UN* und in den letzten zehn Jahren in Dutzenden europäischen Gerichtsverfahren einschließlich Polens wegweisendem Anti-Abtreibungsurteil interveniert. Sie haben sich gegen Adoption durch gleichgeschlechtliche Paare ausgesprochen, Ärzt:innen und Unternehmen unterstützt, die sich weigern, Dienstleistungen für Frauen und LGBTQI*-Menschen zu erbringen, und bis 2020 in mindestens sieben Fällen Schriftsätze bei europäischen Gerichten zugunsten der erzkonservativen Regierung Polens eingereicht.[5]

Die *neuen* Akteur:innen haben sich erst im letzten Jahrzehnt formiert, um gegen die »Gender-Ideologie« vorzugehen. Dazu gehören »besorgte Bürger:innen-Initiativen«, politische Parteien oder NGOs. Ein Beispiel ist die 2013 gegründete *Women and Democracy Association (KADEM)*. Die von der türkischen Regierung gegründete Frauenrechtsorganisation ist ein Versuch der rechten Partei *AKP*, die mächtige unabhängige feministische Bewegung in der Türkei zu unterwandern.[6] Auch wenn die *AfD* in Deutschland mit einem anderen Schwerpunktthema bekannt und groß wurde, zählt auch sie zu den Anti-Gender-Akteur:innen, die das Narrativ der »besorgten Bürger:innen« gegen die Rechte von Frauen und LGBTQI*-Personen ausspielt.

Zur dritten Gruppe, den *Allies* (Verbündeten), gehören Akademiker:innen, Politiker:innen, Journalist:innen oder Medien, die menschenrechtsfeindliche Einstellungen teilen und sie verbreiten. In Deutschland können auch Beiträge in bekannten Tageszeitungen wie *WELT* oder *FAZ* hierzu gezählt werden, da sie das Narrativ weiterverbreiten, Gender sei ein Problem von überprivilegierten, realitätsfernen Feminist:innen, die keine Ahnung von den wirklichen Problemen der Menschen hätten.[7]

Auch wenn die genannten Akteur:innen nicht immer dieselbe Weltanschauung teilen und ihre Anti-Gender-Haltung unterschiedlich motiviert sein mag, so verbindet sie doch, dass sie die »Gender-Ideologie« als Attacke auf der Basis mindestens eines der »drei N« – ein von Roman Kuhar und David Paternotte aufgestelltes Konzept – konstruieren: Natur, Nation, Normalität.[8] Sie attackieren *Gender Mainstreaming* in Institutionen, Studiengänge zu Gender, internationale Menschenrechtskonventionen wie die *Istanbul-Konvention*, LGBTQI*-Rechte, sexuelle und reproduktive Gesundheit und entsprechende Rechte sowie Sexualunterricht in den Schulen. Um die patriarchale Gesellschaftsordnung zu zementieren, verwenden diese Akteur:innen unterschiedliche Strategien. Sie zielen allesamt auf Angst ab und basieren auf der Idee, dass Gleichberechtigung und Menschenrechte für alle ein radikales und destabilisierendes Unterfangen ist. Die alten Akteur:innen bedienen sich überwiegend religiöser und naturalistischer Narrative, wie beispielsweise dass Homosexualität oder Gender unnatürlich und gegen die göttliche Ordnung seien. Neuere Akteur:innen verwenden zunehmend auch angeblich säkulare und wissenschaftliche Argumente – beispielsweise die Erzählung, dass es biologisch nur zwei Geschlechter geben würde – oder gar menschenrechtsbasierte Sprache, wie beispielsweise der Versuch Polens, ein *Family Rights Treaty* als Alternative zur *Istanbul-Konvention* zu etablieren. Der *Family Rights Treaty* ist eine Initiative ultrakonservativer Kräfte in Polen, die Anstrengungen der EU zur Förderung von LGBTQI*- und Frauenrechten mithilfe von »Familienrechts«-Sprache zu sabotieren.[9]

Die Etablierung der *Commission on Unalienable Rights* im US-amerikanischen Außenministerium unter US-Präsident Trump im Jahr 2019 ist ein weiterer Beleg dafür, dass zunehmend menschenrechtsbasierte Sprache international missbraucht wird, um Menschenrechte von politischen Minderheiten wie Frauen oder der LGBTQI*-Community zu beschneiden. Die Kommission, die übersetzt *Ausschuss für unveräußerliche Rechte* heißt, stellte infrage, wie internationale Menschenrechte heute definiert sind, und betonte ein angeblich traditionelles, US-spezifisches Verständnis von Rechten. Die Kommission bezieht sich hierbei an vielen Stellen auf das Wort »unalienable« oder »unveräußerlich« aus der US-amerikanischen Verfassung, was bedeutet, dass diese Rechte – insbesondere Freiheitsrechte – durch nichts und niemanden eingeschränkt werden dürfen. Ihre Aufgabe war es, dem Außenminister »Ratschläge und Empfehlungen zu Menschenrechten zu erteilen, die auf den Grundprinzipien unserer Nation und der Allgemeinen Erklärung der Menschenrechte von 1948 beruhen«.[10] Obwohl die Kommission die *Allgemeine Erklärung* von 1948 anerkannte, hat sie spätere normative und rechtliche

Entwicklungen im Bereich der Menschenrechte, einschließlich der Rechte von Frauen sowie sexuelle und reproduktive Rechte, als illegitim eingestuft, und im Abschlussdokument ist klar zu lesen, dass individuelle Rechte, wie Religionsfreiheit oder Besitzrechte, gegenüber kollektiven Rechten, wie dem Recht auf Gesundheit, klar priorisiert werden."[11] Diese Ansichten werden unter der Biden-Administration nicht mehr verfolgt.[12]

Auch behaupten Anti-Gender-Akteur:innen immer wieder, Gleichberechtigung zwischen den Geschlechtern sei bereits erreicht – was jeglicher Daten- und Faktenlage widerspricht – und »Gender-Ideologie« eine totalitäre Ideologie. Das ist harter Tobak, denn es geht gerade nicht um die Unterwerfung aller Menschen mit Mitteln der Diktatur, sondern um deren Befreiung.

DIE VERTEIDIGUNG DER INTERNATIONALEN PATRIARCHALEN GESELLSCHAFTSORDNUNG

Auf der multilateralen Ebene werden Anti-Gender-Initiativen vor allem vom Heiligen Stuhl oder von christlichen Staaten begonnen – und dann oft dankbar von anderen Gruppen aufgenommen. Diese Akteuer:innen waren bereits vor den 1990er-Jahren aktiv, sind seit knapp zehn Jahren gut organisiert und seit wenigen Jahren nochmals erstarkt. Es geht ihnen nicht lediglich darum, gegen die Sensibilisierung für *Gender* vorzugehen oder Erreichtes niederzumachen. Sie wollen schlicht das Patriarchat aufrechterhalten. Würden wir diese Angriffe bloß als *Backlash* oder *Pushback* verstehen, versagen wir darin zu begreifen, dass dies keine isolierten Vorkommnisse sind. Denn tatsächlich zielen sie auf die Machtverhältnisse und den Versuch, ein zerstörerisches Machtungleichgewicht aufrechtzuerhalten. Neil Datta, *Secretary of the European Parliamentary Forum for Sexual and Reproductive Rights*, warnt: »Sie sind nicht gegen uns, wir sind ein Opfer auf deren Weg hin zu einem viel kühneren und ehrgeizigeren sozialen, wirtschaftlichen und politischen Projekt.«[13]

Ein Beispiel sind die Angriffe Polens und der Türkei auf die *Istanbul-Konvention* – das Übereinkommen zur Verhütung und Bekämpfung von Gewalt gegen Frauen und häuslicher Gewalt, besser bekannt unter dem Namen der Stadt, in der der Vertrag 2011 unterzeichnet wurde. Die Konvention wurde vom Europarat* ausgearbeitet und setzt rechtsverbindliche Standards nicht nur für die Bestrafung von Tätern, sondern auch für Gewaltprävention und Opferschutz. Sie wurde von 45 der 47 Mitgliedsstaaten des Europarats unterzeichnet (außer Aserbaidschan und Russland[14]) sowie der *EU* als Organisation. Mit der Unterzeichnung geben die Länder eine Absichtserklärung, ein internationales, völkerrechtliches Abkommen in nationales Recht zu übersetzen. Erst danach kann ein Vertrag ratifiziert werden und wird somit innerstaatlich wirksam. Diesen nächsten Schritt verweigerten bisher jedoch einige EU-Staaten, nämlich Bulgarien, Tschechien, Ungarn, Litauen, Lettland, Slowakei und Großbritannien. Der Austritt der Türkei aus der *Istanbul-Konvention* im Juli 2021 (und der Plan Polens, dem nachzufolgen) ist ein Novum. Erstmals kündigte ein Land einen zuvor ratifizierten Vertrag des Europarates– ein Beleg dafür, dass konservative Regierungen zunehmend Frauenrechte missachten.

Dies ist aber nur *ein* Schauplatz des größeren Vorhabens, institutionelle Schutzmaßnahmen abzubauen und die Rechte von Frauen und Minderheiten zu missachten.[15] Diese Angriffe passieren physisch auf den Straßen oder durch die Justiz. Zu den Angriffen auf der Straße zählen Demonstrationen von kirchlichen

---

* Der Europarat ist die führende Menschenrechtsorganisation Europas. Er hat 47 Mitgliedsstaaten, von denen 27 Mitglieder der Europäischen Union sind – der Europarat ist also keine Institution der Europäischen Union.

und »Pro Life«-Gruppen vor Abtreibungskliniken in den USA, die im Übrigen auch in Deutschland immer häufiger beobachtet werden,[16] oder gewaltsame Attacken auf LGBTQI*-Personen im öffentlichen Raum. Alleine im Jahr 2020 wurden weltweit mindestens 350 Transpersonen ermordet, die höchste Zahl seit Beginn der jährlichen Berichte in 2008. Die Dunkelziffer – die in einigen Ländern garantiert noch viel höher ist – ist hier nicht einmal mit einberechnet.[17] Mindestens genauso erschreckend sind die Angriffe durch Politik und Justiz: Seit Januar 2021 gilt beispielsweise nach einer folgenschweren Entscheidung des polnischen Verfassungsgerichts und trotz großer Demonstrationen in Polen ein fast vollständiges Abtreibungsverbot. Die einzigen Ausnahmen sind Fälle von Vergewaltigung oder Inzest oder wenn die Gesundheit der Mutter lebensbedrohlich gefährdet ist. Ärzt:innen, die Abtreibungen durchführen, müssen mit einer Freiheitsstrafe von bis zu drei Jahren rechnen. Dadurch sind viele polnische Frauen gezwungen, Schwangerschaften gegen ihren Willen fortzusetzen, während andere ins Ausland gehen, um Abtreibungen vorzunehmen.[18] Die Angriffe geschehen ebenso in nationalen Regierungen oder auf internationaler Ebene. Über einen Fall der Trump-Regierung habe ich bereits geschrieben: Sie zwang im April 2019 die deutsche Regierung im *UN-Sicherheitsrat* förmlich dazu, einen Passus zu sexuellen und reproduktiven Rechten und Gesundheit aus der *WPS-Resolution 2467* zu streichen.

Die Aktivitäten der Anti-Gender-Bewegung müssen im Kontext des allgemeinen Rückgangs von Freiheit und Freiheitsrechten weltweit und besonders der *Shrinking Spaces* der Zivilgesellschaft verstanden werden. Weil die internationalen Menschenrechte in den vergangenen Jahrzehnten immer besser realisiert werden konnten (beginnend mit der Verkündung der *Allgemeinen Erklärung der Menschenrechte* 1948 durch die *UN-Generalversammlung*), entstand bei Regierungen und Zivilgesellschaft die Illusion, dass es stets so weitergehen würde. »Bis 2010 gab es [in Europa] das Verständnis eines ständigen Fortschritts hin zu mehr Rechten«,[19] so einer der führenden Wissenschaftler:innen zu Anti-Gender-Akteur:innen, David Paternotte, in einem Interview mit meinem Kollegen Damjan. Doch das ist ein Trugschluss. Es ist kein automatischer Prozess; sondern beruht auf dem unermüdlichen Einsatz von (feministischer) Zivilgesellschaft, die den jahrzehntelangen Fortschritt im Bereich der Menschenrechte für alle ermöglicht.

DER ATLAS DER ZIVILGESELLSCHAFT

Wie unsere Arbeit und die Fallstudien unter anderem aus den USA, Mexiko, Europa, Brasilien und Tunesien zeigen, stehen Frauen-, LGBTQI*- und Menschenrechte weltweit unter Beschuss und die Handlungsräume für die Zivilgesellschaft werden immer enger. Dieses Phänomen wird als *Shrinking Spaces* der Zivilgesellschaft bezeichnet. Eine Untersuchung von *Brot für die Welt* für deren *Atlas der Zivilgesellschaft* zur globalen Lage aus dem Jahr 2021[20] zeigt, dass nur 3 Prozent (!) der Weltbevölkerung in Ländern mit offener Zivilgesellschaft leben und 9 Prozent in beeinträchtigten Gesellschaften.* »Weltweit können nur noch rund 12 Prozent der Menschen weitgehend ungehindert ihre Meinung sagen, sich versammeln und gegen Missstände kämpfen.« Das sei ein deutlicher Rückgang gegenüber 2019, als es noch knapp 18 Prozent waren. 88 Prozent der Weltbevölkerung leben in beschränkten, unterdrückten oder geschlossenen Gesellschaften – sie leben und leiden also unter Regierungen, »die ihre

---

* Die fünf Kategorien des *Atlas der Zivilgesellschaft* sind: offen, beeinträchtigt, beschränkt, unterdrückt und geschlossen, und Definitionen können hier gefunden werden: www.brot-fuer-die-welt.de/themen/atlas-der-zivilgesellschaft/2021/zusammenfassung-2021/

Grundrechte beschneiden, sie drangsalieren, verfolgen, foltern oder sogar töten«.[21] Das sind 6,8 Milliarden Menschen. In 114 Staaten sind die zivilgesellschaftlichen Handlungsräume geschlossen, unterdrückt oder beschränkt – das sind 58 Prozent der Staaten.

Wer jetzt vielleicht denkt, schlimm genug, aber alles in fernen Ländern, die oder den muss ich enttäuschen: Auch bei uns in der *Europäischen Union* werden Grundrechte dem *Atlas* zufolge deutlich beschränkt: Lediglich 173 Millionen von 445 Millionen Menschen leben in offenen Gesellschaften, das sind knapp 40 Prozent. Annähernd 60 Prozent der *EU*-Bürger:innen wohnen in Staaten, in denen ihre Grundrechte beeinträchtigt werden. Das sind zwölf Staaten mit 262 Millionen *EU*-Bürger:innen. Beispielsweise haben es die etwa zehn Millionen Menschen in Ungarn mit einer autoritären Regierung zu tun, »die ihren Bürgerinnen und Bürgern nur beschränkten Handlungsspielraum zubilligt«.[22]

Die Analysen des *Atlas* zeigen auch, wie die Covid-19-Pandemie als Vorwand für Repressionen genutzt wurde. Zu oft wurden die Beschneidungen der zivilgesellschaftlichen Handlungsspielräume mit der Covid-19-Bekämpfung gerechtfertigt, während sie tatsächlich repressive Regierungen stützen sollten, indem sie bürgerliche Freiheiten noch weiter einschränken und Kritiker:innen mundtot machen. Namhafte Menschenrechtsorganisationen wie *Human Rights Watch* bestätigen diesen Trend in ihren aufwendigen Analysen. So hätten viele Regierungen digitale Überwachung wie Gesichtserkennung oder *Tracing Apps* ausgeweitet, um das Virus einzudämmen. All diese Technologien, vor allem wenn sie von Regierungen in nicht offenen Gesellschaften verwendet werden, gefährden die Menschenrechte und die Privatsphäre. Darüber hinaus haben Regierungen die Pandemie genutzt, um gegen das Recht auf freie Meinungsäußerung und friedliche Versammlung vorzugehen. In Ländern wie Brasilien, Kenia oder Ägypten griffen Militär- oder Polizeikräfte Journalist:innen, Blogger:innen und

Demonstrant:innen körperlich an, darunter einige, die die Reaktionen der Regierung auf Covid-19 kritisierten. Beschränkungen der Rede- und Versammlungsfreiheit bestehen in etlichen Ländern fort.[23] Allerdings muss hier eine wichtige Abgrenzung getroffen werden: Auch wenn viele sogenannte Querdenker:innen in Deutschland in den letzten Monaten lautstark über die Einschränkung ihrer Rechte und der Meinungsfreiheit geklagt haben, haben solche Beschränkungen in Deutschland nicht stattgefunden. Die gesetzliche Auflage einer Maskenpflicht auf Demonstrationen ist nicht das Gleiche wie die gewaltsame Zerschlagung kritischer Stimmen durch das Militär. Der Machtmissbrauch von Regierungen während der Pandemie muss schleunigst rückgängig gemacht werden. Eine Feministische Außenpolitik, verstanden als Einsatz für feministische Sicherheit und Menschenrechte, priorisiert diese Forderung und setzt sich in internationalen Organisationen dafür ein, indem sie Druck gegenüber den Staaten aufbaut, die ihre Bürger:innen unterdrücken.

DIE MÄR VON DER GENDER-IDEOLOGIE

Die globale Anti-Gender-Bewegung und die internationale rechte Bewegung weisen vielerlei Überschneidungen auf. Dazu gehören Nationalismus, rassistische Ängste, ein Hang zu Verschwörungstheorien, Widerstand gegen die Globalisierung von Menschenrechtsnormen und Kritik gegenüber internationalen Normen. Doch obwohl beide Bewegungen voneinander profitieren, sind sie nicht identisch: So können auch linke Akteur:innen antifeministisch sein und Anti-Gender-Haltungen verbreiten oder mit Anti-Gender-Akteur:innen gemeinsame Sache machen. Der derzeitige Präsident Mexikos, López Obrador (AMLO), kam an die Macht, weil er sowohl durch traditionell linke Parteien wie die *Partido del Trabajo* als auch die evangelikale Partei *Encuentro social*, einen Anti-Gender-Akteur, gestützt wurde. Dies ist damit zu erklären, dass Mexiko von zunehmender Gewalt und Armut – Fokus der linken Parteien – gezeichnet ist, die rechte Parteien auf eine moralische Krise zurückführen. AMLO unterstützt also soziale Anliegen, während er zeitgleich »traditionelle Familienwerte« als Strategie zur Eindämmung ebendieser Gewalt befürwortet. Wichtig ist hierbei zu verstehen, dass »traditionelle Familienwerte« als Euphemismus für die Beschneidung von Frauen- und LGBTQI*-Rechte benutzt werden.

Doch auch in Deutschland gibt es eine ungute Überblendung von Bewegungen bzw. ihren Zielen. Immer wieder kapern und missbrauchen rechte Akteur:innen Frauenrechte und feministische Slogans für ihre rassistischen und nationalistischen Agenden. Ein typischer Fall ist die Instrumentalisierung der Kölner Silvesternacht 2015/16, in der es zu Hunderten sexualisierten Übergriffen gekommen war. Damals skandierten Rechte rassistische Parolen unter dem Vorwand der Frauenrechte. Dies war ausschlaggebend dafür, dass wir – 22 Feministinnen – damals die Kampagne »Gegen sexualisierte Gewalt und Rassismus. Immer. Überall. #ausnahmslos« ins Leben riefen.

Der ehemalige US-Botschafter in Berlin und Vertraute Trumps, Richard Grenell, selbst offen homosexuell, ist ein sehr gutes Beispiel dafür, wie rechte und erzkonservative Akteur:innen sich für die Belange der LGBTQI*-Community einsetzen können, während sie dieselben Minderheitenrechte anderer Gruppen verwehren: Als leitender Berater des *Republikanischen Nationalkomitees*, der mit der LGBTQI*-Öffentlichkeitsarbeit für Trumps Wiederwahl beauftragt war, betonte Grenell, dass Trump »der Pro-LGBTQI*-Präsident aller Zeiten« sei. Und das, während besagte Trump-Regierung zeitgleich versuchte, die Anerkennung der sexuellen Orientierung und des Schutzes der Geschlechtsidentität gemäß Titel VII des *Civil Rights Act* von 1964 abzulehnen und sich vor dem Obersten Gerichtshof dafür einsetzte, die

Diskriminierung von LGBTQI*-Arbeitnehmer:innen, Eltern und Kund:innen unter dem Vorwand religiöser Vorbehalte zuzulassen. Ob AMLO in Mexiko, die Silvesternacht in Köln oder die Haltung des US-Botschafters Grenell: All diese Beispiele zeigen, dass wir genau hinsehen müssen. Denn nur, weil jemand vordergründig »links« ist, feministische Slogans skandiert oder offen homosexuell lebt, bedeutet das nicht, dass er oder sie Menschenrechte für alle unterstützt. Ganz im Gegenteil: Diese Akteur:innen können offen antifeministisch agieren.

Doch natürlich gibt es auch Beispiele, bei denen die Überschneidung von rechten und antifeministischen Haltungen und Politik sehr deutlich wird, wie im Falle der Vereinigten Staaten unter Präsident Trump, Ungarn oder auch Brasilien. Sowohl der ehemalige US-Präsident als auch der brasilianische Präsident Jair Bolsonaro pflegen sehr engen Kontakt zu rechten Evangelikalen in ihren Ländern. Als Mike Pence – ein Unterstützer der *Radical Christian Rights* – unter Trump Vizepräsident wurde, war das für die rechten Evangelikalen ein großer Gewinn.[24] Pence ist bekannt für seine untragbaren Positionen zu LGBTQI*-Rechten. 2014, zu seiner Zeit als Gouverneur von Indiana, unterstützte er beispielsweise einen Gesetzentwurf des Bundesstaats, der die gleichgeschlechtliche Ehe per Verfassung verbieten wollte.[25]

Das Konzept der Gender-Ideologie, das vom Vatikan und katholischen Lehrenden sowie Aktivist:innen in den 1990er-Jahren entwickelt und in den *Mainstream* gepusht wurde, hilft zu verstehen, wie so viele, teils auch unterschiedlichste Akteur:innen zusammenkommen, um gegen Menschenrechte und das Recht auf Selbstbestimmung vorzugehen. Den Anti-Gender-Akteur:innen zufolge zerstören »radikale Gender-Feminist:innen« und diejenigen, die sich für die Rechte Homosexueller einsetzen, die »natürliche« Ordnung der Dinge. Gemeint ist die patriarchale, heteronormative Ordnung, in der die Frau dem Mann unterlegen ist. Werde dieses »natürliche Gleichgewicht« aufgegeben, führe das zur Zerstörung von Familie und Gesellschaft. Folglich stilisieren sie Gender (und beispielsweise auch gendergerechte Sprache) zu einer Bedrohung für die Gesellschaft.

ANTIFEMINISTISCHE STRATEGIEN

Die neuen Akteur:innen versuchen, die Öffentlichkeit durch vielfältige Aktionen zu mobilisieren, und sparen nicht mit Propaganda-Maßnahmen. Dazu gehören Kundgebungen, öffentliche Reden, Konferenzen, Flyer, Werbetafeln, (Social-)Media-Kampagnen, Mahnwachen und Sit-ins oder Desinformationskampagnen. Indem sie progressive Aktivist:innen belästigen und bekämpfen, versuchen die antifeministischen Akteur:innen, die von ihnen bevorzugte Gesellschaftsordnung aufrechtzuerhalten. Eine Analyse des *Armed Conflict Location & Event Data Project (ACLED)* aus dem Jahr 2019 ergab, dass weltweit friedlichen Protesten von Frauen überproportional mit übermäßiger Gewalt begegnet wurde – darunter Interventionen mit Tränengas und Verhaftungen –, verglichen mit Protesten von Männern oder gemischtgeschlechtlichen Gruppen.[2627] In Ägypten überwacht die Regierung seit Jahren die Online-Aktivitäten feministischer Aktivist:innen und verhaftete junge Frauen aufgrund von Inhalten, die sie beispielsweise auf TikTok veröffentlicht hatten, wegen angeblich unmoralischen Verhaltens.

Eine weitere Strategie ist, in die Gestaltung von Politik auf nationaler und internationaler Ebene einzugreifen. Auf nationaler Ebene drängten Anti-Gender-Akteur:innen in den *EU*-Ländern Kroatien, Slowenien, Slowakei, Rumänien, Ungarn auf gesetzliche Bestimmungen, um die Ausweitung der Ehegattenvorteile auf gleichgeschlechtliche Paare zu verhindern. Eine ebenso verachtenswerte Strategie der Anti-Gender-Akteur:innen ist, dafür zu sorgen, dass feministischen oder LGBTQI*-Organisationen die finanzielle Unterstützung entzogen wird.

Doch manchmal liegen Freud und Leid eng beisammen. So war es auch im Juni 2021, als die Mehrheit der Abgeordneten des *Europäischen Parlaments* (MEPs) für den *Matić Report* zur Ausweitung sexueller und reproduktiver Gesundheit und Rechte stimmte – welch ein Erfolg! In dem nach seinem Verfasser benannten Report ging es unter anderem darum, das Recht auf Abtreibung als normale Leistung der Gesundheitsversorgung von Frauen anzuerkennen. Des Weiteren forderte er Zugang zu Verhütung, Sexualaufklärung, das Ende von Genitalverstümmelungen und Kinderehen.[28] Binnen zehn Jahren waren keine bedeutungsvolleren Empfehlungen verabschiedet worden. Doch im Zuge der Abstimmung wurden MEPs mit einer organisierten Spam-Kampagne belästigt. »Wir wurden mit E-Mails von Ultrakonservativen überflutet«, klagte die Vizepräsidentin des *Europäischen Parlaments* Katarina Barley. Es wird davon ausgegangen, dass der antifeministische Akteur *Ordo Iuris,* ein polnischer Thinktank , dahintersteckte, der auf Desinformation, verbreitet durch *One of Us* (ein Zusammenschluss europäischer antifeministischer Akteur:innen),[29] zurückgriff. Doch zum Glück ging diesmal alles gut aus: »Die Abstimmung ist ein starkes Signal dafür, dass sich die Abgeordneten des Europäischen Parlaments in einer Zeit, in der die Menschenrechte in Bezug auf Sexualität und Fortpflanzung von illiberalen Akteur:innen zunehmend infrage gestellt werden, uneingeschränkt für den Schutz und die Förderung der sexuellen und reproduktiven Gesundheit und Rechte in der *EU* einsetzen«,[30] schrieb die *Europäische Union* in ihrer Pressemeldung.

Diese internationalen antifeministischen Akteur:innen mobilisieren vor allem gegen vier Anliegen: erstens Gender als Konzept. Der Begriff wird dabei als radikale Idee dargestellt, die angeblich alle Kategorien zunichtemachen will, die geordnete Gesellschaften zusammenhalten. Zweitens mobilisieren sie gegen sexuelle und reproduktive Gesundheit und Rechte inklusive des Rechts auf Abtreibung. In ganz Europa verfolgen Anti-Gender-Akteur:innen gesetzgeberische Initiativen, um Gründe für eine legale Abtreibung zu beseitigen und neue Hindernisse für den Zugang zur Abtreibung in die Gesetzgebung aufzunehmen. Außerdem wollen sie den rechtlichen Schutz für Mediziner:innen erweitern, die sich weigern, Abtreibungsleistungen aus Gewissens- oder Religionsgründen zu erbringen. Drittens kämpfen sie gegen schulische Sexualaufklärung mit folgendem Narrativ: Diese setze die Kinder krankhaften Ideen aus, die sie nicht verarbeiten könnten, und verleite sie zu abnormalen sexuellen Neigungen. Viertens greifen sie die Rechte der LGBTQI*-Community an, indem sie gezielt gegen LGBTQI*-Mainstreaming, Gleichstellung der Ehe, Adoption durch gleichgeschlechtliche Familien und die Anerkennung diverser Geschlechtsidentitäten Stimmung machen.

Als wir, das *CFFP*, zu den Angriffen auf Frauen- und LGBTQI*-Rechte arbeiteten, beauftragten wir Wissenschaftler:innen, Fallstudien über bestimmte Länder und Regionen wie die USA (unter Trump), Mexiko, Brasilien, *EU* sowie Nahost und Nordafrika zu schreiben.[31]

USA

Der Angriff der USA auf internationale Frauenrechte wurde von konservativen NGOs angeführt und dann in die Innen- und Außenpolitik der Republikanischen Partei unter Trump übersetzt. Aktivist:innen, Politiker:innen und Diplomat:innen haben nicht nur die Ratifizierung der Frauenrechtskonvention *CEDAW* durch die USA blockiert, sondern auch versucht, die internationale Anerkennung von Abtreibungsrechten und sexueller und reproduktiver Gesundheit zu verhindern und zurückzudrängen. Sie kritisierten Sexualaufklärung und -erziehung und das Konzept von *Gender* im Allgemeinen, insbesondere die Anerkennung von vielfältiger sexueller Orientierung.

Die Ursprünge des konservativen Anti-Gender-Engagements sind in den 1970er-Jahren zu finden, insbesondere im Zusammenhang mit den Fortschritten durch das *Equal Rights Amendment* (1972) und *Roe v. Wade*, eine Grundsatzentscheidung des Obersten Gerichtshof der Vereinigten Staaten im Jahr 1973, die Schwangerschaftsabbrüche legalisierte. Der Einfluss der USA auf internationaler Ebene wurde von Anti-Gender-Akteur:innen genutzt, um genau diese Erfolge zurückzudrängen. Dies geschah, indem ausländische Hilfsgelder für die Gesundheit von Frauen blockiert wurden. Außerdem versuchten sie, die Sicherung von Frauenrechten aus internationalen Verträgen, Resolutionen und Ergebnisdokumenten zu streichen.

Diese Akteur:innen bringen verschiedene Narrative vor, die Menschenrechtsnormen untergraben sollen: Da sind die religiösen Narrative, die Frauenrechte als Grund für die Destabilisierung von Gesellschaften ansehen; Narrative von konkurrierenden Rechten, die Frauenrechte als feindlich gegenüber anderen Menschenrechten darstellen; patriarchale populistische Narrative, die nahelegen, Feminismus sei eine elitäre oder ausländische Bedrohung, und schließlich pseudowissenschaftliche Narrative, die darauf abzielen, ein etabliertes Verständnis der Gesundheit von Frauen zu delegitimieren und die »natürliche Existenz« von nur zwei biologischen Geschlechtern festzuschreiben.

Die Regierung von Donald Trump war sowohl mit nationalen als auch internationalen Anti-Gender-Organisationen stark vernetzt, und Trump bediente sich in seinen Reden und Ansprachen all jener Narrative. Außerdem führte er die bislang extremste

Form der *Global Gag Rule** ein: Er stoppte die Finanzierung aller Entwicklungsprogramme, die sich nicht dem *Protecting-Life*-Narrativ unterwarfen. Auch wenn diese Regel 2021 wieder zurückgenommen wurde, befürchten Aktivist:innen einen nachhaltigen Schaden durch Trumps Politik. Die Regierung unter Joe Biden und Kamala Harris hat glücklicherweise von Anfang an andere Akzente gesetzt, beispielsweise durch die Etablierung des *Gender Policy Council* im Weißen Haus im März 2021. Der *Council* soll Geschlechter- und Gendergerechtigkeit sowohl in Innen- als auch Außenpolitik fördern.[32]

WAS »SCHUTZ DES UNGEBORENEN LEBENS« WIRKLICH MEINT

Doch wir dürfen nicht denken, dass Angriffe auf Menschen- und Frauenrechte lediglich in anderen, weit entfernten Staaten stattfinden. Versuche, unsere Rechte zu beschneiden, können ebenso aus dem deutschen Bundestag heraus und im schicken Anzug daherkommen, und zwar nicht ausschließlich von der *AfD*. Mitte Oktober 2020 wollte die damalige Große Koalition aus *CDU/CSU* und *SPD* einen Antrag zu geschlechtergerechter Außenpolitik in den Deutschen Bundestag einbringen – was mich erst mal freute (*Bündnis 90/Die Grünen* hatten das bereits im Februar

---

*   Die *Global Gag Rule*, also eine »globale Knebelvorschrift« oder ein Tabuthema, gilt seit 1984. Sie besagt, dass nur noch solche internationalen NGOs finanziert werden, die zuvor unterschrieben haben, dass sie keine Abtreibungen anbieten oder fördern werden. Darunter zu leiden hat beispielsweise die *Weltgesundheitsorganisation (WHO)*. Die *Global Gag Rule* wird traditionell unter demokratischen Regierungen ausgesetzt und von republikanischen Verwaltungen wieder eingeführt, so geschehen beim Übergang zwischen der Präsidentschaft Barack Obamas und Donald Trumps – und 2020 natürlich wieder zurück.

2019 als erste Partei Deutschlands versucht). Doch wenige Tage bevor der Antrag im Plenum debattiert werden sollte, erfuhren meine Mitgeschäftsführerin Nina und ich, dass die *Union* versuchte, folgende Formulierung im Antrag unterzubekommen: »Der Deutsche Bundestag fordert die Bundesregierung im Rahmen der zur Verfügung stehenden Haushaltsmittel auf, sich bei der Entwicklungszusammenarbeit insbesondere für sexuelle und reproduktive Gesundheit und Rechte *unter Wahrung des Schutzes des ungeborenen Lebens* einzusetzen.« Als wir das erfuhren, suchten wir den Kontakt zu Abgeordneten sowohl von der *Union* als auch der *SPD* und machten deutlich, dass die Begrifflichkeit - »Schutz des ungeborenen Lebens« - Tür und Tor für antifeministische Akteur:innen öffnet, Frauenrechte und das Recht auf Schwangerschaftsabbruch weiter zu beschneiden. Denn »Schutz des ungeborenen Lebens« ist keine neutrale, sondern codierte Sprache. So drücken sich Frauenverachter wie Trump, Bolsonaro oder die Vertreter:innen einiger konservativer Parteien aus. Die *SPD* hat - dank gut informierter und engagierter Abgeordneten und dem Druck von feministischer Zivilgesellschaft - den Antrag zum Glück platzen lassen. Er wurde erst gar nicht in dieser Form eingebracht, was auch während der Debatte am 28. Oktober 2020 thematisiert wurde.[33] Die *SPD*-Abgeordnete Daniela De Ridder stellte klar, dass der Antrag aufgrund der kurzfristigen Forderung der Union scheiterte, da für die Sozialdemokratie damit eine rote Linie überschritten sei. Als ich das hörte, freute ich mich. Gleichzeitig hätte ich mir gewünscht, dass die *SPD* sich in der vorhergehenden Legislaturperiode bezugnehmend auf diese »rote Linie« deutlicher für die Abschaffung der Paragrafen 218 und 219a aus dem Strafgesetzbuch - in der der Paragraf bereits zur Überarbeitung auf dem »politischen Tisch« lag - eingesetzt hätte. Denn diese beiden Paragrafen machen den Schwangerschaftsabbruch nur unter bestimmten Voraussetzungen straffrei und untersagen Ärzt:innen die Verbreitung von Informationen. Wenigstens enthält der Koalitionsvertrag der neuen Ampel-Koalition nun endlich das Vorhaben, den Paragrafen 219a zu streichen. Denn das Recht auf einen sicheren Schwangerschaftsabbruch ist ein Menschenrecht.[34] Und die Verteidigung von Menschenrechten, ob im Inland oder Ausland, muss im Zentrum jeder Feministischen Außenpolitik stehen. Statt des geplanten und dann geplatzten Koalitionsantrags brachten *Bündnis 90/Die Grünen* sowie *Die Linke* zwei Anträge zu Feministischer Außenpolitik ein, die beide abgelehnt wurden. Wie zu erwarten war, zeigte die *AfD* bei dieser Debatte wieder deutlich ihr frauenverachtendes und populistisches Gesicht. Die Abgeordneten grölten bei der Erwähnung des Wortes »Feminismus« und verbreiteten Lügen, indem sie argumentierten, eine feministische oder geschlechtergerechte Agenda würde die Destabilisierung anderer Länder unter dem Deckmantel der Friedensförderung nach sich ziehen. Lügen, um ihre misogyne und rechte Agenda voranzubringen. Diese Debatte und der Versuch der *Union*, die Vorstellungswelt der Anti-Gender-Akteur:innen sprachlich ausgerechnet in einen Koalitionsantrag zu geschlechtergerechter Außenpolitik (welch Ironie!) kurz vor knapp einzubringen, geschah fast zeitgleich zum vom obersten Gericht Polens bestätigten nahezu totalen Verbot von Schwangerschaftsabbrüchen, wogegen Hunderttausende von Frauen und Männern auf die Straße gingen. Ob es verboten oder kriminalisiert ist: Schwangere treiben dennoch ab. Dann aber fatalerweise auf eigene Faust oder heimlich unter unzumutbaren Bedingungen, oft durchgeführt von nicht qualifiziertem Personal im Untergrund. Dadurch gefährden sie ihre Gesundheit oder gar das eigene Leben. Unsichere Abtreibungen sind die dritthäufigste mütterliche Todesursache weltweit und führen der *WHO* zufolge zu fünf Millionen weitgehend vermeidbaren Behinderungen.[35] Wie Politiker:innen über den Zugang zu Abtreibungen entscheiden, wirkt sich direkt auf Menschenleben aus. Die Abtreibungsbeschränkungen der Trump-Regierung für die weltweite Finanzierung der US-Gesundheitshilfe beeinträchtigten die Gesundheitsversorgung von Frauen in Afrika und Südasien. Der Bericht *Crisis in Care* der *International Women's Health Coalition* beschreibt, wie sich die *Global Gag Rule* der Trump-Regierung von Anfang 2017 bis Anfang 2019 auf die Arbeit von NGOs und das Leben von Frauen ausgewirkt hat.[36] Nach der Abwahl von Donald Trump wurde diese zwar mittlerweile abgeschafft, dennoch ist der Schaden, der hierdurch angerichtet werden konnte, immens. Sie wurde 2017 so verschärft, dass Organisationen nicht nur keine Abtreibungen mit US-Geldern anbieten dürfen, sondern gar keine Abtreibungen. Die Regel galt unabhängig von den örtlichen Gesetzen zur Abtreibung.

All diese Beispiele und Vorkommnisse sind schon beängstigend genug. Doch das ganze Ausmaß der Angriffe wird noch besorgniserregender, wenn wir uns die Finanzierung dieser menschenrechtsfeindlichen Bewegung anschauen. Ein Bericht vom Juni 2021 des *European Parliamentary Forum for Sexual & Reproductive Rights* zur Koordinierung und Finanzierung der antifeministischen Anti-Gender-Akteur:innen zeigt, wie Menschenrechte angegriffen werden: Zwischen 2009 und 2018 wurden insgesamt 707,2 Millionen US-Dollar aus den USA, Russland und Europa in Angriffe auf LGBTQI*- und Frauenrechte in der *EU* investiert. Damit hat sich das jährliche Budget für diese Attacken innerhalb des Zeitraums fast vervierfacht (2009 waren es 22,2 Millionen US-Dollar, 2018 bereits 96 Millionen US-Dollar).[37]

FAZIT: EIN KAMPF OHNE PAUSE

Um der Bedrohung durch diese antifeministischen Akteur:innen zu begegnen, müssen wir die Ärmel hochkrempeln, Menschenrechtsverteidiger:innen unterstützen und feministische

Koalitionen schaffen. Zunächst sollten interne Kapazitäten gestärkt werden, beispielsweise durch die Weiterbildung von Polizei-, Sicherheits- und Regierungsmitarbeitenden in diesen Bereichen. Die Bedrohung anzuerkennen heißt auch, solche Kampagnen ganz klar als strategisch organisierte, gut finanzierte und vernetzte Angriffe auf Menschen- und freiheitlich demokratische Grundrechte zu benennen. Um sie international zu schützen und ihre Einhaltung außenpolitisch voranzutreiben, müssen sexuelle und reproduktive Gesundheit und Rechte sowie LGBTQI*-Rechte auch innenpolitisch gestärkt und realisiert werden. So müssen Länder, auch Deutschland, den uneingeschränkten und bedingungslosen Zugang zu Abtreibungen auch innerhalb des eigenen Landes sicherstellen, nicht bloß im Rahmen von entwicklungspolitischen Projekten.

Weil die Anti-Gender-Akteur:innen untereinander so stark vernetzt sind, braucht es eine deutliche Antwort von progressiven Akteur:innen. Sie müssen sich mindestens genauso gut vernetzen und bedürfen dafür staatlicher Förderung. Es braucht außerdem öffentliche Kampagnen, *Awareness*-Arbeit und strategische Kommunikation, um die Narrative der Anti-Gender-Akteur:innen zu durchbrechen und sich klar für den Schutz von Menschenrechten zu positionieren. Hier sind sowohl einzelne Politiker:innen als auch ganze Regierungen gefragt. Die finanzielle und ideelle Unterstützung von (feministischer) Zivilgesellschaft ist entscheidend für den Schutz von Frauen- und LGBTQI*-Rechten sowie für den Schutz von Demokratien. Sie muss gestärkt werden, indem ihre Arbeit langfristig und institutionell finanziell unterstützt wird, und zwar durch niedrigschwellige Antragsprozesse. Diese Rechte international abzusichern ist Aufgabe progressiver Regierungen. Sie müssen sich – auch durch das Vorangehen Einzelner – aktiv und kompromisslos dafür einsetzen und politisches Kapital investieren, beispielsweise in internationalen

Verhandlungen oder Kooperationen für SRHR- und LGBTQI*-Rechte. Um die Anti-Gender-Akteur:innen besser zu verstehen und auf ihre Angriffe reagieren zu können, ist eine fortlaufende Finanzierung von Forschung zwingend notwendig. Progressive Regierungen – Deutschlands politische Elite versteht sich gerne selbst so – sowie Regierungen mit einer bereits bestehenden offiziellen Feministischen Außenpolitik müssen personelle, diplomatische und finanzielle Ressourcen aufbringen, um den Anti-Gender-Akteur:innen und deren Angriffe auf Menschenrechte zu begegnen, und feministische Zivilgesellschaft entsprechend unterstützen, damit die patriarchalen und rassistischen Strukturen bekämpft werden können.

Jede Person, die sich mit einer politisch unterrepräsentierten Gruppe identifiziert, weiß, dass wir uns nicht ausruhen können. Denn unsere Rechte können uns schneller genommen werden, als wir es für möglich halten. Es gab nie und es wird nie eine natürliche Entwicklung hin zu mehr Menschenrechten geben. Alles, was dazu erreicht wurde, haben Zivilgesellschaft, Bewegungen und aktivistische Individuen mit ihrem Einfluss auf Regierungen und ihrer Arbeit in internationalen Organisationen erstritten. So tragisch es klingen mag, aber: Unsere Frauen-, LGBTQI*-, Behinderten-, indigenen, Kinder- und allgemeinen Menschenrechte sind keine Selbstverständlichkeit. Sie mussten und müssen in patriarchalen Gesellschaften erkämpft werden, da das Patriarchat nur an der eigenen Machtkonzentration interessiert ist. Als Zivilgesellschaft können wir nicht mal eben Pause machen, sondern müssen weiterkämpfen, auch wenn oft die Erschöpfung groß ist. Dennoch können wir uns nicht ausruhen, da unsere finanziellen Ressourcen im Vergleich zu denen der antifeministischen Akteur:innen minimal sind. In patriarchalen Gesellschaften, wie in Deutschland, sitzen vor allem Männer an den Geldquellen, als vermögende Individuen, Stifter, Abteilungsleiter in Ministerien.

Da Macht, Positionen und Ressourcen meist von Männerhand an Männerhand weitergegeben werden, erhalten Gründerinnen und feministische Arbeit unverhältnismäßig wenig Finanzierung, was es doppelt schwer macht, den Vorsprung der antifeministischen Akteur:innen einzuholen.

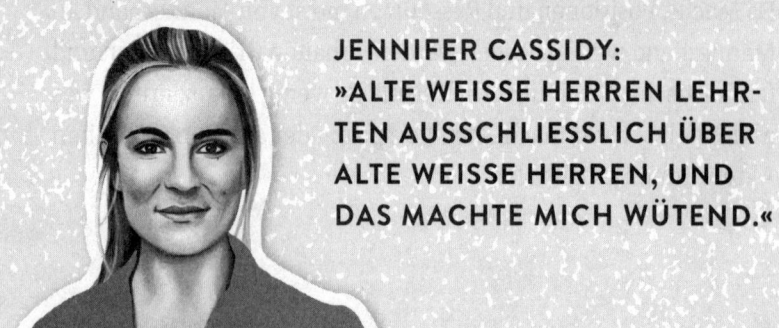

**JENNIFER CASSIDY:
»ALTE WEISSE HERREN LEHR-
TEN AUSSCHLIESSLICH ÜBER
ALTE WEISSE HERREN, UND
DAS MACHTE MICH WÜTEND.«**

Jennifer Cassidy, Dozentin für Politikwissenschaften an der Universität Oxford und eine der gefragtesten Politkommenta-torinnen in Großbritannien, konzentriert sich in ihrer Forschung neben digitaler Diplomatie vor allem auf Diplomatie und Gender. Sie erlebte in ihrem Studium – ebenfalls an der Universität Ox-ford –, dass Frauen kategorisch aus der Lehre von Diplomatie und Internationalen Beziehungen ausgeschlossen wurden: Alte weiße Männer unterrichteten über alte weiße Männer, ohne die Erfahrungen und Expertise von Frauen zu berücksichtigen.

Im Rahmen ihrer Tätigkeiten als diplomatische Attachée bei Irlands Ständiger Vertretung bei den *Vereinten Nationen*, beim *Europäischen Auswärtigen Dienst* für das Königreich Kambodscha sowie beim irischen Ministerium für auswärtige Angelegenheiten und Handel erlebte sie, wie sich anhaltende Geschlechterste-reotype in Internationalen Beziehungen ausdrücken. Die *UN*-Generalversammlung organisiert ihre Arbeit zu verschiedenen Themenbereichen in Ausschüssen, sogenannten Komitees. An einem Tag arbeitete Jennifer im *UN-Ausschuss für Menschen-rechte* und sah sich umgeben von Frauen. Sie dachte zuerst, der Eindruck in ihrem Studium sei falsch gewesen und in der Welt der Diplomatie gäbe es doch Gleichberechtigung. Als sie später an diesem Tag auch im *Ausschuss für Sicherheit* arbeitete, stellte sie allerdings fest, dass dort vornehmlich Männer vertreten waren. Im Bereich der internationalen Politik, schlussfolgerte Jennifer, würden Frauen weiterhin mit den sogenannten weichen Themen wie Entwicklungszusammenarbeit und Frieden assoziiert, während Männer über Krieg und Sicherheit entschieden. Dabei würden eben nicht nur Frieden, sondern auch Krieg, Sicherheit, Wirtschaft, kurz alle Themenbereiche Frauen mindestens genauso stark betreffen. Deshalb müssten sie auch überall, nicht nur in vereinzelten, als »Frauenthemen« abgestempelten Bereichen mitentscheiden. Jennifer betont: Es geht nicht nur darum, wie viele Frauen, sondern auch wo diese Frauen vertreten sind.

Um ihre Erfahrungen im Studium und in der Arbeitswelt zusammenzubringen und den Einfluss von Diplomatinnen zu würdigen, veröffentlichte Jennifer den weltweit ersten Sammelband zu *Gender and Diplomacy*. Darin zeigt sie auf, dass Diplomatie weiterhin von Geschlechterstereotypen durchdrungen ist, erforschte die Arbeit weiblicher Diplomatinnen und wirkte so der androzentristischen Lehre entgegen, die sie als Studentin erlebt hatte.

Zu ihren Lieblingsautor:innen zählen Hannah Arendt und Maya Angelou.

9 FEMINISTISCHE GLOBALE GESUNDHEITSPOLITIK

Another world is not only possible, she is on her way.
On a quiet day, I can hear her breathing.

ARUNDHATI ROY

Die letzten Jahre haben unter Beweis gestellt, dass und wie sehr globale Gesundheitsthemen ein feministisches Anliegen sind. Das merke ich selbst wie selten zuvor seit der Covid-19-Pandemie. Drei meiner engsten Freundinnen sind oder waren während der Pandemie schwanger und verunsichert: Es dauert, bis die ständige Impfkommission eine klare Impfempfehlung für Schwangere ausspricht. Die Sorge von Schwangeren, bei einer Covid-19-Erkrankung schlimme Komplikationen zu erleiden, ist besonders hoch.

Während wir hier in Deutschland nach und nach geimpft werden, ist das global gesehen eine Ausnahme. Deutschland und andere reiche Länder haben sich im Frühjahr und Frühsommer 2021 80 Prozent der verfügbaren Impfdosen gesichert. Die USA haben sogar auf Dating-Plattformen wie *Tinder* und *Bumble* für eine erhöhte Impfbereitschaft geworben und Menschen finanziell belohnt, wenn sie sich impfen lassen.[1] Die ärmsten Staaten hatten zur selben Zeit hingegen gerade unter einem Prozent der verfügbaren Vakzine bekommen.[2] Damit weltweit alle Menschen gleichberechtigt Zugang zu Impfstoffen bekommen können, war eigentlich bereits im April 2020 die Impfstoffplattform *Covax* gegründet worden. Ins Leben gerufen wurde sie von der Weltgesundheitsorganisation *WHO* und der *globalen Impfallianz Gavi*

(*Global Alliance for Vaccines and Immunisation*) und der *Coalition for Epidemic Preparedness (CEPI)*, um eine faire Verteilung von Impfstoffen sicherzustellen, lange bevor es die ersten aussichtsreichen Impfstoffkandidaten gab. Der Plan: ein gemeinsamer Fonds, in den sämtliche Staaten der Welt einzahlen, um damit Impfstoff für alle zu kaufen. Wie wir wissen, klappte das nicht. Denn die reichen Staaten preschten vor und schlossen bilaterale Verträge ab.[3]

Das Problembewusstsein scheint irgendwie da zu sein. Denn die Abschlusserklärung der *G7* im Juni 2021 enthielt die Zusage, man wolle bis Ende 2022 2,3 Milliarden Impfdosen global zur Verfügung stellen.[4] Doch der politische Wille, das auch umzusetzen, scheint nicht besonders ausgeprägt, denn die Einlösung des Versprechens stockt beachtlich. Da die Mehrheit der weltweit finanziell armen Menschen Frauen sind, sind sie wieder besonders negativ auch von der internationalen Verteilung von Impfstoffen betroffen. Es zeigt sich klar: Globale Gesundheit ist ein feministisches Thema. Eine Feministische Außenpolitik erfordert konkrete Maßnahmen und Ideen einer Gesundheitspolitik, die über eine verbesserte sexuelle und reproduktive Gesundheit hinausgehen.

COVID IST EIN FEMINISTISCHES ANLIEGEN

Nicht erst seit es um den Zugang zu Impfstoffen geht, zeigt sich deutlich, dass es sich bei der Covid-19-Pandemie um ein feministisches Anliegen handelt, weil die Seuche globale Ungerechtigkeiten verstärkt. Zu Beginn der Pandemie waren wir von *CFFP* eine der Organisationen, die am schnellsten auf die mangelnde Fairness hinwiesen. Bereits Anfang April 2020 berieten und schrieben wir gemeinsam mit *WILPF* für den Planungsstab im Auswärtigen Amt das Policy-Papier *A Feminist Foreign Policy Response to Covid-19*, also eine politische Analyse der Situation aus feministischer Perspektive mit konkreten Forderungen, wie auf die Pandemie außenpolitisch reagiert werden sollte, damit

Ungerechtigkeiten nicht weiter verschärft werden.[5] Die zwingend feministische Perspektive auf Covid-19 liegt für uns auf der Hand, weil Frauen und andere politisch marginalisierte Gruppen auf so vielfältige Weise stärker von der Pandemie betroffen sind. Da ist die Zunahme von männlichen Übergriffen gegenüber Frauen und Kindern in den eigenen vier Wänden, also die »häusliche Gewalt«. Dies wird in den Entscheidungsgremien zur Pandemiebekämpfung nicht mitgedacht und in Slogans wie *Wir bleiben zu Hause* ohne Anerkennung dieser Form der Gewalt deutlich – ein Beispiel von vielen, dass die Perspektive der Entscheider:innen nicht divers ist. Außerdem gibt es einen großen Überhang von Frauen in den systemrelevanten Berufen wie der Pflege, damit sind sie dem Virus in sehr viel höherem Maße ausgesetzt. Global betrachtet verschlimmern sich schon bestehende humanitäre Katastrophen aufgrund des Virus. Denn wo Menschen bereits hungern, ist der Nachschub an Hilfsmitteln aufgrund der unterbrochenen Lieferketten noch schwieriger zu bewerkstelligen. Der Zugang zu sexuellen und reproduktiven Gesundheitsdienstleistungen und -rechten ist noch eingeschränkter als sonst. Die Gesundheitssysteme sind schlecht aufgestellt, weil massiv unterfinanziert aufgrund einer historischen Ressourcenverschiebung hin zu militärischer Sicherheit. Die Pandemie hat auch dafür gesorgt, dass sich die Machtkonzentration in den Händen von autoritären Machthaber:innen verstärkt – mit all ihren negativen Folgen wie der Beschneidung der Menschenrechte, vor allem der Frauen- und LGBTQI*-Rechte.

Wir beratschlagten uns mit den Ländern, die bis dato offiziell eine Feministische Außenpolitik oder Teile davon hatten – Schweden, Kanada, Frankreich und Mexiko. Denn wir wollten verstehen, wie diese Länder ihre feministische Maxime in die Pandemiebekämpfung übersetzen, damit wir entsprechende außenpolitische Empfehlungen für Länder des globalen Nordens wie Deutschland formulieren konnten. Diese Länder haben die nötigen Ressourcen, und sie sind es, die die Profiteure globaler Ungerechtigkeiten sind und diese nun mindern sollten. Es zeigte sich, dass diese Länder vor allem in den folgenden Bereichen in unterschiedlichem Ausmaß aktiv waren und sind: Sie investieren viele finanzielle Ressourcen, um Zugang zu sexuellen und reproduktiven Rechten und Gesundheit sicherzustellen und die zunehmende männliche Gewalt gegen Frauen zu bekämpfen. Sie gaben zusätzliche Gelder für humanitäre Hilfe aus und hatten dabei besonders diejenigen im Blick, die am schwersten betroffen waren und sind (*Feminist Humanitarian Assistance* – also ein feministischer Ansatz der humanitären Hilfe). Sie investierten hohe Summen, um den negativen Auswirkungen auf langfristige Entwicklungszusammenarbeit entgegenzuwirken. Sie konnten sich außerdem auf langjähriges *Capacity Building* (also den Aufbau neuer Kapazitäten) in Form von *Gender Impact Assessments* (Verfahren und Prozesse, die analysieren, wie unterschiedliche Politikentscheidungen unterschiedliche Auswirkungen auf die diversen Geschlechter haben), *Gender Budgeting* (eine Methode, Haushaltsgelder so zu verwenden, dass alle Geschlechter gleichermaßen profitieren) oder das Mainstreaming von Gender in *Emergency Policy Response* (die Berücksichtigung von Gender-Dimensionen und zivilgesellschaftlichen Stimmen in der Bewältigung von Notlagen) stützen, was für eine geschlechtergerechte finanzielle und auch inhaltliche Antwort auf die Pandemie essenziell ist. Wichtig ist auch die von diesen Staaten betriebene Unterstützung feministischer Zivilgesellschaft – anerkennend, dass diese für positiven gesellschaftlichen Wandel unverzichtbar ist – mit zusätzlichen finanziellen Ressourcen. Außerdem betonen sie die feministische und Gerechtigkeitskomponente immer und immer wieder in ihrer Öffentlichkeitsarbeit, beispielsweise durch Op-Ed-Artikel von Minister:innen. In all diesen Bereichen sprachen wir dann Empfehlungen zur sofortigen sowie langfristigen Umsetzung ähnlicher Maßnahmen für das Auswärtige Amt und Regierungen im globalen Norden im Allgemeinen aus.

Die Covid-19-Pandemie macht es tatsächlich relativ einfach zu verstehen, weshalb globale Gesundheit ein feministisches Thema und ein Gerechtigkeitsthema ist. Zu Beginn der Pandemie gingen sechs feministische Denkerinnen und Macherinnen – darunter ich als Geschäftsführerin von *CFFP* in Deutschland – auf das Bundesgesundheitsministerium zu. Wir rieten zur Offenheit und wollten ein Problembewusstsein für diese Gerechtigkeitsdimensionen schaffen. Gemeinsam produzierten wir eine Studie zu den *Blind Spots* – also das Übersehen von Gerechtigkeitsdimensionen vonseiten der Behörden im Kampf gegen die Pandemie – und erhoben eigene Daten: *Gesundheitliches Krisenmanagement in der Covid-19-Pandemie durch eine intersektionale Linse – Untersuchung der Blind Spots und Handlungsempfehlungen für das Bundesministerium für Gesundheit zum Umgang mit marginalisierten Gruppen* heißt das über 200 Seiten lange interne Dokument. Zwar sucht sich das Covid-19-Virus seine Wirte nicht nach dem Geschlecht aus. Dennoch sind in unserer Gesellschaft bestimmte Bevölkerungsgruppen stärker von der Pandemie betroffen als andere – in Deutschland beispielsweise Menschen in Gemeinschaftsunterkünften sowie in prekärer sozialer Lage.

Denn unsere Gesellschaften diskriminieren. Weltweit werden Bevölkerungsgruppen aufgrund von Geschlecht, Hautfarbe, sozialem Status, körperlichen Fähigkeiten und anderen Merkmalen marginalisiert. Wann immer externe Schocks wie etwa ein Virus oder eine Wirtschaftskrise auf diskriminierende Strukturen treffen, erhöht sich die Verwundbarkeit der ohnehin bereits vulnerablen Gruppen. Das heißt: Pandemien wie die Covid-19-Pandemie verstärken Ungerechtigkeiten und wirken sich auch mittelbar auf die Gesundheit aus. Die Zunahme von männlicher Gewalt gegen Frauen hatte ich bereits erwähnt, mit all den physischen und psychischen Folgen. Diese Entwicklung war so schnell und deutlich, dass *UN*-Generalsekretär António Guterres bereits im April 2020 zu einem »Waffenstillstand bei häuslicher Gewalt« aufrief.[6] Darüber hinaus waren und sind besonders Menschen mit sogenanntem Migrationshintergrund und *People of Colour* von der Pandemie betroffen. So haben in den USA beispielsweise Schwarze, Indigene und *People of Colour*, berechnet auf die jeweiligen Altersgruppen, ein zwei- bis dreifaches Risiko, an Covid-19 zu sterben.[7] Ungerechtigkeiten verschärfen sich während Pandemien auch deshalb, weil fälschlicherweise angenommen wird, die Krisenpolitik nichtdiverser Entscheidungsgremien sei »neutral«. Durch die Anhäufung von Ressourcen, Macht und Privilegien in den Händen einer kleinen Gruppe an Menschen über Jahrhunderte hinweg hat sich ein irreführendes Verständnis etabliert, die von dieser nichtdiversen Gruppe getroffenen politischen Maßnahmen seien massentauglich. Diese Fehleinschätzung führt zu mangelhaften politischen Entscheidungen, da Politik immer nur so gut ist, wie sie die vielen Lebenswirklichkeiten und Bedürfnisse aller Personengruppen in unserer Gesellschaft einbezieht. Welcher Verbesserungsbedarf in Deutschland besteht, zeigt sich etwa an der homogenen Zusammensetzung der Covid-19-Arbeitsgruppe der *Leopoldina** – 24 Männer und zwei Frauen. In den Führungsebenen der großen internationalen Gesundheitsinstitutionen sieht es nicht besser aus: Mehr als 70 Prozent der CEOs in 200 untersuchten

---

* Die Leopoldina oder auch Nationale Akademie der Wissenschaften ist eines der ältesten wissenschaftlichen Gremien in Deutschland, das die Politik zu evidenzbasierten Entscheidungen berät. Im Rahmen der Covid-19-Pandemie bildete sich eine Arbeitsgruppe, die wissenschaftliche Stellungnahmen zu möglichen Öffnungsschritten und anderen Entscheidungen der Politik verfasste. www.leopoldina.org/presse-1/nachrichten/ad-hoc-stellungnahme-coronavirus-pandemie/.

internationalen Organisationen im Bereich Gesundheit und Gesundheitspolitik sind Männer. Und lediglich 5 Prozent sind Frauen aus Ländern mit niedrigem und mittlerem Einkommen (*Low- and Middle-Income Countries*).[8] Die Zahlen stammen aus einem Bericht von *Global Health 50/50*, eine neue junge feministische Organisation, die zu globaler Gesundheit arbeitet und den Status quo der Machtkonzentration in den Händen von sehr gut ausgebildeten weißen Männern aus dem globalen Norden in internationalen Gesundheitsinstitutionen herausfordert.

Ein ähnliches Bild ergab sich mit Blick auf Covid-19-Krisenstäbe und sogenannte *Task Forces* weltweit: Lediglich zwei der 27 Mitglieder der *White House Coronavirus Task Force* (unter Präsident Trump) waren Frauen, nur zehn der 31 Mitglieder und Berater:innen des *Emergency Committee on Covid-19* der *WHO* und nur 20 Prozent der 25 Mitglieder der gemeinsamen *Mission on Covid-19* der *WHO* und der chinesischen Regierung.[9] Wie bereits erwähnt, liegt hingegen die Last der Pflege- und *Care*-Arbeit überwiegend bei Frauen: Sie stellen 70 Prozent der Angestellten im Gesundheitsbereich weltweit.[10] Aber auch privat wurden Frauen besonders durch die Pandemie beansprucht, denn der Großteil der Sorge- und Erziehungsarbeit zu Hause wurde von ihnen bewältigt, als Kinder im *Home Schooling* waren. Auch die Einschränkungen im Zugang zu sexueller und reproduktiver Gesundheit und Rechten waren dramatisch. Nicht nur haben Staaten wie Polen[11] oder die USA[12] die Pandemie ausgenutzt, um die Rechte der Selbstbestimmung über den eigenen Körper einzuschränken. In den USA wurde beispielsweise in acht Staaten der Zugang zu Abtreibungen verwehrt, indem diese als nichtessenziell deklariert wurden. Zusätzlich wurde geschätzt, dass aufgrund von Covid-19 zwei Millionen mehr Mädchen und Frauen im Laufe des nächsten Jahrzehnts genitalverstümmelt werden, vor allem bedingt dadurch, dass internationale Hilfsprogramme durch die

Pandemie in ihrer Arbeit eingeschränkt wurden und teilweise die Länder verlassen mussten, in denen sie arbeiten.[13] Im Mai 2020 schätzten Wissenschaftler:innen in einer Studie im medizinwissenschaftlichen Magazin *The Lancet*, dass im *Worst-Case*-Szenario innerhalb von sechs Monaten knapp 60 000 Frauen mehr sterben werden, weil es in Verbindung mit Schwangerschaften und Geburten zu Komplikationen aufgrund der Pandemie kommt.[14] Während ich dieses Buch schreibe, gibt es noch keine abschließenden Zahlen, die diese Prognosen bestätigen, aber eine im März 2021 veröffentlichte Studie suggeriert einen Anstieg an Totgeburten sowie mütterlichen Todesfällen* in Ländern mit niedrigem und mittlerem Einkommen.[15] Neben Geschlecht ist auch die Klasse ein entscheidender Faktor: Der sozioökonomische Status hängt deutlich mit dem Gesundheitszustand zusammen. Das Risiko für Empfänger:innen von ALG-II ist um 84 Prozent höher verglichen mit erwerbstätigen Versicherten, bei ALG-I-Empfänger:innen besteht ein um 18 Prozent erhöhtes Risiko für mit Covid-19 verbundene Krankenhausaufenthalte.[16]

Trotz dieser deutlichen Zusammenhänge zwischen Diskriminierungsformen wie Klassismus, Sexismus oder Rassismus mit Gesundheit gibt es ebendiese besorgniserregenden Zahlen, die *Global Health 50/50* mit Blick auf die Covid-19-Pandemie veröffentlichte: Die große Mehrheit der von *Global Health 50/50* untersuchten Gesundheitsorganisationen thematisieren Geschlechterdynamiken mit keiner Silbe in ihren Programmen und ihrer Politik, um die Pandemie zu beherrschen. Ihre Antwort auf eine der größten Herausforderungen des 21. Jahrhunderts ist »gender-blind«. Über

---

* Der Begriff »Müttersterblichkeit« oder *Maternal Mortality* im Englischen bezieht sich auf Todesfälle, die im Zusammenhang mit Schwangerschaften und Geburten stehen, hierzu können auch Todesfälle durch unsichere Schwangerschaftsabbrüche zählen.

80 Prozent der Gesundheitspolitiken zu Covid-19 in Bereichen wie der Entwicklung von Impfstoffen, Prävention, Zugang zu Behandlungen, Schutz von Arbeiternehmer:innen im Gesundheitsbereich haben diese Wissenslücken und missachten gesellschaftliche Geschlechterhierarchien und Gerechtigkeit.

DAS MENSCHENRECHT AUF GESUNDHEIT

Globale Gesundheit ist nicht erst seit Covid-19 ein feministisches Anliegen. In der Krise hat sich die Lage, die bereits zuvor ein Problem war, nur nochmals verschlechtert, sodass nun wirklich niemand mehr die Zusammenhänge leugnen kann. Bereits vor der Pandemie gehörten insbesondere (mehrfach) marginalisierte Menschen zu den am schlechtesten versorgten Gruppen im Gesundheitssystem. Die LGBTQI*-Community beispielsweise gilt in den USA als eine unterversorgte und wenig erforschte Gruppe,[17] während sie gleichzeitig ein höheres Risiko für Depressionen, Angsterkrankungen, Suizid und Substanzmissbräuche als heterosexuelle Menschen hat.[18] Frauen und Mädchen haben während ihres gesamten Lebens ein hohes Risiko für Gewalterfahrungen, insbesondere sexualisierter Art. In den USA werden knapp 19,3 Prozent der Frauen vergewaltigt (sowie etwa 1,7 Prozent der Männer). Fast der Hälfte aller Frauen, nämlich 43,9 Prozent, wird im Laufe ihres Lebens sexuelle Gewalt angetan, bei den Männer ist es annähernd ein Viertel (23,4 Prozent).[19] Wer sexualisierte Gewalt erlebt (insbesondere im Kindesalter), ist oft von lebenslangen Effekten auf die (mentale) Gesundheit betroffen. Denn daraus ergeben sich ein erhöhtes Risiko für gesundheitlich riskantes Verhalten (z. B. Rauchen, Alkoholkonsum) und viele psychische Krankheiten wie Depression oder Angsterkrankungen.[20] Diese Personengruppen haben also besondere Bedürfnisse und Ansprüche an unsere Gesundheitssysteme, die aber an vielen Stellen untergehen. Wie bereits eingangs erwähnt, ist auch Frauengesundheit insgesamt zu wenig erforscht, da in medizinischen Fachbüchern und Studien oft noch vom Prototyp des männlichen Patienten ausgegangen wird. Inwiefern sich Symptome und Wirkungsmechanismen von Medikamenten in Frauenkörpern unterscheiden, wird immer noch viel zu oft ausgeblendet.[21]

Genau deshalb brauchen wir eine feministische globale Gesundheitspolitik. *Feminist Global Health Policy* ist ein menschenrechtsbasierter und auf menschliche Bedürfnisse ausgerichteter Ansatz. Er stellt die Bedürfnisse von marginalisierten und diskriminierten Menschen in den Mittelpunkt und stützt sich auf das Menschenrecht auf Gesundheit als seine zentrale Grundlage. Damit ist gemeint: Keine Person darf negative Folgen bezüglich ihrer Gesundheit erleben, weil sie aufgrund von Faktoren wie Geschlecht, Hautfarbe, sexuelle Orientierung, Klasse und so weiter diskriminiert oder schlechter behandelt wird. Das ist aber aufgrund der männlich dominierten Forschung, Lehre und Praxis in der Medizin der Fall. Solange Studien nur mit männlichen Probanden durchgeführt werden und ihre Gesundheit als normativ verstanden wird, Hautärzt:innen nur etwas über weiß pigmentierte Haut lernen und arme Menschen immer noch eine signifikant geringere Lebenserwartung haben, wird es keine alle Menschen gleich gut versorgende Medizin geben. Eine feministische globale Gesundheitspolitik hinterfragt und demontiert deshalb Machtdynamiken und -asymmetrien in Regierungen, *Global-Health*-Organisationen und medizinischen Einrichtungen. Sie erfordert ein Verständnis von Gender als ein soziales Konstrukt, analysiert und dekonstruiert toxische Männlichkeitsideale und schädliche Geschlechter- und Genderstereotypen. Eine feministische globale Gesundheitspolitik zielt darauf, universelle Gesundheitsversorgung – eines der *Sustainable-Development*-Ziele der *Vereinten Nationen*[22] – für alle Menschen global zu erreichen, ungeachtet ihres Geschlechtes, ihrer Herkunft, sexuellen Orientierung oder ihres sozioökonomischen Status.[23]

GESUNDHEITSDIPLOMATIE

Während der Covid-19-Pandemie war insbesondere in außenpolitischen Kreisen immer wieder die Rede von *Covid Diplomacy*. Es wurde in diesem Kontext über Chinas zahlreiche Impfstoffexporte geschrieben und analysiert, wie dadurch globale Machtdynamiken beeinflusst werden können. Oder wie Europa seinen globalen Ruf verbessern kann, wenn es führend ist bei der Impfstoffherstellung und diese Vakzine anderen Ländern zur Verfügung stellt. Der Begriff *Covid Diplomacy* ist nicht eindeutig definiert, er ist in Analogiebildung vom Begriff *Health Diplomacy* abgeleitet, der genauso schwammig ist. In den meisten Fällen geht es hier aber darum, gesundheitspolitische Maßnahmen und Argumente zu nutzen, um bestimmte außenpolitische Ziele zu erreichen.[24] Man könnte beispielsweise Ländern wie China unterstellen, dass sie ihren Impfstoff nicht aus purem Altruismus exportieren, sondern dies vor allem tun, um ihren außenpolitischen Einfluss zu mehren und ihren diplomatischen Status in der Welt zu verbessern. In Lateinamerika beispielsweise schien dies bereits funktioniert zu haben: Während zu Beginn der Pandemie China oft die Schuld an der globalen Situation zugeschoben wurde und antiasiatischer Rassismus weit verbreitet war, konnte China durch den Export seines Impfstoffs *Sinovac* sein Image deutlich korrigieren. Gleichzeitig verweigerte China jedoch den Export nach Honduras und Paraguay, und zwar weil diese bislang gute diplomatische Beziehungen zu Taiwan gepflegt hatten. China betrachtet den demokratischen Inselstaat vor seinem Festland als seit 1949 abtrünnige Provinz und ist deutlich in seiner Forderung nach einer Wiedervereinigung unter chinesischer Ägide.

Was hat all das mit Feminismus zu tun? Wie oben geschrieben, ist das Recht auf Gesundheit ein Menschenrecht. Dieses Menschenrecht wurde jedoch im Rahmen der Covid-19-Pandemie mit Füßen getreten, indem es dazu benutzt wurde, globale machtpolitische Spiele zu spielen, man könnte auch sagen: Kämpfe auszutragen. Das ist das Gegenteil Feministischer Außenpolitik. Gesundheit und Menschenleben dürfen nicht zum Spielball und zum Gegenstand eines internationalen Kräftemessens werden, sondern sie müssen im Zentrum einer auf Menschenrechten basierenden Politik stehen.

Dabei müssen Außenpolitik und Gesundheitspolitik sich gar nicht zwangsläufig widersprechen, sondern Außenpolitik kann auch genutzt werden, um globale Gesundheit zu verbessern. Eine der profiliertesten Forscherinnen zu globaler Gesundheit, die in Genf lehrende Professorin Ilona Kickbusch – Leiterin des *Global Health Program* –, beschreibt den Zusammenhang zwischen *Global Health* und Außenpolitik wie folgt: »Außenpolitik kann die Gesundheit gefährden, wenn Diplomatie versagt oder wenn Handelserwägungen Gesundheitsaspekten vorgezogen werden; Gesundheit kann als Instrument der Außenpolitik eingesetzt werden, um andere Ziele zu erreichen; Gesundheit kann integraler Bestandteil von Außenpolitik sein; und Außenpolitik kann zur Förderung von Gesundheitszielen genutzt werden.«[25] In dieser Aussage wird deutlich: Covid-19 brachte das Thema ganz nach oben auf die Agenda, doch Gesundheit war bereits lange zuvor ein feministisches Thema.

WAS IST GLOBALE GESUNDHEIT?

Die *Weltgesundheitsorganisation* definiert Gesundheit als einen »Zustand vollständigen körperlichen, geistigen und sozialen Wohlbefindens«[26] und versteht sie als ein Menschenrecht. Die soziale (und politische) Dimension des Konzepts ist also bereits in der ursprünglichen Definition enthalten, die weit mehr als die bloße Abwesenheit von Krankheit umfasst. Globale Gesundheit oder im englischen *Global Health* hingegen ist etwas schwieriger zu definieren. Einfach gesagt umfasst sie einen Lehr-, Forschungs- und

Praxisbereich, der sich mit der globalen Verteilung von Gesundheit und Krankheit beschäftigt. Im Fokus stehen hierbei insbesondere globale Ungerechtigkeiten und die Bedürfnisse von marginalisierten Gruppen.[27]

Dabei kann (globale) Gesundheit nie als isoliertes Politikfeld betrachtet werden, sondern ist mit allen anderen Politikbereichen verknüpft. Das Konzept der »sozialen Determinanten von Gesundheit« besagt, dass die Gesundheit von Menschen nicht nur durch Krankheiten, sondern auch durch nichtmedizinische Faktoren wie beispielsweise Geschlecht, sozialer Status oder Bildungsgrad – beziehungsweise Verknüpfungen dieser Faktoren – beeinflusst wird. Diese Aspekte bestimmen zu 30 bis 55 Prozent den Gesundheitszustand von Menschen.[28] Das gilt für alle Staaten – egal ob mit durchschnittlichem, niedrigem oder hohem Einkommensniveau. Für Frauen bedeutet das: Da sie global gesehen überproportional finanziell arm sind, haben sie ebenso überproportional häufig einen schlechteren Gesundheitszustand.

KOLONIALE TENDENZEN IN GESUNDHEITS-FRAGEN

Das Forschungs- und Politikfeld der globalen Gesundheit hängt untrennbar mit seiner kolonialen Geschichte zusammen. Die Ursprünge liegen in der Tropenmedizin – eine medizinische Fachrichtung, die sich vor allem um die Gesundheit der Kolonialist:innen in den afrikanischen Kolonien gekümmert hat.[29] *Global Health* ist die Weiterentwicklung dieser kolonialen Tropenmedizin, die »dazu bestimmt war, kolonisierte Bevölkerungen zu kontrollieren und die politische und wirtschaftliche Ausbeutung durch europäische und nordamerikanische Mächte einfacher zu gestalten«.[30] Auch heute tragen noch viele dazu arbeitende

Organisationen und Institute einen Bezug zu »Tropenmedizin« im Namen, wie beispielsweise die *London School of Hygiene and Tropical Medicine (LSHTM)* oder die *Deutsche Gesellschaft für Tropenmedizin und Globale Gesundheit*.[31] Und genau diese Organisationen haben bis heute einen großen Einfluss auf die Debatten und die Forschung. Das zeigt sich auch daran, dass etwa ein Abschluss der *LSHTM* als sicheres Ticket für einen erfolgreichen Karriereweg im Bereich globaler Gesundheit gilt.

Aufgrund dieser historischen Dimension ist eine feministische globale Gesundheitspolitik eng verknüpft mit der Forderung, dass *Global Health* dekolonialisiert werden muss. Ein konkretes Beispiel für das koloniale Erbe globaler Gesundheitspolitik während der Covid-19-Pandemie war der Vorschlag französischer Wissenschaftler:innen, den afrikanischen Kontinent und seine Bewohner:innen als Testobjekte für Covid-19-Impfstoffe zu verwenden (die dann bei der eigentlichen Vergabe von Covid-19-Impfstoffen aber hintanstehen müssen).[32] So schrecklich und schockierend dieser Vorschlag klingt, neu ist er nicht: Bereits 1996 führte *Pfizer* in Kano State, Nigeria, klinische Studien zur Entwicklung eines neuen Medikaments gegen Meningitis an nigerianischen Kindern durch. Ohne vorher eine Einverständniserklärung der Eltern einzuholen, ohne adäquat über die Risiken und Nebenwirkungen der Studie zu informieren. Elf Kinder starben im Verlauf dieser Studie.[33] In Simbabwe erblindete 2014 eine 15-jährige Patientin im Rahmen einer klinischen Studie zu HIV-Medikamenten, der Vorfall wurde von der verantwortlichen Pharmafirma nie richtig untersucht.[34] Es gibt zahlreiche solcher Beispiele, in denen ethische Grundsätze der klinischen Forschung außerhalb des globalen Nordens ignoriert werden. Und auch diese »Tradition« kommt aus der Kolonialgeschichte: 1906 machte der Mediziner und Hygieniker Robert Koch im ehemaligen Deutsch-Ostafrika in sogenannten Konzentrationslagern Experimente mit Menschen (die in Deutschland an

Tieren durchgeführt wurden), um herauszufinden, wie Medikamente gegen die Schlafkrankheit optimal dosiert werden sollten. Schmerzen, Erblindungen und der Tod von Tausenden Menschen wurden dabei von ihm und seinem Team willentlich in Kauf genommen.[35] Heute ist mit dem durch die täglichen Corona-Zahlen berühmt gewordenen *RKI* Deutschlands größtes *Public-Health-Institut* nach ihm benannt. »Die Medizin spielte bei der Kolonialisierung Afrikas also eine Schlüsselrolle. Ohne ihren Fortschritt hätte Afrika nie erkundet und ausgebeutet werden können. Die renommiertesten Tropenmediziner kamen damals aus Deutschland«, berichtete Julia Amberger im *Deutschlandfunk*.[36] Allen voran wirkte der Nobelpreisträger Robert Koch. »Die Kolonialmedizin sollte nicht Menschen in Not helfen. Sie diente dem ökonomischen Aufschwung der Kolonie – und neuen Erkenntnissen für die deutsche Wissenschaft und die Pharmaindustrie.«[37]

In den letzten Jahren wird immer nachdrücklicher die Dekolonialisierung von globaler Gesundheit gefordert. Zwischen Januar und Dezember 2020 wurden mehr als 50 wissenschaftliche Artikel zu *Decolonising Global Health* veröffentlicht.[38] Doch wie die Forscherin Laura Mkumba anmerkt, gibt es die Dekolonialisierungsbewegung schon seit mindestens Anfang der 1960er-Jahre – und immer wieder zeigen sich Erfolge des beharrlichen Engagements.* Ein Beispiel für die Dekolonialisierung von Institutionen internationaler Politik war, als 2014 der Hauptsitz

---

* In den 1960er-Jahren wurden unter dem Begriff *Decolonisation* lange noch das tatsächliche Ende der Kolonialisierung und die politische Unabhängigkeit der ehemaligen Kolonialstaaten verstanden. Einer der ersten, der das Konzept auch auf das Kulturelle ausgeweitet hat und von *Decolonise the Mind* sprach, war Mukoma Wa Ngugi in seinem gleichnamigen Buch im Jahr 1986, in dem er auf Ideen aus den 1960er-Jahren zurückgreift. In ihren Anfängen war die Dekolonialisierungsbewegung also nicht primär auf die globale Gesundheit ausgerichtet.

von *Oxfam International* aus Großbritannien nach Kenia verlegt wurde. Die damalige Exekutivdirektorin Winnie Byanyima sagte, der Schritt spiegele die Notwendigkeit wider, »die Stimmen des Südens in der Führung zu stärken«.[39]

Was passiert, wenn die Vulnerabilität indigener Gruppen ignoriert wird, zeigt sich beispielsweise in Arizona, wo Navajo-Stammesangehörige in Reservaten leben. In der Region starben im Jahr 2020 überproportional viele Menschen an Covid-19. Dies liegt an den schlechten hygienischen Bedingungen und der löchrigen Infrastruktur: Etwa 30 Prozent der Menschen in der Region haben keinen Zugang zu fließendem Wasser oder Elektrizität, und es gibt zu wenige Supermärkte und Krankenhäuser.[40] Das alles sind Ergebnisse kolonialer Kontinuitäten und der weiterhin systematischen Unterdrückung und Diskriminierung nicht weißer Menschen in den USA.

Die Autor:innen von *Decolonising global health: if not now, when?* verlangen daher einen *Paradigm Shift*, einen *Leadership Shift* und einen *Knowledge Shift*. Um die Paradigmen zu verändern, braucht es ein völlig neues Narrativ, was Gesundheitsgerechtigkeit ist und wie sie erreicht wird. Dazu muss die Welt sich eingestehen, dass Kolonialisierung, Rassismus, Sexismus, Kapitalismus und andere unterdrückende Machtdynamiken die größte Gefahr für Gesundheit darstellen. Eine Veränderung im *Leadership* fordert, dass der sogenannte globale Norden Platz macht und bislang unterrepräsentierte Stimmen gesundheitspolitische Entscheidungen (mit)treffen, und zwar vor allem *Women of Colour*. Der *Knowledge Shift* meint die zu Beginn des Buches besprochene Frage, welche Art von Wissen als legitim angesehen wird und über andere Wissensformen dominiert oder sie sogar unterdrückt. Stattdessen muss lokales medizinisches Wissen anerkannt werden. Vor allem müssen andere Lebensrealitäten wertgeschätzt werden. So funktioniert ein Lockdown und *Social Distancing* beispielsweise in beengten oder gar Massenunterkünften nicht, etwa von Arbeitsmigrant:innen in Slums oder Geflüchteten. Genauso wenig regelmäßiges Händewaschen.[41]

Wer über die Deutungshoheit in einer Gesellschaft verfügt – also diejenigen in mächtigen Positionen –, hat in Krisenzeiten stets Sündenböcke genutzt, um davon abzulenken, wo die eigentlichen Ursachen der Krise liegen. In Pestzeiten wurden jüdische Gemeinden systematisch angegriffen; während der AIDS-Epidemie in den 1980ern wurden schwule Männer und andere in der LGBTQI*-Gemeinschaft geächtet; und während der Covid-19-Pandemie wiederholt sich die Geschichte: Das Virus wurde »Wuhan Virus« oder »chinesisches Virus« genannt, was zu mehr Hasskriminalität und Gewalt gegenüber chinesischen und ostasiatischen Bevölkerungsgruppen führte.[42] Die Suche von Sündenböcken für gesellschaftliche und politische Krisensituationen hat historisch gesehen stets bezweckt, bereits marginalisierte Gruppen weiter zu unterdrücken, damit die Aufmerksamkeit von den Verantwortlichen weggelenkt wird.

GLOBALE UNGERECHTIGKEITEN – NORD GEGEN SÜD

Ein zentraler Pfeiler in globaler Gesundheit ist die Erhebung von weltweiten Gesundheitsdaten. Die *Global Burden of Disease Study (GBD)* gründet sich auf eine Zusammenarbeit von über 7 000 Forscher:innen aus 156 Ländern und untersucht seit 1990 in regelmäßigen Abständen die globale Krankheitslast. Ins Leben gerufen wurde sie von der an der *Harvard University* beheimateten *School of Public Health*, der *Weltgesundheitsorganisation WHO* und der *Weltbank*. Inzwischen wird sie von der *Bill und Melinda Gates Stiftung* finanziert und federführend am *Institute for Health Metrics and Evaluation* an der Universität Washington koordiniert. Die *GBD*-Studie erfasst sowohl die Häufigkeiten und Auswirkungen einzelner Krankheiten, bestimmter Risikofaktoren und auch die durchschnittliche Lebenserwartung in den verschiedenen Weltregionen und Ländern. Ein einfacher Blick auf die Ergebnisse der letzten Studie aus dem Jahr 2020 genügt, um festzustellen: Gesundheit ist nicht annähernd gleich auf der Welt verteilt. Die durchschnittliche Lebenserwartung im globalen Norden liegt bei etwa 78 bis 82 Jahren, in Lesotho, einem der ärmsten Länder dieser Welt, leben die Menschen im Schnitt nur 52 Jahre.[43]

Doch nicht nur Krankheiten, die das Leben beeinträchtigen und auch verkürzen können, sind global sehr ungerecht verteilt. Auch der Zugang zu essenziellen Gesundheitsleistungen und Medikamenten bleibt besonders im globalen Süden ein riesiges Problem. Die Debatte um die Patentrechte an den Covid-19-Impfstoffen illustriert ein seit vielen Jahren bestehendes Problem: Aus öffentlicher Hand finanzierte Forschungsergebnisse werden von Pharmafirmen aufgekauft und anschließend in Form der von ihnen entwickelten Produkte gewinnbringend weiterveräußert. Vorrang haben die reichen Länder, die es sich leisten und sich (wie alle europäischen Länder und die USA es getan haben) schnell genug den Zugang sichern können. Zwar haben diese Länder auch versprochen, übrig gebliebene Dosen über die Initiative *Covax* an andere Länder freizugeben, aber das ist keine gerechte Verteilung.[44] Die *Europäische Union* blockiert systematisch, dass die Patentrechte freigegeben werden. Aber nur dann könnten andere Firmen in anderen Ländern eigene Impfstoffe produzieren, um sie ihrer Bevölkerung zur Verfügung zu stellen.[45] Die internationale Bühne, auf der diese Debatte verhandelt wird, ist die *Welthandelsorganisation WTO*.

Nicht nur der Zugang zu bereits existierenden Medikamenten ist ungerecht verteilt, auch die Forschung für neue Medikamente wird durch Profite bestimmt. An Krankheiten, die vor allem in tropischen Klimazonen vorkommen, wird so wenig geforscht, dass sich der Begriff *Neglected Tropical Diseases (NTD)*, vernachlässigte tropische Krankheiten, als wissenschaftlicher Fachbegriff für eine Gruppe von etwa 20 Krankheiten durchgesetzt hat.[46] Unter ihnen leidet fast jeder Fünfte in der Welt, in rund 150 Ländern kommen sie vor.[47] Ein Beispiel ist die parasitäre Infektionskrankheit Wurmbefall, eine Folge des nicht vorhandenen Zugangs zu sauberem Trinkwasser.

Diese Machtasymmetrien zwischen globalem Norden und Süden spiegeln sich auch darin, wie Entscheidungsgremien in einflussreichen Organisationen zusammengesetzt sind: 70 Prozent der Führungskräfte in Organisationen der globalen Gesundheit sind Männer, 84 Prozent kommen aus Ländern des globalen Nordens, und 94 Prozent von ihnen wurden an einer Universität im globalen Norden ausgebildet.[48] Diese »70–80–90«-gläserne Wand (bei solchen Zahlen kann man keinesfalls lediglich von einer »Decke« sprechen) möchte eine Feministische Außenpolitik im Bereich der globalen Gesundheit zerschlagen. Es gilt, das Machtgefälle zwischen Nord und Süd aufzubrechen und dazu beizutragen, Macht fair zu verteilen und den Bereich zu dekolonialisieren. Dazu würde gehören, jegliche Form von *Supremacy* (wie *white* Supremacy) – Überlegenheit – in allen Bereichen globaler Gesundheit aufzubrechen, und zwar innerhalb von Staaten, zwischen ihnen und auch auf globaler Ebene.

SEXUELLE UND REPRODUKTIVE GESUNDHEIT UND RECHTE

Das vielleicht prominenteste und in der öffentlichen Debatte präsenteste Gesundheitsthema im Zusammenhang mit Feminismus sind sexuelle und reproduktive Gesundheit und Rechte (SRHR) – ein Themenfeld, das auch einen wichtigen Platz in den bestehenden Feministischen Außenpolitiken unterschiedlicher Länder einnimmt. Unter dem Begriff werden die Rechte auf sexuelle Selbstbestimmung und das Recht auf reproduktive und sexuelle Gesundheitsversorgung zusammengefasst, die als zentrales Menschenrecht anerkannt sind. Hierzu gehört beispielsweise das Recht, über die Anzahl und den Zeitpunkt von Kindern selbst entscheiden zu dürfen, ebenso wie das Recht auf Freiheit von sexueller Gewalt.[49] Die Körper von Frauen sind immer wieder Bestandteil öffentlicher Debatten, und in vielen Teilen der Welt gibt es Gesetze, die Schwangeren das Recht auf Selbstbestimmung des eigenen Körpers verwehren. Das Thema Schwangerschaftsabbruch steht hier besonders im Fokus. Am Ende ist es ganz einfach: Der Zugang zum Schwangerschaftsabbruch ist ein Menschenrecht. Der *Bevölkerungsfonds der Vereinten Nationen* definiert den Schwangerschaftsabbruch klar als Teil von SRHR.[50] Und das Büro der *Hohen Kommissarin der UN für Menschenrechte* definiert es als Menschenrechtsverletzung, wenn der Zugang dazu verweigert oder erschwert wird. Das gilt auch, wenn Frauen zuerst die Autorisierung Dritter einholen müssen, wie in Deutschland vorgeschrieben. Denn Schwangere sind vor diesem Eingriff zu einer Beratung verpflichtet – ohne die Unterschrift von einer offiziellen Schwangerschaftsberatungsstelle wie *Pro Familia*, *Diakonie* oder anderen Trägern wird hierzulande keine Abtreibung durchgeführt.[51] Das Büro der *Hochkommissarin für Menschenrechte* hat klar aufgezeigt, dass die Kriminalisierung von Schwangerschaftsabbrüchen eine Menschenrechtsverletzung ist, die demnach allein in Deutschland pro Jahr etwa 100 000[52] Mal stattfindet. Staaten müssen laut der *UN* im Rahmen ihrer Menschenrechtsverpflichtungen dafür sorgen, dass Frauen ihr Menschenrecht auf Gesundheit nicht verwehrt wird.[53] Deutschland verletzt folglich eigene völkerrechtliche Menschenrechtsverpflichtungen. Darauf machten wir bei *CFFP* in Form eines *Policy-Briefs* nochmals während der Koalitionsverhandlungen im November 2021 aufmerksam.[54]

Der Zugang zu SRHR wird in patriarchalen Gesellschaften Frauen standardmäßig verwehrt oder erschwert, denn es sind die Männer, die über die Körper von Frauen bestimmen wollen. Dazu gehört auch, dass sie über Schwangerschaften und Nachkommenschaft entscheiden wollen, denn möglichst viele Kinder stärken das Ansehen des Patriarchen und halten die Frau in der ihr zugewiesenen privaten Sphäre beschäftigt. Insbesondere das Thema Verhütung hat zudem eine erschreckend rassistische Geschichte. Die medizinischen Fortschritte und Entwicklungen im Bereich der SRHR basieren unter anderem auf Experimenten mit Schwarzen, Indigenen und *People of Colour* und besonders *Women of Colour*. Harriet A. Washington schreibt genau darüber in *Medical Apartheid*, ein Buch, das die lange Geschichte von Menschenexperimenten, Zwangs- und bewussten Falschbehandlungen Schwarzer Menschen in den USA beleuchtet. Und diese Geschichte ist erschütternd: So wurde beispielsweise die Antibabypille zuerst an Frauen in Puerto Rico getestet, während in den USA vorher nur Tierversuche durchgeführt worden waren. Diese Frauen waren oft wenig gebildet und vor allem sehr arm, weshalb sie besonders an Verhütung interessiert waren und deswegen vermutlich aus Not und Unwissenheit das hohe Risiko des ungetesteten Medikaments auf sich nahmen. Es ist nicht genau bekannt, warum genau diese Frauen ausgewählt wurden. Aber der Verdacht liegt nahe, dass die Risiken für die Teilnehmerinnen nach üblichen Standards viel zu hoch waren.[55]

Auch Zwangssterilisationen haben eine lange Geschichte und wurden oft eingesetzt, um marginalisierte Gruppen an der Fortpflanzung zu hindern: So spricht viel dafür, dass das in Kanada eine übliche Praxis seit den 1930er-Jahren war: Mehr als 50 Fälle zwangssterilisierter indigener Frauen allein in der kanadischen Provinz Saskatchewan hat eine Organisation 2018 innerhalb von wenigen Monaten gesammelt.[56] Oder die Schwarze Bürgerrechtlerin Fannie Lou Hamer, der ohne ihre Zustimmung und Wissen 1961 in Mississippi, USA, ihre Gebärmutter entfernt wurde, obwohl sie bloß wegen einer kleinen Zyste im Magen operiert wurde.[57] Hamer sagte drei Jahre später vor einem Gremium in Washington, D. C., aus, dass sechs von zehn Schwarzen Frauen, die zur Behandlung ins North Sunflower County Hospital gingen, mit abgeklemmten Eileitern, also sterilisiert, entlassen wurden.[58] Diese Art der Zwangssterilisation war damals so verbreitet, dass sie als »Mississippi-Appendektomie« bezeichnet wurde.[59]

Doch man muss gar nicht auf den amerikanischen Kontinent schauen, um solche Praktiken zu finden: Der nationalsozialistische Staat verfolgte in Deutschland einen doppelten Standard der Sexualpolitik. So war die Politik für »arische« Frauen streng pronatalistisch, jedoch wurden gedeckt durch das Gesetz zur Verhütung erbkranken Nachwuchses Abtreibungen aus eugenischen Gründen sowie pseudowissenschaftlich mit rassenhygienischen Begründungen Schwangerschaftsabbrüche von als Jüdinnen klassifizierten Frauen oder als jüdisch klassifizierten Feten unterstützt, und Frauen mit angenommenen Behinderungen wurden oft zwangssterilisiert.[60]

Während überwiegend weiße Feminist:innen seit Jahrhunderten um das Recht auf und den Zugang zu Abtreibungen kämpfen, ging es für Women of Colour also immer auch um das Recht, überhaupt schwanger werden zu dürfen. Und um das Recht und die Möglichkeit, eigene Kinder gesund großziehen zu können. Da sich viele Schwarze Feminist:innen in der Debatte um Schwangerschaftsabbrüche in den 1990er-Jahren nicht repräsentiert sahen, entwickelten sie, vor allem die Organisation SisterSong, den Begriff Reproductive Justice, also reproduktive Gerechtigkeit.

Reproduktive Gerechtigkeit konzentriert sich eher auf den praktischen Zugang zur Abtreibung. Denn was bringt ein gesetzlich garantiertes Recht auf Abtreibung, wenn Frauen aufgrund der Kosten, der Entfernung zum nächsten Anbieter oder anderer Hindernisse daran scheitern, sie tatsächlich durchführen zu lassen? An dieser Debatte zeigt sich wieder deutlich, wie wichtig intersektionale Ansätze sind. Die Realität von weißen Frauen aus dem globalen Norden ist eben nicht die Realität aller Frauen. Wir brauchen einen intersektionalen Feminismus, der die Lebensumstände und -wirklichkeiten aller Menschen berücksichtigt.[61] Und noch etwas anderes wird an diesen Beispielen sehr deutlich: Bei der Debatte um Abtreibungen geht es eher nicht um die ethische Frage nach dem Beginn des Lebens, sondern in allererster Linie um die Kontrolle von weiblichen Körpern durch Männer und patriarchale Systeme.

Neben der politischen Debatte um das Recht auf körperliche Selbstbestimmung von Frauen wirken sich auch die Qualität und der Status von Frauengesundheit innerhalb eines Landes auf die gesamte Gesellschaft aus. So wissen wir beispielsweise, dass die ökonomische Entwicklung eines Landes (gemessen am Bruttoinlandsprodukt) in direktem Zusammenhang mit der Frauengesundheit steht. Kommen Frauen besser an Verhütungsmittel, werden Mütter gut versorgt und können Frauen von Gesundheitsleistungen profitieren, führt das statistisch betrachtet zu einem direkten Zuwachs des BIP, einer Senkung der Kindersterblichkeit und einer höheren Lebenserwartung der Männer.[62]

VERGESSENE GRUPPEN DER GESUNDHEITSPOLITIK

Eine globale feministische Gesundheitspolitik braucht aber mehr als bloß die Konzentration auf SRHR. Sowohl inländische Gesundheitssysteme als auch die globale Gesundheit kranken daran, dass marginalisierte Gruppen diskriminiert und ihre Bedürfnisse nicht beachtet werden.

Wie tief diese Ungerechtigkeit verankert ist, belegen Zahlen aus den USA. Symptome (insbesondere Schmerzen) von Schwarzen, Indigenen und *People of Colour* werden weit weniger ernst genommen, sie bekommen seltener Schmerzmittel verschrieben, und es wird oft weniger aufwendige Diagnostik betrieben.[63] Auch ist die Müttersterblichkeit von Schwarzen Frauen in Großbritannien etwa viermal höher als bei weißen Frauen, wobei die Gründe hierfür unterschiedlicher Natur sein können und vermutlich auf eine Mischung aus rassistischer Diskriminierung, Klassismus und strukturellen Ungleichheiten zurückgehen.[64]

Eine weitere Gruppe, die in Gesundheitssystemen weltweit diskriminiert und vernachlässigt wird, sind LGBTQI*-Personen. Insbesondere für Transpersonen ist der Zugang zu geschlechtsangleichenden Therapien* sowie mentaler Gesundheit weltweit eine extreme Herausforderung.[65] Die Behandlung von Transgenderismus als psychische Krankheit, die trotz einer gegenteiligen Stellungnahme der *WHO*[66] in vielen Ländern – beispielsweise Ungarn oder Russland – noch üblich ist, sowie verpflichtende medizinische Behandlungen, wie beispielsweise eine Sterilisierung, bevor das legale Geschlecht geändert werden kann, verstärken die Stigmatisierung und Marginalisierung von Transpersonen zusätzlich.

Dass Gender als ein soziales Konstrukt und Geschlechtsidentitäten jenseits der heteronormativen Norm anerkannt werden, ist nicht nur eine Leerstelle in vielen Ländern, sondern fehlt zu großen Teilen auch im Konzept und in den Kategorien der globalen Gesundheit. Nicht einmal 40 Prozent der Organisationen arbeiten mit einer Gender-Definition, die über *Women and Girls* hinausgeht. Und Transpersonen werden nur in etwa zehn Prozent der Definitionen von Gender erwähnt.[67]

---

* Unter geschlechtsangleichenden Therapien werden die medizinischen Maßnahmen verstanden, die Transpersonen vornehmen lassen, um ihren Körper ihrem richtigen Geschlecht anzupassen. Hierzu können Hormontherapien und/oder Operationen gehören, die tatsächlich gewünschten Eingriffe unterscheiden sich von Patient:in zu Patient:in und können nicht verallgemeinert werden.

Auch Forschung zu Gesundheit ist nicht neutral. Sowohl in der medizinischen Forschung als auch in der Lehre galten männliche Körper lange als Norm. Symptome, die bei Frauen beispielsweise in anderer Form auftraten, wurden als »atypisch« klassifiziert, wenn sie denn überhaupt beschrieben wurden.[*] Krankheiten, die Frauen und Menschen mit Uterus betreffen, sind in der Forschung noch stärker vernachlässigt. So gibt es fünfmal so viel Forschung zu Erektionsstörungen (betreffen etwa 19 Prozent aller Männer) als zu prämenstruellem Syndrom, unter dem etwa 90 Prozent aller Frauen leiden.[68] Darüber hinaus werden nichtbinäre Personen kaum je in Gesundheitsdaten und -forschung erwähnt.

FAZIT: FÜR EINE FEMINISTISCHE GLOBALE GESUNDHEITSPOLITIK

Wie kann nun eine feministische globale Gesundheitspolitik aussehen? Welche Forderungen ergeben sich aus den zahlreichen Ungerechtigkeiten in der Gesundheit? Zunächst müssen Gender und Feminismus in der globalen Gesundheit ohne Wenn und Aber berücksichtigt werden. Lippenbekenntnisse sind hier fehl am Platz, und es genügt nicht, wenn Länder wie Deutschland sich international für sexuelle und reproduktive Gesundheit und Rechte einsetzen, während sie in ihrem eigenen Land aktiv Menschenrecht verletzen. Die Anerkennung des Menschenrechts auf Gesundheit muss in innen- und außenpolitischen Entscheidungen deckungsgleich gespiegelt werden.[**]

---

[*] Mehr zum Thema *Gendered Bias* in der Forschung gibt es in Caroline Criado Perez' Buch *Unsichtbare Frauen*.

[**] Im Oktober 2020 veröffentlichte Deutschland nach einem langen Prozess seine neue *Strategie der Bundesregierung zur globalen Gesundheit*. Doch während die globalen Ziele sehr ambitioniert und in ihren Grundzügen auch feministisch sind, fehlt der aus feministischer Sicht notwendige Blick auf die nationale Gesundheitspolitik: Dabei beginnt globale Gesundheit vor der eigenen Haustür.

Innerhalb der globalen Gesundheit müssen alle *Global-Health*-Organisationen und Institutionen die Tatsache anerkennen, dass Gender ein soziales Konstrukt ist und mehr als nur die Gesundheit von Frauen und Mädchen gefördert werden muss. Ohne Repräsentation diverser Perspektiven in Führungspositionen geht es nicht. Es braucht außerdem eine Forschung, deren Daten nach Geschlechtern aufgeschlüsselt sind. Frauen und LGBTQI*-Individuen müssen an klinischen Studien mitwirken, und es sind Forschungsanstrengungen und -mittel mit Blick auf Erkrankungen erforderlich, die vor allem Frauen und alle politisch marginalisierten Gruppen betreffen. Es braucht ausreichende Finanzierung von Gesundheitseinrichtungen, Maßnahmen und auch Forschung, die speziell die Bedürfnisse dieser Menschen ernst nehmen und ins Zentrum stellen. Sexuelle und reproduktive Gesundheitsleistungen für alle Menschen weltweit, auch in Konflikt- und humanitären Notsituationen, sind unabdingbar.[69]

Das aktuelle globale Gesundheitsökosystem kann die vielen genannten strukturellen Ungerechtigkeiten, die die individuelle Gesundheit bestimmen, nicht auflösen. Damit kann folglich das bestehende Gesundheitssystem nicht für Gesundheit sorgen. Eine Feministische Außenpolitik priorisiert im Sinne der feministischen Sicherheit die individuelle Gesundheit aller Menschen und setzt alle diplomatischen und außenpolitischen Instrumente so ein, dass das Menschenrecht auf Gesundheit für alle verwirklicht wird.

**BEATRICE FIHN:
»ES IST ABSURD, DASS GEWALT
UND WAFFEN ALS GARANT
(INTER)NATIONALER
SICHERHEIT GELTEN.«**

Die Juristin Beatrice Fihn ist Direktorin der *International Campaign to Abolish Nuclear Weapons (ICAN)*. Mit ihrer Organisation mobilisiert sie seit Jahren erfolgreich die Zivilgesellschaft, sich für Demilitarisierung einzubringen. Für ihre Arbeit zum *Atomwaffenverbotsvertrag*, der im Januar 2021 in Kraft trat, erhielt *ICAN* 2017 den Friedensnobelpreis. Der Vertrag verbietet den ratifizierenden Staaten per internationalem Recht, Atomwaffen zu besitzen und einzusetzen.

Immer wieder hört Beatrice, dass die Relevanz des Vertrags zweifelhaft sei, da die aktuellen neun Atomwaffenmächte – USA, Frankreich, Großbritannien, Russland, China, Israel, Nordkorea, Indien, Pakistan – dem Abkommen nicht beitreten würden. Diese Argumentation lehnt sie entschieden ab und betont, dass normativer Wandel entscheidend sei: Durch den *Atomwaffenverbotsvertrag* werde ein neues Narrativ geschaffen, das das traditionelle Denken über staatliche Sicherheit fundamental hinterfragt und *menschliche Sicherheit* in den Vordergrund stellt. Sie findet es nicht ausgeschlossen, dass die Atommächte dem Abkommen langfristig beitreten. Schließlich sind viele dieser Länder Demokratien, wo der Wille des Volkes zählt. Und Gesellschaften auf der ganzen Welt sprechen sich immer mehr gegen Nuklearwaffen aus. Strukturen ändern sich dann nachhaltig, wenn die

Zivilgesellschaft Druck aufbaut und konsequent Demilitarisierung einfordert.

Als Beispiel nennt Beatrice die *WPS Agenda*, die zur Zeit ihrer Entstehung um die Jahrtausendwende oft belächelt wurde. Schritt für Schritt griff diese jedoch in gesellschaftliche und institutionelle Strukturen ein und wurde wirksam. Indem *ICAN* der Nobelpreis zuerkannt wurde, sei ein wichtiges Zeichen gesetzt worden: Dies verdeutliche, dass sich der oft ermüdende Kampf der Zivilgesellschaft für Demilitarisierung, der die langfristigen Erfolge selten unmittelbar sichtbar macht, lohnt. Die erfolgreiche Arbeit der Zivilgesellschaft hin zu völkerrechtlichen Verboten von Landminen und Streumunition zeigt: Es verschiebt sich das Verständnis, was Recht und was Unrecht ist. Als Nächstes, so Beatrice, wären nun vollautonome Waffensysteme wie beispielsweise entsprechende Drohnen an der Reihe.

Zu Beatrices Lieblingsbüchern zählen *Read and Riot. A Pussy Riot Guide to Activism* von Nadya Tolokonnikowa und *The Rise: Creativity, the Gift of Failure, and the Search for Mastery* von Sarah Lewis.

10 KEINE KLIMAGERECHTIGKEIT OHNE FEMINISMUS

Unheard, not voiceless.
Fighting for our present, not just our future.
We will not be prisoners of injustice.

MITZI JONELLE TAN UND
FRIDAYS FOR FUTURE MAPA *

Es ist der 20. September 2019. Die Sonne scheint schon früh am Morgen. Die Bewegung *Fridays for Future* und ihre globalen Anführerinnen wie Greta Thunberg (Schweden), Luisa Neubauer und Leonie Bremer (Deutschland), Vanessa Nakate (Uganda), Mitzi Jonelle Tan (Philippinen), Maria Reyes (Mexiko), Nicki Becker (Argentinien) und viele andere Aktivist:innen von internationalen Bewegungen rufen seit Wochen zum dritten globalen Klimastreik auf. Allein in Deutschland finden rund 500 Demonstrationen statt, und 1,4 Millionen Menschen werden auf die Straße gehen. Weltweit werden es mehrere Millionen Menschen sein, eine globale Massenbewegung.

Der 20. September ging dank der Aktivist:innen in die Geschichtsbücher ein. Aber der Tag ist auch ein Datum für das historische Versagen der damaligen Bundesregierung *(SPD/Union)* im Kampf gegen die Klimakatastrophe. Die Protestaktion richtete sich auch an das Klimakabinett der Bundesregierung, das an diesem Freitag im September Eckpunkte für mehr Klimaschutz

---

* MAPA bedeutet »*Most Affected People and Areas*«.

vorlegte. Der damalige Finanzminister und Vizekanzler Olaf Scholz *(SPD)* sagte zwar bei der Vorstellung der Pläne: »*Fridays for Future* hat uns alle aufgerüttelt und in Erinnerung gerufen, dass wir Schritte jetzt gehen müssen, die wir in den vergangenen Jahren nicht gegangen sind.« Doch Luisa Neubauer kritisierte die Beschlüsse mit den Worten: »Das ist heute kein Durchbruch, das ist ein Skandal.«[1] Und so entschied auch Karlsruhe: Ende April 2021 erklärte das deutsche Bundesverfassungsgericht das Klimaschutzgesetz in Teilen für verfassungswidrig. Es fehlten ausreichende Vorgaben für die Emissionsminderung ab 2031 – damit werde die jüngere Generation in ihren Freiheitsrechten verletzt.

Das alles wissen wir noch nicht, als wir uns an diesem 20. September früh in der Nähe des Brandenburger Tors treffen. Am Vorabend haben wir noch gemeinsam Plakate beschrieben. Diese tragen wir – meine aktivistischen Freundinnen Nina, Bianca, Jeannette und ich – nun in den Händen. Auf meinem Plakat steht *Girls Just Wanna have FunDamental Climate Justice*; das Plakat wird über die Zeit bei einigen weiteren Klimastreiks zum Einsatz kommen. Auf Ninas Schild ist *Destroy Patriarchy Not Our Planet* zu lesen, und auf Jeannettes Plakat steht *There is no Equality on a Dead Planet*. Bianca hat *Greta & Luisa & Maja & Du* auf ihr Plakat geschrieben. Damit meint sie die klimapolitischen Vordenkerinnen des globalen Nordens: Greta Thunberg, Luisa Neubauer und Maja Göpel. Unsere Plakate sind klar feministisch. Was das Klima mit dem Ende des Patriarchats zu tun hat, darum wird es in diesem Kapitel gehen.

VON FRAUEN GEFÜHRT

Auffälligerweise sind es Frauen, die die internationale Klimabewegung anführen. Historisch betrachtet sind es vor allem indigene und Schwarze Frauen sowie *Women of Colour*, von denen sich viele weltweit unter Lebensgefahr dafür einsetzen, dass unsere

Lebensgrundlage erhalten bleibt. Hierbei geht es meist nicht um die Zukunft, sondern um die nackte Existenz in der Gegenwart. In vielen Teilen der Welt sind die Auswirkungen der Klimakrise katastrophal, die Menschen sind heute bereits massiv bedroht durch Dürre, Unwetter, Flächenbrände, Erdrutsche, Überschwemmungen. Allein durch Hitze sterben durchschnittlich pro Jahr rund 100 000 Menschen, auch in unseren Breiten.[2] Besonders gefährlich leben jedoch Aktivist:innen. Im Jahr 2020 wurden 227 Ermordungen (im Schnitt mehr als vier pro Woche) von Klima- und Umweltschützer:innen dokumentiert – ein Höchststand.[3] Zu den drei riskantesten Ländern gehören die Philippinen, wo die 23-jährige Mitzi Jonelle Tan die lokale *Fridays For Future*-Gruppe namens *Youth Advocates for Climate Action Philippines* mit aufgebaut hat und den Kampf für Klimagerechtigkeit anführt. Wie mutig sie ist, zeigen folgende Zahlen aus ihrem Land: 2019 wurden dort 43 Menschen ermordet, die sich für den Schutz der Umwelt, die Verteidigung indigenen Wohnraums und für Klimagerechtigkeit einsetzten, im Jahr darauf bezahlten 29 Menschen ihr Engagement mit dem Leben.[*] Die Philippinen sind damit das gefährlichste Land für Klima- und Umweltschützer:innen in Asien.[4]

Das liegt unter anderem an der Verleumdungskampagne der Regierung unter Rodrigo Duterte sowie an der weitverbreiteten Straflosigkeit für die Mörder:innen. Ende Dezember 2020 verschafften sich Polizist:innen und Soldat:innen Zugang zum Gelände der Tumandok, einer Gemeinschaft auf der philippinischen Insel Panay, wo sie neun Anführer:innen töteten und weitere 17 festnahmen. Die Tumandok und kundige Beobachter:innen sprechen von einem gezielten Angriff – die Gruppe soll zum Schweigen

---

[*] Hierbei und bei folgenden Zahlen handelt es sich stets um die dokumentierten Ermordungen. Es wird davon ausgegangen, dass die wirklichen Ermordungsraten viel höher liegen.

gebracht werden. Denn seit Jahren wehrt sie sich gegen ein Stau-dammprojekt, den Jalaur-Megadamm, das von internationalen Geldgebern unterstützt wird. Felder und Häuser von etwa 17 000 dort lebenden Menschen müssten dafür geflutet werden.[5] »Wer gegen die Duterte-Regierung Widerstand leistet, sich gegen Miss-stände wehrt, wird als Kommunist oder Terrorist abgestempelt, verhaftet oder umgebracht«, beschrieb der *SPIEGEL* die Situation.[6] Mehr als ein Drittel der weltweit dokumentierten Ermorde-ten sind Indigene, obwohl indigene Völker lediglich 5 Prozent der Weltbevölkerung ausmachen. Sie sind dennoch ein wichtiger Faktor, weil sie 18 Prozent der globalen Landfläche besitzen[7] und innerhalb ihres Lebensraums circa 80 Prozent der globalen Bio-diversität bewahren.[8] Die Klima- und Umweltschutzbewegung entspringt gar der indigenen Bevölkerung. Denn historisch ge-sehen sind Indigene unverhältnismäßig stark von der Zerstörung der Umwelt betroffen. Ihren Einsatz für den Erhalt ebendieser und zugleich unser aller Lebensgrundlage zahlen vor allem sie zu oft mit dem Leben.[9]

Mitzi bestätigt die lebensbedrohliche Situation für Akti-vist:innen auf den Philippinen im Gespräch mit mir. Seit 2017 ist sie aktiv. Als sie aufwuchs, gab es im Jahr etwa 20 Taifune auf den Philippinen, doch die Lage werde immer schlimmer, sagt sie. Die Philippinen sind nachweislich das Land, das weltweit am verheerendsten von der Klimakrise betroffen ist.[10] »Deshalb haben wir gar keine andere Wahl, als zu kämpfen«, so Mitzi. Doch vor allem seit 2020 hat sich die Lage für Aktivist:innen wie Mitzi verschärft, was viel mit Rodrigo Duterte zu tun hat. Der Präsident ist unter anderem dafür bekannt, Frauen Schlampen zu nennen, sich öffentlich über die Vergewaltigung von Frauen lustig zu machen oder Soldaten zu befehlen, Guerilla-Kämpferinnen in die Vagina zu schießen, da sie dann »wertlos« seien.[11] Seine Regierung verabschiedete im Juli 2020 das *Anti-Terrorismusgesetz*.

Es erlaubt dem Staat, mit maximaler Härte gegen Aktivist:innen vorzugehen, da jegliche Form von Regierungskritik und Aktivismus nun als Terrorismus deklariert werden kann.

Greta Thunberg und *Amnesty International* verurteilten das Gesetz aufs Schärfste. Es gefährdet Klima- und Umweltschützer:innen zusätzlich und schränkt Grundrechte massiv ein.[12] Schon vorher wurden gezielt Menschenrechtsaktivist:innen oder ländliche Arbeiter:innen Opfer des sogenannten *Red-Tagging* – also der Anschuldigung, kommunistische Aufstände gegen die philippinische Regierung und Grundordnung zu planen. Doch mit dem *Anti-Terrorismusgesetz* kann letztendlich jede:r mit »Kritik« an Plänen oder Gesetzgebung der Regierung – inklusive gegen das Gesetz an sich – als »Terrorist:in« gelten.[13] »Wenn du hier Klimaschützer:in bist, musst du damit rechnen, verhaftet oder ermordet zu werden«, mit diesen Worten beendet Mitzi das Gespräch, das ich mit ihr für dieses Buch führte.[14]

Der NGO *Global Witness* zufolge ist das Engagement für Klima- und Umweltschutz in Lateinamerika am gefährlichsten: Mehr als zwei Drittel der 2020 verübten Morde an Klima- und Umweltschützer:innen wurden dort dokumentiert, in Ländern wie Kolumbien (65 Morde), Mexiko (30), Brasilien (20), Honduras (17), Guatemala (13), Nicaragua (12) oder Peru (6).* Einer der bekanntesten Fälle ist die Umweltaktivistin Berta Cáceres, die 2016 in Honduras erschossen wurde. Berta Cáceres war die Anführerin des *Rates der Indigenen Völker von Honduras (Council of Popular and Indigenous Organizations of Honduras, COPINH)*. Eine Expert:innenkommission kam zu dem Schluss, dass ein Konglomerat aus Akteuren verantwortlich für die Planung, Ausführung und die

---

* In all diesen Ländern wurden 2019 mindestens fünf Klima- und Umweltschützer:innen ermordet, in absteigender Reihenfolge.

versuchte Vertuschung des Mordes war: staatliche Kräfte wie Polizei und Militär sowie Funktionäre und Angestellte der Betreiberfirma des geplanten Wasserkraftwerks *Agua Zarca*, gegen das Cáceres protestierte.[15] Sieben Männer, unter ihnen ein Manager von *Agua Zarca*, wurden zu langen Haftstrafen verurteilt.[16]

Die 19-jährige Maria Reyes ist eine der Anführer:innen von *Fridays for Future* in Mexiko. Maria ist durch den Feminismus zur Klimagerechtigkeit gekommen. Denn als Frau muss man in Mexiko ständig auf der Hut sein, weil es eins der gefährlichsten Länder der Welt für die weibliche Bevölkerung ist. Femizide sind weit verbreitet – jeden Tag werden zehn Frauen und Mädchen (gewöhnlich von Männern) ermordet, nur weil sie Mädchen und Frauen sind.[17] Ihr Verständnis für die eigene Situation als rassistisch diskriminierte Frau einer Arbeiterfamilie habe ihr Bewusstsein für gesellschaftspolitische Zusammenhänge geschärft, sagt Maria. Irgendwann habe sie dann verstanden, dass alles mit der Klimakrise zusammenhänge: die Unterdrückung von Frauen sowie *Black, Indigenous and People of Colour* (BIPoC), die kapitalistische Ausbeutung des Planeten, die Kolonialisierung. »Das ist irre – wir kämpfen gegen das komplette System«, sagt sie im Gespräch, das ich mit ihr für das Buch führte. »Viel zu oft behandeln uns Menschen aus dem globalen Norden, als wären sie die *White Saviours*. Ich arbeite daran, dieses Narrativ zu ändern«, so Maria.[18]

KLIMASCHUTZ, EIN ZUTIEFST FEMINISTISCHES ANLIEGEN

Die Bekämpfung der Klimakrise ist ein perfektes Beispiel dafür, dass wir eine feministische außenpolitische Antwort brauchen. Denn die Klimakrise kann niemals durch nationale Politikstrategien bezwungen werden, es braucht globale Lösungen. Das nötige außenpolitische Handeln muss in internationalen Foren abgestimmt werden. Noch dazu braucht die Klimakrise eine Antwort, die aktuelle Machtverhältnisse auf den Kopf stellt und für Gerechtigkeit sorgt – das kann Feminismus erreichen. Um Klimagerechtigkeit durchzusetzen und um die globale Erwärmung unter 1,5 Grad Celsius zu halten (wie im *Pariser Klimaabkommen* vereinbart), müssen wir unser politisches und ökonomisches System ändern. Das neue System kann nicht von denselben Menschen angeführt werden, die das aktuelle zerstörerische System mitgebaut haben und mitanführen. Mit ihrem imperialistischen und kapitalistisch-ausbeuterischen Mindset können sie keine klimagerechte Zukunft ermöglichen. Deshalb müssen gesellschaftlich marginalisierte Menschen in diesem neuen System in Machtpositionen kommen. Sonst werden alte Fehler wiederholt.

Warum also ist der Kampf gegen die Klimakrise ein feministisches Anliegen? Ganz einfach: Die unterdrückenden Dynamiken des Patriarchats mit der allgegenwärtigen männlichen Gewalt gegen Frauen sind auch dafür verantwortlich, dass unsere Umwelt ausgebeutet, unterdrückt und zerstört wird. Die Politikwissenschaftlerin Valerie Hudson und ihr Team konnten mit ihrer Forschung empirisch belegen, was feministische Intellektuelle im Bereich der Ökologie schon lange anprangern: »Gesellschaften, die Frauen unterordnen und ausbeuten, ordnen auch Mutter Erde unter und beuten sie aus.«[19] Das Patriarchat macht sich nicht nur Frauen und andere marginalisierte Gruppen untertan, sondern auch unsere Umwelt – und zwar auf maximal schädigende Art und Weise.

DER EARTH-OVERSHOOT-DAY

Die globale Erwärmung und die dadurch ausgelöste Klimakrise bedrohen unsere Ökosysteme, Wasserversorgung, Nahrungsmittelsicherheit und die Gesundheit der Menschen. Das zeigt der jährliche *Earth-Overshoot-Day*. So wird der Tag genannt, an dem die natürlichen Ressourcen für ein Jahr bereits aufgebraucht sind. Weltweit lag der für das Jahr 2021 bei Ende Juli, in Deutschland war er bereits am 5. Mai. Schaut man sich die *Overshoot-Days* von Ländern weltweit an, wird deutlich: Für Länder des globalen Nordens liegt das Datum, an dem die natürlichen Ressourcen für ein Jahr bereits aufgebraucht sind, eher in der ersten Jahreshälfte.[20] Für Länder des globalen Südens in der zweiten. Industriestaaten zerstören ihre Lebensgrundlage also besonders schnell und effizient, und zwar auf Kosten der Länder und Menschen im globalen Süden.

Wir müssten am besten schon vorvorgestern gehandelt haben. Sehr schnelle und den wissenschaftlichen Forderungen entsprechende Maßnahmen sind unerlässlich, wenn wir unseren Planeten vor weiteren desaströsen Veränderungen bewahren und die globale Erwärmung auf 1,5 Grad im Vergleich zum vorindustriellen Niveau beschränken wollen. Wichtig hierbei ist: Die 1,5 Grad sind der Kipppunkt und bedeuten lediglich, dass sich die Lage nicht von desaströs zu katastrophal entwickelt. Bei einem Plus von 1,5 Grad beginnt also nicht die Klimakrise, sondern das ist der Richtwert, ab dem sie zur globalen Katastrophe wird. Für viel zu viele Menschen, Gemeinden und Länder sind bereits 1,5 Grad ein Desaster.[21] Auch wenn wir es als internationale Gemeinschaft schaffen würden, unter 1,5 Grad zu bleiben, wird jedes halbe Grad mehr zu regelmäßigen verheerenden Naturkatastrophen mit unzähligen Toten führen. Einem Bericht der *UN* vom September 2021 zufolge steuern wir als internationale Gemeinschaft mit den aktuell geplanten Klimaschutzmaßnahmen eher auf 2,7 Grad Erwärmung zu.[22] Die Klimakrise ist nicht mehr zu besiegen. Was wir tun können, ist, Schlimmeres verhindern: Denn auch mit 1,5 Grad ist der Kampf nicht vorbei.

DIE KLIMAKRISE BETRIFFT NICHT ALLE GLEICH

Im Mai 2021 war ich als eine von drei Sachverständigen in den Bundestag geladen. Im Unterausschuss zu ziviler Krisenprävention und Konfliktbearbeitung sollte ich die Arbeit der Bundesregierung zur *WPS Agenda* kommentieren. Dabei kritisierte ich, dass Klimagerechtigkeit noch immer keine große Rolle im Regierungshandeln spiele. Nach meinem Vortrag kommentierte ein *AfD*-Abgeordneter in meine Richtung: »Wie meinen Sie das mit der Ungerechtigkeit und Klimaerwärmung? Soweit ich weiß, scheint die Sonne auf alle gleich.« Wahrscheinlich sollte diese spitze Aussage meine Ausführungen delegitimieren. Das schaffte der Herr von der *AfD* natürlich nicht.

Denn: Auch wenn die sich stetig zuspitzende Klimakrise mit ihren extremen Wetterlagen die ganze Welt in ihre Mangel nimmt und die nachfolgenden Krisen sowie Konflikte überallhin ausstrahlen, so ist ziemlich schnell klar: Die Klimakrise betrifft nicht alle gleich, denn unsere Gesellschaften diskriminieren. Weltweit werden Menschen aufgrund von Geschlecht, Hautfarbe, sozialem Status, körperlichen Fähigkeiten und anderen Merkmalen marginalisiert. Wann immer externe Schocks wie die Klimakrise auf diskriminierende Strukturen treffen, sind die ohnehin bereits benachteiligten Gruppen noch mehr gefährdet, ihre Vulnerabilität steigt.

In Uganda beispielsweise erhalten Frauen bei Ernteausfällen aufgrund von extremen Wetterereignissen wie Überflutungen oder Dürren keine Entschädigung, da diese nur den (überwiegend männlichen) Landbesitzern zusteht, auch wenn Frauen die Felder bestellen und dies ihre Lebensgrundlage darstellt.[23] 80 Prozent der durch die Klimakrise vertriebenen Menschen sind Frauen, die auf der Flucht einem größeren Risiko geschlechtsspezifischer Gewalt sowie Menschenhandel ausgesetzt sind.[24] Für sie gibt es jedoch aktuell keinen besonderen Schutz im Sinne der

Genfer Konventionen. Denn dort wurde eine flüchtende Person als jemand definiert, die oder der aufgrund von Verfolgung, Krieg oder Gewalt fliehen muss.[25]

Gesellschaftliche, religiöse oder unterdrückende Geschlechternormen und »Traditionen« (etwa einengende Kleidungsvorschriften oder die Last der unbezahlten *Care*-Arbeit) führen dazu, dass Frauen bei Naturkatastrophen oder anderen Desastern weniger mobil und handlungsfähig sind.[26] Zusätzlich lernen sie seltener schwimmen und werden bei lokalen Katastrophenschutzplänen nicht mitbedacht und einbezogen. Beim Tsunami in Asien 2004, bei dem mehr als 227 000 Menschen ums Leben kamen, saßen viele Frauen mit ihren Kindern in ihren Häusern fest, als die Flut kam, während die Männer draußen unterwegs waren und besser fliehen konnten – 70 Prozent der Todesopfer waren Frauen. Zusätzlich sind Kinder und Frauen viel stärker männlicher Gewalt im Nachgang zu Naturkatastrophen wie Überflutungen, Dürren, Buschbränden oder anderen extremen Wetterereignissen ausgesetzt. Denn auf der Flucht, in Flüchtlingslagern oder nach Katastrophen entstehen rechtsfreie Räume. Auch ist es für Frauen wahrscheinlicher, während einer Hitzewelle zu sterben. Schwangere Frauen sind besonders von extremen Wetterbedingungen beeinträchtigt.[27] All das heißt: Die Klimakrise verstärkt Ungerechtigkeiten.

Darüber hinaus sind Frauen weltweit finanziell deutlich ärmer als Männer. So verfügen zum Beispiel die reichsten 22 Männer der Welt über mehr Vermögen als alle Frauen in Afrika zusammengenommen.[28] Arme Frauen sind viel mehr von natürlichen Ressourcen abhängig, um ihre Lebensgrundlage sicherzustellen – und genau die sind in der Klimakrise unter Druck. Das ist auch vor dem Hintergrund ungerecht, dass sie aufgrund von Geschlechternormen und prekärem finanziellem Status nicht so viel konsumieren wie Männer und deshalb weniger zur

Klimakrise beigetragen haben. Die besonders starke Betroffenheit von Frauen gründet in der ökonomischen Ungleichheit, die staatlich gewollt ist: Eine Untersuchung der Weltbank zeigt beispielsweise, dass 2020 in 100 von 190 untersuchten Staaten weiterhin Gesetze fehlen, die gleichen Lohn für gleiche Arbeit garantieren.[29]

Doch nicht nur Frauen sind unverhältnismäßig von der Klimakrise betroffen. Rassismus, Klassismus oder die Diskriminierung von Behinderten führen ebenso dazu, dass Menschen unterschiedlich stark von ihr in Mitleidenschaft gezogen werden. Finanziell arme Menschen, Schwarze, Indigene und *People of Colour* sowie ethnische Minderheiten sind beispielsweise häufiger Luftverschmutzung ausgesetzt – unter anderem, da sie eher in luftverschmutzten Gegenden leben – und sterben daher früher.[30] Menschen mit Behinderung haben nicht dieselben Chancen, Klimakatastrophen zu entfliehen. Deutlich gezeigt hat sich das auch im Sommer 2021: Als in Nordrhein-Westfalen und in Rheinland-Pfalz schlimme Unwetter ausbrachen und zu einer riesigen Flutkatastrophe anschwollen, versuchten die meisten Anwohner:innen, sich rechtzeitig in Sicherheit zu bringen. Doch zwölf Menschen mit Behinderung ertranken hilflos im Wasser, da sie nicht rechtzeitig aus ihrem Wohnheim gerettet wurden und selbst nicht vor den Wasserfluten fliehen konnten.[31]

KLIMAGERECHT = MENSCHENGERECHT

Als Feministin ist mir klar, was die genannten Ungerechtigkeiten und Marginalisierungen verlangen: Der Kampf gegen die globale Erwärmung muss so geführt werden, dass diese Ungerechtigkeiten beseitigt werden. Nur so kann sichergestellt werden, dass wir friedlich, sicher und nachhaltig auf einem gesunden Planeten leben können. Der Begriff »Klimagerechtigkeit« verlangt genau das. Er ist auch im Pariser Klimaabkommen explizit erwähnt und als Priorität festgehalten.[32]

Klimagerechtigkeit bedeutet, die Klimakatastrophe als komplexes Problem sozialer Ungerechtigkeit zu sehen, das die am stärksten betroffenen Menschen und Weltregionen ins Zentrum der politischen Entscheidungen stellt. Folglich kann eine Politik nachhaltiger Energiegewinnung und Emissionsreduktion nicht genügen. Das Verbrennen von fossilen Rohstoffen ist der Haupttreiber für den Klimawandel – jährlich subventionieren Staaten weltweit diese Industrie mit insgesamt 500 Milliarden Dollar,[33] Deutschland allein mit 37 Milliarden.[34] Für die Rettung der Erde muss viel weiter und ganzheitlicher gedacht werden. Dafür müssen die Ursachen wie ein ausbeuterisches Wirtschaftssystem mit nicht nachhaltigen Produktionsweisen sowie ein rassistisches und patriarchales Gesellschaftssystem mit unterdrückenden Strukturen ins Zentrum rücken – es braucht also eine intersektionale Analyse der Klimakatastrophe und ihrer Folgen.

Klimagerechtigkeit bedeutet zu verstehen: Wir haben es nicht lediglich mit der Klimakatastrophe und globaler Erwärmung zu tun. Sondern mit der Klimakatastrophe und globaler Erwärmung in einer ungerechten Welt. Dort gelten Menschenrechte und Gleichberechtigung nicht für alle gleichermaßen. Daher sind grüne Technologien alleine kein Allheilmittel. Denn auch wenn es der Weltgesellschaft gelingt, bis zum Ende des Jahrhunderts unter 1,5 Grad Erwärmung zu bleiben, wären weiterhin marginalisierte Bevölkerungsgruppen über die Maßen betroffen von der noch immer bestehenden Klimakrise.

Forschung von *Oxfam* und dem *Stockholm Environment Institute* zeigt die Ungerechtigkeit in Bezug auf den CO_2-Ausstoß: Sie untersuchten den Zeitraum zwischen 1990 und 2015, eine sehr kritische Periode mit jährlich um 60 Prozent steigenden CO_2-Emissionen. Für diese Zeit schätzten sie, dass die reichsten 10 Prozent der Weltbevölkerung für 52 Prozent der gesamten CO_2-Emissionen verantwortlich waren und die ärmste Hälfte der Bevölkerung für lediglich 7 Prozent. Der CO_2-Fußabdruck des reichsten Prozent der Menschen wird im Jahr 2030 30-mal höher sein als das Niveau, das mit dem 1,5-Grad-Ziel des *Pariser Abkommens* vereinbar ist, und die ärmste Hälfte der Weltbevölkerung wird auch im Jahr 2030 noch weit unter dem auf 1,5 Grad Celsius ausgerichteten Niveau emittieren. »Die Emissionen eines einzigen Weltraumfluges eines Milliardärs würden die Lebenszeit-Emissionen eines Mitglieds der ärmsten Milliarde Menschen auf der Erde übersteigen. Eine kleine Elite scheint einen Freifahrtschein für die Umweltverschmutzung zu haben«, so Nafkote Dabi von *Oxfam*, jener Organisation, die diese Zahlen im Rahmen der *COP26* in Glasgow veröffentlichte.[35] Hundert Unternehmen weltweit – darunter die führenden Gas-, Kohle- und Ölunternehmen wie *ExxonMobil*, *Shell*, *BP* und *Chevron* – sind für 71 Prozent der globalen Emissionen seit 1998 verantwortlich,[36] auch wenn sie das immer wieder vertuschen wollen. So erfand *BP* den Begriff des *Carbon Footprint* und entwickelte ein entsprechendes Berechnungstool. Der »CO_2-Fußabdruck« wurde mit einer Hunderte Millionen teuren PR-Kampagne durchgesetzt, und die Verbraucher wurden zu einer »CO_2-Diät« aufgerufen.[37] So wird versucht, die Schuld von der fossilen Energiewirtschaft auf den einzelnen konsumierenden Menschen umzulenken. Bei der Weltklimakonferenz *COP26* im November 2021 im schottischen Glasgow stellte die fossile Brennstoffindustrie die größte Delegation. Kein Staat entsandte so viele Delegierte wie diese Industrie-Lobbyist:innen vor Ort hatte.[38] Das ist sinnbildlich für die Macht, die diese Industrie hinsichtlich der Klimakrise hat – und wie sie sie nutzt, um Klimaschutz zu torpedieren. Luisa Neubauer bezeichnete die Klimabeschlüsse aus Glasgow mehrfach als »Betrug«. Die *Women and Gender Constituency*, ein globaler Zusammenschluss feministischer Organisationen, klagte ebenfalls sehr deutlich das Versagen der Verhandlungen in Glasgow an und besonders die unzureichende finanzielle Unterstützung für die Länder und Menschen, die schon jetzt massiv von den desaströsen Auswirkungen der Klimakrise betroffen sind.[39]

In Sachen Gerechtigkeit müssen wir das Thema auch in größeren Zeitdimensionen denken. Weil gegenwärtig nichts getan wird und effektives Engagement nicht vorhanden ist, wird die Klimakrise schlimme Konsequenzen für zukünftige Generationen haben. Generationengerechtigkeit ist demnach Fehlanzeige. Was heute nicht für den Stopp oder die Verlangsamung der Klimakrise auf den Weg gebracht wird, müssen diejenigen ausbaden und ertragen, die aktuell noch keine entsprechenden Entscheidungen treffen können – weil sie noch nicht wählen dürfen, noch keine politisch einflussreichen Positionen bekleiden oder noch gar nicht geboren sind. Das ist unfair, denn diejenigen, die aktuell keine ausreichenden Entscheidungen treffen, können ihre Lebensweise fast unbeschwert fortführen. Sie werden nicht mehr auf der Erde sein, wenn sich alles zuspitzt. Die Haltung »nach mir die Sintflut« dürfte dann auch im wörtlichen Sinne zutreffen. Diese Unwilligkeit zur Veränderung und zum Handeln verschlimmert den Zustand unserer Umwelt und schränkt die späteren Freiheiten der jungen und nachkommenden Generationen massiv ein.

Frauen sowie BIPoC, das zeigen Umfragen, haben mehr Wissen über, aber auch Sorgen in puncto Klimawandel verglichen mit Männern und weißen Menschen. Sie zeigen auch deutlichere Pro-Umwelt-Einstellungen und eine größere Bereitschaft, etwas gegen die Klimakrise zu tun.[40] Dass die Klimabewegung historisch vor allem von BIPoC-Gruppen angeführt wurde plus die Mobilisierungskraft der von jungen Frauen angeführten globalen Bewegung *Fridays for Future*, personifiziert diesen Trend. Das nachgewiesene geringere Interesse von Männern und weißen Menschen und die geringere Bereitschaft zum Verhaltens- und

Politikwandel wird mit ihrer gesellschaftlichen Position und einem geringeren Betroffenheitsgefühl in Verbindung gebracht.[41] Das relativ geringe Risikoempfinden von weißen Männern hinsichtlich der Klimakrise wird in der Wissenschaft als *White Male Effect*[42] bezeichnet. Historisch gesehen traten stets die Menschen am stärksten und effektivsten für Gerechtigkeit ein, die am meisten unterdrückt und marginalisiert wurden. Das ist bei der Klimakrise nicht anders.

Ein feministisch-außenpolitischer Ansatz zu Klimagerechtigkeit bedeutet demnach, dass die Klimakrise mehrstufig angegangen wird: Als nationales Problem von Gerechtigkeit innerhalb von Staaten aufgrund unfairer Machtverteilung auf der Basis von Geschlecht, Herkunft oder sozioökonomischem Status. Aber auch als Problem zwischen Staaten, das international und multilateral gelöst werden muss. In internationalen Foren wie den *UN* oder bei Abkommen wie dem *Pariser Klimaabkommen* muss dieses Machtungleichgewicht in allen Details und Facetten angegangen werden. Nur dann kann die Klimakrise nachhaltig abgeschwächt werden. Alles andere wäre Pflaster kleben, statt Wunde zu versorgen.

DIE BEHERRSCHUNG VON NATUR UND FRAUEN

Die Klimagerechtigkeitsbewegung hat dank Organisationen wie *Fridays for Future* in den letzten Jahren – vor allem auch hier in Deutschland – viel Aufmerksamkeit erhalten. Doch es ist wichtig zu verstehen, dass der Kampf für Klimagerechtigkeit dem Aktivismus und Kampf von BIPoC entspringt. Organisationen wie *Intersectional Environmentalist*[43] machen uns genau darauf aufmerksam und teilen ihr Wissen über die Kämpfe für Umweltschutz, die etwa indigene Völker seit der Kolonialisierung des nordamerikanischen Kontinents führen. Die Proteste gegen den

Bau der *North Dakota Access Pipeline* im *Standing Rock Reservat* im Jahr 2016 sind ein bekanntes Beispiel. Sie werden übrigens primär von Frauen geführt.[44] »Die Klimakrise begann mit der Kolonialisierung, denn zu diesem Zeitpunkt wurde die Natur von uns Menschen getrennt und zur Ressource gemacht«, so die philippinische Klimaschützerin Mitzi Jonelle Tan.[45]

J. Ann Tickner schreibt, dass sich mit dem 17. Jahrhundert – der Geburtsstunde des modernen Staates und der kapitalistischen Orientierung der Weltwirtschaft – die Wahrnehmung der Natur zu verändern begann: Sie wurde nun nicht länger als lebender Organismus verstanden, sondern als träge Maschine. Dieser Wandel sei von den Ideen der Aufklärung getragen worden, so Tickner, und hänge mit dem ausbeuterischen Imperialismus und europäischer Kolonialisierung zusammen, die zu weltweiten ökologischen Veränderungen führten. Tickner, die sich auf die feministische Intellektuelle Carolyn Merchant bezieht, beschreibt, wie noch im mittelalterlichen Europa Natur und Umwelt als vitaler Organismus verstanden wurden, in dessen Einklang Menschen in Abhängigkeit lebten. Dieses lebendige System wurde meist als weiblich angesehen: Dem entspricht das Bild von Mutter Erde, die sich um die Menschheit kümmert und für sie sorgt. Doch als unser kapitalistisches Wirtschaftssystem installiert wurde, begann die Zerstörung der Umwelt und Natur, der Grund(-stock) für die globale Klimaerwärmung war gelegt.[46]

Die Denkschule des Ökofeminismus und bekannte Vertreterinnen wie Françoise d'Eaubonne (1920–2005) oder Carolyn Merchant (* 1936) verein(t)en ökologische Fragen mit feministischen Analysen und beton(t)en, wie sich die Beherrschung und Unterdrückung von Frauen und der Natur strukturell gleichen. Feministische Intellektuelle, die sich mit den Ideen und Konzepten der Aufklärung auseinandersetzen, argumentieren: Die Dominanz von Männern über andere Menschen, Kulturen sowie die Natur als Teil des Prozesses der Anhäufung von Wohlstand und Macht kann nur mit *Gender* als zentraler Analysekategorie verstanden werden. Vertreter:innen des Ökofeminismus gehen davon aus, dass sich die männliche Dominanz und Überheblichkeit gegenüber Frauen spiegelbildlich zur Einstellung gegenüber der Natur sowie nicht weißen Menschen verhält. Denn für die Ausdehnung des kapitalistischen Systems und die Mehrung des eigenen Wohlstands wurden weitere natürliche Ressourcen gebraucht: Europäer:innen begannen mit dem Kolonialismus.[47]

Aus der Aufklärung kommt auch die Idee, dass die Verwendung und Benutzung der Natur und Umwelt ein Zeichen menschlichen Fortschritts sei. Damit wurde letztlich der Kolonialismus und Imperialismus gerechtfertigt. Denn in diesem Weltbild war die einheimische Bevölkerung mit ihrer unverstellten Beziehung zur Natur angeblich unfähig, diese (angeblich notwendige) Transformation der Natur zu gestalten. Kurz gesagt: Da die einheimische Bevölkerung ihre Lebensgrundlage und die Natur nicht ausbeuteten und zerstörten, sondern im Einklang mit ihr leb(t)en, sahen die europäischen Kolonialist:innen sie als minderwertig an und rechtfertigten damit die Unterdrückung dieser Menschen. Die Natur wurde zunehmend als wild, unbeherrschbar und als zu bändigen angesehen – ähnlich wie Frauen (oder nicht weiße Menschen), so J. Ann Tickner. Ihr zufolge ist es kein Zufall, dass die Natur und Umwelt sowie das Wilde der Natur stets als weiblich angesehen wurden, wie auch in Machiavellis *Der Fürst*, dem Klassiker der realistischen Denkschule.

Der Status quo der internationalen politischen Ordnung – darauf weisen Vertreter:innen des Ökofeminismus schon lange und inzwischen auch Intellektuelle und Aktivist:innen anderer Denkschulen hin – gründet auf der Dominanz von weißen Männern über andere Menschen und über die Natur. Wir können international nur dann Sicherheit für alle erreichen, wenn all diese

Dominanzhierarchien aufgebrochen werden. Die Ausbeutung und Zerstörung der Natur und Umwelt ist unmittelbar mit der Unterdrückung von Frauen, BIPoC und anderen politischen Minderheiten verbunden. Frieden und Sicherheit weltweit hängen vom Ende dieser Zerstörung und Ausbeutung des Planeten ab.

Die Vernetzung von unterschiedlichen Gruppen sowohl eher weißer als auch eher nicht weißer Gruppen nimmt zu. Genauso machen es die Aktivist:innen der *Climate Justice League*, die erste Gruppe innerhalb *Fridays for Future*, die sich vorgenommen hat, intersektionale Klimagerechtigkeit vor allem in den am meisten betroffenen Ländern zu stärken. Sie bringen neue Perspektiven ins Herz der Bewegung. Die ersten Langzeitkampagnen der *Climate Justice League* werden hauptsächlich von Aktivist:innen mit MAPA-*(Most Affected People and Areas)*Herkunft geleitet. Die Kampagnen thematisieren die Ausbeutung der Ressourcen im globalen Süden und zeigen, dass der Profit ausschließlich in den globalen Norden fließt. So wirken Aspekte von Ungerechtigkeit, Menschenrechtsverletzung und der damit einhergehenden Klimakrise zusammen. Die *Climate Justice League* setzt auf die Erfahrungen der Menschen, die von der Klimakrise schon jetzt täglich betroffen sind, und baut durch Wissensaustausch, enge Freundschaft und Vertrauen mit den Aktivist:innen aus dem globalen Norden die stärksten globalen Kampagnen innerhalb von *Fridays for Future*. Unter anderem gehören die oben erwähnten Mitzi Jonelle Tan (Philippinen), Leonie Bremer (Deutschland), Maria Reyes (Mexiko) oder auch Disha Ravi (Indien) der *Climate Justice League* an.

Disha Ravi, eine der Mitbegründer:innen von *Fridays for Future India*, wurde im Februar 2021 verhaftet, nachdem sie die Proteste von Bauern und Bäuerinnen unterstützte. »Manchmal versuchen Menschen, dich zu zerstören, gerade weil sie deine Macht erkennen – nicht weil sie sie nicht sehen, sondern gerade weil sie sie sehen und nicht wollen, dass sie existiert«,[48] schreibt bell hooks, was die Inhaftierung der 23-jährigen Disha Ravi durch die indische Staatsgewalt sehr gut beschreibt. Ravi setzt sich für Klimagerechtigkeit in einem Land ein, dessen Umweltprobleme immens sind. Dem *Weltwirtschaftsforum* zufolge waren im Jahr 2020 sechs von zehn Städten mit der höchsten Feinstaubbelastung indische Städte. 1,2 Millionen Inder:innen starben allein 2017 an den Folgen der Luftverschmutzung, wie aus einer in der Fachzeitschrift *The Lancet* veröffentlichten Studie hervorgeht.[49] Nachdem Ravi Mitte März 2021 nach fast einer Woche Haft auf Kaution freigelassen wurde, meldete sie sich über die sozialen Medien zurück. Dort fand sie klare Worte: »Bei Klimagerechtigkeit geht es um intersektionale Gerechtigkeit. Es geht darum, radikal inklusiv für alle Menschen zu sein, damit jede:r Zugang zu sauberer Luft, Essen und Wasser hat. Wie ein:e gute:r Freund:in immer sagt: ›Klimagerechtigkeit ist nicht nur für Reiche und Weiße.‹«[50] Diesem starken Statement kann ich nur beipflichten.

DIE MENSCHENGEMACHTE KLIMAKRISE

Schon seit dem 19. Jahrhundert sind die Auswirkungen des Menschen auf Klimaveränderungen bekannt. In den 1950er-Jahren berichteten große Zeitungen darüber. 1972 stellte der *Club of Rome* – ein internationaler Zusammenschluss von Wissenschaftler:innen – bereits die Frage nach der Grenze des Wachstums in seiner weltbekannten Publikation *Limits to Growth* – und erhielt dafür sogar den Friedenspreis des deutschen Buchhandels.[51] 1988 wurde endlich der sogenannte *Weltklimarat* gegründet. Die offiziell *Intergovernmental Panel on Climate Change (IPCC)* heißende Institution der *UN* versammelt Fachleute, die weltweit und regelmäßig den aktuellen Kenntnisstand zur Klimakrise zusammentragen sowie aus wissenschaftlicher Sicht bewerten.[52] 1992 wurde dann das *Rahmenübereinkommen der UN über Klimaänderungen* (kurz: *Klimarahmenkonvention; United Nations Framework Convention on Climate Change, UNFCCC*) verabschiedet. Das Übereinkommen ist derzeit von 196 Staaten ratifiziert und will menschliche Eingriffe in das Klimasystem so reduzieren, dass Ökosysteme nicht beeinträchtigt werden, die globale Erderwärmung verhindert und deren Folgen gemindert werden. Zentral ist dabei die Aufgabe der Industrienationen, ihre Treibhausgasemissionen signifikant zu reduzieren. Damit wird die größere Verantwortung dieser Nationen für die Treibhausgasemissionen anerkannt. Die Umsetzung der *Klimarahmenkonvention* und daraus hervorgehender vereinbarter Verpflichtungen, einschließlich des *Kyoto-Protokolls* von 1997 und des *Pariser Klimaabkommens* von 2015, wird vom *UNFCCC*-Sekretariat überwacht.

Im Dezember 2015 einigten sich 197 Staaten in Paris auf ein neues globales Klimaschutzabkommen: das rechtlich bindende *Pariser Klimaabkommen*, das im November 2016 in Kraft trat. Dieses ist ein Beispiel visionärer Diplomatie und internationaler Politik. Knapp 190 Staaten haben das Abkommen, das die Umsetzung der Klimarahmenkonvention verbessern soll, bislang ratifiziert. Gerade im Zusammenhang mit den Forderungen internationaler Klimabewegungen wie *Fridays for Future*, *Global Citizens*, dem *Sunrise Movement* oder *350.org* wird dieses Abkommen immer wieder thematisiert. Es bildet die wissenschaftlich fundierte Grundlage für die Forderung nach einer lebenswerten Zukunft.

Mit dem *Pariser Klimaabkommen* beschloss die internationale Gemeinschaft eine Beschränkung der Erderwärmung auf deutlich unter 2 Grad Celsius im Vergleich zum vorindustriellen Zeitalter, nach Möglichkeit sogar auf »nur« 1,5 Grad – das ist völkerrechtlich bindend. Wie jeder Staat dies erreichen kann, legt er in den *Nationally Determined Contributions (NDCs)* fest. Die Einhaltung dieser national festgelegten Beiträge ist wiederum nicht rechtlich bindend. Das Abkommen ist trotzdem ein immenser Fortschritt:

Es definiert ein klares Ziel für die Staatengemeinschaft, um die Zukunft unseres Planeten und der Folgegenerationen zu sichern. Es erkennt an, dass die Klimakatastrophe eine Bedrohung für die Menschenrechte ist und dass insbesondere vulnerable Personengruppen besonders unter ihr zu leiden haben.

Doch dieses Abkommen durfte nie Grund zur Genugtuung oder Anlass zum Ausruhen geben. Zu deutlich hat der *Weltklimarat* beständig die Dringlichkeit betont. Der Uhrzeiger rückt bedenklich auf zwölf vor. Innerhalb der nächsten zehn Jahre müssen CO_2-Emissionen drastisch reduziert werden, um katastrophale Klimakonsequenzen zu vermeiden. Im August 2021 erschien der sechste Sachstandsbericht des *Weltklimarats*, auch als *IPCC-Report* bekannt, mit neuen Schätzungen zu den Risiken, das globale Erwärmungsniveau von 1,5 Grad Celsius in den nächsten Jahrzehnten zu überschreiten. Der Bericht stellt fest, dass das 1,5-Grad- oder sogar 2-Grad-Ziel unerreichbar werden, wenn die Treibhausgasemissionen nicht sofort, schnell und umfassend reduziert werden. Der Bericht hat auch klar dargelegt, dass einige drastische Folgen der Klimaerwärmung bereits eingetroffen und auch nicht weiter aufzuhalten sind: Es wird mehr intensive Regenfälle und Fluten in einigen und gleichzeitige Dürren in anderen Gebieten geben, der Meeresspiegel wird kontinuierlich weiter steigen und insbesondere in Städten werden Extremwetterereignisse weiter zunehmen.[53]

Das Abkommen und diese Strukturen bilden den groben Rahmen internationaler Bemühungen, die Klimakrise einzudämmen. Des Weiteren haben die Vertragsparteien des *Weltklimaabkommens UNFCCC* auf der 2014 in der peruanischen Hauptstadt stattfindenden 20. *Vertragsstaatenkonferenz zur Klimarahmenkonvention (COP 20)* Folgendes beschlossen: Mit dem *Lima Work Programme on Gender* werden transformative Regelungen getroffen, um die bestehenden geschlechtsspezifischen Bestimmungen in

Klimaschutzabkommen zu stärken, Lücken zu benennen und die Umsetzung zu überwachen. Bis dahin klang die Bedeutung von Gender zwar immer mal wieder an, doch vor 2014 wirkten alle Maßnahmen lediglich darauf hin, Frauen innerhalb dieser Konferenzen stärker einzubinden. 2017 haben die Vertragsparteien bei der *COP 23* in Bonn den ersten *Gender-Aktionsplan (GAP)* im Rahmen dieses Arbeitsprogramms von Lima verabschiedet, um Frauen gleichberechtigt und auf allen Ebenen in die Politikgestaltung zum Klimawandel und Gestaltung geschlechtsspezifischer Maßnahmen einzubeziehen. Der zweite *Gender-Aktionsplan* (2019 bei der *COP 25* in Madrid verabschiedet) baut darauf auf und erkennt geschlechtsspezifische Maßnahmen ebenfalls als wichtiges Element der Katastrophenbekämpfung an. Auch das *Pariser Klimaabkommen* von 2015 bestätigt in seiner Präambel die Bedeutung von Geschlechtergerechtigkeit und der Stärkung von Frauen für den Kampf gegen den Klimawandel – allerdings ohne verbindliche Forderung.[54]

UN-Mitgliedsstaaten werden nachdrücklich aufgefordert, geschlechtsspezifische Ansätze zu verfolgen. Auch die 17 *Sustainable Development Goals* – die Ziele der *UN* für nachhaltige Entwicklung für den Zeitraum 2015 bis 2030 – priorisieren die Gleichstellung der Geschlechter in einer Handvoll der Ziele. In zwei Zielen geht es um die Verringerung des Katastrophenrisikos. Weiterhin ist der *Sendai-Rahmen zur Reduzierung des Katastrophenrisikos (2015–2030)* zu nennen, der auf die dritte *Weltkonferenz zur Reduzierung von Katastrophenrisiken* im japanischen Sendai zurückgeht. Er betont, dass »Frauen und ihre Beteiligung für ein effektives Management des Katastrophenrisikos sowie für die Konzeption, Beschaffung und Umsetzung geschlechtsspezifischer Strategien, Pläne und Programme zur Reduzierung des Katastrophenrisikos von entscheidender Bedeutung sind«. Die Förderung geschlechtergerechter und allgemein zugänglicher

Reaktions-, Wiederherstellungs-, Rehabilitations- und Wiederaufbaumethoden wurde dabei besonders hervorgehoben.

Die wachsende Aufmerksamkeit für den Zusammenhang zwischen Gender und Klimakrise freut mich. Doch sie bringt die globale Gemeinschaft nur weiter, wenn sie eine intersektionale Perspektive einnimmt und dabei stets den Status quo kritisiert. Diese Abkommen müssen einen Neuanfang, einen Systemwandel zum Ziel haben.

KLIMA UND SICHERHEIT

April 2021. Ich sitze in einem Online-Training zu *Peacebuilding* innerhalb der EU. Eine Mitarbeiterin des *European External Action Service*, dem diplomatischen Dienst der *EU*, nennt Themen, die noch zu wenig Beachtung bekommen. »Die Verbindung zwischen Klima und Konflikt hat bislang keine große Rolle gespielt bei der *EU*«, sagt sie. Das ist absolut verrückt, denn die Verbindung zwischen der Klimakrise, Konflikten und Sicherheit ist so deutlich und klar belegt. Doch viele internationale Organisationen erkennen erst nach und nach diese Bedeutung. Obwohl es inzwischen sehr viel Wissen dazu gibt, hielt der *UN*-Sicherheitsrat erst im Jahr 2007[55] seine erste Debatte darüber, wie sich die Klimakrise auf Frieden und Sicherheit auswirkt. Für viele weitere Jahre stellten unterschiedliche Mitgliedstaaten wie China oder Russland[56] immer wieder infrage, ob der *Sicherheitsrat* denn der richtige Ort für derartige Debatten sei.

Als 2008 und 2009 die *UN* ihre Mitgliedstaaten bat, den Menschen in Syrien bei der damals schwerwiegenden Dürre zu Hilfe zu kommen, kam lediglich ein Viertel bis ein Drittel der nötigen Gelder zusammen, um den Menschen wirklich helfen zu können.[57] Das war vor dem nun bereits mehr als zehn Jahre andauernden Bürgerkrieg. Vielleicht hätte ein entschlossenes Bekämpfen der Dürre den Bürgerkrieg nicht aufhalten können. Aber wäre nicht auch folgendes Szenario möglich: dass Geschichte in Zukunft anders verlaufen würde und Konflikte verhindert werden könnten, weil klimabedingte Naturkatastrophen vermieden werden, indem die internationale Gemeinschaft aufrichtig gegen die globale Erwärmung arbeitet? Naturkatastrophen wie Stürme oder steigende Meeresspiegel und um ihr Überleben kämpfende Inselstaaten machen diese Länder fragil. Deshalb hat der US-amerikanische Präsident Joe Biden im Januar 2021, kurz nach seinem Amtsantritt, die Klimakrise als eine »existenzielle Bedrohung« bezeichnet. Er ernannte den früheren Außenminister John Kerry zum US-Klimabeauftragten mit Sitz im *Nationalen Sicherheitsrat*. Und das Pentagon stufte den Klimawandel als Gefahr für die nationale Sicherheit ein.[58]

Die Klimakrise löst weltweite Migration aus (vor allem innerhalb von Staaten und Regionen) und verknappt Ressourcen, was zu weiteren Konflikten geführt hat und weiterhin führen kann. Das Sicherheitsproblem besteht also nicht nur, wenn Konflikte entstehen. Denn nicht nur rohe Gewalt und Waffen führen zu weniger Sicherheit, sondern alles, was Menschen unsicher macht, wie das Konzept der feministischen Sicherheit zeigt. Und das ist für andauernde und langfristige, durch die Klimakrise bewirkte Veränderungen wie angestiegene Meeresspiegel, globaler Temperaturanstieg sowie hohe Luftverschmutzung definitiv der Fall. Doch bis heute wird zu wenig geforscht, publiziert und (internationale) Politik praktiziert, die feministische Sicherheit, Frieden und Gerechtigkeit mitdenkt und damit der Klimakatastrophe angemessen begegnet.

Der *UN*-Bericht *Gender, Climate & Security* zeigt anhand konkreter Beispiele, wie die Klimakrise zu Unsicherheiten und Konflikten führt und warum das ein feministisches Anliegen ist. Beispielsweise verstärken im Norden Nigerias, wo die Dürre wächst und Regen unvorhersehbar ist, Männlichkeitsnormen Konflikte in der

Region. Der Wunsch, die Familie zu ernähren und das Familienvermögen zu schützen, ist immer schwieriger zu realisieren. Viele junge Männer, insbesondere im ländlichen Raum, stehen unter enormem Druck und zunehmender ökonomischer Unsicherheit, was sich oft in Form von Gewalt gegenüber anderen Menschen äußert. Gleichzeitig sind in dieser Region bewaffnete Gruppen wie die islamistische Terrormiliz Boko Haram aktiv, die in der von der Klimakrise stark betroffenen Region weitere Konflikte schüren – oftmals sind auch hier Frauen die Zielscheibe der Gewalt.[59]

Die nigerianische Klimaaktivistin und Feministin Oladosu Adenike erklärt in einem Interview, wieso Klima, Sicherheit und Frauenrechte zusammengedacht werden müssen: Als 2014 Boko Haram 276 Schülerinnen verschleppte, hingen diese Entführungen mit der Umweltkrise im Nordosten Nigerias in der Nähe des Tschadsees zusammen, so Adenike. Die dortige klimabedingte Instabilität habe zu bewaffnetem Konflikt, Vertreibungen und extremer Armut beigetragen. Dies wiederum beeinflusse die Bildung und Lebensmöglichkeiten der jungen Mädchen unmittelbar.[60] In Pakistan wurden Frauen Opfer männlicher Gewalt im Haushalt, da sie diesen aufgrund zunehmenden Wassermangels nicht entsprechend führen können. In einigen Fällen wurden Wasser- und Energieknappheit – verschärft durch den Klimawandel – mit der Mobilisierung von Männern in kriminellen Gruppen in Verbindung gebracht. Demnach könnte es so sein, dass die ökonomische Unsicherheit und der Wunsch, die eigene Familie ernähren zu können, die jungen Männer besonders anfällig macht, sich bewaffneten, oft extremistischen Gruppen anzuschließen. Derartige Zusammenhänge wurden weltweit dokumentiert, vom Tschad über den Sudan und Ägypten, Kolumbien, Nepal oder Indonesien.[61]

Eine Studie der *International Union for Conservation of Nature (IUCN)* zeigt, dass der Klimawandel und die Umweltzerstörung zu mehr Gewalt gegen Frauen führen. Beispielsweise dann, wenn

Mädchen gegen ihren Willen zwangsverheiratet werden, weil aufgrund klimabedingter Veränderungen nicht mehr genug Essen im Haus ist – dies bedeutet, eine Person weniger ernähren zu müssen. Das passiert beispielsweise in Malawi, Äthiopien oder im Südsudan. Mädchen und Frauen sind auch dann zunehmender Gewalt durch Männer ausgesetzt, wenn sie die für sie typische Aufgabe des Wasserholens übernehmen: Wenn Wasserquellen austrocknen und sie weitere Wege auf sich nehmen müssen, steigt die Wahrscheinlichkeit, dass sie unterwegs männlicher Gewalt zum Opfer fallen. Selbiges gilt für das Sammeln von Feuerholz. Auch andere Formen der Ausbeutung der Natur, wie die Überfischung der Meere, machen männliche Gewalt gegenüber Frauen üblicher. Denn für den wenigen Fisch wird oft nicht allein Geld, sondern auch Sex als Gegenwährung verlangt. Dies ist im Westen Kenias so verbreitet, dass es sogar einen Namen dafür gibt: das Jaboya-System.[62]

Trotz all dieses Wissens und dieser Erfahrungsberichte wird viel zu wenig getan. Das wäre wohl anders, gäbe es weltweit mehr feministisch handelnde Expert:innen, die unsere internationale Politik gestalten. Als im Januar 2019 im *UN-Sicherheitsrat* eine offene Debatte zu *Addressing the Impacts of Climate-related Disasters on International Peace and Security* gehalten wurde, erkannten lediglich fünf von 75 anwesenden Mitgliedstaaten geschlechtsspezifische Dynamiken in dem Kontext als relevant an.[63] Obwohl Feminist:innen in den Internationalen Beziehungen Lobbyarbeit dafür machen, dass der Zusammenhang zwischen Klima und Geschlechterdynamiken anerkannt wird, hat der *UN-Sicherheitsrat* dies in keiner seiner Sitzungen aufgenommen. Zwar hat das *Pariser Klimaabkommen* als eines der ersten Abkommen die Geschlechterperspektive anerkannt und erwähnt. Doch es versäumte, die Auswirkungen der Klimakrise auf Konflikte und feministische Sicherheit zu betrachten. Die *WPS Agenda* wäre eine gute Möglichkeit, um das Zusammenwirken von Geschlecht, Konflikt und Sicherheit im Rahmen der Klimakrise zu thematisieren und Forderungen für die Außenpolitik von Staaten weltweit aufzustellen. Bislang erwähnt lediglich eine Resolution dieser Agenda – *Resolution 2242* – die Klimakrise.[64]

Außen- und Sicherheitspolitik muss den Fokus weg von militärischer Sicherheit auf das legen, was Menschen wirklich sicher macht. Keine Armee der Welt wird die Unsicherheiten bekämpfen können, die durch die Klimakatastrophe ausgelöst werden. Feminist:innen in Außen- und Sicherheitspolitik verlangen, dass die individuelle Sicherheit mit staatlicher und zwischenstaatlicher Sicherheit zusammengedacht wird, dass Machtdynamiken verstanden und hin zu mehr Gerechtigkeit verändert werden. Denn: Gerechtigkeit ist eine klare Voraussetzung für ein friedliches, nachhaltiges weltweites Miteinander.

BEDENKEN UND ANFEINDUNGEN

Klimagerechtigkeit herzustellen und wirksam gegen die Klimakatastrophe vorzugehen, ist die größte Herausforderung, der wir uns als Menschen stellen müssen. Die unbedingte Dringlichkeit zum Handeln ist in den Politiken, die von Regierungen weltweit vorgeschlagen und teilweise durchgesetzt werden, jedoch kaum zu spüren. Es geht hier nicht um eine Lifestyle-Entscheidung, sondern um unsere bloße Existenz. Irgendwo Bäume pflanzen zu lassen, damit der CO_2-Ausstoß unserer Flüge kompensiert wird, ist keine echte Option – damit kaufen wir uns lediglich frei, um unseren Lebensstil genauso weiterführen zu können. Ich bin Anfang 30, und für mich ganz persönlich bedeutet diese existenzielle Krise, dass ich mir überlege, ob ich jemals Kinder in diese Welt setzen möchte. Der Status quo unserer Welt und die Lebensgrundlage sind so prekär, dass ich mir unsicher bin, diesen Schmerz des Wissens einem anderen menschlichen Wesen zufügen zu wollen. Damit bin ich nicht alleine: Vier von zehn jungen Menschen sind sich aufgrund der Klimakrise unsicher, ob sie jemals Kinder haben möchten.[65] Ein Schritt in die richtige Richtung wäre eine Feministische Außenpolitik als Antwort auf die Klimakrise. So verlangt die aus Uganda stammende Vanessa Nakate, dass der Ökozid als Verbrechen im Völkerrecht verankert wird. Denn dann könnten Regierungen und Unternehmen für die Zerstörung der Umwelt zur Rechenschaft gezogen werden. Es geht ihr dabei auch darum, dass den besonders von den Umweltauswirkungen Betroffenen zugehört wird.[66]

Die engen Verbindungen zwischen Nationalist:innen, Antifeminist:innen und den Leugner:innen der Klimakrise müssen anerkannt werden. Deren Ziel, bestehende patriarchale Machtstrukturen und Machtverteilungen aufrechtzuerhalten, zeigt sich auch im Hass gegen Aktivist:innen des globalen Nordens wie Greta Thunberg, Luisa Neubauer oder Alexandria Ocasio-Cortez (die Mitinitiatorin des amerikanischen *Green New Deal*). Der kommt meist aus einer konservativen bis nationalistischen, in jedem Fall aber misogynen Ecke – und im Fall von Ocasio-Cortez zusätzlich mit rassistischen und im Falle von Thunberg ableistischen, also auf ihr Asperger-Syndrom bezogenen, Diffamierungen. Der Hass kommt meistens von Männern, die sich durch (junge) Frauen in ihrer Männlichkeit bedroht fühlen. Trump oder Putin und deren Versuche, so laut wahrgenommene Stimmen wie die von Greta Thunberg zu verhöhnen, sind da nur die Spitze des Eisbergs. Als Greta 2020 mit dem Boot in die USA segelte, um am *UN*-Klimagipfel teilzunehmen, waren es nicht wenige Männer, die ihr Unfälle wünschten.

Forscher:innen finden klare Verbindungen zwischen Nationalist:innen, Antifeminist:innen und Klimaleugner:innen, die sich alle gegenseitig bestärken. Männer fühlen sich auch von

Klimaaktivist:innen in ihrer Männlichkeit und ihren Privilegien bedroht und reagieren mit Hass und Gewalt. Die Wahrnehmung der Klimakrise weist ebenfalls eine Diskrepanz zwischen den Geschlechtern auf – Männer tendieren dazu, Klimaaktivismus als etwas grundlegend Feminines wahrzunehmen. Für Klimaskeptiker:innen ist es nicht die Umwelt, die bedroht ist, sondern die moderne industrielle Gesellschaft, die auf einer bestimmten Form von Männlichkeit gebaut ist und davon dominiert wird.[67] Es verwundert daher nicht, dass auf der Ebene von Präsidenten die größten Frauenverachter – wie Trump oder Bolsonaro – auch deutlich gegen die Umwelt und Umweltschützer:innen vorgehen. Trump stieg aus dem *Pariser Klimaabkommen* aus, und Bolsonaro lässt den Amazonas abholzen und jeglichen Schutz der indigenen Völker dort vermissen. Die Rodungen des Amazonas erreichten während Bolsonaros Amtszeit einen Höchststand, und die Bedrohungen von Indigenen und Umweltschützer:innen nahm zu. Gleichzeitig strich er die Mittel des Umweltministeriums, was die Behörde handlungsunfähig macht.[68]

Damit Außenpolitik zu Gerechtigkeit beiträgt, müsste als erster Schritt den bestehenden völkerrechtlichen Verpflichtungen nachgekommen werden. In der *Allgemeinen Empfehlung Nr. 37 der UN-Frauenrechtskonvention* zu den geschlechtsbezogenen Dimensionen im Kontext des Klimawandels von 2018 stehen beispielsweise sehr konkrete Empfehlungen für die Vertragsstaaten in Bezug auf Frauenrechte. Es geht darin um Themen wie Gleichberechtigung und Nichtdiskriminierung, Teilnahme und Empowerment, Rechenschaftspflicht und Zugang zur Justiz sowie Datensammlung, Politikkohärenz oder das Recht auf ein Leben ohne geschlechtsspezifische Gewalt.[69] Deutschland hat diese Konvention ratifiziert. Ein weiterer Anknüpfungspunkt ist die *WPS Agenda*. Aktuell beinhalten lediglich ungefähr ein Viertel aller *Nationalen Aktionspläne* Forderungen zur Klimakrise – hier ist weltweit also noch viel mehr möglich. Auch sollte innerhalb der *Klimarahmenkonvention* die Verbindung zwischen Klima und Konfliktprävention aus einer feministischen Perspektive verstärkt betont werden.[70]

FAZIT: KLIMAGERECHTIGKEIT UND FEMINISMUS – JETZT

Die Klimakrise ist real, sie wird jeden Tag schlimmer, und vor allem ist sie ungerecht. Diese Tatsachen wurden auf vielen nationalen und internationalen Ebenen, in Meetings, Beschlüssen und Rahmenwerken bereits anerkannt, und es wurde sich völkerrechtlich bindend für die Bekämpfung dieser Klimakatastrophe ausgesprochen. Doch den Worten und Erklärungen müssen nun endlich Taten folgen. Die Ungerechtigkeit der Klimakrise muss anerkannt und mit allen Mitteln bekämpft werden. Regenwaldabholzung und Kohleabbau müssen gestoppt und das ausbeuterische kapitalistische System muss abgelöst werden von einem Ansatz des *People over Profit*. Wir brauchen den Respekt für und Schutz von Umweltschützer:innen und Menschenrechtsverteidiger:innen, müssen marginalisiertes Wissen und alternative Wissensproduktion wertschätzen und die Klimakrise als Krise der sozialen Gerechtigkeit betrachten. Und es braucht noch viel mehr: die finanzielle Unterstützung in Form von Reparationszahlungen für Länder des globalen Südens, um dort die Energiewende zu ermöglichen, und die Anerkennung von Ökozid als Verstoß gegen das Völkerrecht. Die Klimakrise muss erkannt werden als Sicherheitsproblem, das Frauen und andere marginalisierte Gruppen unverhältnismäßig stark betrifft. Und natürlich muss das *Pariser Abkommen* mit seinem 1,5-Grad-Ziel eingehalten werden. Feministische Außen- und Sicherheitspolitik verlangt nichts mehr als den aufrichtigen und ehrlichen Versuch, Gerechtigkeit im Angesicht der Klimakrise herzustellen.

**J. ANN TICKNER:
»ES IST VÖLLIG EGAL, WAS
DIE JUNGS MACHEN; WIR
MACHEN OHNEHIN VIEL
INTERESSANTERE SACHEN.«**

Die scharfsinnige amerikanische Politikwissenschaftlerin und Autorin J. Ann Tickner ist dafür bekannt, traditionelle Theorien der Internationalen Beziehungen nicht nur infrage zu stellen, sondern auch feministisch neu zu formulieren. Dabei wurde Ann erst relativ spät zur Feministin. Als sie in den 1970er-Jahren Internationale Beziehungen studierte, waren Lehre und Forschung sowie die vermittelte Geschichte und Politik in rein männlicher Hand. Dies schien damals aber so normal, dass es Ann nicht als Problem auffiel. Erst als Professorin merkte sie, dass ihre Studentinnen sich kaum mit dem Lehrmaterial identifizieren konnten, weil weibliche Perspektiven fehlten. Das ging so weit, dass manche Studentinnen den von ihr erteilten Kurs abgeben wollten. Ann beschloss, sich des Problems anzunehmen.

Sie reformulierte unter anderem ein klassisches Modell der Internationalen Beziehungen, Hans Morgenthaus Prinzipien des Politischen Realismus, aus einer feministischen Perspektive. Ann betont, dass Morgenthau mit seiner Theorie nicht zwangsläufig falschlag. Es ging ihr nicht darum, ihn schlicht zu widerlegen. Vielmehr erzählte er eben nicht die ganze Geschichte und zeigte nicht das Gesamtbild globaler Machtbeziehungen, denn Morgenthau bezog sich ausschließlich auf Männer. Anns Verdienst war also eine Erweiterung seiner Theorie. Einige männliche

Professoren weigerten sich dennoch, feministische Theorien in ihren Kursen zu thematisieren. Sie argumentierten, sie könnten diesen Feminismus nicht verstehen und ihn deshalb nicht lehren. Ann kann das nicht nachvollziehen: »Ich bin schließlich keine Realistin und muss trotzdem Politischen Realismus lehren.«

Anns stärkste Kritik an dem traditionellen Verständnis von Internationalen Beziehungen ist, dass die Theorie realitätsfern sei: Eine kleine elitäre Gruppe von Wissenschaftler:innen entwickelt abstrakte Theorien fern von der Lebenswirklichkeit der Zivilgesellschaft und relevanten Akteur:innen.

Ann ist überzeugt: Es findet ein langsames, aber stetes Umdenken statt. Sie hebt hervor, welche Fortschritte bereits erzielt wurden, zum Beispiel, dass Macht auch im Kontext von Klasse, Hautfarbe und Geschlecht verstanden wird.

Zu den Büchern, die Ann gerade liest, zählen Isabel Wilkersons *Caste: The Origins of Our Discontents* und *The Water Defenders: How Ordinary People Saved a Country from Corporate Greed* von Robin Broad und John Cavanagh.

11 FRIEDEN SCHAFFEN OHNE WAFFEN: ABRÜSTUNG ALS FUNDAMENTALE FEMINISTISCHE FORDERUNG

Männer haben Angst,
dass Frauen über sie lachen.
Frauen haben Angst,
dass Männer sie töten.

MARGARET ATWOOD

MEINE PERSÖNLICHE SICHERHEITSLÜCKE

Lange bevor ich Internationale Politik studierte, gab es ein großes Mysterium für mich: die Faszination für Waffen – ob auf fränkischen Schützenfesten, in den Schießbuden auf Kirchweihen oder auf der Jagd in den Wäldern um mein Dorf herum. Schon als Teenagerin ließ mich diese gesellschaftliche Tatsache oft fragend zurück. Irgendwann in dieser Zeit konnte ich nicht mehr akzeptieren, dass Waffen in vielen Ländern und insbesondere Krisenregionen alltäglich waren und sind. In dieser Zeit wurde ich von Deutschpunk und Punkrock politisiert. Viele der Songtexte handelten von internationalen Ungerechtigkeiten und der Gewaltausübung von mächtigen Staaten wie den USA durch militärische Interventionen, Drohnenangriffe oder dem Einsatz von Atombomben. Ich wunderte mich, wie es zusammenpasste, dass vor allem die Staaten, die als die großen Demokratien dieser Welt gefeiert werden und die auf den großen Bühnen von weltweitem Frieden sprachen, zugleich jene Staaten waren und sind, die am meisten Waffen produzieren, kaufen und selbst am tüchtigsten aufrüsten. Das ergab für mich alles keinen Sinn. Doch meine »jugendliche Naivität« traf schon bald auf »Realist:innen« und Jünger:innen des herrschenden Status quo. Sie erzählten mir, warum das alles so sein müsse und Aufrüstung nicht infrage gestellt werden könne. Das wäre naiv, dumm, typisch Frau und unangenehm links.

Als ob der Wunsch nach einer gewaltfreien Welt auch nur irgendwie in ein politisches Spektrum, aufgespannt von links nach rechts, passen würde. Als ob die Abkehr von Gewalt, Militarismus und Krieg eine zu diskutierende politische Frage wäre. Es ist die Macht des vorherrschenden patriarchalen Diskurses, die uns immer wieder davon abbringt, auf unser Bauchgefühl und unseren moralischen Kompass zu hören. Ich entwickelte eine Trotzhaltung und wollte einfach nicht akzeptieren, dass wir in einer derart militarisierten und gewaltvollen Gesellschaft leben.

IN DER AUFRÜSTUNGSSPIRALE

Die Zeiten werden immer hochgerüsteter. Obwohl am Beginn der 2020er-Jahre die größte Bedrohung der Menschheit die grassierende Pandemie ist und Gelder fehlen, um Pflegepersonal ordentlich zu bezahlen, mehr Intensivbetten vorzuhalten oder Beatmungsgeräte zu kaufen, stiegen dem Friedensforschungsinstitut *SIPRI* zufolge die Militärausgaben im Jahr 2020 verglichen mit dem Vorjahr deutlich: Weltweit investierten Staaten insgesamt 1981 Milliarden US-Dollar in Verteidigung – ein Höchststand seit Beginn der *SIPRI*-Erhebungen. Deutschland ist damit auf Platz 7 der Länder mit den höchsten Ausgaben für Verteidigung, obwohl es im Ranking der bevölkerungsreichsten Länder der Erde bloß auf Platz 19 steht.[1] Die deutschen Verteidigungsausgaben waren 2020 um 28 Prozent höher als im Jahr 2011.[2]

Während der Pandemie berechnete die *International Campaign to Abolish Nuclear Weapons*, wie viel mehr Geld zur Bekämpfung der Pandemie vorhanden gewesen wäre, wenn nukleare Aufrüstung nicht Teil unserer globalen Realität wäre. 2019 gaben die USA 35,1 Milliarden US-Dollar für Nuklearwaffen aus. Das entspricht den Kosten von 300 000 Intensivbetten, 35 000 Beatmungsgeräten, den Löhnen von 150 000 Krankenpfleger:innen und 75 000 Ärzt:innen.[3] Von den über 800 000 Corona-Toten in den USA könnten demnach noch heute viele am Leben sein, wäre das Geld ins Gesundheitsbudget geflossen und nicht in die atomare Aufrüstung.

Als am Ende des Zweiten Weltkrieges die USA zwei Atombomben über Hiroshima und Nagasaki abwarfen, führte das zum direkten Tod von etwa 300 000 Menschen. Die beiden Atombomben – verstörenderweise mit den harmlosen Namen »Little Boy« (Hiroshima) und »Fat Man« (Nagasaki) – sind im Vergleich zu heutigen Atomwaffen eher winzig in ihrer Zerstörungskraft.[4] Aktuell gibt es zwischen 13 000 und 14 000 Nuklearwaffen weltweit, die meisten von ihnen sind in den USA und Russland stationiert (aber manche eben auch auf europäischem und deutschem Boden).[5] Die Detonation einer einzigen solcher Nuklearwaffe über New York würde zu mehr als einer halben Million Toten führen.[6] Die Fülle des Atomwaffenarsenals ist besonders absurd, wenn man sich klarmacht, dass im Jahr 2021 mehr Staaten Nuklearwaffen besitzen als während des Kalten Krieges.

Doch nicht nur diese Massenvernichtungswaffen sind eine Gefahr für die Sicherheit sehr vieler Menschen: Im Schnitt kommt weltweit alle 15 Minuten jemand durch eine Schusswaffe zu Tode.[7] Und Staaten weltweit, auch die Bundesrepublik Deutschland, bezeichnen die Förderung von nachhaltigem Frieden zwar als eines ihrer außenpolitischen Kernziele. Doch wie soll das zusammenpassen mit der Tatsache, dass Deutschland der viertgrößte Waffenexporteur weltweit ist?[8] Und dass Deutschland in der vergangenen Legislaturperiode von 2017 bis 2021 Kriegswaffen im Volumen von rund 4,5 Milliarden Euro exportiert hat, mit den Hauptempfängerländern Ägypten, Jemen und Libyen?[9]

Im Kapitel zu den theoretischen Grundlagen der Außenpolitik habe ich erklärt, wie es passieren konnte, dass das irrationale Verhalten – die massenhafte Bereitstellung von Waffen, während man auf globalen Frieden hofft – weitläufig als rationale »Realpolitik« angesehen wird. Das war und ist nur möglich in einem patriarchalen Verständnis unserer Gesellschaft. Denn dort gelten Dominanz, Unterdrückung und Zerstörung anderer als legitim, rational und notwendig. In dieser Tradition sind Atomwaffen dann das extremste Werkzeug des Patriarchats aufgrund ihrer immensen Kapazität zu unterdrücken, zu dominieren und zu zerstören.

WAFFEN – EIN FRAUENKILLER

Doch dieser Status quo muss so nicht sein. Er wurde von Menschen – vor allem Männern – geschaffen, und genau daher kann er geändert werden. Das geschah bereits vielmals. Ihren Beitrag dazu leisteten die vielen beeindruckenden Feminist:innen, wie die Friedensnobelpreisträgerinnen Jody Williams und Beatrice Fihn,* die beide führend zum internationalen Verbot bestimmter Waffenarten beitrugen. Jody Williams erhielt 1997 den Friedensnobelpreis für ihren Einsatz zum Verbot von Landminen; Beatrice Fihn ist Geschäftsführerin der *International Campaign to Abolish Nuclear Weapons (ICAN)*, die 2017 für ihren Einsatz zum Verbot von Atomwaffen ebenfalls den Friedensnobelpreis erhielt.

Ihre Arbeit knüpft an die frühen Forderungen der Den Haager Feministinnen im Jahr 1915 an: In einer ihrer 20 Resolutionen forderten sie, dass alle Staaten die Herstellung von Waffen und Munition verstaatlichen und den internationalen Handel davon unter Aufsicht stellen.[10] Wie recht sie damit hatten! Denn solange

---

* Ein Porträt über Beatrice Fihn findet sich auf Seite 287.

in einem kapitalistischen System, das auf Profitmaximierung ausgelegt ist, die Herstellung und Bereitstellung von Waffensystemen derart lukrativ ist, wird es keine aufrichtigen Bemühungen hin zu einem Ende der Überproduktion von Waffen geben. Solange es einen sogenannten militärisch-industriellen Komplex gibt (also die allzu innige Beziehung zwischen Militär und Rüstungsindustrie, zwischen Krieg und Gewinn), werden echte Abrüstung und strengere Kontrollen von Waffenproduktion und -export in weiter Ferne liegen.[11] Die zehn größten Rüstungsunternehmen erwirtschafteten im Jahr 2019 insgesamt einen Umsatz von knapp 250 Milliarden US Dollar,[12] weltweit gaben Staaten im Jahr 2020 etwa 1,96 Billionen US-Dollar für Militär und Verteidigung aus.[13] Im Vergleich dazu wurden im gleichen Zeitraum nur etwa 6,5 Milliarden US-Dollar für die Friedensmissionen der *UN* zur Verfügung gestellt.[14]

Im Rahmen eines Projektes zu *Warum der internationale Waffenhandel ein feministisches Problem ist* veröffentlichten wir beim *CFFP* 2020 ein kleines poppiges Video[15] mit ernstem Inhalt: Zwischen 2015 und 2019 wurden so viele Waffen gehandelt wie seit Ende des Kalten Krieges nicht mehr. Und die folgenden Punkte machen den Waffenhandel zu einem feministischen Anliegen: erstens aufgrund von geschlechtsspezifischer Gewalt. Sie betrifft vor allem Frauen und Mädchen. Gibt es eine Waffe im Haushalt (Waffenbesitzer sind meist Männer), steigt die Wahrscheinlichkeit, dass Frauen im Rahmen von intimer Partnergewalt (›häuslicher Gewalt‹) erschossen werden, erheblich. In den USA werden über die Hälfte der Frauen, die von ihrem (Ex-)Partner umgebracht werden, mit Schusswaffen getötet, insgesamt kommen sogar 84 Prozent aller ermordeten Frauen durch Schusswaffen zu Tode.[16] In mehr als einem Drittel aller Femizide weltweit sind Schusswaffen involviert (in den USA ist es über die Hälfte), und in bewaffneten Konflikten erleiden viele Frauen und

LGBTQI*-Menschen sexualisierte Gewalt. Zweitens, weil Männer in politischen Prozessen zum Thema Waffen überrepräsentiert sind. Mehr als 80 Prozent der Teilnehmenden in Abrüstungs- und Rüstungskontrollprozessen sind Männer, die lediglich eine männliche Perspektive einbringen.[17] Und drittens aufgrund geschlechtsspezifischer Machtverständnisse: Aufrüsten gilt gemeinhin als rational, stark und mächtig – alles Begriffe, die mit Männlichkeit assoziiert sind. Dagegen wird Abrüsten als schwach, naiv und unrealistisch – also weiblich konnotiert – angesehen. Nach dieser Logik gelten Waffen als Synonym für Macht und Waffengewalt als Ausdruck von Macht. »Echte« Männlichkeit bedeutet in diesem patriarchalen Verständnis, Waffengewalt auszuüben und die schwächeren Frauen auch dadurch zu »schützen«. Durch diese irre und irrige Logik wird die Entmilitarisierung des internationalen Systems zusätzlich behindert, denn Regierungen fürchten, als schwach angesehen zu werden, wenn sie sich für Abrüstung einsetzen oder diese gar betreiben.[18]

Ich persönlich glaube, dass Waffenhandel sowie militärische Aufrüstung vor allem deshalb ein feministisches Problem sind, weil Waffen schlicht ein Instrument zur Gewaltausübung sind. Für die Lebensrealität auf unserem Planeten kann jedenfalls ganz eindeutig verallgemeinert werden: Männer fügen Frauen Gewalt zu. Fast alle Gewaltakte werden von Männern begangen. Und fast jede Frau hat eine Form der Gewalt – von Online-Gewalt in Form von Hate Speech und sexuellen Belästigungen[19] über intime Partnerschaftsgewalt, Vergewaltigungen sowie Femizide und Totschlag – durch Männer erlebt. Auch die Zahlen für Deutschland sind erschreckend: Eine bereits 2004 publizierte Umfrage des Familienministeriums ergab, dass jede dritte Frau physische Gewalt erlebt hatte, jede siebte in Gestalt sexuellen Missbrauchs.[20] Das jahrtausendealte Patriarchat hat künstliche Hierarchien zwischen Gruppen von Menschen in unseren Gesellschaften geschaffen. Um dieses System mit seinen weißen Männern des globalen Nordens an der Spitze aufrechtzuerhalten, wird Gewalt gegen Frauen oder rassistische Gewalt eingesetzt. Waffen machen die Gewaltausübung noch viel effizienter und halten somit das Patriarchat am Leben.

Waffen und militärische Aufrüstung erhöhen das Machtungleichgewicht zwischen den Geschlechtern, zwischen dem globalen Norden und Süden oder zwischen anderen mächtigen und weniger mächtigen Gruppen.

Als im Jahr 2000 im *Sicherheitsrat der Vereinten Nationen* die *Resolution 1325* zu *Women, Peace and Security* verabschiedet wurde, fehlte einer der wichtigsten Aspekte, den Feministinnen seit Jahrzehnten lautstark forderten: universelle Abrüstung. Und auch als im Jahr 1918 viele der Resolutionen der Feministinnen, die sich 1915 in Den Haag zu ihrer Friedenskonferenz trafen, in den *14-Punkte-Plan* des US-amerikanischen Präsidenten Woodrow Wilson aufgenommen wurden, blieb die universelle Abrüstung außen vor.[21] Wenn internationale Staaten und Institutionen sich damit schmücken, »die Belange von Frauen« und feministische Perspektiven in internationale Politik einfließen zu lassen, grenzt es doch oft an *Pinkwashing*, wenn mit Abrüstung der Aspekt mit der größten transformativen Wirkung einfach unter den Teppich gekehrt wird. Genau das macht Abrüstung, Demilitarisierung und das Ende des internationalen Waffenhandels zum Kernanliegen von Feministischer Außenpolitik.

MILITARISIERUNG

Was ist Militarisierung, und was bedeutet es, in einer militarisierten Gesellschaft zu leben? Dazu hat die US-amerikanische Politikwissenschaftlerin Cynthia Enloe grundlegend gearbeitet. Ihr zufolge beschreibt Militarisierung die schrittweise kulturelle, symbolische und materielle Vorbereitung auf einen bewaffneten Konflikt.[22] Wenn ein Staat seine Außenpolitik militarisiert, bedeutet das, er investiert in seine militärische Stärke und Fähigkeit. Das kann beispielsweise so aussehen: Es werden Streitkräfte vergrößert, Waffenarsenale aufgestockt sowie Militärbasen und Verbündete gesucht. Am eindrücklichsten scheint dabei die Größe der Armee oder die Zahl (schwerer) Waffensysteme – aber neben der Militarisierung gibt es auch noch den Begriff des Militarismus. Der liegt vor, wenn militärische Grundgedanken innerhalb der Gesellschaft verankert sind, beispielsweise beim Spielzeug, in Kinderspielen, Filmen oder bei Kleidung mit Camouflage-Muster. »Militarismus und Militarisierung gehen miteinander einher und verstärken sich gegenseitig«[23] – so steht es in unserem Policy Briefing zu Militarisierung der deutschen Außenpolitik. In einer anderen Publikation, unserem Manifest für eine Feministische Außenpolitik für Deutschland,[24] schreiben wir weiterhin, dass der Staat einer militarisierten Gesellschaft ständig daran arbeitet, und zitieren Cynthia Enloes Worte, dass »militärische Fähigkeit das bedeutendste und wirksamste Mittel ist, nationale Ziele zu erreichen, und dass Soldat:innen, Waffen und Kriege die notwendigsten und edelsten Instrumente sind, um den Staat zu schützen und voranzubringen«.[25]

KERNZIEL: DEMILITARISIERUNG

Der Prozess der Militarisierung wurde in den meisten Gesellschaften so selbstverständlich, dass er nun ein unbewusster Teil des Alltags ist. Militärparaden, Kinderpistolen sowie unzählige, heroisierende Militär-Spielfilme sind Ausdruck dieses Alltags. Diesen militarisierten Normalzustand können Feminist:innen niemals akzeptieren.[26]

Wie bereits klar geworden sein dürfte, stellt Feministische Außenpolitik feministische Sicherheit über staatliche Sicherheit. Feministische Sicherheit für alle setzt Demilitarisierung voraus. In einer militarisierten hierarchischen Gesellschaft können per Definition nicht alle Menschen sicher sein – im Gegenteil, die Mehrheit der Menschen ist unsicher. Vor allem die bereits marginalisierten.

Militarisierung bedeutet auch, dass eine Armee in immer mehr Bereiche der Gesellschaft vordringt. Dies ist auch im angeblich so friedlichen Deutschland der Fall: Die Bundeswehr geht regelmäßig in Schulen auf Nachwuchsfang und unterhält zentral am S-Bahnhof Friedrichstraße in Berlin einen »Showroom«. Das Rekrutierungsbüro ist voller Werbebroschüren und Modellen von Schiffen. Auf Bildschirmen laufen Videos aus Militärübungen und als Slogan steht *Wir. Dienen. Deutschland* über der Tür. Ein anderes Beispiel ist die Unterstützung der Bundeswehr in Katastrophen- und Krisenfällen. Sie wurde tätig etwa bei der Flutkatastrophe 2002 an der Elbe oder 2021 an der Ahr sowie bei der Kontaktnachverfolgung im Rahmen der Pandemie bei den Gesundheitsämtern. Auch in Impfzentren saßen Helfer im Flecktarn. Dieses Vordringen der Bundeswehr müsste nicht sein, würde man in andere Strukturen investieren. Die Politikwissenschaftlerin Rosa Brooks kommentierte solche Vorgänge mit den Worten: »Wenn man nur einen Hammer hat, ist alles ein Nagel.«[27]

In unserem kurz vor der Bundestagswahl 2021 veröffentlichten Policy Briefing *Wie militarisiert ist die deutsche Außenpolitik?* kritisieren Nina und ihre Co-Autorinnen die zunehmende Militarisierung im Land. In den letzten 20 Jahren hat sich der deutsche Verteidigungshaushalt beinahe verdoppelt – von 24,3 Milliarden Euro im Jahr 2000 auf 45,65 Milliarden Euro im Jahr 2020. Zeitgleich wurde für Abrüstung, Nichtverbreitung und Rüstungskontrolle oder auch Krisenprävention, Stabilisierung und

Friedensförderung nur ein Bruchteil der Gelder - nicht einmal ein Hundertstel der Verteidigungsmittel - ausgegeben.[28] Die fortschreitende Militarisierung Deutschlands zeigt sich auch daran, dass Berlin deutlich, auch im neuen Ampel-Koalitionsvertrag, am Konzept der nuklearen Abschreckung als Sicherheitsgarant festhält und damit auch die Stationierung US-amerikanischer Nuklearwaffen bislang rechtfertigt. Hochproblematisch ist ferner, dass die deutsche Rüstungsindustrie einen exzellenten Zugang zu politischen Entscheider:innen hat. Laut einer 2020 von *Transparency International Deutschland* publizierten Studie gibt es Verflechtungen zwischen Waffen-Lobbyisten und der Politik. Dies zeigt sich etwa am Luft- und Rüstungskonzern *Airbus*, der die *Deutsche Gesellschaft für Auswärtige Politik (DGAP)* zwischen 2013 und 2016 mit mehr als 100 000 Euro jährlich sponserte. Die *DGAP* ist ein u. a. vom Auswärtigen Amt finanzierter Thinktank, der sich als »unabhängige, überparteiliche und gemeinnützige Experten- und Mitgliederorganisation« versteht und mit seiner Arbeit »seit über 60 Jahren die außenpolitische Debatte in Deutschland [prägt]«, wie es in einer Selbstbeschreibung heißt. Der langjährige *Airbus*-Vorstandschef ist heute Präsident der *DGAP*.[29] Der Forschungsdirektor spricht sich öffentlich immer wieder für Rüstungsexporte aus. - Unabhängig geht anders.

Die zunehmende Militarisierung hat weitreichende Folgen in alle Bereiche der Gesellschaft hinein: Gewalt auszuüben und das Militär einzusetzen wird zum Mittel der Wahl in allen Konfliktsituationen. Humanitäre Hilfseinsätze (etwa von Organisationen wie Ärzte ohne Grenzen e. V.) werden zunehmend mit militärischen Zielen verknüpft, auch die gewaltsame Verteidigung von Grenzen wird zur Normalität. Das zeigt sich daran, mit welcher Härte *Frontex, die Europäische Agentur für die Grenz- und Küstenwache*, gegen Flüchtende im Mittelmeerraum vorgeht. Durch die staatliche Legitimierung von Gewalt in Konfliktsituationen wird diese auch innerhalb partnerschaftlicher Beziehungen legitimiert und normalisiert, sodass das Gewaltrisiko für Frauen sowie zur LGBTQI*-Community gehörende Personen steigt.[30]

Mit ihrer militaristischen Haltung entspricht die Bundesregierung nicht den Interessen ihrer Bürger:innen. Denn tatsächlich ist die öffentliche Meinung in Deutschland generell eher antimilitaristisch. »So lehnen beispielsweise 66 Prozent der deutschen Bevölkerung das Konzept der nuklearen Abschreckung ab und stehen der nuklearen Teilhabe Deutschlands kritisch gegenüber.«[31] »80 Prozent der deutschen Bevölkerung lehnen Rüstungsexporte in Konfliktregionen ab, und 64 Prozent lehnen sie grundsätzlich ab [...]«[32], schreiben Nina und ihre Co-Autorinnen in unserem Policy Briefing zur Militarisierung Deutschlands.

ABRÜSTUNG ALS FEMINISTISCHES KERNANLIEGEN IN DER GESCHICHTE

Das Beste an meiner Arbeit zu Feministischer Außenpolitik und als Mitgeschäftsführerin des *CFFP* sind die beeindruckenden Menschen, mit denen ich zusammenarbeiten und interagieren darf. Eine davon ist die Akademikerin Dr. Louise Arimatsu. Eine von Louises vielen Fachgebieten ist die Geschichte des feministischen Aktivismus innerhalb der Abrüstungsbewegung. Die folgende Darstellung greift überwiegend auf Louises Wissen zurück, das sie mit mir für dieses Buch geteilt hat. Ich kann diese von Arimatsu erforschte Geschichte hier nur stark verkürzt darstellen. Doch weil kaum bekannt ist, dass Frauen und Feministinnen seit über hundert Jahren für eine wirklich transformative Abrüstungsagenda kämpfen und damit die geltenden Paradigmen infrage stellen, ist ihre Sichtbarmachung ein wichtiger feministischer Akt.[33]

Der russische Zar Nikolaus II. hatte als Erster die Idee, Abrüstungsbemühungen in internationalen Foren zu besprechen, denn er sah in der Entwaffnung eine Voraussetzung für zwischenstaatlichen Frieden. Dies sollte bei der Ersten Haager Friedenskonferenz von Mai bis Juli 1899 mit Juristen und Politikern aus 26 Staaten umgesetzt werden. Doch das Vorhaben scheiterte, es wurden keine Fortschritte in Sachen Abrüstung erreicht. Der russische Delegierte Fyodor Martens sagte damals: »Die Utopisten, die gefährlichsten Feinde des Fortschritts des Völkerrechts, erwarteten von dieser Konferenz eine allgemeine Abrüstung aller Mächte, ewigen Frieden und die Abschaffung des Krieges«[34] – und mit dieser Einstellung war er nicht alleine. Die größten Utopist:innen waren dabei die Frauen, die sich aktivistisch für Frieden einsetzten. Allen voran gilt das für die *Women's International League for Peace and Freedom (WILPF)*: Sie übergab den Delegierten eine Petition mit über einer halben Million Unterschriften, die sich für die Abrüstungsbemühungen aussprach.[35]

Die Ergebnisse der Haager Friedenskonferenz von 1899 waren für die meisten Frauen und Feminist:innen eine sehr große Enttäuschung. Sie lenkten von nun an mehr Aufmerksamkeit auf die Zusammenhänge zwischen den sozialen und geschlechtsspezifischen Kosten des Wettrüstens sowie Imperialismus, Militarismus und der Unterdrückung von Frauen. Louise Arimatsu macht in ihren Ausführungen deutlich: Die Haager Konferenz von 1899 war trotz des Misserfolgs ein Meilenstein, weil Frauen von nun an begannen, ihre eigene feministische Agenda zur Abrüstung zu entwickeln.[36] Zwischen dieser Ersten Haager Friedenskonferenz und der zweiten im Jahr 1907 nahmen die Militärausgaben in fast allen Staaten zu. Die dritte Haager Konferenz hätte 1915 stattfinden sollen, wurde aber aufgrund des Ausbruchs des Ersten Weltkriegs im Juli 1914 abgesagt. Doch das hielt über 1000 Feministinnen nicht davon ab, sich trotz hoher persönlicher und finanzieller Kosten von April bis Mai 1915 in Den Haag zum Internationalen Frauenkongress zu treffen. Obwohl viele der Forderungen in Wilsons *14-Punkte-Plan* eingingen (ohne die Leistung der Feministinnen zu kennzeichnen), wurde die zentrale Forderung nach universeller Abrüstung nicht aufgenommen, sondern lediglich eine Reduktion von nationaler Aufrüstung.[37]

Der Vertrag von Versailles forderte nur die Abrüstung Deutschlands. Doch der mit ihm ins Leben gerufene *Völkerbund* zielte auf die Minimierung der internationalen Aufrüstung.[38] *WILPF* kritisierte den Versailler Vertrag deutlich – eben auch, dass lediglich eine einseitige Abrüstung beschlossen wurde. So könne es nicht zu Frieden und Sicherheit kommen. Sie forderten universelle, absolute Abrüstung. Die Feministinnen durften nicht an der *Pariser Friedenskonferenz* teilnehmen – und trafen sich dann für den eigenen zweiten *Internationalen Frauenkongress* in Zürich 1919.[39]

Die Schaffung des *Völkerbundes* 1920 war ein wichtiges Ereignis für den feministischen Aktivismus, denn dadurch bekamen die Frauen endlich Zutritt zu den Foren, in denen internationale Politik entschieden wurde. In der Zwischenkriegszeit nahmen die Friedensaktivistinnen zwei Ziele in den Blick: universelle Abrüstung und die Regulierung des privaten Waffenhandels. Doch es tat sich nicht viel. Die *Genfer Abrüstungskonferenz* von 1932 (bis 1936) war ein Wendepunkt für feministischen Aktivismus: Zum ersten Mal in der Geschichte schickten Staaten Frauen als Delegierte, andere Staaten unternahmen entsprechende Schritte, sodass Frauen in die formellen Prozesse aufgenommen wurden. Dies geschah, indem das *Women's Disarmament Committee,* ein Zusammenschluss verschiedener Frauenorganisationen, der im Vorfeld der Konferenz gegründet wurde, einen besonderen Status zugewiesen bekam. Doch auch bei dieser Konferenz wurde keine Einigung beim Thema Abrüstung erreicht. Zunehmende Konflikte, gesteigerte Militarisierung, wachsender Nationalismus und der aufkommende Faschismus trübten die Hoffnung auf friedliche Zeiten. Louise Arimatsu hebt hervor, dass diese frühen feministischen Aktivistinnen nicht bloß darauf bestanden, am politischen Leben teilhaben zu dürfen. Nein, sie wollten die Politik komplett ändern.[40] Und sie taten sich dafür mit Feministinnen auf der ganzen Welt zusammen. Wann immer ich mir klarmache, was alles vor knapp 100 Jahren schon gedacht, gesprochen und gefordert wurde, kommen mir so manch berühmte Worte von feministischen Demonstrationen in den Sinn: *I can't believe I still have to protest this shit.*

Während des Zweiten Weltkrieges pausierte internationaler feministischer Friedensaktivismus für die meiste Zeit. Doch nach dem Krieg, bei der Gründung der *Vereinten Nationen*, waren Feministinnen vorne mit dabei: Frauenrechtsorganisationen wie *WILPF* oder der *Internationale Frauenrat* waren zwei der ersten NGOs, die beratenden Status beim *Wirtschafts- und Sozialrat der Vereinten Nationen (Economic and Social Council, ECOSOC)* erhielten. Dadurch bekamen sie Zugang zu *UN*-Organen wie der *Generalversammlung* und dem *Menschenrechtsrat*. Doch während des Kalten Krieges mit seiner Rivalität zwischen der Sowjetunion und den USA konnte *WILPF* ihr Ziel der universellen Abrüstung nicht besonders vorantreiben. Geopolitik dominierte, und es tat sich ein immer größerer Graben auf zwischen den Nuklearwaffenstaaten und den Staaten, die eine Welt ohne Nuklearwaffen forderten und sich als *Bewegung der Blockfreien Staaten* organisierten.

Feministinnen konzentrierten sich immer mehr darauf, gegen das Testen von Nuklearwaffen vorzugehen.[41] Anfang der 1950er-Jahre appellierte beispielsweise *WILPF* an die junge *Weltgesundheitsorganisation*, die Auswirkungen von Atomtests auf die Gesundheit zu beachten. Doch diese Forderung wurde mit Verweis darauf abgelehnt, dass Atomwaffentests eine politische Angelegenheit seien. Zwei Jahrzehnte später verabschiedete die *WHO* dann eine Resolution, in der sie ein sofortiges Ende der Tests forderte.

In unterschiedlichen Bewegungen wurden Frauen und Feministinnen immer wieder marginalisiert, weshalb sie ihre eigenen Organisationen und Bewegungen formten. Dazu gehört die US-amerikanische friedenspolitische Frauengruppe *Women Strike for Peace*. Am 1. November 1961 mobilisierte sie 50 000 Frauen, die in 60 Städten der USA gegen Atomwaffentests demonstrierten. Dadurch sollen sie zumindest in einem gewissen Umfang dazu beigetragen haben, dass die Regierung Kennedy 1963 den *Vertrag über das Verbot von Kernwaffenversuchen* verabschiedete. Als die *UN* entschieden, 1975 zum *Internationalen Jahr der Frau* zu machen und die erste *UN-Weltfrauenkonferenz* in Mexiko-Stadt abzuhalten, hofften die Feministinnen, dort auch die Forderung nach Abrüstung zu platzieren. Doch das wurde ihnen nicht gestattet, denn manche Staaten wehrten sich dagegen. Abrüstung habe nichts mit Frauenrechten zu tun, wurde argumentiert. Kurzerhand organisierten Feministinnen eine Parallelveranstaltung und machten so viel Lobbyarbeit, dass in die Schlusserklärung dennoch eine Verpflichtung zu allgemeiner und vollständiger Abrüstung aufgenommen wurde.[42]

Auch ist es vor allem *WILPF* zu verdanken, dass Abrüstung Teil der Agenden der folgenden *UN-Weltfrauenkonferenzen* in Kopenhagen (1980) und Nairobi (1985) wurde. Und die *Pekinger Aktionsplattform* (1995) erkennt diese Geschichte des feministischen Aktivismus an, genauso wie die Verhinderung von bewaffneten Konflikten zur Realisierung von Frauenrechten.[43] Obwohl der 1970 in Kraft getretene *Atomwaffensperrvertrag* Atomwaffen besitzende Staaten verpflichtete, diese komplett abzurüsten, und verbot, dass weitere Atomwaffen erworben oder produziert wurden, geschah das Gegenteil: Während des Kalten Krieges wurden immer mehr Nuklearwaffen angehäuft, universelle Abrüstung wurde immer unwahrscheinlicher – Artikel 26 der *Charta der Vereinten Nationen* wurde und wird weiter ignoriert.

Mit dem Ende des Kalten Krieges kümmerten sich die Feministinnen vermehrt um andere Formen der Waffengewalt wie Klein- und Leichtwaffen. Nicht nur Feministinnen forderten damals ein umfassenderes Verständnis von Sicherheit, das eben die Sicherheit des Individuums und nicht des Staates in den Mittelpunkt stellt: Der *Human Development Report* von 1994 brachte das Konzept der *menschlichen Sicherheit* auf die internationale Agenda. In der Folge fand das Konzept der *humanitären Abrüstung* immer mehr Aufmerksamkeit. Indem die Auswirkungen von Waffengewalt auf alle Menschen zu jeder Zeit betrachtet wurde, verschwand der Unterschied zwischen bewaffneten Kräften und Zivilist:innen sowie zwischen Friedens- und Kriegszeiten in der Analyse. Erstmals ging es darum, was Waffen grundsätzlich mit Menschen anrichten, das Thema wurde also ganzheitlich betrachtet, und zwar auch, indem es sich auf das humanitäre Völkerrecht und die internationalen Menschenrechte bezog. Dieses neue Narrativ trug auch zum Verbot von Antipersonenminen 1997 bei, der sogenannten *Ottawa-Konvention*, wofür die Feministin Jody Williams den Friedensnobelpreis erhielt. Auch das Übereinkommen über Streumunition 2008 geht auf das Konto dieser Entwicklung. Die »katastrophalen humanitären Folgen des Einsatzes von Atomwaffen«[44] wurden durch die Vertragsstaaten im Abschlussdokument der Überprüfungskonferenz des Atomwaffensperrvertrags 2010 anerkannt, wodurch der Weg für weitere Diskussionen über die humanitären Auswirkungen von Atomwaffen im Laufe der nächsten Jahre geebnet wurde. Als Resultat wurde 2017 der *Atomwaffenverbotsvertrag (AVV)* verabschiedet, der seit Januar 2021 in Kraft ist. Übrigens hat Deutschland zwar den Konferenzen zur Beratung des *AVV* beigewohnt und der Koalitionsvertrag der neuen Regierung beinhaltet die Verpflichtung, an der Konferenz der Vertragsstaaten zum *AVV* 2022 als Beobachter teilzunehmen, doch bis heute hat unser Land weder die Konsequenzen von Atomwaffen für die Sicherheit von Menschen als Priorität anerkannt noch den *AVV* unterzeichnet.[45]

Feministinnen konnten durch jahrzehntelangen Aktivismus also wesentlich zum internationalen Abrüstungsregime beitragen. Sie haben erkannt, dass »die Atomwaffe ... ein Instrument des Patriarchats« ist.[46] Die Änderung von Narrativen und der Fokus auf *Humanitarian Disarmament** sowie die Analysen des Zusammenspiels von Geschlecht, Macht, Militarismus und Gewalt haben dazu beigetragen, dass ein Umdenken stattfand und neue Realitäten geschaffen wurden.

Doch es besteht eine Gefahr: Dieses Wissen und die Forderung nach Geschlechteranalysen kann am Ende bedeuten, dass lediglich gefordert wird, es müssten mehr Frauen an Rüstungsentscheidungen teilnehmen. Das nennt man dann *Pinkwashing*. Diese Sorgen sind berechtigt und die Entscheidungen oft nicht einfach, wie man beispielsweise am *Vertrag über den Waffenhandel (Arms Trade Treaty, ATT)* sieht. Zwar haben feministische Rechtswissenschaftleri:nnen und Aktivist:innen »möglicherweise eine aktive Rolle bei der Forderung nach Integration der Menschenrechte und einer neuen Bestimmung zu geschlechtsspezifischer Gewalt in den Vertragstext von 2013 gespielt«,[47] doch die Nachteile seien ihnen bewusst gewesen, meint Arimatsu.[48] Denn der *ATT* ist weltweit der erste internationale Vertrag, der den Zusammenhang zwischen Waffenhandel und geschlechtsspezifischer Gewalt thematisiert. Er zielt jedoch darauf ab, den internationalen Waffenhandel zu regulieren – ohne ihn

---

* Ähnlich wie beim Konzept der menschlichen Sicherheit fehlt auch bei *Humanitarian Disarmament* die Anerkennung der unterschiedlichen Betroffenheit einzelner Personengruppen bzw. der Fokus auf marginalisierte Gruppen. Aus feministischer Perspektive ist es essenziell, diese disproportionale Betroffenheit anzuerkennen und zu beseitigen. Trotzdem begrüßen wir beim *CFFP* auch in unserer Publikation hierzu die Einigung auf das Konzept.

grundsätzlich infrage zu stellen oder gar Staaten dazu aufzufordern, ihn zu limitieren. Tatsächlich spricht der Vertrag sogar davon, dass internationaler Waffenhandel zu Frieden und Sicherheit beitragen könnte. Mit einer sehr kritischen Haltung würde man wohl sagen, dass Feminist:innen durch solchen Aktivismus den Waffenhandel legitimieren. Wohlwollende Stimmen würden eher betonen, dass Feminist:innen dazu beitragen, einen Fuß in die Tür zu bekommen und feministische Aspekte in solchen Verträgen zu platzieren. So oder so: Die Übereinkunft zeigt, was passieren kann, wenn feministische Forderungen auf die Realität globaler Machthierarchien treffen.

Feminist:innen wissen: Solange die Treiber des Waffenhandels – die öffentliche und private Kriegsmaschinerie – nicht effektiv angegangen werden, wird es keine universelle Abrüstung geben können. Dass Frauen weiterhin derart stark ausgeschlossen sind von den Bereichen, in denen Waffenregulierung und Rüstungskontrolle besprochen wird, darin sieht Louise Arimatsu ein katastrophales Versagen von staatlicher Verantwortung.[49]

UTOPISCHES DENKEN UND FEMINISMUS

Häufig wird Menschen, die sich für gesellschaftlichen Wandel einsetzen, vorgeworfen, sie seien naiv und ihre Forderungen utopisch. Auch mir wird immer wieder die Frage gestellt, ob denn nicht meine und unsere Forderungen beim *CFFP* utopisch wären. Im April 2021 wurde ich von der *taz* (ausgerechnet!) gefragt: »Sie treten mit Ihrer Organisation für die Abschaffung des Patriarchats, Demilitarisierung und globalen Frieden ein. Sind das nicht völlig utopische Ziele?« Ich antwortete: »Das sind Utopien, ja. Und wir treten für sie ein. Vor 400 Jahren war es völlig utopisch, die Sklaverei abzuschaffen. Um die Jahrhundertwende war das Wahlrecht für Frauen völlig utopisch. Nur Menschen, die Utopien formuliert und für sie gekämpft haben, haben je zu sozialem Wandel beigetragen. Sie haben den Weg dafür bereitet, wie wir heute leben. Trotzdem sind wir natürlich noch weit entfernt, etwa von der Gleichstellung der Geschlechter.«[50] – Per definitionem ist eine Utopie etwas, das *noch* nicht realisiert ist. Es ist eine positiv verstandene Zukunftsvision, die im Falle feministischer Politik als konstruktiv verstanden werden kann. Das bedeutet: Jede Person kann aktiv zur Umsetzung der Utopie beitragen.

EIN NEIN ZUM WAFFENHANDEL

Seit über 100 Jahren setzen sich Feminist:innen für ein Ende des internationalen Waffenhandels ein. Dennoch nehmen die Rüstungsausgaben stetig zu.[51] Doch der 2013 verabschiedete *Vertrag über den Waffenhandel (ATT)* ist der weltweit erste Rüstungskontrollvertrag, der sich explizit in Artikel 7.4 auf geschlechtsspezifische Gewalt bezieht. Dort verpflichten sich die Waffen exportierenden Vertragsparteien, bei ihren Ausfuhren das Risiko zu berücksichtigen, dass diese Waffen »zur Begehung oder Erleichterung schwerer geschlechtsspezifischer Gewalttaten oder schwerer Gewalttaten gegen Frauen und Kinder verwendet werden«[52]. Das übergeordnete Ziel des Vertrags ist, den internationalen Handel mit konventionellen Rüstungsgütern zu regeln, um menschliches Leid zu verringern und einen Beitrag zu Frieden und internationaler Sicherheit zu leisten. Wenn man sich anschaut, was alles zu diesen konventionellen Rüstungsgütern gehört, wird klar, wie viel Tod, Leid und Verderben sie anrichten: Denn das sind unter anderem Kampfpanzer, Schützenpanzer, großkalibrige Artilleriesysteme, Kampfflugzeuge und Kampfhubschrauber, Kriegsschiffe, Lenkflugkörper und deren Abschussgeräte, Klein- und Leichtwaffen und die dazugehörige Munition sowie

Komponenten, um die genannten Waffen zu bauen. Indem der *ATT* geschlechtsspezifische Gewalt sowie Gewalt gegen Frauen und Kinder nennt und indem die *WPS Agenda* in *UN-Resolution 2467* Bezug nimmt auf den *ATT*, ist die Verbindung zwischen feministischen Forderungen und internationalem Waffenhandel eben keine bloße theoretische Ableitung von feministischen Außenpolitiker:innen und Aktivist:innen, sondern klar etabliert in einigen der anerkanntesten internationalen Normen.

Dennoch übersetzt sich der starke Einsatz vieler Regierungen für die *WPS Agenda* – wie auch der deutschen, ganz besonders während seiner zweijährigen nicht ständigen Mitgliedschaft im *Sicherheitsrat der Vereinten Nationen* 2019/2020 – eben nicht in eine restriktive Rüstungs(export)kontrollpolitik oder stärkere Abrüstungsbemühungen. Durch diese Doppelmoral wird der Einsatz für *WPS* und »mehr Frauen am Verhandlungstisch« sehr schnell unauthentisch. Die *WPS Agenda* ist keine Pralinenschachtel, aus der man sich nur rausnimmt, was einem schmeckt. Eine Feministische Außenpolitik muss konsequent und kohärent sein. Ist sie jedoch nicht: Selbst Schweden mit seinem Pionierstatus für Feministische Außenpolitik exportiert viele Waffen, beispielsweise 2018 auch militärische Ausrüstung in Länder, die in den Krieg im Jemen involviert sind.[53] Und wie ist das mit Deutschland? Vertreter:innen der Bundesregierung behaupten gerne, es exportiere keine Klein- und Leichtwaffen. Das täuscht jedoch. Das Auswärtige Amt meint damit, dass Deutschland diese Waffen nicht in sogenannte Drittstaaten exportiert. Das sind Länder, die nicht der *EU* oder *NATO* angehören oder ihr gleichgestellt sind. In diesem Sinne hat Deutschland im Jahr 2020 Klein- und Leichtwaffen sowie entsprechende Munition im Wert von 3,1 Millionen Euro in die USA exportiert.[54] Also zu einer *NATO*-Partnerin, die das gefährlichste Hocheinkommensland für Frauen im Hinblick auf Waffengewalt ist. Gibt es eine Waffe im Haushalt, steigt dort die

Wahrscheinlichkeit um 500 Prozent, dass die Frau gewaltsam von ihrem Partner getötet wird.[55] Rüstungsexporte in *EU-*, *NATO-* und ihnen gleichgestellte Länder werden im Einklang mit den sogenannten *Politischen Grundsätzen der Bundesregierung für den Export von Kriegswaffen und sonstigen Rüstungsgütern* nicht weiter auf ihre potenziellen Auswirkungen auf die Menschenrechte untersucht.[56]

Es geht einfach nicht, sich als Staat oder Außenminister:in »Frauen und Frieden« auf die Fahne zu schreiben und dann so lapidar mit Rüstungsexporten umzugehen. Deshalb haben Nina und ich – und unser *CFFP* – 2020 in einer Studie, die wir im Auftrag von *Greenpeace* zum Zusammenhang deutscher Waffenexporte und geschlechtsspezifischer Gewalt erarbeiteten, deutliche Forderungen aufgestellt: Die Bundesregierung muss das Risiko geschlechtsspezifischer Gewalt als eigenständiges Kriterium in den *Politischen Grundsätzen* aufführen und bei der menschenrechtlichen Folgeabschätzung von Rüstungsexporten verpflichtend berücksichtigen. Dazu gehört das Risiko, dass exportierte Waffen geschlechtsspezifische Gewalt erleichtern können, wie im *ATT* vorgesehen. Denn wie wir bei unserer Arbeit herausfanden, spielt das Risiko bislang kaum eine Rolle, wenn Mitarbeitende des Auswärtigen Amtes beurteilen müssen, ob in den importierenden Ländern die Gefahr von Menschenrechtsverletzungen besteht.[57] Langfristig fordern wir, dass die Bundesregierung eine Strategie für ein Exportende von deutschen Waffen, militärischer Ausrüstung, Technologie und militärischem Wissen sowie ein Ende der Unterstützung deutscher Tochterfirmen der Rüstungsindustrie im Ausland erarbeitet und umsetzt, mit einem klaren Zeitplan und klaren Meilensteinen.[58] Denn Konfliktprävention kann nur durch eine Entmilitarisierung unserer Sicherheitsstrukturen funktionieren.

Der internationale Waffenhandel ist auch deshalb ein urfeministisches Anliegen, da mithilfe von Waffen als Drohmittel geschlechtsspezifische Gewalt ausgeübt wird, auch beispielsweise Vergewaltigungen als Kriegswaffe, die »fast wie eine Massenvernichtungswaffe«[59] wirkt. Das zeigte sich etwa in Ruanda, als 1994 binnen eines Vierteljahres zwischen 250 000 und 500 000 Vergewaltigungen verübt wurden und damit praktisch die Regel waren, wie ein UN-Bericht von 1996 feststellte. »Manche Opfer waren erst zwei, andere 75 Jahre alt. (...) In manchen Regionen waren fast alle überlebenden Frauen vergewaltigt worden.«[60] Zwar sind Männer zu 80 Prozent die Todesopfer von Waffengewalt und bewaffneter Konflikte, doch sind Frauen, Mädchen und nichtgenderkonforme Personen unverhältnismäßig stark von geschlechtsspezifischer Gewalt betroffen, die fast ausschließlich von Männern ausgeübt wird. Verschiedene UN-Institutionen haben bereits anerkannt, dass der Export von Klein- und Leichtwaffen mit geschlechtsspezifischer Gewalt zusammenhängt. Im Report *Securing Our Common Future* der *UN* heißt es: »Ein hohes Level an Waffen und Munition im Umlauf trägt zu Unsicherheit bei, richtet Schaden in der Zivilbevölkerung an, verursacht Menschenrechtsverletzungen und behindert humanitäre Versorgung.«[61]

Ein Ende von (geschlechtsspezifischer) Waffengewalt kann es folglich erst geben, wenn Staaten keine Waffen mehr produzieren sowie im In- und Ausland verkaufen. Bis wir dahin kommen, kann eine umfassende Implementierung des *ATT* einen wichtigen Beitrag leisten, (geschlechtsspezifischer) Gewalt vorzubeugen.[62] Die Hauptforderung muss jedoch ein Ende des internationalen Waffenhandels sein.

EIN NEIN ZU ATOMWAFFEN

Die aktuellen Nuklearwaffenarsenale reichen aus, um die menschliche Existenz zu beenden. Angesichts dessen ist vollkommen unverständlich, warum es auch nicht nur für die gerade erwähnten Klein- und Leichtwaffen oder konventionelle

Waffen Rechtfertigungsversuche gibt, sondern auch Nuklear-waffen unsere Welt angeblich sicherer machen. Die irrationalen patriarchalen Erklärungsmuster machen vor all diesen Gefahren keinen Halt. Wie patriarchal sie wirklich sind, zeigt sich bereits an der Sprache: Carol Cohn zeigt in *Sex and Death in the Rational World of Defense*, dass sexualisierte Sprache (*»Erector Launchers«*, *»Soft Lay Downs«*, *»Deep Penetration«*, *»Orgasmic Whumps«*) den Diskurs zu Nuklearwaffen beherrscht. Mit dieser Sprache bleiben die Realität und der Schrecken des Krieges in weiter Distanz. Der Diskurs beschränkt sich auf die Waffen selbst und verklärt so die fatalen menschlichen Folgen.

Es ist schon beachtlich, wie sogenannte »Realist:innen« bzw. »Realpolitiker:innen« darauf beharren, dass (ihre) Fakten und (ihre) Realität die Ausgangslage für (außen)politische Entscheidungen sein müssten. Wie sie feministische Ansätze zu Außen- und Sicherheitspolitik als naiv und realitätsfern bezeichnen, während gleichzeitig die Argumente für Nuklearwaffen und Konzepte wie »nukleare Abschreckung«, so der US-Friedensforscher Ward Wilson in seinem Buch *Five Myths about Nuclear Weapons*, großteils Hirngespinste sind. Also fernab jeglicher Realität. So argumentiert Wilson, dass Japans Kapitulation 1945 wahrscheinlich gar nicht auf Hiroshima und Nagasaki zurückgeht, wie von Atomwaffen-Befür-worter:innen stets als Rechtfertigung vorgebracht wird. Tatsächlich sei die Kriegserklärung gegenüber Japan vonseiten Stalins und der Sowjetunion ausschlaggebend gewesen. Damit wäre das Argument abgeschwächt, Atomwaffen hätten eine derart extreme Wirkung, dass sie andere Staaten in die Knie zwingen.[63] Das weitverbreitete realpolitische Argument, »nukleare Abschreckung« würde in Kri-sen funktionieren und damit Schlimmeres verhindern, überzeugt Wilson ebenfalls nicht. Immer wieder wird hierfür die »Kubakrise« im Oktober 1962 herangezogen, als die Welt haarscharf an einem heißen atomaren Krieg vorbeischrammte. Die Vereinigten Staaten hatten schon länger Jupiter-Mittelstreckenraketen auf einem türkischen *NATO*-Stützpunkt stationiert, woraufhin die damalige Sowjetunion sowjetische Mittelstreckenraketen auf Kuba platzierte. Der US-amerikanische Präsident John F. Kennedy drohte daraufhin mit dem Einsatz von Atomwaffen, um die weitere Aufrüstung auf Kuba zu verhindern. Dass die Konfrontation der Supermächte nicht in einem Atomkrieg endete, wird immer wieder mit der Macht der nuklearen Abschreckung vonseiten der USA erklärt. Doch Wilson fragt, warum nukleare Abschreckung nicht dazu führte, Kennedy von der Blockade Kubas abzuhalten, wenn damals davon ausgegangen wurde, dass eine solche Blockade ebenfalls zu einem Atomkrieg führen könnte. Ähnlich, so Wilson, habe das damalige Nukleararsenal-Monopol der USA Stalin nicht davon abgehalten, 1948 Berlin zu blockieren. Beim Kräftemessen der konkurrierenden Supermächte musste damals der Westen Berlins aufgrund der sowjetischen Abriegelung per Luftbrücke versorgt werden. Auch hier habe nukleare Abschreckung nicht gewirkt. »Die Geschichte der nuklearen Abschreckung ist verzerrt. Bestimmte Episoden, die auf ein Versagen der nuklearen Abschreckung hinweisen könnten, ließ man leise im Hintergrund verblassen, während andere Episoden als Erfolg bezeichnet wurden und eine Bedeutung erhielten, die sie möglicherweise nicht verdienen«, so Wilson in seinem Buch. »Die Abschreckungstheorie und die von ihr ausgehende Denkschule haben seit den 1950er-Jahren das Denken von außenpolitischen Entscheidungsträgern enorm geprägt. Robert Jervis nannte sie ›die wahrscheinlich einflussreichste Denkschule in der amerikanischen Lehre der Internationalen Beziehungen‹. Doch es ist gut möglich, dass die Macht dieser Denkschule einen negativen Einfluss auf unsere Fähigkeit hatte, die Fakten zu sehen.«[64]

Das Argument, Nuklearwaffen hätten zu jahrzehntelangem Frieden geführt und einen Dritten Weltkrieg verhindert, überzeugt Wilson ebenfalls nicht. Zum einen sei das

Nichtvorhandensein von etwas (also kein dritter Weltkrieg) in keinem anderen Bereich, wie Medizinforschung oder Flugsicherheit, ein überzeugender Beweis. Darüber hinaus hätten andere Gründe dazu geführt, dass ein weiterer Weltkrieg ausblieb. Auf sowjetischer Seite etwa das Ausmaß der Zerstörung (27 Millionen getötete Landsleute im Zweiten Weltkrieg) und in den USA andere zentrale Themen wie der Vietnamkrieg oder auch die Bürgerrechtsbewegung. Hinzu kommen der Beginn der wirtschaftlichen Integration in Europa; Allianzenbildung wie die *NATO* oder der Warschauer Pakt; die Entstehung internationaler Organisationen wie der *Vereinten Nationen*. Und nicht zuletzt seien historisch gesehen längere friedliche Phasen durchaus üblich. Die Geschichten und auch Mythen, die wir uns als Gesellschaft immer wieder erzählen, beeinflussen unsere Entscheidungen und unser Handeln. Genau deshalb müssen wir dringend Theorien wie die der nuklearen Abschreckung und Mythen zur angeblichen Sicherheit durch Atomwaffen hinterfragen.

Laut Aussagen des Chefs des US-amerikanischen Atomwaffenkommandos, Admiral Charles A. Richard, sowie der Vereinigung US-amerikanischer Atomwissenschaftler:innen vom Frühjahr 2021 sei die Gefahr eines Atomkriegs so hoch wie nie zuvor.[65] Atombomben sind der deutlichste und perverseste Ausdruck von patriarchaler Gewalt sowie Dominanz- und Zerstörungsfantasien. Sie sind Ausdruck eines Verständnisses, das Gewalt und physische Kraft als elementar für Sicherheit ansieht. Wer unterdrücken und zerstören kann, ist mächtig. Und sicher. Als 2018 der nordkoreanische Diktator Kim Jong-un tweetete, dass auf seinem Tisch stets ein nuklearer Auslöser stehe, antwortete der damalige US-Präsident Donald Trump: »Würde jemand aus seinem erschöpften und ausgehungerten Regime ihn bitte darüber informieren, dass auch ich einen Nuklearknopf habe, aber einen viel größeren und mächtigeren als er, und mein Knopf funktioniert!« Viel deutlicher kann man das Bedürfnis, mittels Atomwaffen Stärke und Macht zu symbolisieren, nicht ausdrücken. In dieser Logik werden Atomwaffen als maximale Sicherheitsgarantie angesehen. Zu einer Zeit, in der realpolitisches Denken dominierte und kaum hinterfragt wurde und alternative Denkweisen keine Rolle spielten im internationalen Handeln, wurden sicherheitspolitische Institutionen gebaut, die seither diese Dominanz- und Zerstörungsfantasien im Kern ihres Daseins haben: Da ist zuallererst die 1949 gegründete *NATO* zu nennen, die Theorie der nuklearen Abschreckung ist konstituierend für sie: Das Bündnis versteht sich als nukleares Bündnis, solange es Nuklearwaffen gibt. Indem Deutschland eine »nukleare Teilhabe«* mit der *NATO* unterhält, ist es eines von fünf *NATO*-Ländern (neben Belgien, Italien, den Niederlanden und der Türkei), die US-Atomwaffen auf ihrem Staatsgebiet haben: Etwa 15 bis 20 B61-Atombomben sind in dem kleinen Eifel-Ort Büchel auf dem dortigen Luftwaffenstützpunkt der Bundeswehr stationiert (im Ernstfall würden die Atomwaffen von der Bundeswehr nach vorausgegangenem Befehl der:s US-amerikanischen Präsident:in eingesetzt). Ist es überraschend, dass die *NATO* nicht erfreut war (um es diplomatisch auszudrücken), als der *Atomwaffenverbotsvertrag (AVV)* am 22. Januar 2021 in Kraft trat und damit international geltendes Völkerrecht wurde?[66] Wohl kaum. Denn der Vertrag verbietet die Entwicklung, Herstellung, Lagerung und Erprobung sowie den Besitz und den Einsatz von Nuklearwaffen.[67]

Der *Atomwaffenverbotsvertrag* ist eine zivilgesellschaftliche Erfolgsgeschichte. Es ist vor allem der *International Campaign to*

---

* Die nukleare Teilhabe besteht zum einen aus der politischen Teilhabe – Deutschland ist Teil der Nuklearen Planungsgruppe und damit in die Nuklearstrategie der NATO einbezogen – und zum anderen aus der technischen Teilhabe, also der Stationierung US-amerikanischer Atomwaffen auf deutschem Boden.

Abolish Nuclear Weapons (ICAN) – ein Zusammenschluss vieler NGOs – zu verdanken. Der Vertrag wurde am 7. Juli 2017 von den *UN* verabschiedet, wobei mit 122 Ländern zwei Drittel aller Staaten für die Annahme des Vertrages stimmten. Bekannte Gesichter dieser Erfolgsgeschichte wie die Direktorin von *ICAN* Beatrice Fihn, oder Ray Acheson, Autorin des Buches *Banning the Bomb. Smashing the Patriarchy*, sind nicht zufällig dezidiert feministisch. Sie kämpfen für ein Ende dieses maximalen Ausdrucks patriarchaler Gewalt und seiner Möglichkeit, massenhafte genozidale Gewalt zu verursachen.

Ray Achesons Buch zeigt in aller Ausführlichkeit die Geschichte der Bewegung auf, die im Verbot von Atomwaffen resultierte, und die intersektional feministische Kritik am Nukleararsenal. Ihr zufolge ist die feministische Analyse eine Voraussetzung dafür, Nuklearwaffen gewissermaßen als negativen Höhepunkt des zerstörerischen patriarchalen Denkens zu begreifen. In einem solchen Weltbild scheint es in Ordnung, dass die neun Staaten, die Nuklearwaffen besitzen, dazu in der Lage sind, per Knopfdruck Hunderttausende Menschen zu töten und weiterhin zu behaupten, dass dies unsere Welt sicherer mache – und das, obwohl die Mehrheit der Bevölkerung und Staaten die Existenz dieser Waffen in Unsicherheit hält und sie von dieser Mehrheit nicht gewollt sind. Nuklearwaffen haben noch nie jemanden sicher gemacht, sondern ganz im Gegenteil immer nur Tod, Leid und Schaden bedeutet.

Wir dürfen nicht vergessen: Unsere Welt ist nicht zufällig so, wie sie ist. Sie wurde so geschaffen. Von denen mit (militärischer) Macht. Doch Feminist:innen erinnern uns daran, mutig zu sein und dass es sich lohnt, gegen gewaltvolle und zerstörerische Systeme vorzugehen. *ICAN* beispielsweise ließ sich durch die völkerrechtlichen Verbote von Landminen und Streubomben inspirieren und vor allem davon, sich auf die humanitären Folgen von derartigen Waffensystemen zu konzentrieren. Und obwohl es inzwischen insgesamt 86 Unterzeichner für den *Atomwaffenverbotsvertrag (AVV)* gibt, wovon 59 Vertragsstaaten sind, entziehen sich immer noch zu viele diesem wichtigen Schritt, um eine weniger gewaltvolle Welt zu erreichen. Zum einen die neun Staaten, die Nuklearwaffen besitzen (USA, Vereinigtes Königreich, Frankreich, Russland, China, die *Permanent 5*, plus Indien, Pakistan, Israel und Nordkorea), aber auch die *NATO*-Staaten inklusive Deutschland. Staaten wie Deutschland berufen sich darauf, dass der *AVV* dem *Nichtverbreitungsvertrag (NVV)* aus den späten 1960ern widerspreche, was widerlegt ist – sogar der wissenschaftliche Dienst des Bundestags schreibt: »Der *AVV* steht juristisch nicht in Widerspruch zum *NVV*.«[68]). Ungeachtet ihrer Zusagen im Rahmen des *NVV*, die Anzahl ihrer Atomwaffen zu verringern und diese letztlich vollkommen abzuschaffen, geben die atomar bewaffneten Staaten derzeit Milliarden für die Modernisierung ihrer Atomwaffenarsenale aus – und das trotz anhaltender Pandemie und wirtschaftlicher Rezession.[69] Stattdessen hat die *NATO* den *Atomwaffenverbotsvertrag* offen abgelehnt und dies mit der veralteten und zutiefst patriarchalischen Strategie der nuklearen Abschreckung begründet.[70] Dabei veröffentlichten nicht zuletzt 56 ehemalige Staatsoberhäupter, Regierungschef:innen sowie Außen- und Verteidigungsminister:innen aus 20 *NATO*-Mitgliedstaaten – inklusive Joschka Fischer, dem ehemaligen *UN*-Generalsekretär Ban Ki-moon und zwei ehemaligen *NATO*-Generalsekretären – einen offenen Brief, in dem sie dazu aufrufen, dass Staaten dem *AVV* beitreten. Sie schreiben, dass »Atomwaffen in Anbetracht der katastrophalen Folgen ihres Einsatzes für Mensch und Umwelt keinem legitimen militärischen oder strategischen Zweck dienen«.[71] Pünktlich zur Bundestagswahl im September 2021 brachten wir beim *CFFP* daher mit Unterstützung von *ICAN* ein Briefing heraus, das ganz klare Schritte aufzeigt, wie Deutschland zu nuklearer Abrüstung beitragen kann. Eine Umfrage aus dem Jahr 2020 ergab, dass 83 Prozent der Deutschen den Abzug der US-Atomwaffen aus Deutschland befürworten.[72]

Als feministische Organisation steht (nukleare) Abrüstung im Zentrum unserer Arbeit. Natürlich fordern wir daher, dass Deutschland dem *Atomwaffenverbotsvertrag* beitritt. Gleichzeitig kennen wir die Rahmenbedingungen unserer Forderungen, etwa eine breite Akzeptanz für das Konzept der nuklearen Abschreckung innerhalb der Politik (anders als in der Gesellschaft). Dabei ist uns klar, dass radikaler Wandel leider nicht immer direkt möglich ist, sondern mitunter Schritt für Schritt erfolgen muss. Manche dieser Schritte könnte die Bundesregierung unmittelbar tun und damit nukleare Abrüstung voranbringen, andere Schritte würden wohl etwas brauchen und wären wohl erst mittelfristig realisierbar. So sollte die Bundesrepublik – wie das die Ampel-Koalitionäre angekündigt haben – bei der ersten Konferenz der *AVV*-Vertragsstaaten im März 2022 als Beobachterin teilnehmen (wie das im Oktober 2021 die neue norwegische Regierung als somit erster *NATO*-Staat ankündigte).[73] Des Weiteren sollte Deutschland analog zu anderen *NATO*-Mitgliedstaaten wie Norwegen und die Niederlande fordern, dass Atomwaffen nicht mehr durch staatliche Pensionsfonds finanziert werden. Außerdem wäre es gewiss das Mindeste, dass es auf die katastrophalen humanitären, ökologischen und oft rassistischen Auswirkungen aufmerksam machen würde, die atomare Tests, Unfälle und Anschläge haben. Zudem sollten alle US-Atomwaffen aus Deutschland abgezogen werden und – vor allem auch innerhalb der *NATO* – mit gleichgesinnten Mitgliedstaaten ein alternatives Sicherheitskonzept für die *NATO* entwickelt werden, das die *NATO* in Richtung eines »nichtnuklearen Bündnisses« lenkt.[74] Das Setzen einer internationalen Verbotsnorm war bereits bei biologischen und chemischen Waffen wesentliche Voraussetzung für deren Eliminierung – daher ist der *AVV* genau die richtige Strategie, um zu einer Welt ohne Nuklearwaffen zu gelangen.

Jede Außenpolitik, die nachhaltigen Frieden erreichen möchte, muss konsequent auf nukleare Abrüstung hinarbeiten. Bemühungen um Frieden stehen dieser krassesten Ausgeburt patriarchaler Gewalt diametral entgegen. Atomwaffen sind das Produkt dieses »realpolitischen« Denkens, das von internationaler Anarchie und einem negativen Menschenbild ausgeht und Sicherheit nur im Rahmen angedrohter völliger Zerstörung zu denken in der Lage ist. Doch Atombomben bringen niemandem Sicherheit, ganz bestimmt nicht. Da die neun atomaren Staaten jedoch zu den einflussreichsten der Welt gehören, ist der Einsatz für nukleare Abrüstung – der Kampf gegen das Patriarchat – kein Zuckerschlecken. Umso beeindruckender ist, was die Aktivist:innen und Expert:innen rund um *ICAN* erreicht haben. Sie haben Völkerrecht geschaffen und Geschichte geschrieben. Dieser Kampf war und ist stark von feministischem Denken beeinflusst, und er dient als Vorbild für weitere intersektional feministische Anliegen. Es gibt schließlich noch andere Forderungen, die völkerrechtlich verankert werden sollten – beispielsweise das Verbot von vollautonomen Waffensystemen, den sogenannten *Killer Robots* (vollautonome Kampfroboter, -drohnen u. a.).

VOLLAUTONOME WAFFENSYSTEME

Reaching Critical Will – das Abrüstungsprogramm von *WILPF* – definiert vollautonome Waffensysteme wie folgt: »Vollautonome Waffen sind Waffensysteme, die Ziele ohne menschliches Eingreifen selbst auswählen und abschießen können. Vollautonome

Waffen können aktiviert werden, um den Situationskontext auf einem Schlachtfeld zu bewerten und anhand der verarbeiteten Informationen über den erforderlichen Angriff zu entscheiden.«[75] Zu diesem Zweck verwenden sie künstliche Intelligenz (KI), die auf Algorithmen und Datenanalysefunktionen zurückgreift. Vollautonome Waffen unterscheiden sich von ferngesteuerten Waffensystemen wie den aktuell verbreiteten Drohnen: Letztere werden von einem Menschen aus der Ferne gesteuert, während vollständig autonome Waffen nach ihrer Programmierung keine menschliche Führung haben würden.[76] Obwohl bislang noch keine vollautonomen, tödlichen Waffensysteme verwendet wurden, gibt es jedoch Vorgänger, die zu unterschiedlichen Graden autonom und tödlich sind. Insgesamt ist von mindestens zwölf Staaten bekannt, dass sie autonome Waffensysteme entwickeln oder verwenden, darunter Deutschland und viele Atommächte.[77] Sie blockieren natürlich Forderungen nach einem Verbot und behaupten, es sei zu früh für einen völkerrechtlichen Vertrag und ihr Militär profitiere von solchen Waffensystemen. Die USA, Großbritannien, Israel und Südkorea setzen entsprechende Systeme bereits ein.[78]

Autonome Waffen – Waffen ohne ordentliche menschliche Kontrolle – werden die internationalen Dynamiken der Dominanz und Unterdrückung nicht nur verstärken, sondern weiter auf die Spitze treiben. Wenn diese Waffen voll funktionsfähig werden, können Regierungen sie auf oder in der Nähe des Schlachtfelds einsetzen – ohne die Beteiligung von Menschen. Wie bei Drohnen zu sehen ist, führt diese Entfernung und Sicherheit zu einem verstärkten Einsatz von Gewalt und mehr zivilen Opfern. Stellen Sie sich ein Wettrüsten mit Waffen vor, die nicht von Menschen kontrolliert werden und nicht dem humanitären Völkerrecht entsprechen.

Am 21. März 2019 stellte sich die internationale *Campaign to Stop Killer Robots*, die 2013 ins Leben gerufen wurde, der Öffentlichkeit in Berlin. Die Kampagne, die dezidiert feministisch und antirassistisch aufgestellt ist und deutlich auf Gefahren für politische Minderheiten durch künstliche Intelligenz hinweist, fordert ein internationales Verbot autonomer Waffensysteme. Wir, das *CFFP*, waren einem Bündnis von zwölf deutschen NGOs wie *Greenpeace*, *Oxfam*, *Brot für die Welt* und anderen beigetreten, um der damaligen amtierenden schwarz-roten Bundesregierung eine Forderung zu überbringen: Sie sollte sich klar zu der im damaligen Koalitionsvertrag zugesagten globalen Ächtung autonomer Waffensysteme bekennen. »Autonome Waffensysteme, die der Verfügung des Menschen entzogen sind, lehnen wir ab. Wir wollen sie weltweit ächten«, stand im Koalitionsvertrag der *CDU/CSU-SPD*-Koalition und auch die neue Regierung verpflichtet sich zur Ächtung autonomer Waffensysteme. Wir verlangten und verlangen aber darüber hinaus, dass die Bundesregierung sich umgehend und explizit für ein verbindliches Verbot von autonomen Waffensystemen ausspricht bzw. Verhandlungen über einen verbindlichen Verbotsvertrag einfordert, und zwar im Rahmen der Expert:innengespräche der *UN* in Genf zur *Konvention über bestimmte konventionelle Waffen (Convention on Certain Conventional Weapons, CCW)*.* 125 Staaten sind Vertragsparteien der *Konvention*. Die Forderung, autonome Waffensysteme zu verbieten, wird global von mehr als 180 Organisationen in über 65 Ländern als Teil der internationalen Kampagne *Stop Killer*

---

* Diese 1980 verabschiedete Konvention regelt den Einsatz von konventionellen Waffen, die nicht sogenannte ABC-Waffen sind, die also atomar, biologisch oder chemisch wirken. Somit fallen also auch autonome Waffen unter die Regelung dieser *Konvention*.

Robots unterstützt. Auch von vielen Wissenschaftler:innen gab es bereits Unterstützung und Stellungnahmen, dass ein solches Verbot nötig ist.[79] Der damalige Außenminister Heiko Maas forderte 2018 bereits ein Verbot von autonomen Waffen, doch bis heute sind keine Bemühungen zu erkennen, dass Deutschland mit den entsprechenden Verhandlungen beginnt. Immerhin nahm Deutschland bislang an einigen internationalen Treffen hierzu teil und organisierte im April 2020 auch eine Online-Konferenz zum Thema.[80] »Autonome Waffen, sogenannte ›Killer-Robots‹, müssen nicht nur in ausreichendem Maße zwischen Zivilist:innen und Kombattant:innen unterscheiden, sondern auch den Effekt eines jeden möglichen Waffeneinsatzes im Voraus berechnen oder zusätzlich zur Ziel- und Waffenauswahl Abwägungsentscheidungen treffen«, so schrieben wir damals in unserer Pressemitteilung.

Seit 2014 stehen Killerroboter auf der Tagesordnung der *CCW*, seitdem diskutieren die Vertragsstaaten also diese Waffensysteme, und seit 2017 gibt es einen formalen Prozess dazu. Während der Pandemie haben die regelmäßigen alljährlichen Treffen in Genf nicht stattgefunden, bei der gewöhnlich Regierungsvertreter:innen, Diplomat:innen und Zivilgesellschaft teilnehmen. Die Einigung und ein mögliches Verbot sind auch deshalb besonders schwierig, weil die *CCW* ihre Entscheidungen auf der Grundlage von Konsens trifft.

Zum Zeitpunkt, als ich diese Zeilen schreibe, fordern – laut der *Campaign to Stop Killer Robots* – 30 Staaten, mehr als 170 NGOs, 4 500 Expert:innen für KI und Wissenschaftler:innen wie Noam Chomsky oder Stuart Russell,[81] Unternehmer wie Elon Musk, der Generalsekretär der *Vereinten Nationen* António Guterres; das *Europäische Parlament*; 26 Friedensnobelpreisträger:innen sowie 61 Prozent der weltweiten Bevölkerung ein Verbot von autonomen Waffen, also KI-basierten Waffen.[82]

Künstliche Intelligenz basiert auf den Datensätzen, die unsere Gesellschaft bereitstellt. So konnte immer wieder gezeigt werden, dass KI rassistisch und sexistisch ist. Es kann davon ausgegangen werden, dass programmierte Maschinen die innerhalb des Militärs wirkenden toxischen Männlichkeitsbilder fortsetzen würden. Und nicht nur patriarchale Geschlechtertraditionen setzen sich in KI fort, sondern auch rassistische Bias und Stereotype, wie die Netflix-Doku *Coded Bias* in erschreckender Weise dargestellt hat. Die Gesichter von weißen Männern werden am ehesten von *Facial-Recognition*-Technologie erkannt. *Men of Colour* und *Women of Colour* werden viel häufiger nicht erkannt oder falsch zugeordnet.[83] Die KI-Forscherin Joy Buolamwini brachte 2018 gemeinsam mit der ebenfalls sehr anerkannten Expertin zu ethischer KI, Timnit Gebru, eine wegweisende Studie heraus: Sie wiesen eine 0,8-Prozent-Fehlerrate bei Gesichtserkennungssoftware bei Männern mit heller Haut nach. Bei Frauen mit dunkler Hautfarbe lag die Fehlerrate bei 34,7 Prozent.[84] Diese rassistischen Bias im Designprozess, der Produktion, Implementierung und Regulierung[85] hat also nicht nur nachteilige Konsequenzen bei der Entscheidung zu Krediten, sondern kann im Fall von fehlerhafter Gesichtserkennung bei der Verwendung von autonomen Waffensystemen tödliche Konsequenzen haben.

Auch müssen wir uns genau das internationale Machtgefälle ansehen, um zu verstehen, wie problematisch autonome Waffensysteme sind. Das Ungleichgewicht zwischen Staaten des globalen Nordens und des globalen Südens könnte durch Killerroboter noch weiter verstärkt werden, da sich vor allem die Länder des globalen Nordens diese Technologien leisten können. Die vermehrten Drohnenangriffe während der Amtszeit Obamas in Afghanistan, Pakistan, im Iran und in Syrien, wodurch insgesamt mindestens 3000 Menschen getötet wurden,[86] zeigen, wie tödlich der Vorsprung bei technologischen Entwicklungen wirkt. Das zementiert globale Machtgefälle. Die afrikanische Sektion von *WILPF* bemerkte dazu, »dass ihre Länder zwar wahrscheinlich nicht diejenigen sind, die diese Technologien entwickeln und einsetzen, ihre Länder jedoch zu Schlachtfeldern für das Testen und den Einsatz von Killerrobotern werden, genau wie sie es für bewaffnete Drohnen geworden sind«. Da ist es eigentlich nicht überraschend, aber umso trauriger, dass die meisten Länder, die das Verbot von vollautonomen Waffen bislang unterstützen, Länder aus dem globalen Süden sind.

Aus all diesen Gründen darf es keine autonomen Waffensysteme geben. Feministische Außenpolitik verlangt ein bedingungsloses Verbot, da sie sich für feministische Sicherheit und gegen die Militarisierung neuer Technologien einsetzt. Ein solches rechtsverbindliches Instrument könnte in Form eines neuen Protokolls der *CCW* entstehen, wo dieses Anliegen seit 2014 debattiert wird. Würden sich die Befürworter:innen eines Verbots politisch formieren, könnten Killerroboter aber auch durch einen Vertrag verboten werden, der über einen eigenständigen Prozess ausgehandelt wird. Übereinkommen zu Verboten zu *Antiperso-nen-Landminen* 1997, *Streumunition* 2008 oder *Nuklearwaffen* 2021 zeigen, wie es geht.[87]

Solch ein Verbot würde im Übrigen auch dem demokratischen Willen der Bevölkerung entsprechen: 72 Prozent der Befragten in Deutschland sprechen sich gegen autonome Waffen aus. Und sogar der *Bundesverband der Deutschen Industrie (BDI)* forderte einen solchen Vertrag, genauso wie insgesamt 20 000 Informatiker:innen aus der *Gesellschaft für Informatik e. V.*[88]

FAZIT: KEINE SICHERHEIT IM PATRIARCHAT

Egal um welche Arten von Waffen es also geht – seien es Klein- und Leichtwaffen, Atomwaffen, vollautonome Waffen oder waffenähnliche Methoden im Cyberspace,* der immer mehr militarisiert wird – sie alle haben gemeinsam, dass sie zur Unterdrückung von und Machtausübung über andere Staaten und letztendlich andere Menschen verwendet werden. Alle diese Formen der Gewaltanwendung sind Mittel des Patriarchats und folgen einer Logik der Dominanz und staatlichen Sicherheit im Zentrum allen Denkens. Wenn wir dieser Logik weiter folgen, werden wir niemals wirkliche Sicherheit für alle Menschen erreichen können. Denn Feminist:innen wissen schon seit sehr langer Zeit: Waffen machen uns nicht sicherer. Sie schaffen keinen Frieden und schon gar keine feministische Sicherheit. Wir brauchen eine Welt, in der alle Menschen sicher leben können. Und zwar wirklich sicher. Unzählige »Realpolitiker:innen« stempeln diese Forderung als naiv und blauäugig ab. Aber wenn die Abschaffung von Krieg, Gewalt und bewaffneten Konflikten und die Herstellung von Frieden und Sicherheit für alle nicht unser endgültiges Ziel ist, was denn bitte dann?

---

* In den vergangenen Jahren wurde der Cyberspace zunehmend als unsicher und feindlich beschrieben, wodurch »Cybersicherheit« zunehmend zur Priorität nationaler Sicherheit weltweit wurde. Und zu Recht. Aus dem Netz kommende Bedrohungen für kritische öffentliche Infrastrukturen oder Cyberattacken stellen eine reale Gefahr dar. Doch Feminist:innen kritisieren, wie auf diese Bedrohung reagiert wird. Diese Militarisierung des Cyberspace kann schließlich zu echter physischer Gewalt führen.

**BONNIE JENKINS:
»ES IST UNSERE AUFGABE,
IMMER UND IMMER WIEDER
DEN STATUS QUO
ZU HINTERFRAGEN.«**

Bonnie Jenkins ist eine der qualifiziertesten Sicherheitsexpertinnen in den USA: Sie hat zwei Masterabschlüsse, zusätzlich einen Abschluss als Juristin sowie einen Doktortitel in Internationalen Beziehungen, diente in der *US Air Force* und wirkte unter anderem als Botschafterin des US-Außenministeriums zu internationaler Sicherheit und Nichtverbreitung von Massenvernichtungswaffen. Im Juli 2021 wurde sie vom US-amerikanischen Senat als Unterstaatssekretärin für Rüstungskontrolle und internationale Sicherheitsangelegenheiten bestätigt. Damit ist sie die erste Schwarze Person überhaupt auf dieser Staatssekretär:innen-Ebene.

2017 gründete sie die Organisation *Women of Color Advancing Peace and Security (WCAPS)*. Vor *WCAPS* gab es keine Plattform, die die Perspektive und Stimme von *People of Colour*, insbesondere von Schwarzen Frauen und *Women of Colour*, organisiert zum Ausdruck brachte. Dank Bonnies unermüdlichem Einsatz haben *Women of Colour* nun eine starke politische Vertretung.

Bereits vor ihrer Arbeit zum Thema Rüstungskontrolle und Diversität beschäftigte Bonnie vor allem die Frage, wie sie ihrer Gemeinschaft und der Gesellschaft mit ihren Fähigkeiten dienen, Dinge bewegen und verbessern kann. Sie wuchs in der Bronx in

New York auf und besuchte eine Schule an der wohlhabenden Upper East Side. Schon früh gewöhnte sie sich daran, oft die einzige Schwarze Person und Frau im Raum zu sein. Eher zufällig entdeckte sie während eines ihrer Praktika in Washington, D. C., ihre Leidenschaft für das Thema Rüstungskontrolle. Nach und nach fiel ihr auf, wie wenig diverse Stimmen es in diesem Berufsfeld gab. Eine Frau in einem Raum voller Männer reicht nicht aus, um Entscheidungen langfristig und nachhaltig zu beeinflussen, ist Bonnie überzeugt. Es braucht mehr Stimmen, mehr Frauen, mehr *People of Colour*, mehr Diversität.

Bonnie zufolge hat vor allem der Diskurs um Feministische Außenpolitik einen inklusiven Raum geschaffen, in dem kritisch und aus verschiedenen Perspektiven der Status quo hinterfragt werden kann. Was bedeutet es aber genau, sich feministisch mit Sicherheit und Abrüstung auseinanderzusetzen? Frieden und nicht Gewalt müsste dafür in den Mittelpunkt gestellt werden, so Bonnie. Ihr ist es wichtig, dass intersektional, zukunftsgerichtet und im Sinne langfristiger Nachhaltigkeit gedacht wird und Diplomatie den höchsten Stellenwert bekommt.

Eines der Bücher, das sie gerade liest, ist *Badges without Borders – How Global Counterinsurgency Transformed American Policing* von Stuart Schrader.

12 DIE ZUKUNFT DER AUSSENPOLITIK IST FEMINISTISCH

> *Denn die Werkzeuge des Sklavenhalters*
> *werden sein Haus niemals zum Einsturz bringen.*
> *Sie erlauben uns vielleicht kurzzeitig,*
> *ihn in seinem eigenen Spiel zu schlagen,*
> *aber sie werden uns nie in die Lage versetzen,*
> *wirklichen Wandel herbeizuführen.*
>
> AUDRE LORDE

Wir hatten es geschafft, nach viel Networking und Vorbereitung: Im Februar 2020 organisierten Nina, ich und unser *CFFP* die erste Veranstaltung zu Feministischer Außenpolitik bei der *Münchner Sicherheitskonferenz*. Diese beschreibt sich selbst als »weltweit führendes Forum für Debatten zu den drängendsten internationalen Sicherheitsrisiken«.[1] Bei der alljährlich im Hotel *Bayerischer Hof* stattfindenden Tagung treffen sich an die tausend Teilnehmenden inklusive Staatsoberhäupter, Regierungsvertreter:innen, Abgeordnete, Journalist:innen, Wirtschaftsvertreter:innen sowie Geschäftsführer:innen internationaler (zivilgesellschaftlicher) Organisationen, um sich jenseits des Protokolls über die drängendsten Fragen zur Sicherheits- und Außenpolitik auszutauschen. In diesem Rahmen, vor knapp 150 Menschen, hielt ich eine Rede, die ich nach den letzten Veranstaltungen des Vortages bis weit nach Mitternacht noch fertigstellte. Ich war aufgeregt, denn es waren viele hochrangige Politiker:innen sowie Entscheidungsträger:innen im Raum, wie die damalige Chefanklägerin des *Internationalen Strafgerichts*, Fatou Bensouda, der damalige

Staatsminister im Auswärtigen Amt, Niels Annen, oder Friedensnobelpreisträgerin Beatrice Fihn – sie alle sprachen auch auf unserer Veranstaltung. Im Publikum saßen Menschen – überwiegend Frauen –, zu denen ich aufschaue, wie die Menschenrechtsverteidigerin Düzen Tekkal oder die damalige Bundestagsvizepräsidentin und heutige Kulturstaatsministerin Claudia Roth.

MEIN WUNSCHZETTEL FÜR EINE ZUKUNFTSGERECHTE AUSSENPOLITIK

»Eine Vision zu haben, bedeutet, den patriarchalen Status quo infrage zu stellen. Lasst uns abrüsten. Den Export von Waffen stoppen. Feministische Zivilgesellschaft finanzieren. Lasst uns Geschlechterkonfliktanalysen zum Standard machen. Internationale Beziehungen anders unterrichten. Toxische und gewalttätige Männlichkeit angehen. Tödliche autonome Waffensysteme verbieten. In Außenministerien Macht gerecht aufteilen. Menschenrechtsverteidiger:innen schützen. Den militärisch-industriellen Komplex zerschlagen. Friedensministerien aufbauen. Lasst uns menschliche Sicherheit zur Priorität machen.«

Das ist ein Ausschnitt meiner Rede während unserer Veranstaltung bei der *Münchner Sicherheitskonferenz* 2020 – ein kurzer, knackiger Wunschzettel für Kernelemente einer Feministischen Außenpolitik. Eine solche muss natürlich immer auf den jeweiligen Kontext – zugeschnitten auf einen bestimmten Staat oder eine bestimmte Organisation – angepasst werden. Genau das haben wir beim *CFFP* kurz vor den deutschen Bundestagswahlen im September 2021 gemacht: ein Manifest für eine Feministische Außenpolitik für Deutschland verfasst. Aufgeschrieben, wie genau wir uns die Zukunft der deutschen Außenpolitik vorstellen, die Menschenrechte, menschliche Sicherheit und die Zerschlagung des Patriarchats in den Mittelpunkt stellt – und somit die einzige

Form der Außenpolitik ist, die wirklich nachhaltigen Frieden schaffen kann. Denn im Patriarchat kann es keinen Frieden für alle geben. Unterdrückung, Zerstörung und Dominanz passen nicht mit Frieden und Sicherheit zusammen. Haben sie noch nie.

Als wir uns in den letzten Zügen der Erstellung des Manifests befanden, wurde uns allen weltweit vor Augen geführt, wie ein außenpolitisches Desaster aussehen kann. Ein Desaster, das so nicht gekommen wäre, wenn Außenpolitik aufrichtig an feministischer Sicherheit und Menschenrechten ausgerichtet wäre und die Forderungen von Menschenrechtsverteidiger:innen und feministischer Zivilgesellschaft im Mittelpunkt internationaler Politikentscheidungen ständen: Afghanistan.

HOFFNUNGSLOS: AFGHANISTAN 2021

2001, nach den Anschlägen auf das World Trade Center, verkündete der damalige US-Präsident George W. Bush den *War on Terror*. Es handelte sich um eine neue Form des Krieges, denn er richtete sich nicht in erster Linie gegen ein bestimmtes Land, sondern vor allem gegen nichtstaatliche Akteure und Gruppen: die Taliban. Die in Afghanistan beheimatete islamistische Terrorgruppe hatte von 1996 bis Oktober 2001 großen Einfluss im Land und stellte auch die Regierung. Die Taliban wurden auch verdächtigt, mit Osama bin Laden den Drahtzieher und Finanzier der Anschläge zu schützen und ihm Unterschlupf zu gewähren.

Expert:innen sagen, dass die USA im Nachgang von 9/11 dringend ein Ziel und eine Rechtfertigung für ein militärisches Vorgehen suchten.[2] Die Misshandlung und Entrechtung von Frauen durch die Taliban wurden im Zuge dessen zum medialen Thema, das US-Außenministerium veröffentlichte gar einen Bericht zu *The Taliban's War Against Women*. Nach dem von den

USA angeführten Militärschlag gegen die Taliban (*Operation Enduring Freedom*) im Oktober 2001, durch den die Taliban gestürzt wurden, wandte sich im November 2001 die damalige *First Lady* Laura Bush an ihre Landsleute. In ihrer Radioansprache sagte sie, dank der militärischen Erfolge der USA seien die afghanischen Frauen nun nicht länger in ihren Häusern eingesperrt. »Der Kampf gegen den Terrorismus ist auch ein Kampf für die Rechte und Würde von Frauen«, so Bush.[3] Immer wieder wurden in den 20 Jahren des Afghanistaneinsatzes Frauenrechte herangezogen, um den militärischen Einsatz zu rechtfertigen. Dieses vermeintlich »feministische« Narrativ, kombiniert mit kolonialem Gedankengut und Rassismus, erzeugte die glaubhafte Erzählung von den »anderen Männern« – also Muslimen –, die Frauenrechte missachten würden, und die notwendige Rettung dieser Frauen durch Männer aus dem globalen Norden. Das schürt Islamfeindlichkeit weltweit und bekräftigt das bereits erwähnte Bild des *White Savior*. So konnte in der ersten Zeit des Einsatzes eine breite Unterstützung der US-amerikanischen Bevölkerung für den Einsatz in Afghanistan gewonnen werden.[4]

Menschen- und Frauenrechte, so fordern wir das ja auch, sollen natürlich im Zentrum außenpolitischen Handelns stehen. Und manchmal braucht es sicherlich auch militärische Mittel im Sinne von Schutzverantwortung (R2P), um Menschen vor Verbrechen gegen die Menschlichkeit zu schützen. Aber – und das ist eben genauso die Kernforderung Feministischer Außenpolitik: Diese menschenrechtsbasierte Außenpolitik muss die Stimmen der Betroffenen und besonders (feministischer) Zivilgesellschaft unbedingt hören und sich über deren Belange und Gefährdung informieren. Genau das passierte in Afghanistan nicht. Nicht am Anfang und nicht zum Ende des Engagements vor Ort. Besonders eklatant war das Versäumnis in den Monaten, Wochen und dramatischen Tagen, bevor der letzte US-Soldat am 30. August 2021 afghanischen Boden verlassen sollte. Am 18. August, drei Tage nachdem auch Kabul an die Taliban fiel und sich an Evakuierungsflugzeugen festklammernde Menschen vom Himmel in den Tod stürzten, tweetete Sanam Anderlini: »Seit Jahren forderten wir Regierungen, die *UN*, Journalist:innen auf, sie sollten mit afghanischen Frauen, Friedensaktivistinnen und Menschenrechtsverteidigerinnen sprechen und sicherstellen, dass sie gehört werden. Immer herablassend behandelt und nicht beachtet. Auf einmal sind plötzlich alle besorgt und wollen mit ihnen sprechen.«[5]

Am 15. August, als Kabul von den Taliban eingenommen wurde, verbrachte ich den Sonntag mit meinem besten Freund in Berliner Museen, als sich plötzlich die Nachrichten überschlugen und mein Handy klingelte. Eine unserer Partnerorganisationen, *medica mondiale*, die Frauenrechtsverteidigerinnen vor Ort in Kabul hat, brauchte dringend unsere Unterstützung. Sie fragten, ob wir mit Kontakten in die Führungsebene des Auswärtigen Amtes helfen können, es müsse jetzt alles ganz schnell gehen. Die Organisation war seit 20 Jahren im Land aktiv und unterstützte dort Überlebende sexualisierter Gewalt. Bereits im Frühjahr 2021 waren sie alarmiert, seit die internationalen Truppen ihren bedingungslosen Abzug aus Afghanistan vorbereiteten und die Taliban in immer mehr Provinzen vorrückten. Die Frauenrechtsverteidigerinnen und Aktivistinnen sorgten sich um ihr Leben, die Sicherheitsmaßnahmen in den Büros in Herat, Masar-i-Scharif und Kabul wurden ausgebaut. Drei Tage bevor Kabul an die Taliban fiel, schafften es die Aktivistinnen von *medica* noch, die massiv gefährdeten Frauen aus Herat und Masar-i-Scharif in die Hauptstadt zu bringen, wo sie sich sicher wähnten. Doch ab dem 15. August drohte ihnen nun auch dort Lebensgefahr.

Noch an jenem Sonntag telefonierten wir mit einer Vertreterin der Führungsetage des Auswärtigen Amtes und brachten die Bedrohungslage für diese Frauen nachdrücklich auf die Agenda.

In den nächsten Tagen und Wochen erhielten wir unzählige verzweifelte E-Mails mit Namen, in der Hoffnung, dass wir irgendwie helfen könnten, diese Personen auf die Listen für Evakuierungsflüge der Deutschen zu bringen. Drei Tage nach diesem Sonntag launchten die Menschenrechtsverteidigerin Düzen Tekkal und ich gemeinsam mit unseren Organisationen *Hawar.help* und *CFFP* die Initiative *Defend Afghan Women's Rights*. Damit wollten wir die unzähligen Hilfs- und Spendenangebote, die wir beide bekamen, für die betroffenen Organisationen bündeln und orchestrieren (am Ende kamen innerhalb von zwei Wochen 160.000 Euro zusammen) und medial wirksam politische Forderungen stellen. Zu diesen gehörten: sicheres Geleit für die Frauenrechtsverteidigerinnen und ihre Familien zum Flughafen, eine verbindliche Bestätigung ihrer Namen für die Evakuierungsflüge, eine Öffnung des Kabuler Flughafens über August hinaus sowie Evakuierungs-Sonderkontingente für besonders gefährdete Personengruppen wie Journalistinnen oder Politikerinnen.[6] Viel zu viele der Frauen konnten nicht gerettet werden und befinden sich, als ich diese Zeilen schreibe, weiterhin in Verstecken in Lebensgefahr.

Zwei Wochen später, am 31. August, hielten Düzen und ich eine Pressekonferenz, unter anderem mit der aus Afghanistan geflohenen Bürgermeisterin der Stadt Maidan Shahr, Zarifa Ghafari. Sie wirkte an dem Tag, nachdem die USA als letzte Nation die Evakuierungsflüge eingestellt hatten, sichtlich mitgenommen. Was wäre auch sonst zu erwarten gewesen, nachdem sie über Nacht ihr Heimatland verlassen und so viele Schwestern in Ungewissheit zurücklassen musste. Ghafari wirft der internationalen Gemeinschaft vor, Afghanistan zu dem Kriegsgebiet gemacht zu haben, das es heute ist. Wer jetzt immer noch schweige und sich nicht für die Rechte afghanischer Frauen einsetze, der mache sein Gerede von Frauen- und Menschenrechten lächerlich – so sagte sie es in die Kameras.[7]

In den letzten 20 Jahren des US-Einsatzes in Afghanistan hatten sich die afghanische Zivilgesellschaft und insbesondere die Frauenorganisationen gut aufgestellt. Sie leisteten während der ganzen Zeit schon wertvolle Arbeit vor Ort, egal ob in der Politik, im Gesundheitssystem oder im sozialen Bereich. Sie waren sehr gut vernetzt und wurden teilweise von männlichen Politikern um Hilfe gebeten, da man großen Einfluss auf die Gemeinden vermutete.[8] Afghanische Frauenrechtsverteidigerinnen und Friedensaktivistinnen forderten seit Jahren, dass dieses Engagement und diese Arbeit ernst genommen und gewürdigt werden und sie als gleichberechtigte politische Partner:innen einen Platz am Tisch bekommen sollten. Insbesondere an dem Tisch, an dem ein neuer Friedensvertrag verhandelt werden würde.

Nach langen Vorverhandlungen begannen dann bereits am 12. September 2020 die innerafghanischen Friedensverhandlungen in Doha, Katar. Der Prozess wurde von der Trump-Regierung angestoßen im Zusammenhang mit dem angekündigten Abzug aller ausländischer Truppen. Und obwohl belegt ist, dass Friedensverhandlungen wirksamer sind und Frieden länger hält, wenn Frauen an ihnen beteiligt sind, und der amerikanische *Women, Peace and Security Act* von 2017[*] sogar rechtlich bindend vorschreibt, dass die Teilnahme von Frauen an Friedensprozessen gefördert werden muss, waren insgesamt nur vier Frauen überhaupt bei den Verhandlungen in Doha anwesend, in einer späteren Verhandlungsrunde in Moskau war es sogar nur noch eine Frau.[9] Stattdessen erhielten afghanische *Women Peacebuilders*, die ihr Leben der Friedensbildung in ihrem Land widmen, bereits Anfang 2020 Briefe, worin man sie aufforderte, lieber

---

[*] Durch die Verabschiedung des *Women, Peace and Security Act* von 2017 wurden die Vereinigten Staaten das erste Land der Welt mit einem umfassenden Gesetz zu *Women, Peace and Security (WPS)*.

zu schweigen.[10] Damals bereiteten sich die USA, die *UN* und andere internationale Akteure endlich auf die Begleitung des Friedensprozesses vor. Die Aktivist:innen hatten diesen schon lange vorher gefordert, unter der Bedingung, dass alle zivilgesellschaftlichen Akteur:innen – zum Beispiel Frauen und Jugend – eingeschlossen wären und ihnen eine gleichberechtigte Stimme gegeben werden solle.[11]

Zuletzt im April 2021 veröffentlichte ein Zusammenschluss aus überwiegend afghanischen Frauenrechts- und Zivilgesellschaftsorganisationen einen offenen Brief an die »Freunde Afghanistans« sowie die Regierungen der Türkei, Katars, der USA, Norwegens, Kanadas, Großbritanniens, Irans, Pakistans, an die *UN, EU* und andere europäische Staaten, die in die Unterstützung des Friedensprozesses involviert sind (wie auch Deutschland). Darin fordern sie, dass diese Staaten ihren hehren Worten für die Wichtigkeit von Frauenrechten endlich Taten folgen lassen und sie ihren Verpflichtungen zu *Women, Peace and Security* nachkommen sollen. Dazu gehört, dass Zivilgesellschaft und besonders *Women Peacebuilders* effektiv an den Friedensverhandlungen beteiligt werden.

Konkret stellten sie folgende Forderungen an die genannten Staaten: Sie sollten sich dafür einsetzen, dass *Women Peacebuilders* als eigenständige, unabhängige Delegation als dritte Partei neben den Taliban und der afghanischen Regierung teilnehmen dürfen und dass die afghanische Regierung mehr Frauen in ihre Delegation aufnimmt, vor allem solche Parlamentarierinnen mit Expertise zu Frauen- und Menschenrechten. Falls afghanische *Women Peacebuilders* weiterhin ausgeschlossen würden, sollten die adressierten Staaten sie in die eigene Delegation aufnehmen.[12] Sie wurden ignoriert. Viele dieser Frauen haben seit Beginn des Friedensprozesses davor gewarnt, dass der Schutz der Menschenrechte und der zivilen Bevölkerung unter den Tisch

fallen wird, wenn Frauenrechtsaktivistinnen und die Zivilgesellschaft nicht beteiligt werden. Sie befürchteten, dass die hart
erarbeiteten Fortschritte für Frauen leichtfertig für die Aussicht
auf eine schnelle Einigung in den Prozessen geopfert werden
würden.[13] Sie sollten mit ihrer Warnung recht behalten. Seit der
Machtübernahme der Taliban im August 2021 haben zwar viele
Länder ihre Botschaften in Kabul evakuiert und ihre finanziellen
Unterstützungen des Landes gestoppt, doch selbstverständlich
wird auch auf lange Sicht wieder versucht werden, Friedensverhandlungen in Afghanistan zu führen. Die Situation der Frauen
wird in diesen Verhandlungen jetzt, wo die Taliban die Macht
übernommen haben, jedoch sehr wahrscheinlich noch prekärer
sein, wer weiß, ob sie überhaupt beteiligt werden.[14]

Ich erinnere mich gut an eine Veranstaltung in einer diplomatischen Vertretung eines *NATO*-Partners in Berlin etwa zwei
Jahre vor dem Truppenabzug aus Afghanistan. Ein ranghoher
deutscher Diplomat sagte damals, man müsse Kompromisse
eingehen. Ein Thema wie die Rechte von Frauen sollte einem
möglichen Friedensprozess mit den Taliban nicht im Wege stehen. Da müssten Abstriche gemacht werden. Er meinte das völlig
ernst: Man könne »Frieden« schaffen, obwohl mindestens die
Hälfte der Gesellschaft massiv unterdrückt wird. Genau das ist
das patriarchale eindimensionale Verständnis von internationaler
Politik, das ich so kritisiere und gegen das sich eine Feministische
Außenpolitik wendet. Es steht völlig konträr zu dem Verständnis
von Frieden und Sicherheit, das Feminist:innen weltweit vertreten.

DAS CFFP-MANIFEST

Was wir bei *CFFP* unter Frieden und Sicherheit verstehen und
wie sich dies in konkrete Forderungen zu den Teilbereichen von
Außen- und Sicherheitspolitik übersetzt, das zeigten wir also

pünktlich zur Bundestagswahl 2021. Zehn Tage vor der Wahl veröffentlichten wir unsere Forderungen einer Feministischen Außenpolitik für Deutschland, stellten sie in einer internationalen Digitalveranstaltung vor und schickten sie an eine Vielzahl von Vertreter:innen der demokratischen Parteien sowie weiterer Kontakte in Ministerien und Zivilgesellschaft. Dieses Manifest ist eine Teamleistung des *CFFP* – von Nina Bernarding, Sheena Anderson, Antonia Baskakov, Damjan Denkovski, Annika Kreitlow, Anna Provan, Janika Lohse und mir.

Wir schreiben: Eine Feministische Außenpolitik erkennt an, dass die historische außen- und sicherheitspolitische Praxis weltweit zu einem äußerst unsicheren, ungerechten und destruktiven Status quo geführt hat, der die allermeisten Menschen im Stich lässt. Sie denkt die nationalen Interessen eines Landes neu, indem sie feministische Sicherheitsverständnisse an erste Stelle setzt und den Schwerpunkt vom Staat auf das Individuum als wichtigsten Bezugspunkt für Sicherheit lenkt. Eine Feministische Außenpolitik hinterfragt, wer Macht besitzt und warum. Sie setzt sich proaktiv für die Beseitigung von Ungerechtigkeiten, Unterdrückung und Ausgrenzung ein, die dominante und unterdrückende Machtstrukturen stützen. Sie erkennt an, dass die bisherige Außenpolitik von patriarchalen und rassistischen Stereotypen sowie von kolonialen Vermächtnissen beeinflusst wird, und arbeitet daran, diese Einflüsse zu überwinden.

Wir benennen ebenfalls Grundsätze, die jeder Feministischen Außenpolitik zugrunde liegen müssen. So muss eine Feministische Außenpolitik auf einem fundierten Verständnis von Geschlechterverhältnissen beruhen. Das bedeutet, dass die strukturellen Machtunterschiede und -hierarchien aufgrund des Geschlechts und aufgrund gesellschaftlicher Zuschreibungen zu den jeweiligen Geschlechtern (Gender) gesehen und analysiert werden müssen. Des Weiteren muss eine Feministische

Außenpolitik intersektional, antirassistisch und antimilitaristisch sein. Sie muss in ihrem Ansatz kohärent sein, also in einer Innenpolitik verankert, in der innerhalb der Landesgrenzen die gleichen Werte gelten wie außerhalb. Und indem sie die historisch zentrale Rolle der (feministischen) Zivilgesellschaft bei der Erreichung von Menschen- und insbesondere Minderheitenrechten anerkennt, stützt sich Feministische Außenpolitik auf ebendiese erstrittenen Menschenrechte und orientiert sich an der (feministischen) Zivilgesellschaft sowie breiteren gesellschaftlichen Bewegungen. Feministische Außenpolitik setzt auf Zusammenarbeit statt Dominanz, ist auf Klimagerechtigkeit ausgerichtet, arbeitet transparent und übernimmt Verantwortung. Sie verfolgt präzise, messbare Ziele, sodass die Zivilgesellschaft und alle, die mit ihrer Umsetzung betraut sind, genau verstehen, was der Staat mit seiner Außenpolitik bis wann und mit welchen Mitteln erreichen möchte.

Was in unserem Manifest ausführlich dargestellt wird, zeige ich im Folgenden in aller Kürze auf. Außen- und Sicherheitspolitik umfasst sehr viele Bereiche. Wir konzentrierten uns auf ausgewählte.

FRIEDEN UND SICHERHEIT

Feministische Außenpolitik setzt auf feministische Sicherheitsverständnisse anstelle von militarisierten Vorstellungen staatlicher Sicherheit. Sie gibt Geld dafür aus, strukturelle Ungleichheiten zu überwinden und gewaltsame militarisierte Machtverhältnisse zu verändern – es geht ihr also um mehr als die bloße Abwesenheit gewaltsamer Konflikte; sondern darum, in Frieden zu investieren. Konkret bedeutet das, Menschenrechte zu fördern, wirtschaftliche und soziale Gerechtigkeit für alle herzustellen sowie die Umwelt zu schützen und Ökosysteme zu erhalten. Eine Feministische Außenpolitik besteht bei allen

Entscheidungen rund um Frieden und Sicherheit auf inklusive und transparente Prozesse – von der lokalen bis hin zur globalen Ebene.

In der deutschen Außenpolitik sind wir von vielen dieser sicherheitspolitischen Überzeugungen noch weit entfernt. Die Erhaltung von »territorialer Integrität« und »Souveränität« des Staates ist nach wie vor die oberste Priorität. So ist es in bedeutenden politischen Leitlinien der Bundesregierung nachzulesen, etwa im *Weißbuch zur Sicherheitspolitik und zur Zukunft der Bundeswehr* aus dem Jahr 2016. Obwohl die Bundesregierung ihre restriktive Exportpolitik in Bezug auf militärische Güter immer wieder betont, gehört Deutschland nach wie vor zu den vier größten Waffenexporteuren der Welt – und beruft sich dabei auf »legitime sicherheits- und bündnispolitische Interessen«.[15] Berlin hat seine Militärausgaben seit 2015 kontinuierlich erhöht. Das Verteidigungsministerium hatte 2020 den drittgrößten Haushalt aller Bundesministerien. Zum Vergleich: Dem Auswärtigen Amt wurden nur rund 6,6 Milliarden Euro zugewiesen. Und obwohl das Auswärtige Amt den Beitrag zu Frieden und Sicherheit als wesentliche Bausteine deutscher Politik benennt, gab Deutschland im Jahr 2020 nur 40 Millionen Euro für Abrüstung, die Nichtverbreitung von Waffen und Rüstungskontrolle und bloß 400 Millionen Euro für Krisenprävention, Stabilisierung und Friedensförderung aus. Darüber hinaus stellte das Ministerium für Umwelt, Naturschutz und nukleare Sicherheit, das für die Bewältigung der Klimakrise zuständig ist (die bereits Millionen von Menschen in große Unsicherheit stürzt), von seinem 3,2 Milliarden Euro schweren Haushalt lediglich 776 Millionen Euro für Klimamaßnahmen bereit – das entspricht 0,59 Prozent des Gesamthaushalts.

Auch wurde die Bundesregierung bereits mehrfach dafür kritisiert, dass die Entstehung von Friedens- und Sicherheitsentscheidungen alles andere als inklusiv und transparent ist. Das zeigt sich am großen Lobbyeinfluss und dem privilegierten Zugang der Verteidigungs- und Automobilindustrie zu Entscheidungsprozessen. Während die Lobbyist:innen der Auto- und Rüstungsindustrie im Bundestag ein und aus gehen, kämpfen wir als Zivilgesellschaft darum, überhaupt gehört zu werden. Von 2015 bis 2017 fanden zwischen hochrangigen Regierungsvertreter:innen und Vertreter:innen von Automobilunternehmen fast neunmal so viele Treffen statt wie mit Vertreter:innen von Umweltverbänden.[16] Die Industrie wird deshalb immer noch stärker gehört als die Zivilgesellschaft, die ja die Anliegen der Menschen abbilden.

Zur Umsetzung einer deutschen Feministischen Außenpolitik gehört die Entwicklung einer außenpolitischen Friedensstrategie, die konkrete Schritte enthalten muss, damit strukturelle Ungleichheiten, militarisierte Machtverhältnisse und der große Einfluss der Verteidigungsindustrie überwunden werden. Des Weiteren fordern wir unter anderem, dass finanzielle und personelle Ressourcen aus dem Haushalt des Verteidigungsministeriums umgeleitet werden, um Bedrohungen menschlicher und feministischer Sicherheit zu bekämpfen, etwa in Gestalt der Klimakrise, der Pandemie oder Abrüstung und Rüstungskontrolle. Wir verlangen, dass die Bundesregierung in offiziellen Dokumenten das irrsinnige und urpatriarchale Konzept der nuklearen und konventionellen Abschreckung infrage stellt sowie dass das Verteidigungsministerium durch ein Friedensministerium ersetzt wird. Nicht alleine schon deshalb, weil Sprache Wirklichkeit prägt und die Geschichten, die wir erzählen, unsere Realität bestimmen. Ein *Friedens-* statt eines *Verteidigungs*ministeriums würde dazu beitragen, dass wir langsam bessere Geschichten erzählen und hoffentlich bessere Geschichte schreiben werden.

DEMILITARISIERUNG, ABRÜSTUNG UND RÜSTUNGS(EXPORT)KONTROLLE

Eine Feministische Außenpolitik setzt sich ausdrücklich für die Anerkennung von feministischen Sicherheitsverständnissen und -begriffen ein. Internationale Demilitarisierung, Abrüstung und Rüstungs(export)kontrolle sind demnach eine ihrer zentralen Säulen. Denn ihre Vertreter:innen glauben nicht daran, dass Frieden und Sicherheit durch Unterordnung, Gewalt und Krieg zu erreichen sind. Im Gegenteil: Eine Feministische Außenpolitik hinterfragt und untersucht, welche Rolle militarisierte Strukturen bei der Verursachung gewaltsamer Konflikte spielen.

Schätzungen zufolge haben deutsche Rüstungskonzerne in den letzten 20 Jahren etwa 400 Millionen Euro mit der Herstellung von Waffen für den Afghanistaneinsatz verdient – übrigens nur ein Bruchteil der Waffenexporte Deutschlands.[17] Zudem stellt sich Deutschland gegen internationale Abrüstungsbemühungen, indem es sich beispielsweise weigert, den *Atomwaffenverbotsvertrag* zu ratifizieren. Hinzu kommt die Aufrüstung: Der deutsche Verteidigungsetat war 2020 der höchste seit 1993 – und das in Zeiten einer Pandemie, die entscheidende Ressourcen stark beansprucht und das öffentliche Gesundheitssystem überlastet hat.[18] Von den zehn Ländern mit den größten Militärausgaben 2020 wuchsen die deutschen Ausgaben mit einem Anstieg von 5,2 Prozent im Vergleich zum Vorjahr am stärksten.[19]

Abrüstung und Rüstungskontrolle gehören zentral zu einer Feministischen Außenpolitik, genauso wie die Einstellung von Waffenexporten und -produktion. Deutschland müsste bedeutende Schritte unternehmen, um in Frieden statt in Krieg zu investieren. Zusammengefasst fordern wir daher für eine Feministische Außenpolitik für Deutschland: Berlin muss Abrüstung und eine wahrhaft restriktive Rüstungskontrolle zur Priorität machen, es muss sich für ein Verbot vollautonomer Waffen (*»Killer Robots«*)

sowie nukleare Abrüstung einsetzen und anerkennen, dass militarisierte Machtstrukturen eine Quelle von Konflikten sind.

MENSCHENRECHTE UND RECHTSSTAATLICHKEIT

Eine Feministische Außenpolitik beruht auf der Anerkennung internationaler Menschenrechtsnormen. Sie begreift dabei die Menschenrechte aus einer inklusiven und intersektionalen Perspektive. Für eine glaubwürdige und wirksame Umsetzung der Menschenrechte auf internationaler Ebene ist es erforderlich, dass Deutschland seinen Verpflichtungen aus internationalen Menschenrechtsnormen auch innenpolitisch nachkommt.

Deutschland hat die meisten internationalen Menschenrechtsabkommen ratifiziert und setzt sich selbst nachdrücklich für den internationalen Schutz der Menschenrechte ein. Doch in vielen Bereichen – insbesondere im Inland – bleiben große Lücken bestehen. Im Bereich sexueller und reproduktiver Gerechtigkeit beispielsweise zeigen sich erhebliche Diskrepanzen zwischen dem, was Deutschland sagt, und dem, was es tut, wenn ungewollt Schwangeren immer noch der Zugang zu sicheren Schwangerschaftsabbrüchen erschwert wird. Eine deutsche Feministische Außenpolitik würde mindestens sicherstellen, dass die in internationalen Menschenrechtsnormen eingegangenen Verpflichtungen im deutschen Recht vollumfänglich widergespiegelt werden. Denn wenn es sie ratifiziert hat, muss Berlin diese Normen zwingend in Bundesgesetze umwandeln. Hierzu gehören Forderungen aus internationalen Menschenrechtsabkommen wie der *Istanbul-Konvention*, der *UN-Kinderrechtskonvention*, der *Charta der Grundrechte der Europäischen Union* oder *CEDAW*. Eine Feministische Außenpolitik würde außerdem erhebliche Ressourcen bereitstellen, um diese Normen zu einer Priorität zu machen, sie zu stärken und sie wirksam und auf Nachhaltigkeit zielend umzusetzen. Sie beharrt darauf, dass alle Staaten die allgemeinen Menschenrechte und das Prinzip der Rechtsstaatlichkeit schützen und garantieren. Sie erfordert, sich international dafür einzusetzen, dass die Täter:innen von Menschenrechtsverletzungen zur Rechenschaft gezogen werden und der Straflosigkeit für internationale Verbrechen ein Ende gesetzt wird. Eine Feministische Außenpolitik wendet ein feministisches Verständnis des Völkerrechts an (wie in Kapitel 5 dargelegt).

KLIMAGERECHTIGKEIT

Eine Feministische Außenpolitik setzt sich dafür ein, die Klimakrise mit aller Kraft zu stoppen, Klimagerechtigkeit zu stärken und Menschen dabei zu unterstützen, sich an veränderte Umstände anzupassen. Sie erkennt an, dass strukturelle, mehrdimensionale Ungleichheiten sowie unfaire Machtdynamiken die größten Hindernisse sind auf dem Weg, Klimagerechtigkeit zu erreichen. Berlin ist bei diesem Punkt sehr weit von unseren Idealen entfernt, denn die deutsche Klimaschutzgesetzgebung ist lückenhaft. Selbst das Bundesverfassungsgericht erklärte das deutsche Klimagesetz von 2019 für verfassungswidrig. Inwiefern die neue Regierung hier bessere Wege einschlägt, bleibt abzuwarten.

Als wohlhabende Industrienation trägt Deutschland eine enorme Verantwortung für die Klimakrise. Ihre Ursachen gehen in großen Teilen auf die fossile Energiewirtschaft zurück – die das Ergebnis der industriellen Revolution und damit verbunden auch des Kolonialismus ist. Gleichzeitig gehört Deutschland bis heute zu den größten Umweltverschmutzern der Geschichte, auch weil es schon sehr lange, nämlich seit mehr als 200 Jahren, massig CO_2 produziert.[20]

Eine deutsche Feministische Außenpolitik würde die Klimakrise als eine der größten Bedrohungen für die internationale und nationale Sicherheit betrachten. Sie würde intersektional handeln und damit eingestehen, dass bereits gesellschaftlich und politisch marginalisierte Menschen global am stärksten von der Klimakrise betroffen sind. Die Machtungleichheiten in der Klimakrise müssen von Deutschland anerkannt werden, ihnen muss entgegengewirkt werden, und Deutschland muss sich zu seiner Verantwortung in dieser Krise bekennen. Ein vollständiger Kohleausstieg bis 2030, eine CO_2-Steuer für einkommensstarke Haushalte, ein Ministerium für Klimagerechtigkeit und den Schutz bedrohten Lebens sowie Investitionen in den öffentlichen Nahverkehr sind selbstverständliche Punkte auf der langen Liste an Maßnahmen, die wir von einer neuen Regierung forderten. Zumindest der Kohleausstieg bis 2030 ist ein erfreulicher Punkt des im vergangenen November vorgestellten Koalitionsvertrags der neuen Ampel-Regierung, wenn auch viele andere Maßnahmen laut *Fridays for Future* nicht ausreichend seien, um das 1,5-Grad-Ziel zu erreichen.[21]

ENTWICKLUNGSZUSAMMENARBEIT

Auch die Entwicklungszusammenarbeit braucht einen feministischen Ansatz. Hier stehen intersektionale Gleichstellung und Gerechtigkeit an erster Stelle. Wirtschaftliche Indikatoren wie das BIP, die genutzt werden, um die Reduzierung von Armut auszudrücken, sind aus feministischer Perspektive nur zweitrangig.

Aktuell liegen Deutschlands offizielle Entwicklungsausgaben für Projekte mit Genderschwerpunkt sehr weit hinten, auf Platz 15 aller Geberländer, um genau zu sein. Die Bundesregierung hat immer noch nicht öffentlich anerkannt, dass die Entwicklungszusammenarbeit bis heute von kolonialem Denken und kolonialer Wissensproduktion beeinflusst wird. Folglich kehrt sie die ungleichen Machtverhältnisse zwischen Deutschland und seinen »Partnerländern« unter den Tisch; da hilft auch die offizielle

Umbenennung von »Entwicklungshilfe« zu »Entwicklungszusammenarbeit« des Bundesministeriums für wirtschaftliche Zusammenarbeit und Entwicklung nur wenig.

Eine deutsche Feministische Außenpolitik würde anerkennen, dass Entwicklungszusammenarbeit im Grunde den Kolonialismus strukturell fortsetzt, und sich aktiv für ihre Dekolonialisierung einsetzen. Das bedeutet, die herrschenden Machtasymmetrien aktiv abzubauen und Ressourcen in die Herstellung von tatsächlicher Gerechtigkeit zu investieren. Deutschland muss in der Entwicklungszusammenarbeit mehr Geld ausgeben, um bestehende Ungleichheiten abzubauen. Dazu gehören die Gleichstellungsausgaben für unter anderem Bildung, Gesundheit, Wasser- und Sanitärversorgung und Zivilgesellschaft sowie für Wirtschaftsinfrastruktur. Nicht zuletzt müsste eine enge Zusammenarbeit mit der feministischen Zivilgesellschaft, insbesondere im globalen Süden, etabliert werden.

MIGRATION

Eine Feministische Außenpolitik versucht, strukturelle Ungleichheiten und unsichere Lebensbedingungen, die zu (erzwungener) Migration führen können, zu beseitigen. Sie lehnt es ab, Migration als militarisiertes Sicherheitsproblem darzustellen und konzentriert sich auf deren humanitäre Dimension. Eine Feministische Außenpolitik erkennt an, dass Grenzkontrollen, Festnahmen, Rückführungen und *Racial Profiling* (also das Kontrollieren ausgewählter Personen aufgrund ihres Aussehens oder ihres Herkunftslandes sowohl im Inland als auch an der Grenze) eine Form von Gewalt sind, die oft ungleiche Machtverhältnisse weiter verstärken, koloniale Hierarchien reproduzieren und unsichere Zustände, insbesondere für Frauen, Kinder und LGBTQI*-Personen, verschärfen. Vor allem auf der Flucht sind Frauen und LGBTQI*-Personen besonders hohen Risiken ausgesetzt. So gibt es Zahlen, dass bis zu 90 Prozent aller Frauen und Mädchen auf der Balkan-Route vergewaltigt werden und Frauen sowie verstärkt LGBTQI*-Personen viel öfter Opfer von Gewalt und Machtmissbrauch von Grenzpersonal und illegalen Schmugglern werden.[22] Obwohl Deutschland bis 2019 das *EU*-Land war, das am meisten Asylbewerber:innen aufnahm und in absoluten Zahlen – nicht jedoch im Verhältnis zur Bevölkerungsgröße – die fünftgrößte Geflüchtetenbevölkerung der Welt beherbergt, nach der Türkei, Kolumbien, Pakistan und Uganda,[23] sieht erst die frisch ins Amt gekommene Ampel-Regierung Deutschland erstmals als Einwanderungsland.

Eine Feministische Außenpolitik umzusetzen, würde bedeuten, die Migrations- und Asylpolitik im In- und Ausland grundlegend zu verändern und die betroffenen Menschen in den Mittelpunkt zu stellen und nicht ein überkommenes Verständnis von staatlicher Sicherheit im Sinne unüberwindbarer Grenzen. Zu unseren konkreten Forderungen gehören hier beispielsweise die Einrichtung legaler und sicherer Fluchtrouten sowie die Entkriminalisierung von ziviler Seenotrettung.

GLOBALE GESUNDHEIT

Eine Feministische Außenpolitik setzt sich für eine globale Gesundheit ein, die frei von Diskriminierung und Machtgefällen innerhalb und zwischen Staaten ist. Das Menschenrecht auf Gesundheit ist dabei der zentrale Gedanke. Eine Feministische Außenpolitik will Gesundheit und Wohlergehen für alle – insbesondere aber für die am stärksten benachteiligten Menschen – erreichen. Sie stellt hierfür alle notwendigen Ressourcen zur Verfügung und ermöglicht eine sichere, bezahlbare und qualitativ hochwertige Gesundheitsversorgung für alle – im In- und Ausland. Die feministischen Werte dieses Ansatzes sind sowohl in der internationalen als auch in der nationalen Gesundheitspolitik gleich wichtig.

Während Deutschland auf globalem Level zunehmend die Bedeutung von globaler Gesundheit betont und auch mittlerweile der größte Geldgeber der *WHO*[24] geworden ist, gibt es immer noch Menschen in Deutschland, denen eine respektvolle und menschenwürdige Gesundheitsversorgung verwehrt bleibt (z. B. Geflüchtete, Transpersonen, Schwangere etc.). Eine deutsche Feministische Außenpolitik würde sicherstellen, dass sowohl seine globale als auch nationale Gesundheitspolitik dem Leitgedanken von Gesundheit als Menschenrecht folgt und jede Form von Diskriminierung im deutschen Gesundheitssystem beendet wird. Es ist erfreulich, dass der Koalitionsvertrag der Ampel-Regierung plant, psychosoziale Hilfen für Geflüchtete zu verstetigen und Schwangerschaftsabbrüche kostenfrei zu machen, und das Transsexuellengesetz streichen und durch ein Selbstbestimmungsgesetz ersetzen möchte.

DEKOLONIALISIERUNG VON AUSSENPOLITIK

Eine Feministische Außenpolitik übernimmt die volle Verantwortung für alle kolonialen Verbrechen und deren heutige Auswirkungen. Das bedeutet, Bewohner:innen ehemaliger Kolonien brauchen ein Recht auf Entschädigung und Rückforderung von allem, was ihnen und ihrer Gemeinschaft genommen wurde. Postkolonialen Strukturen und systemischer Gewalt muss etwas entgegengesetzt werden, denn sie zementieren Rassismus, weiße Vorherrschaft und ungleiche Machtverhältnisse. Eine Feministische Außenpolitik reflektiert die kolonialen Geschichten und Traumata, unter denen Menschen und ganze Länder bis heute leiden, und stellt sich ihnen, durch Aufarbeitung, Entschädigung und Zusammenarbeit auf Augenhöhe.

Die deutsche Außenpolitik muss sich ernsthaft mit ihrer kolonialen Vergangenheit auseinandersetzen und daran arbeiten, ihre außenpolitischen Diskurse zu dekolonialisieren. Dazu bieten beispielsweise die *Eckpunkte zum Umgang mit Sammlungsgut aus kolonialen Kontexten* von 2019 erste Ansätze, die aber bei Weitem noch nicht ausreichend sind. Lediglich 1,44 Millionen Euro stehen bis 2022 bereit, um digital veröffentlichtes Sammlungsgut zu sichten, weitere Digitalisierung in ausgewählten Museen voranzutreiben, einen Standard für bislang unveröffentlichte Inventare zu erarbeiten und das Projekt auszuweiten.[25] Das klingt nicht nach einer zeitnahen Lösung.

Alle deutschen Kolonialverbrechen müssen anerkannt, alle Denkmäler, Straßennamen und andere Tribute ehemaliger Kolonialherren entfernt und geraubte Gegenstände und Kunstobjekte, die zuhauf in deutschen Museen ausgestellt sind, müssen zurückgegeben werden.

BEKÄMPFUNG VON ANTIFEMINISTISCHEN ANGRIFFEN AUF DAS MENSCHENRECHTS-SYSTEM

Eine Feministische Außenpolitik bekennt, dass Antifeminist:innen, die sogenannte Anti-Gender-Bewegung, und ihre Kampagnen eine globale Entwicklung sind, die weltweit politisch marginalisierte Personen und Gruppen in Unsicherheit versetzt. Diese Kampagnen zielen darauf ab, die Rechte von Frauen, LGBTQI*-Personen, Migrant:innen und rassistisch diskriminierten Menschen (noch weiter) einzuschränken. Eine Feministische Außenpolitik setzt sich dafür ein, den zunehmend länderübergreifenden Anti-Gender-Angriffen von Regierungen, Thinktanks, Parteien, Bürger:innen- und religiösen Gruppen entgegenzuwirken und Frauen- sowie LGBTQI*-Rechte im In- und Ausland aktiv und uneingeschränkt zu fördern.

Um eine Feministische Außenpolitik umzusetzen, muss die deutsche Bundesregierung verstärkt Ressourcen für die Bekämpfung dieser Akteur:innen bereitstellen, die feministische

Zivilgesellschaft unterstützen und international Aufklärungs-arbeit über die von Anti-Gender-Kampagnen ausgehende Be-drohung leisten.

TEILHABE UND FÜHRUNG

Eine Feministische Außenpolitik beruht auf einer gerechten Verteilung der Macht – in allen Institutionen, auf allen Ebenen. Es darf keinesfalls passieren, dass sich marginalisierte Gruppen für ihre Inklusion rechtfertigen und dafür streiten müssen, wenn sie lange versagte Teilhabe fordern. Umgekehrt haben sich insbesondere weiße Cis*-Männer für ihre bestehende Überrepräsentanz in Machtpositionen zu rechtfertigen und müssen diese beenden. Denn nur durch eine gleichberechtigte Vertretung können die Bedürfnisse, gelebten Erfahrungen und Perspektiven aller fair vertreten werden.

Zwar sind 43 Prozent der Abteilungsleiter:innen und ihrer Stellvertreter:innen im Auswärtigen Amt Frauen, aber noch immer ist das erstens nichtparitätisch und stehen zweitens Frauen oft vor zusätzlichen Herausforderungen der Karriereplanung und -gestaltung.[26] Die von Diplomat:innen im Auswärtigen Amt ins Leben gerufene Initiative *Diplomats of Color* kritisiert den Umstand, dass nur 12 Prozent der Bediensteten im öffentlichen Dienst einen sogenannten »Migrationshintergrund« haben, obwohl rund 26 Prozent der Gesamtbevölkerung einen aufweisen, also Kinder oder Enkelkinder von nicht in Deutschland Geborenen sind.

Eine deutsche Feministische Außenpolitik würde bedeuten, sich die bestehenden strukturellen Machthierarchien

---

* Als Cisgender werden Menschen bezeichnet, deren Geschlechtsidentität mit dem bei der Geburt zugewiesenen biologischen Geschlecht übereinstimmt. Es ist der sprachliche Gegenpart zu »trans« und vermeidet, dass heteronormativ lebende Menschen als »normal« bezeichnet werden.

einzugestehen und ihnen aktiv entgegenzuwirken. Maßnahmen hierfür wären die paritätische Beteiligung von Männern und Frauen, Antirassismus- und Sensibilisierungsschulungen und die Einführung von Gender-Budgeting in allen deutschen Ministerien.

ZUSAMMENARBEIT UND FEMINISTISCHE ZIVILGESELLSCHAFT

In einer Feministischen Außenpolitik spielt die feministische Zivilgesellschaft eine zentrale Rolle, die Regierung arbeitet eng mit ihr zusammen und unterstützt sie. Die feministische Zivilgesellschaft ist nach wie vor die stärkste Triebkraft für soziale Gerechtigkeit, vor allem wenn es darum geht, marginalisierte Gruppen zu schützen und zu fördern.

Eine deutsche Feministische Außenpolitik umzusetzen hieße: Die langfristige, institutionelle (statt projektbasierte) Finanzierung von zivilgesellschaftlichen Organisationen, vornehmlich der zu intersektionalen feministischen Themen arbeitenden, würde sichergestellt, und es wäre eine Zusammenarbeit auf Augenhöhe.

FAZIT: WANDEL UND WACHSTUM

Eine Feministische Außenpolitik muss transformativ sein. Wandel und Wachstum entstehen dann, wenn es Reibung gibt. Wenn mit Traditionellem und mit ungerechten Strukturen gebrochen wird. Ich bin überzeugt, dass unser Manifest die Macht hat, zu einem Wandel hin zu einer gerechteren globalen Gesellschaft beizutragen. Damit außenpolitische Desaster wie beispielsweise in Afghanistan nicht mehr geschehen.

SAMANTHA POWER:
»ICH MÖCHTE DIPLOMATISCHEN
FORTSCHRITT SCHAFFEN.«

Samantha Power will das schaffen, »indem ich Dinge aufrüttle und gelebte menschliche Erfahrungen der Betroffenen in die politische Blase einbringe«.

Samantha Power, ehemalige US-Botschafterin bei den *Vereinten Nationen* zwischen 2013 und 2017, Juraprofessorin, mit dem Pulitzerpreis ausgezeichnete Autorin und seit 2021 Leiterin der *US Agency for International Development (USAID)*, ist überzeugt: Aktivismus und Diplomatie sind untrennbar miteinander verbunden. Ihrer Erfahrung nach reflektiert Diplomatie nicht die Bedürfnisse derjenigen, die sie betrifft: Diplomat:innen halten zu oft die immer gleichen Reden, ohne diejenigen anzuhören, über deren Schicksal sie sprechen und entscheiden.

Als US-Botschafterin im *UN-Sicherheitsrat* setzte Samantha sich deshalb dafür ein, dass die Stimmen derjenigen, die am meisten von den Entscheidungen des Sicherheitsrats betroffen sind, auch genau dort gehört wurden: zum Beispiel die Berichte der Ärzt:innen, die in Syrien Opfer chemischer Waffenangriffe behandelten. Ohne die O-Töne und Erfahrungen der Betroffenen und vor Ort Wirkenden wäre niemals eine solche Dringlichkeit zum Handeln entstanden.

Samantha Power setzte sich – unter anderem in ihrem Buch *A Problem from Hell. America in the Age of Genocide* – intensiv mit dem Thema Genozid auseinander und zählt zu den Expert:innen auf dem Gebiet. Was bewegt Menschen dazu, derartige Verbrechen gegen die Menschlichkeit zu begehen? Samantha zufolge wirken dabei verschiedene Dinge zusammen: wahrgenommene Bedrohung, vermeintliche Werte und systematische Dehumanisierung. Menschen werden aus dem eigenen moralischen Universum verbannt: Erst werden Zugehörigkeit und Bedrohung definiert, Hierarchien geschaffen und eben durch »Werte« wie Schutz und Selbstverteidigung gerechtfertigt. So werden dann im nächsten Schritt die »Bedrohenden« – die Nichtzugehörigen, die anderen – aus dieser Moral der »Bedrohten« ausgeschlossen und folglich Verbrechen an ihnen legitimiert. Sie betont, wie wichtig es deshalb ist, immer wieder zu hinterfragen, wie Nationen, Gruppen und Individuen ihre Eigeninteressen definieren und rechtfertigen.

Samantha sagt, dass Frauen ähnliche Erfahrungen machten, was verbindend wirke. Sie selbst organisierte etwa Treffen mit Botschafterinnen der *Vereinten Nationen* oder wöchentliche Zusammenkünfte mit Kolleginnen in einer »Mittwochsgruppe« während ihrer Zeit im Weißen Haus. Was das bringt? Sich einander zu ermutigen, zu unterstützen und daran zu erinnern, dass es eben nicht die Frauen sind, die sich anzupassen haben, sondern vielmehr das System, das verändert werden muss.

Eines der Bücher, die Samantha Power schätzt, ist Daniel Kahnemans psychologische Studie *Schnelles Denken, langsames Denken* und Lindsey Hilsums bewegende Erzählung der Lebensgeschichte der Kriegsreporterin Marie Colvin, *In Extremis*.

13 EPILOG

Du musst nicht akzeptieren,
was dir überhaupt nicht passt.
Wenn du deinen Kopf nicht nur
zum Tragen einer Mütze hast.
[...]
Es ist nicht deine Schuld,
dass die Welt ist, wie sie ist.
Es wär' nur deine Schuld,
wenn sie so bleibt.

DIE ÄRZTE

»Wäre es für Sie in Ordnung, wenn Angelina Jolie bei Ihrer Veranstaltung sprechen würde?« Mit dieser Frage wurden Nina und ich im Januar 2019 überrascht, als wir gerade unsere Veranstaltung zu Feministischer Außenpolitik bei der *Münchner Sicherheitskonferenz* organisierten. Auch wenn wir versuchten, cool zu wirken, so waren wir doch ziemlich aus dem Häuschen. Am Ende war unsere Veranstaltung mit Abstand die feministischste Veranstaltung auf der gesamten Konferenz. Auch wenn Angelina Jolie ihre Teilnahme an der Sicherheitskonferenz letztendlich doch absagen musste.

Dass wir diese Veranstaltung im Herzen traditioneller und meist realpolitischer sowie militarisierter Außenpolitik durchführten, wurde nicht nur mit Anerkennung bedacht. Es gab auch Kritik, vor allem aus feministischen Kreisen. Es wäre eine Einvernahme, würden problematische Strukturen durch unsere

Zusammenarbeit mit der *Münchner Sicherheitskonferenz* verfestigt, statt sie aufzubrechen. Die Kritik gründete auf unterschiedlichen Vorstellungen davon, wie Wandel erreicht wird und mit wem man zusammenarbeiten dürfe. Ich denke, sie hat auch mit diesem Sprung von der Theorie in die Praxis zu tun. Das Wissen und die Ideen Realität werden zu lassen, ist ja letztlich die entscheidende Sache. Dennoch kommt Kritik immer wahnsinnig schnell. Und es ist ja auch einfach zu kritisieren, während man selbst am Rande und nicht in der Arena steht, nicht den Dynamiken, Urteilen und Konsequenzen ausgesetzt ist. Menschen sind rasch darin, andere zu be- und verurteilen, aber nicht annähernd so schnell, wenn es darum geht, die Situationen, in denen andere sich befinden, verstehen zu wollen.

Ich fand Teile der Kritik berechtigt. Wir müssen uns stets fragen, wann wir zur Manifestation ungerechter Strukturen beitragen und wann das Eindringen in Strukturen zu einem Wandel von innen beitragen kann. Ich bin fest davon überzeugt, dass wir Wandel am besten voranbringen, wenn wir gleichzeitig von außen und innen pushen. Und wenn wir parallel neue, nachhaltige Strukturen sowie Institutionen schaffen. Als ich anfing, mich feministisch zu engagieren und für Menschenrechte einzusetzen, war ich vor allem Aktivistin. Jetzt bin ich auch Unternehmerin und versuche, neue, progressive Strukturen zu schaffen, auch durch Anstellung anderer kritischer Menschen. Ideen und Gedanken werden daher nicht nur von mir getragen, ihre Wirksamkeit ist nicht nur von meinem Tun abhängig. Sondern die Menschen in meiner Organisation denken und tragen sie weiter. Ich glaube, dass wir so am nachhaltigsten Wandel schaffen. Doch der Weg dahin war für mich keine Selbstverständlichkeit.

MEINE GANZ PERSÖNLICHE GESCHICHTE: CFFP STATT UN

Als ich 2017 in Myanmar lebte, überlegte ich, wie es bei mir beruflich weitergehen könnte. Für viele mit einer ähnlichen akademischen Ausbildung sind internationale Organisationen wie die *Vereinten Nationen* eine Traumarbeitgeberin. Da ich mit einem befristeten Beratungsvertrag beim Entwicklungsprogramm der *Vereinten Nationen* arbeitete, lag eine Sache nahe: Warum nicht versuchen, einen Job mit einem festen Vertrag bei den *UN* zu bekommen? Aber nicht nur mein Unbehagen über die Gestaltung von Entwicklungspolitik und deren ungesunde Machtdynamiken hielten mich davon ab. Auch wurde der Wunsch, etwas Eigenes auf die Beine zu stellen, immer stärker. Doch weder hatte ich Erfahrungen mit dem Gründen, noch kannte ich Gründer:innen persönlich.

Kurze Zeit nach meiner Rückkehr machte mir meine Mentorin und Freundin, Dr. Scilla Elworthy, ein tolles Angebot. Scilla hatte ich 2015 in Oxford kennengelernt, als sie in einer Veranstaltung an der Uni ihr neuestes Buch vorstellte. Ich saß im Publikum und hing an ihren Lippen. Die damals Anfang 70-jährige Politikwissenschaftlerin ist einer der weisesten und warmherzigsten Menschen, die ich kenne. Sie ist einer der Menschen in meinem Leben, die den größten Einfluss auf mich hatten. Scilla war die Erste, die mich auf die Gefahren von *Activist Burnout* hinwies und mich lehrte, dass man Wandel nach außen nur schaffen kann, wenn man mit sich im Inneren im Reinen ist. Wenn man Schmerzen erkannt und verarbeitet hat und trotz allem auf andere mit offenem Herzen und wohlwollend zugehen kann. Sie verkörpert das von der Autorin Brené Brown beschriebene Mantra *Strong back. Soft front. Wild Heart.* Scilla war Ende 2017 gerade dabei, ihre neueste Organisation zu gründen, zur Friedensbildung. Sie fragte, ob ich einsteigen und sie für sie aufbauen wollte. Dieses

Vertrauen war eine große Ehre. Ich überlegte und lehnte dennoch ab. Es war nun doch an der Zeit, meine Träume zu realisieren.

Ich hatte kaum Erspartes, und aus meinem engeren Umfeld konnte mich auch niemand finanziell unterstützen. Nachdem ich mich Ende 2017 gemeinsam mit meiner US-amerikanischen und in Großbritannien lebenden Mitbegründerin Marissa Conway entschloss, *CFFP* gemeinsam aufzubauen (sie den Ableger in London, ich in Berlin), arbeitete ich anfangs drei Tage die Woche in einem Tech-Start-up. Die restlichen vier baute ich *CFFP* auf. Am 8. März 2018, dem internationalen feministischen Kampftag, hielt ich meine allererste Rede als Direktorin meiner Organisation, eine Keynote bei einer Veranstaltung zu Feministischer Außenpolitik bei den nordischen Botschaften in Berlin. Gemäß eines meiner Lebensmotti – *Carry yourself with the self-confidence of a mediocre white man* – war ich entschlossen, die Rede zu halten, und tat dies auch. Von nichts kommt ja nichts.

Dieser Abend war ein wahrer Glücksfall: Zum einen lernte ich Nina kennen, die im Publikum saß und mich nach der Veranstaltung ansprach. Von da an arbeitete Nina neben ihrem Job ehrenamtlich bei *CFFP* mit und wurde einige Monate später Mitbegründerin und Mitgeschäftsführerin von *CFFP* in Berlin. Zum anderen wurde ich meiner heutigen Mentorin und Anwältin Jutta vorgestellt. Jutta und ich trafen uns wenige Tage später in ihrem Büro am Kurfürstendamm. Sie kümmerte sich ehrenamtlich um die rechtliche Gründung der *CFFP gemeinnützigen GmbH* in Berlin. Von Anfang an war sie – und ist es weiterhin – eine unserer größten und großzügigsten Unterstützer:innen. Ohne Jutta wären wir heute nicht, wo wir sind. Denn als Frauen, die ein feministisches Non-Profit-Sozialunternehmen aufbauen, sind wir mit einem *Triple Fuck* konfrontiert: Gründerinnen erhalten im Gegensatz zu Gründern kein Geld. Zivilgesellschaft ist massiv unterfinanziert. Feministische Arbeit wird kaum bezahlt.

TRIPLE F*

Mit der Gründung von *CFFP* in Berlin begann eine neue Lebensphase für mich, die alles auf den Kopf stellen sollte. Denn die Geburt eines Unternehmens beansprucht ungeteilte Aufmerksamkeit, auch deshalb sprechen viele Gründer:innen von »ihrem Baby«. Tatsächlich verlangt mein Start-up *CFFP* seither mehr von mir ab, als ich je dachte, professionell geben zu können. Es ist mit Abstand gleichzeitig das Erschöpfendste und Erfüllendste, was ich je gemacht habe.

Dazu kommt: Die Gründerszene ist eine wahnsinnig männliche Welt, viel zu oft eine *Bro-Szene*. Auch *Business Angels* (Anleger:innen, die sich finanziell an Unternehmen beteiligen) oder Investor:innen (wie Venture-Capital-Fonds, also Risikokapitalgeber:innen) sind fast ausschließlich Männer. Solche Investmentprozesse sorgen für eine ungleiche Ressourcenverteilung bei der Gründung: Frauen erhalten weniger Risikokapital. Gründerinnen werden an geschlechtsstereotypen Maßstäben gemessen. Wenn Gründerinnen sich gemäß »typischer« Start-up-Manier etwas aus dem Fenster lehnen, sind sie damit im Vergleich zu Männern wesentlich seltener erfolgreich. Frauen gelten dann als uninformiert und naiv, Männer hingegen als mutig und risikofreudig.[1]

Und: Macht, Positionen und Kapital werden über Männernetzwerke von Mann zu Mann weitergereicht. Der von der *Facebook*-Co-Geschäftsführerin Sheryl Sandberg in ihrem gleichnamigen Buch *Lean in* etablierte Ansatz ist viel zu kurz gedacht. Denn er suggeriert, dass Frauen das Problem durch Tüchtigkeit und Mut selbst lösen könnten, und impliziert, sie könnten ihre eigene Unterrepräsentation in Machtpositionen selbst verursacht haben. Studien zufolge neigen Frauen dazu, die Schuld für Machtungleichheiten bei sich zu suchen. Das ist kein Wunder, wenn ihnen immer wieder gesagt wird, sie könnten das Problem durch bestimmte Verhaltensweisen – mehr Selbstbewusstsein, tiefere Stimme etc. – beheben.[2]

Je mehr wir also über *Lean in* sprechen, desto weniger sprechen wir über systemischen Wandel und nehmen diejenigen in die Verantwortung, die von der ungerechten Situation profitieren. Wenn Frauen in Gehaltsverhandlungen genauso viel fordern wie Männer, dann bekommen sie es schlicht nicht. Es ist einer Studie zufolge um 25 Prozent wahrscheinlicher, dass Männer eine Gehaltserhöhung bekommen, als wenn Frauen darum verhandeln.³ Frauen werden bestraft, wenn sie zu »bossy« wirken, also sich nicht den traditionellen Rollen entsprechend unterwürfig und bescheiden verhalten. Je erfolgreicher ein Mann, umso mehr wird er gemocht. Je erfolgreicher eine Frau, umso weniger wird sie gemocht. Natürlich können Business Angels und Venture-Capitalist-Fonds nicht in gemeinnützige GmbHs wie *CFFP* investieren. Doch die Mechanismen, die Gründerinnen von Kapital ausschließen, sind im Nonfor-Profit-Bereich ähnlich. Denn auch hier verwalten überwiegend Männer wie Stiftungsvorstände oder Philantropen das Geld.

Während es schon reicht, dass ein Start-up von Frauen geführt wird, um dessen Finanzierung zu erschweren, sieht es bei Unternehmungen mit feministischem Schwerpunkt noch erschreckender aus. Regierungen und internationale Organisationen setzen sich zwar zunehmend dafür ein, dass die Arbeit für die Gleichstellung der Geschlechter finanziert wird. Doch feministische Organisationen (insbesondere im globalen Süden) sehen von diesen Geldern kaum etwas: Von 2016 bis 2017 gingen nur ein Prozent aller geschlechtsspezifischen internationalen Gelder an Frauenorganisationen.⁴ Gleichzeitig investieren rechte Gruppen Millionen, um ausländische Gesetze, Richtlinien und die internationale öffentliche Meinung gegen Rechte von Frauen und LGBTQI*-Personen zu beeinflussen.⁵ Dieses Ungleichgewicht zwischen unterfinanzierten feministischen Organisationen auf der einen Seite und finanziell starken rechten Organisationen auf der anderen Seite ist nicht nur unfair, sondern auch brandgefährlich.

Denn systemischer Wandel und der Schutz von Menschenrechten braucht die feministische Zivilgesellschaft. Diese ist aber nur dann handlungsfähig und kann es mit rechten Organisationen aufnehmen, wenn sie über die notwendigen Ressourcen verfügt. Unser *CFFP* ist ein Sozialunternehmen, das völlig vom eigenen Umsatz getragen wird. Wir sind unabhängig von Investitionen und somit nicht den Befugnissen anderer unterlegen. Bei uns arbeiten an Elite-Unis wie London, Oxford oder Cambridge ausgebildete Menschen mit mehrjähriger Berufserfahrung in internationaler Politik und internationalen Organisationen. Unsere Beirätinnen sind international ausgezeichnete Individuen, die Ansehen in der Wissenschaft, als Politkommentator:innen mit mehr als 130 000 Follower:innen oder als internationale Menschenrechtsverteidiger:innen genießen. Demnach sind wir ein Start-up mit Top-Arbeitnehmer:innen und beeindruckenden Unterstützer:innen. Unser »Fehler« in einer kapitalistischen Gesellschaft, die dummerweise Wert mit monetärem Gewinn gleichsetzt: Wir arbeiten nicht zur Gewinnmaximierung – dürfen wir gar nicht als gemeinnützige GmbH –, sondern zur Menschenrechtsverteidigung. Das senkt Ansehen und Wert sofort – aufgrund der erwähnten kapitalistischen Logik. Wir werden, auch von Ministerien, häufig nach unbezahlter Arbeit angefragt. Wir müssen oft für faire Bezahlung kämpfen, während gleichzeitig Unternehmensberatungen um die Ecke kommen und ganz selbstverständlich hohe Tagessätze aufrufen und auch bekommen. Ich war selbst Beraterin in einem Ministerium. Es war augenöffnend für mich zu sehen, wie selbstverständlich sehr gut bezahlte Aufträge beispielsweise an Anwaltskanzleien vergeben wurden, während zivilgesellschaftlichen Organisationen gegenüber mit maximalem Misstrauen aufgetreten wird. Eine Skepsis mit der Botschaft: Wir vertrauen Euch als Zivilgesellschaft erst mal nicht. Ich frage mich, warum das so ist, gerade hier in Deutschland.

FAZIT: VON DER ÜBERWÄLTIGUNG ZUR HANDLUNGSFÄHIGKEIT

Viele der Zahlen, Fakten und Strukturen in diesem Buch sind überwältigend, manche erschreckend. Gleichzeitig dürfen sie uns nicht entmutigen. Auf ihrer Analyse aufbauend, müssen gerechtere Verhältnisse und Strukturen geschaffen werden. Denn auch uns, CFFP, gibt es ja dennoch, trotz allem. Wenn ich eines bin, dann: dickköpfig und entschlossen.

bell hooks schrieb 2006: »Jede Frau, die eine Intellektuelle sein, Sachbücher schreiben, sich mit Theorie auseinandersetzen möchte, begegnet einer Menge an Diskriminierung und vielleicht sogar Selbstzweifeln, weil es nicht viele gibt, die diesen Weg vor ihr gegangen sind. Und ich denke, dass es unser machtvollstes Werkzeug ist, uns Klarheit über unsere Absichten zu verschaffen. Zu wissen, was genau wir tun wollen, statt in eine Institution zu gehen mit der Hoffnung, diese werde es für uns formulieren.«[6] Jede Silbe dieser Worte spüre ich mit jedem Teil meines Körpers. Genau das ist meine Erfahrung. Deshalb begann ich, eine neue Institution zu bauen: damit ich gemeinsam mit meinem Team bestehende Theorien infrage stellen und neue formulieren kann!

Doch ich dachte für eine lange Zeit, dass weder Unternehmer:innentum noch Außenpolitik mir offenstehen würden. Denn in beiden Bereichen hatte ich keine Vorprägung. In meiner Familie gab es keine Unternehmer:innen, und der Mythos vom Firmenpatriarchen steht in Verbindung mit Geld und Männlichkeit. Bücher und Vorträge wollen oft eine andere Geschichte vermitteln, als ginge es um Furchtlosigkeit, maximale Kreativität und Leidensfähigkeit. Doch tatsächlich stammen die meisten Unternehmer:innen aus einschlägig geprägten Unternehmensfamilien und können es sich leisten zu gründen. Die meisten von ihnen sind Gründer und eben keine Gründerinnen. Sie haben selbst und dank Freund:innen und Familie entsprechendes Startkapital und genug Rücklagen, um anfängliche finanzielle Sorgen zur Seite zu schieben. Hinzu kommt der sogenannte »Stallgeruch«, also der Habitus und Lebensstil. Wenn wir uns das Leben wie eine Rennbahn vorstellen, dann ist es so: Wenige Menschen starten mit sehr viel Vorsprung vor der Startlinie, ein paar wenige beginnen auf der Startlinie und die große Mehrheit weit hinter der Startlinie, einige haben noch dazu Gewichte an den Beinen. Karriere und Lebensstil gestalten sich viel einfacher und überdurchschnittlich erfolgreich, wenn man ein Adressbuch mit wohlhabenden und einflussreichen Menschen darin vererbt bekommt.

Auch dachte ich, Diplomatie und Außenpolitik wären nichts für mich, weil sie so exklusive und elitäre Bereiche unserer Gesellschaft sind, zu denen fast ausschließlich Menschen höherer Schicht Zugang haben. Zudem ist die Sprache vieler internationaler Akteur:innen, das Wissen über so viele Kulturen, Instrumente wie Verträge und vieles mehr sehr einschüchternd. Ich glaubte, man müsse viel älter und vor allem männlich sein, um hier mitreden zu dürfen. Bis ich anfing zu verstehen, dass Habitus und Terminologie eine Taktik sind, um diesen Bereich absichtlich exklusiv zu halten und wahnsinnig viele Menschen auszuschließen.

Die meisten Bücher über Diplomatie und Außenpolitik werden von Männern geschrieben. Ich hoffe, dass mein knalliges Buch nun monotone Bücherregale etwas aufbricht. Schließlich ist das Ziel doch klar, deutlich und – zumindest für mich – wenig überraschend. Miteinander klarzukommen, das gelingt besser, wenn man gewaltfrei und empathisch kommuniziert. Das will und kann ich mit meinen Mitstreiter:innen erreichen. Alles andere wie Informationen über Institutionen, Geschichte von Staaten oder Verträge ist Faktenwissen, das sich jede:r anlesen kann. Das ist keine besondere Leistung.

Trotz all dieser zu überwindenden Widerstände sind wir innerhalb kurzer Zeit zu einer international angesehenen Organisation zu Außenpolitik und Menschenrechten geworden. Wir arbeiten mit, für und gegen Regierungen und in Zusammenarbeit mit anderen großen Menschenrechtsverteidiger:innen. Inzwischen habe ich viele Zugänge, Sozialkapital und sehr gute Netzwerke. *CFFP* wird weiterhin längere Zeit nicht in trockenen Tüchern sein, aber inzwischen schlafe ich ruhiger als noch Anfang 2018. Ich hoffe, dass ich mit meiner Arbeit die Tür für andere aufstoßen kann.

Ich meine es ganz ernst: Wenn ich das geschafft habe, dann können es sehr viele andere genauso schaffen. Und wo ich kann, will ich deren Arbeit zur Menschenrechtsverteidigung unterstützen. Denn ob Kriege, die Klimakrise, Angriffe auf Menschenrechte, Aufrüstung, Pandemie – welche internationale Herausforderung auch immer: Sie alle können nur nachhaltig gelöst werden, wenn wir gleichzeitig Gerechtigkeit und Gleichberechtigung fördern. Die Zukunft der Außenpolitik ist feministisch. So müssen internationale Krisen gelöst werden.

PS: ONLY THE STRONG STAY SOFT!

Vor allem bei misogyner Kritik wird mir und anderen gerne geraten, uns doch einfach ein dickes Fell zuzulegen. Das ist ein seltsamer Ratschlag, vor allem an Frauen, die öffentlich den Mund aufmachen. Ich möchte dem vehement widersprechen. Sicher, man braucht Coping-Strategien und eine klare Haltung, Souveränität und viel innere Arbeit, um bei sich zu bleiben. Aber kein dickes Fell. Es ist ein toxischer Trugschluss zu glauben, *Sei hart und fahre die Ellenbogen aus, wenn du anführst und öffentlich Stellung beziehst* sei die richtige Haltung. Egal welcher Hass, welche Verurteilungen, üble Nachreden, Vorwürfe, Lästereien ... Meine innere Antwort ist: *Only the strong stay soft.* So hat das mal die Rapperin Sookee gesagt. Und seitdem habe ich es nicht vergessen.

MADELEINE REES: »DIE SAMTHANDSCHUHE HABE ICH SCHON LANGE ABGELEGT.«

Madeleine Rees, führende Menschenrechtsanwältin und Generalsekretärin der *Women's International League for Peace and Freedom (WILPF)*, fordert dazu auf, laut, kritisch und radikal utopisch zu denken. Madeleine begann ihre Karriere als Anwältin im Bereich Antidiskriminierungsrecht, brachte Fälle vor den *Europäischen Gerichtshof für Menschenrechte* und den *Europäischen Gerichtshof*. Während ihrer anschließenden Tätigkeit als Gender-Expertin und Büroleiterin in Bosnien und Herzegowina für das *Hochkommissariat für Menschenrechte der Vereinten Nationen (OHCHR)* wurde sie zur Whistleblowerin: Madeleine deckte in den späten 1990ern gemeinsam mit der amerikanischen Polizeiermittlerin Kathryn Bolkovac auf, dass die *Vereinten Nationen* systematisch Menschenrechtsverletzungen im Zusammenhang mit Menschenhandel und sexueller Ausbeutung durch die *International Police Task Force* und Angehörige der *UN*-Mission in Bosnien vertuschten. Sie war entsetzt und angewidert, dass die *Vereinten Nationen* nicht diejenigen beschützten, mit deren Schutz sie beauftragt worden waren. Für ihren Mut wurde Madeleine jedoch nicht belohnt, sondern versetzt und schließlich unrechtmäßig entlassen. Der Film *Whistleblower – In gefährlicher Mission* erzählt ebendiese Geschichte.

Madeleine kritisiert die *Vereinten Nationen* auch, weil diese staatliche und militärische statt menschlicher Sicherheit ins Zentrum ihrer Arbeit stellen. Das spiegelt sich auch darin, dass der *Sicherheitsrat* eben nicht Sicherheits- und Friedensrat oder schlicht Friedensrat heißt, kritisiert Madeleine. Eines der Hauptprobleme in der (inter)nationalen Sicherheitspolitik ist ihr zufolge, dass die falschen Fragen gestellt werden: »Wie können wir Waffen regulieren?« statt »Wie können wir Waffen eliminieren und menschliche Sicherheit priorisieren?« Die wahrscheinlichsten und relevantesten Bedrohungen für die Menschheit – wie etwa die Pandemie und Klimakrise – seien jedoch nicht militärischer Natur.

Immer wieder, so Madeleine, stünden Aktivist:innen vor der Frage: Wie kritisch dürfen wir uns in elitären Institutionen wie den *Vereinten Nationen* äußern, wenn wir diese einerseits fundamental hinterfragen möchten und andererseits genau dort – in den Sphären der Macht – gehört werden wollen? Ist es besser, radikal utopische Ideen abzuschwächen, um weiterhin innerhalb des Systems wirken zu können, oder radikal zu bleiben? Madeleine sagt, sie habe die Samthandschuhe ausgezogen: Oft seien wir zu nett. Dabei sei es an uns, den zivilgesellschaftlichen Akteur:innen, Machtverhältnisse zu kritisieren und Missstände anzuprangern. Wenn nicht wir, wer dann?

DANKE

Das Buch würde es ohne sehr viele, ganz wundervolle Menschen nicht geben. Allen voran natürlich nicht ohne die Vorreiter:innen, Vordenker:innen und visionären Frauen, auf deren Schultern ich stehe.

Das Buch würde es aber auch ganz sicher nicht ohne die beiden Frauen geben, die mir *hands-on* halfen, es auf diese Welt zu bringen: meine Lektorinnen Silvie Horch (von Econ – oh, wie toll das komplette Econ/Ullstein-Team ist!) und Heike Wolter. Was ich alles von beiden gelernt habe! Ganz viel Dankbarkeit.

Viele der im Buch erwähnten Forschung sowie Zahlen und Fakten hat mein Berliner Team beim *Centre for Feminist Foreign Policy* beigesteuert – und nicht nur das, sondern allzeit warmherzige Unterstützung während des kompletten Schreibprozesses: Danke Nina Bernarding, Damjan Denkovski, Anna Provan, Sheena Anderson, Annika Droege, Annika Kreitlow und Antonia Baskakov. <3

Das Buch vereint so viel Expert:innenwissen, auf das ich immer wieder zurückgreifen durfte. Danke für Eure und Ihre großzügige Unterstützung und Geduld: Louise Arimatsu, Heidi Meinzolt, Leonie Bremer, Juri Schnöller, Emilia Roig, Alice Grindhammer, Aron Haschemi, Tiaji Sio, Laura Hatzler, Jutta von Falkenhausen, Thomas Grischko, Gotelind Alber, Janika Lohse, Lea Börgerding, Kaan Sahin, Nicola Popovic, Elvira Rosert, Aleksandra Dier, Annette Ludwig und Madeleine Rees.

Danke Nes Kapacu für das tolle Cover und noch mehr für deine Geduld.

Und ganz riesigen Dank für Liebe und Unterstützung, emotional, aber auch bei der Titel- und Coverfindung: Beggy, Nina, Kaan, Alice, Waldemar, Bianca, Yara, Jeannette, Lisa, Sophia, Jutta und Mama. Love you.

ABKÜRZUNGSVERZEICHNIS

ACLED	*Armed Conflict Location & Event Data Project*
ACLJ	*American Center for Law and Justice*
ACLU	*American Civil Liberties Union* – Amerikanische Bürgerrechtsunion
Adeso	*African Development Solutions*
ADF	*Alliance Defending Freedom*
AFD	*Agence Française de Développement* – Entwicklungsbank Frankreichs, vergleichbar der deutschen KfW
AFP	*The Alliance for Peacebuilding*
AMLO	Andrés Manuel López Obrador
ATT	Arms Trade Treaty – Vertrag über den Waffenhandel
AVV	Atomwaffenverbotsvertrag
BIPoC	Black, Indigenous & People of Colour
CAT	Convention against Torture and Other Cruel, Inhuman or Degrading Treatment or Punishment – Übereinkommen gegen Folter und andere grausame, unmenschliche oder erniedrigende Behandlung oder Strafe
CCW	Convention on Certain Conventional Weapons – Konvention über bestimmte konventionelle Waffen
CEDAW	Convention on the Elimination of All Forms of Discrimination Against Women – Übereinkommen zur Beseitigung jeder Form von Diskriminierung der Frau (Frauenrechtskonvention)
CEPI	Coalition for Epidemic Preparedness
CFFP	*Centre for Feminist Foreign Policy*
COP	Conference of the Parties – Vertragsstaatenkonferenz zur Klimarahmenkonvention
COPINH	Council of Popular and Indigenous Organizations of Honduras – Rat der Indigenen Völker von Honduras
CPED	International Convention for the Protection of All Person from Enforced Disappearance – Übereinkommen zum Schutz aller Personen vor dem Verschwindenlassen
CRC	Convention on the Rights of the Child – Kinderrechtskonvention
CRPD	Convention on the Rights of Persons with Disabilities – Behindertenrechtskonvention
CSW	Commission on the Status of Women – Kommission der Vereinten Nationen zur Rechtsstellung der Frau (UNCSW)
DGAP	*Deutsche Gesellschaft für Auswärtige Politik*
DoC	Diplomats of Color
ECLJ	*The European Center for Law and Justice*

ECOSOC	*Economic and Social Council* – Wirtschafts- und Sozialrat der Vereinten Nationen
FARC	*Fuerzas Armadas Revolucionarias de Colombia* – Revolutionäre Streitkräfte Kolumbiens
FIAP	Feminist International Assistance Policy – Feministische Entwicklungspolitik Kanadas
GAP	Gender-Aktionsplan
Gavi	Global Alliance for Vaccines and Immunisation – globale Impfallianz
GBA+	*Gender-based Analysis Plus* –von der kanadischen Regierung verwendetes Analysewerkzeug zur Einschätzung von Geschlechterungleichheit
GBD	Global Burden of Disease Study
GEAC	Gender Equality Advisory Council (G7)
GIZ	*Gesellschaft für Internationale Zusammenarbeit*
HCE	*High Council for Gender Equality* – französischer Rat für Geschlechtergleichheit
ICAN	*International Campaign to Abolish Nuclear Weapons* – Kampagne für ein Atomwaffenverbot
ICC	*International Criminal Court* – Internationaler Strafgerichtshof
ICCPR	International Covenant on Civil and Political Rights – Internationaler Pakt über bürgerliche und politische Rechte (Zivilpakt)
ICERD	International Convention on the Elimination of All Forms of Racial Discrimination – Internationales Übereinkommen zur Beseitigung jeder Form von Rassendiskriminierung
ICESR	International Covenant on Economic, Social and Cultural Rights – Pakt der Vereinten Nationen über wirtschaftliche, soziale und kulturelle Rechte (Sozialpakt)
ICPD	International Conference on Population and Development – Internationale Konferenz für Bevölkerung und Entwicklung (Weltbevölkerungskonferenz)
ICRW	*International Center for the Research on Women*
ICTR	*International Criminal Tribunal for Rwanda*
ICTY	*International Criminal Tribunal for the former Yugoslavia*
ICW	*International Council of Women* – Internationaler Frauenrat
IDFF	*Internationale Demokratische Frauenföderation*
IMA	Interministerielle Arbeitsgruppe im Auswärtigen Amt
IPCC	*Intergovernmental Panel on Climate Change* – Weltklimarat
IUCN	*International Union for Conservation of Nature* – Weltnaturschutzunion
IWF	*Internationaler Währungsfonds*
IWSA	*International Women Suffrage Alliance* – Weltbund für Frauenstimmrecht
KADEM	*Women and Democracy Association*
KSZE	Konferenz über Sicherheit und Zusammenarbeit in Europa

LGBTQI*	Lesbian, Gay, Bi, Trans, Queer, Intersex* – Sammelbegriff für nicht Cis-gemäße Gender
LSHTM	*London School of Hygiene and Tropical Medicine*
MAPA	Most Affected People and Areas – am stärksten betroffene Menschen und Gegenden
MEP	Member of European Parliament – Mitglied des Europaparlaments
NAACP	*National Association for the Advancement of Colored People* – Nationale Organisation für die Förderung von Menschen of color
NAP	Nationaler Aktionsplan
NATO	*North Atlantic Treaty Organization* – Nordatlantische Allianz
NDG	Nationally Determined Contributions
NTD	Neglected Tropical Diseases
NVV	Nuklearer Nichtverbreitungsvertrag bzw. Vertrag über die Nichtverbreitung von Kernwaffen (Atomwaffensperrvertrag)
OECD	*Organisation for Economic Co-operation and Development* – Organisation für wirtschaftliche Zusammenarbeit und Entwicklung
OHCHR	United Nations High Commissioner for Human Rights – Hochkommissariat für Menschenrechte der Vereinten Nationen
OSZE	*Organisation für Sicherheit und Zusammenarbeit in Europa*
P5	Permanent 5 – ständige Mitglieder im UN-Sicherheitsrat
R2P	Responsibility to Protect – Schutzverantwortung
RKI	Robert-Koch-Institut
SAP	Structural Adjustment Programs – Strukturanpassungsprogramme
SGBV	sexualisierte und geschlechtsspezifische Gewalt
SIPRI	*Stockholm International Peace Research Institute*
SRHR	Sexual and Reproductuive Rights and Health - sexuelle und reproduktive Gesundheit und Rechte
UDHR	Universal Declaration of Human Rights – Allgemeine Erklärung der Menschenrechte
UNDP	*United Nations Development Programme* – Entwicklungsprogramm der Vereinten Nationen
UNFCCC	United Nations Framework Convention on Climate Change – Klimarahmenkonvention
UN OCHA	*United Nations Office for the Coordination of Humanitarian Affairs* – Amt der Vereinten Nationen für die Koordinierung humanitärer Angelegenheiten
UNSCR	United Nations Security Council Resolutions – Resolutionen des UN-Sicherheitsrates
USAID	*US Agency for International Development* – Behörde der Vereinigten Staaten für internationale Entwicklung
WCAPS	*Women of Color Advancing Peace and Security*
WHO	*World Health Organisation* – Weltgesundheitsorganisation

WILPF   *Women's International League for Peace and Freedom* – Internationale Frauenliga für Frieden und Freiheit (IFFF)

WPS   *Women, Peace, and Security* – Resolution 1325 der Vereinten Nationen plus ihrer Folgeresolutionen

WTO   *World Trade Organisation* – Welthandelsorganisation

QUELLEN

1 PROLOG: DAS PRIVATE IST POLITISCH

1 Rebecca Traister: *Good and Mad. The Revolutionary Power of Women's Anger*, Simon & Schuster 2018, S. xxiii. Deutsche Zitate bei englischsprachigen Quellen immer nach eigener Übersetzung.

2 Stifterverband:»Vom Arbeiterkind zum Doktor. Der Hürdenlauf auf dem Bildungsweg der Erststudierenden«, Oktober 2021, www.stifterverband.org/ medien/vom_arbeiterkind_zum_doktor.

3 *UN* Women UK:»Prevalence and reporting of sexual harassment in UK public spaces«, März 2021, www.unwomenuk.org/site/wp-content/uploads/2021/03/ APPG-UN-Women-Sexual-Harassment-Report_Updated.pdf.

4 Rachel Vogelstein & Meighan Stone: *Awakening. #MeToo and the Global Fight for Women's Rights*, S. 19.

5 Frauen gegen Gewalt e. V.:»Kampagne ›Vergewaltigung verurteilen‹«, 2016, www.frauen-gegen-gewalt.de/de/aktionen-themen/vergewaltigung-verurteilen/ zahlen-und-fakten-zum-plakat-vergewaltigung-verurteilen.html.

6 www.br.de/kultur/gesellschaft/deutschrap-metoo-100.html.

7 Molly Redden:»›Global gag rule‹ reinstated by Trump, curbing NGO abortion services abroad«, *The Guardian*, 23. 1. 17, www.theguardian.com/world/2017/ jan/23/trump-abortion-gag-rule-international-ngo-funding.

8 Institut für Demokratie und Zivilgesellschaft:»#Hass im Netz: Der schleichende Angriff auf unsere Demokratie«, *IDZ*, Juni 2019, www.idz-jena.de/fileadmin/ user_upload/_Hass_im_Netz_-_Der_schleichende_Angriff.pdf.

9 Plan International:»Welt-Mädchenbericht 2020. Digitale Gewalt vertreibt Mädchen und junge Frauen aus den sozialen Medien«, 5. 10. 20, www.plan.de/ presse/pressemitteilungen/detail/welt-maedchenbericht-2020-digitale-gewalt-vertreibt-maedchen-und-junge-frauen-aus-den-sozialen-medien.html.

10 Becky Gardiner et al.:»The dark side of Guardian comments«, *The Guardian*, 12. 04. 16, www.theguardian.com/technology/2016/apr/12/the-dark-side-of-guardian-comments.

11 Shelley E. Taylor et al.:»Biobehavioral Responses to Stress in Females: Tend-and-Befriend, Not Fight-or-Flight«, in: *Psychological Review*, 2000, Vol. 107(3), S. 411–429.

12 Gloria Steinem: *My Life on The Road*, Oneworld 2015, S. 115.

13 *Süddeutsche Zeitung*:»›Bild‹ verabschiedet sich vom Oben-ohne-›Bild-Girl‹«, *Süddeutsche Zeitung*, 12. 3. 18, www.sueddeutsche.de/wirtschaft/medien-berlin-bild-verabschiedet-sich-vom-oben-ohne-bild-girl-dpa.urn-newsml-dpa-com-20090101-180312-99-443848.

2 WARUM AUSSENPOLITIK FEMINISTISCH WERDEN MUSS

1 www.sueddeutsche.de/kultur/geschichte-feminismus-trifft-pazifismus-1.2454669.

2 Françoise Girard: »Philanthropy for the Women's Movement, Not Just ›Empowerment‹«, *Stanford Social Innovation Review*, 4. 11. 19, https://ssir.org/articles/entry/philanthropy_for_the_womens_movement_not_just_empowerment#.

3 Mala Htun, S. Laurel Weldon: »The Civic Origins of Progressive Policy Change. Combating Violence against Women in Global Perspective«, 1975–2005, in: *American Political Science Review*, Vol. 106(3), August 2012, S. 548–569.

4 Alice J. Kang, Aili Mari Tripp: »Coalitions Matter: Citizenship, Women, and Quota Adoption in Africa«, in: *Perspectives on Politics*, Vol. 16, Issue 2, March 2018, S. 73–91.

5 Girard: »Philanthropy for the Women's Movement, Not Just ›Empowerment‹«.

6 Teresa Lloro-Bidart, Michael H. Finewood: »Intersectional feminism for the environmental studies and sciences: looking inward and outward«, in: *Journal of Environmental Studies and Sciences*, Vol. 8, Issue 2(3), 2018, S. 142–151.

7 Emilia Roig: *Why We Matter. Das Ende der Unterdrückung*, Aufbau 2021, S. 338.

8 Cinzia Arruzza, Tithi Bhattacharya, Nancy Fraser: *Feminism for the 99%. A Manifesto*, Verso 2019, S. 3 f.

9 Robert Chambers: »Editorial Introduction: Vulnerability, Coping and Policy«, in: *IDS Bulletin*, 1989, Vol. 20 (2), S. 1–7.

10 Mitzi Jonelle Tan bei einer Veranstaltung des CFFP am 29. 11. 21.

11 *The Economist*: »Societies that treat women badly are poorer and less stable«, *The Economist*, 11. 9. 21, www.economist.com/international/2021/09/11/societies-that-treat-women-badly-are-poorer-and-less-stable.

12 Simone de Beauvoir: *Le deuxième sexe, tome 1*, Gallimard 1949, S. 285.

13 Siegfried Schieder/Manuela Spindler (Hg.): »Theorien der Internationalen Beziehungen«, UTB 2018, 3. Auflage. Kapitel: »Feministische Ansätze« von Barbara Finke, S. 527.

14 Jennifer Newman: »Assertive Women More Likely To Be Sexually Harassed At Work«, *LinkedIn*, 2. 4. 18, www.linkedin.com/pulse/assertive-women-more-likely-sexually-harassed-work-jennifer-newman/.

15 Chuck Collins, Omar Ocampo: »Global Billionaire Wealth Surges $4 Trillion Over Pandemic«, *Institute for Policy Studies*, 31. 3. 21, https://ips-dc.org/global-billionaire-wealth-surges-4-trillion-over-pandemic/.

16 Oxfam Deutschland: »Milliardäre profitieren trotz Pandemie, die Ärmsten werden abgehängt«, 25. 1. 21, www.oxfam.de/presse/pressemitteilungen/2021-01-25-milliardaere-profitieren-trotz-pandemie-aermsten-abgehaengt.

17 Oxfam International: »Why the majority of the world's poor are women«, www.oxfam.org/en/why-majority-worlds-poor-are-women.

18 GrenzEcho: »Nur in sechs Ländern weltweit haben Frauen gleiche Rechte, und Belgien gehört dazu«, 8. 3. 19, www.grenzecho.net/9809/artikel/2019-03-08/nur-sechs-landern-weltweit-haben-frauen-gleiche-rechte-und-belgien-gehort-dazu.

19   Amnesty International: »Key Facts on Abortion«, www.amnesty.org/en/
     what-we-do/sexual-and-reproductive-rights/abortion-facts/.

20   *The Economist:* »Societies that treat women badly are poorer and less stable«.
     The Economist, 11. 9. 21, ww.economist.com/international/2021/09/11/
     societies-that-treat-women-badly-are-poorer-and-less-stable.

21   *The Economist:* »Why nations that fail women fail«, *The Economist*, 11. 9. 21,
     www.economist.com/leaders/2021/09/11/why-nations-that-fail-women-fail.

22   Rose McDermott, Jonathan Cowden: »Polygyny and Violence Against Women«,
     in: *Emory Law Journal*, Vol. 64(6), 2015, S. 1767–1814.

23   David P. Barash: *Out of Eden. The Surprising Consequences of Polygamy*,
     Oxford University Press 2016, S. 9 & 27.

24   UN: *Resolution adopted by the General Assembly*, 10. 9. 12, www.un.org/en/ga/
     search/view_doc.asp?symbol=A/RES/66/290.

25   CFFP-Policy-Brief: https://centreforfeministforeignpolicy.org/
     how-militarised-is-germanys-foreign-policy.

26   Marlea Clarke: »Global South: what does it mean and why use the term?«,
     University of Victoria, 8. 8. 18, https://onlineacademiccommunity.uvic.ca/
     globalsouthpolitics/2018/08/08/global-south-what-does-it-mean-and-why-use-
     the-term/.

27   Vgl. Bundeszentrale für politische Bildung: »Nationalstaat«, www.bpb.de/
     nachschlagen/lexika/politiklexikon/17894/nationalstaat.

28   E-Mail-Austausch mit Sigmar Gabriel am 10. 10. 21.

29   Martin E. Hellman, Vinton G. Cerf: »An existential discussion: What is the
     probability of nuclear war?«, *Bulletin of the Atomic Scientists*, 18. 3. 21,
     https://thebulletin.org/2021/03/an-existential-discussion-what-is-the-
     probability-of-nuclear-war/.

3 DIPLOMATIE: IT'S A MAN'S WORLD

1   Jennifer A. Cassidy, Sara Althari: »Introduction. Analyzing the Dynamics of
    Modern Diplomacy through a Gender Lens«, in: Jennifer A. Cassidy (Hg.):
    Gender and Diplomacy, Routledge 2017, S. 1–12, hier: S. 3.

2   Ebd.

3   Ebd., S. 1.

4   Helen McCarthy, James Southern: »Woman, Gender and Diplomacy.
    A Historical Survey«, in: Jennifer A. Cassidy (Hg.): *Gender and Diplomacy*,
    Routledge 2017, S. 15–31, hier S. 15 ff.

5   Ebd.

6   Auswärtiges Amt: »Geschlechtergerechtigkeit in der deutschen Außenpolitik
    und im Auswärtigen Amt«, 4. 3. 20, S. 25. www.auswaertiges-amt.de/blob/
    2313954/1f7bca6cf71da71a12a22baf781413ba/geschlechtergerechtigkeit-data.pdf.

7   Ursula Müller, Christiane Scheidemann (Hg.): *Gewandt, geschickt und abgesandt –*
     Frauen im diplomatischen Dienst, Olzog 2000, S. 99.

8   Ebd., S. 96 ff. Hier ist auch nachzulesen, dass die Neuordnung des Auswärtigen
     Amtes nach 1949 zum ersten Mal in seiner Geschichte die Voraussetzungen für
     die Eingliederung von Frauen in den höheren Auswärtigen Dienst schaffte.

9   Vgl. Müller und Scheidemann, *Gewandt, geschickt und abgesandt*, S. 99.

10   Auswärtiges Amt:»Hinter den Kulissen. Aus Pressebriefingraum wird
     Ellinor-von-Puttkamer-Saal«, 26.10.20, www.auswaertiges-amt.de/de/aamt/
     zugastimaa/tdot-2020/-/2409748.

11   Ebd.

12   Catherine Tsalikis:»The making of a gender-balanced foreign service. Stories from
     the women driving Canada's diplomatic corps towards equality«, *Open Canada*,
     3.4.18, https://opencanada.org/making-gender-balanced-foreign-service/.

13   Ann Towns, Birgitta Niklasson:»Gender, International Status, and Ambassador
     Appointments«, *Foreign Policy Analysis* (Vol. 13, Issue 3), S. 521 – 540.

14   Vgl. https://shecurity.info/wp-content/uploads/2021/10/
     Report_Shecurity_2021_RGB-Final.pdf.

15   Vgl. Instagram-Post von diversitry vom 14.5.21 unter www.instagram.com/p/
     CO2se22pM0c/.

16   Celia Parbey:»Tiaji Sio:›Die Politik in Deutschland muss für alle Teile unserer
     Gesellschaft da sein‹. Im Gespräch mit der Gründerin des Netzwerks Diplomats
     of Color Tiaji Sio«, *RosaMAG*, 11.12.20, https://rosa-mag.de/tiaji-sio-die-deutsche-
     politik-und-die-verwaltung-mussen-fur-alle-teile-unserer-gesellschaft-da-sein/.

17   Colum Lynch:»The U.N. Has a Diversity Problem. Westeners are
     Overrepresented in senior positions across the world body«, *Foreign Policy*,
     16.10.20, https://foreignpolicy.com/2020/10/16/un-diversity-problem-workforce-
     western-ocha/.

18   Marième Soumaré:»Racism at the UN. Internal audit reveals deep-rooted
     problems«, *The Africa Report*, 3.2.21, www-theafricareport-com.cdn.ampproject.
     org/c/s/www.theafricareport.com/62757/racism-at-the-un-internal-audit-
     reveals-deep-rooted-problems/amp/.

19   United States Mission to the United Nations:»Remarks by Ambassador Linda
     Thomas-Greenfield at a UN General Assembly Commemorative Meeting for Intl Day
     for the Elimination of Racial Discrimination«, 19.3.21, https://usun.usmission.gov/
     remarks-by-ambassador-linda-thomas-greenfield-at-a-un-general-assembly-
     commemorative-meeting-for-intl-day-for-the-elimination-of-racial-discrimination/.

20   Nelson Mandela Foundation:»Annual Lecture 2020. Secretary Guterres's Full
     Speech«, 18.7.20, www.nelsonmandela.org/news/entry/annual-lecture-2020-
     secretary-general-guterress-full-speech.

21   Vgl. Ha-Joon Chang: *Kicking away the Ladder. Development Strategy in Historical*
     Perspective, Anthem Press 2002.

22 Nicola Davis:»Girls believe brilliance is a male trait, research into gender stereo-
    types shows«, *The Guardian*, 27.1.17, www.theguardian.com/education/2017/jan/26/
    girls-believe-brilliance-is-a-male-trait-research-into-gender-stereotypes-shows.

23 Tomas Chamorro-Premuzic:»Why Do So Many Incompetent Men Become
    Leaders?«, *Harvard Business Review*, 22.8.13, https://hbr.org/2013/08/
    why-do-so-many-incompetent-men.

24 Margarete Stokowski: *Untenrum frei*, Rowohlt 2016, S. 170

25 Martha S. Jones:»For Black women, the 19th Amendment didn't end their fight to
    vote«, *National Geographic*, 7.8.20, www.nationalgeographic.com/history/article/
    black-women-continued-fighting-for-vote-after-19th-amendment.

26 Sarah Grimké: *Letters on the equality of the sexes, and the condition of woman:
    addressed to Mary S. Parker, president of the Boston Female Anti-Slavery Society*,
    Boston 1838, S. 56 f.

27 Anna Dünnebier, Ursula Scheu: *Die Rebellion ist eine Frau. Anita G. Augspurg und
    Lida G. Heymann. Das schillerndste Paar der Frauenbewegung*, Sphinx 2002, S. 80.

28 Demokratiezentrum Wien: *Pionierinnen der Frauenbewegung*,
    www.demokratiezentrum.org/bildung/ressourcen/themenmodule/
    genderperspektiven/pionierinnen-der-frauenbewegung-und-frauen-in-der-politik/
    pionierinnen-der-frauenbewegung/.

29 BBC:»Suffragettes. The truth about force feeding«, *BBC*, 5.2.18, www.bbc.com/
    news/av/uk-42943816.

30 Maik Baumgärtner, Roman Höfner, Ann-Katrin Müller, Marcel Rosenbach:
    »Feindbild Frau. Eine düstere Welt enthemmter Männer«, *Spiegel Online*, 12.2.21,
    www.spiegel.de/politik/deutschland/frauenfeindlichkeit-im-internet-die-duestere-
    welt-enthemmter-maenner-a-00000000-0002-0001-0000-000175304147.
    Weltweite Zahlen zeigen, dass Frauen in der Politik von Männern doppelt so häufig
    unterbrochen werden wie umgekehrt. Sie werden durch abschätzige Kommentare
    von Männern kleingehalten; weit mehr als die Hälfte von Politikerinnen (66%)
    gaben in einer Umfrage an, regelmäßig frauenverachtende und sexistische Kom-
    mentare von ihren männlichen Kollegen zu hören; 20% der Parlamentarierinnen
    haben sexualisierte Gewalt erfahren. Die Mehrheit dieser Zahlen bezieht sich auf
    eine globale Studie zu Sexismus, Gewalt und Belästigung bei Politikerinnen der
    Inter-Parliamentary Union, einem internationalen Zusammenschluss von Parlamen-
    ten weltweit. – Vgl. Caroline Criado-Perez: *Invisible Women. Exposing Data Bias in a
    World Designed for Men*, Chatto & Windus 2019, S. 277 ff.

31 Criado-Perez: *Invisible Women*, S. 265 ff.

4 ALTE WEISSE MÄNNER IN DER THEORIE

1   Julia Korbik: »»Das Private ist politisch‹ & was dieser Slogan mit der Fetischisierung persönlicher Erlebnisse zu tun hat«, *This is Jayne Wayne*, 26. 8. 20, www.thisisjanewayne.com/news/2020/08/26/das-private-ist-politisch-was-dieser-slogan-mit-der-fetischisierung-persoenlicher-erlebnisse-zu-tun-hat/.

2   Valerie Hudson et al.: *The First Political Order. How Sex shapes Governance and National Security worldwide*, Columbia University Press 2020.

3   Criado-Perez: *Invisible Women*.

4   Christine Sylvester: *Feminist Theory and International Relations in a Postmodern Era*, Cambridge University Press 1994, S. 80; IT Grundlagenbuch UTB S. 534.

5   Niccolò Machiavelli: *Der Fürst*. Übersetzung von A. W. Rehberg, Fischer Taschenbuch 2010, S. 95.

6   Ebd., S. 12

7   Zillah R. Eisenstein: *The Radical Future of Liberal Feminism*, Northeastern University Press 1981, S. 11.

8   Barry Gewen: *The Inevitability of Tragedy. Henry Kissinger and His World*, Norton & Company 2020, S. 201 ff.

9   Ebd.

10 Ebd., S. 173.

11 Ebd., Klappentext.

12 Bernd Greiner:»Gewalt. Macht. Hegemonie. Zur Aktualität von Henry Kissinger«, in: *Blätter für deutsche und internationale Politik*, Oktober 2020, S. 63–71, hier S. 66.

13 Ebd., S. 63.

14 Ebd., S. 66.

15 Ebd., S. 70.

16 Gewen, *The Inevitability of Tragedy*, S. 166.

17 Ebd., S. XVI.

18 Robert S. McNamara: *In Retrospect. The Tragedy and Lessons of Vietnam*, Vintage 1996, S. 403.

19 Robert D. Dean: *Imperial Brotherhood. Gender and the Making of Cold War Foreign Policy*, Massachusetts UP 2001, S. 4.

20 Ebd., S. 243.

21 Rutger Bregmann: *Im Grunde gut. Eine neue Geschichte der Menschheit*, Rowohlt 2021, S. 38; seine Fußnote: zitiert in CBC Arts: *George Gerbner Leaves the Mean World Syndrome, Peace, Earth & Justice News* (8 January 2006).

22 Minna Salami: *Sinnliches Wissen. Eine Schwarze feministische Perspektive für alle*, Matthes & Seitz 2021, S. 174.

23 Hanna Fenichel Pitkin: *Wittgenstein and Justice: On the Significance of Ludwig Wittgenstein for Social and Political Thought*, California UP 1973, S. 276.

24 Joke J. Hermsen: *Rosa und Hannah – Das Blatt wenden*, Wagenbach 2021, S. 76.

25 Max Roser, Mohamed Nagdy: »Nuclear Weapons«, *Our World in Data*, 2013, https://ourworldindata.org/nuclear-weapons.

26 ICAN: »The World's Nuclear Weapons«, www.icanw.org/nuclear_arsenals.

27 J. Ann Tickner: *Gendering World Politics. Issues and Approaches in the Post-Cold War Era*, Columbia UP 2001, S. 1.

28 Daniel F. Schulz, Jan Tilly: »Der Liberalismus in den Internationalen Beziehungen«, in: Markus M. Müller (Hg.): *Casebook internationale Politik*, VS Verlag für Sozialwissenschaften 2011, S. 27.

29 Kristen R. Ghodsee: »Die roten Großmütter der Frauenbewegung«, *Le Monde Diplomatique*, 8. 7. 21, https://monde-diplomatique.de/artikel/!5783386.

30 Ebd.

31 Ebd.

32 Tickner *Gendering World Politics*, S. 2.

33 Zitiert bei: Heli Ihlefeld: *Mein Bonner Tagebuch*, Paul List Verlag 1970, S. 106.

34 Laura Sjoberg: Introduction, in: dies. (Hg.): *Gender and International Security – Feminist Perspectives*, Routledge 2010, S. 3–17; Barbara Finke: »Feministische Ansätze«, in: Siegfried Schieder und Manuela Spindler (Hg.): *Theorie der Internationalen Beziehungen*, UTB 2003, S. 477–504.

35 J. Ann Tickner: »Hans Morgenthaus's Principles of Political Realism: A Feminist Reformulation«, in: *Journal of International Studies*, Vol. 17, No. 3, 1988, S. 429–440, hier: S. 429.

36 Samantha Power: *Education of an Idealist*, HarperCollins 2019, S. 220.

37 Steven Erlanger: »NATO Needs to Adapt Quickly to Stay Relevant for 2030, Report Urges«, *The New York Times*, 30. 11. 20, www.nytimes.com/2020/11/30/world/europe/nato-2030-russia-china.html.

38 NATO: *NATO 2030. United for a New Era. Analysis and Recommendations of the Reflection Group Appointed by the NATO Secretary General*, 25. 11. 20, www.nato.int/nato_static_fl2014/assets/pdf/2020/12/pdf/201201-Reflection-Group-Final-Report-Uni.pdf.

39 Erlanger: »NATO Needs to Adapt Quickly to Stay Relevant for 2030, Report Urges«.

40 NATO: »NATO 2030 Factsheet«, Juni 2021, www.nato.int/nato_static_fl2014/assets/pdf/2021/6/pdf/2106-factsheet-nato2030-en.pdf.

41 NATO: »Brussels Summit Communiqué«, 14. 6. 21, www.nato.int/cps/en/natohq/news_185000.htm.

42 NATOWATCH: »Peace research perspectives of NATO 2030: A response to the official NATO Reflection Group«, 16. 2. 21, https://natowatch.org/node/2495.

43 Bundesministerium der Finanzen: »Bundeshaushalt 2020«, 2021, www.bundeshaushalt.de/#/2020/soll/ausgaben/einzelplan.html.

44 ICAN: »Nuclear Spending vs Healthcare«, 2020, www.icanw.org/healthcare_costs.

45   E-Mail-Austausch mit Elvira Rosert am 3. 8. 21.

46   Ramón Grosfoguel:»The Structure of Knowledge in Westernized Universities.
     Epistemic Racism/Sexism and the Four Genocides/Epistemicides of the Long
     16th Century«, in: *Human Architecture: Journal of the Sociology of Self-Knowledge*,
     XI, Issue 1, Herbst 2013, S. 73–90.

47   Roig: *Why We Matter*, S. 108.

48   Grosfoguel:»The structure of Knowledge in Westernized Universities«, S. 73–90.

49   Ebd., S. 109.

50   Übersetzung nach Emilia Roig: *Why We Matter*, S. 110; Original: Guy Bechtel:
     La Sorcière et l'Occident, Paris 1997. Zitiert in: Mona Chollet: *Sorcièresi*, Paris 2018,
     S. 194.

51   Florian Biskamp:»Kritik der weißen Vernunft. Sollte man Kant als Rassisten
     bezeichnen?«, *Der Tagesspiegel*, 21. 6. 20, www.tagesspiegel.de/kultur/sollte-
     man-kant-als-rassisten-bezeichnen-kritik-der-weissen-vernunft/25935036.html.

52   Jürgen Habermas: *Die Moderne – Ein unvollendetes Projekt. Philosophisch-politische
     Aufsätze*, Leipzig 1990. Iris Därmann im Gespräch mit Simone Miller:»Die dunkle
     Seite der Philosophie«, *Deutschlandfunk*, 2. 8. 20, www.deutschlandfunkkultur.de/
     rechtfertigung-von-sklaverei-und-gewalt-die-dunkle-seite-100.html.

53   Olivia U. Rutazibwa, Robbie Shilliam:»Postcolonial politics: An introduction«,
     in: dies. (Hg.): *Handbook of Postcolonial Politics*, Routledge 2020, S. 1–16.

54   Kelebogile Zvobgo, Meredith Loken:»Why Race Matters in International
     Relations«, *Foreign Policy*, 19. 6. 20, https://foreignpolicy.com/2020/06/19/
     why-race-matters-international-relations-ir/.

55   Ozan Ozavci:»Bursting the Bubbles. On the Peace of Westphalia and the Happiness
     of Unlearning«, *Utrecht University*, https://securing-europe.wp.hum.uu.nl/
     bursting-the-bubbles-on-the-peace-of-westphalia-and-the-happiness-of-
     unlearning/.

56   Peace Direct:»Time to Decolonise Aid. Insights and lessons from a global
     consultation. Full Report«, November 2020, www.peacedirect.org/wp-content/
     uploads/2021/05/PD-Decolonising-Aid-Report.pdf.

57   Nur 12 Prozent der internationalen Fördergelder von US-Stiftungen gingen 2017
     direkt an Organisationen mit Sitz in dem Land, in dem die Programme durch-
     geführt wurden. – Solomé Lemma, Jennifer Lentfer:»Racism and philanthropy.
     How little practices and big resource flows are connected«, *Thousand Currents*,
     29. 10. 18, https://thousandcurrents.org/racism-and-philanthropy-how-little-
     practices-and-big-resource-flows-are-connected-part-2/.

58   Zvobgo und Loken:»Why Race Matters in International Relations«.

59   Minna Salami: *Sinnliches Wissen*, S. 15.

5 DIE ANFÄNGE FEMINISTISCHER AUSSENPOLITIK

1   Audre Lorde: *Sister Outsider*, Crossing Press 2007, S. 110.

2   Freya Baetens: »The Forgotten Peace Conference: The 1915 International Congress of Women«, in: Rüdiger Wolfrum (Hg.): *Max Planck Encyclopedia of Public International Law*, Oxford University Press 2010, online edition.

3   Dünnebier und Scheu, *Die Rebellion ist eine Frau*, S. 97.

4   IFFF Internationale Frauenliga für Frieden und Freiheit: »Lida Gustava Heymann (15. März 1868 – 31. Juli 1943)«, 22. 6. 05, www.wilpf.de/lida-gustava-heymann/.

5   Elke Schüller: »Anita Augspurg«, *Bundeszentrale für politische Bildung*, 13. 1. 09, www.bpb.de/gesellschaft/gender/frauenbewegung/35320/anita-augspurg.

6   Dünnebier und Scheu: *Die Rebellion ist eine Frau*, S. 103 ff.

7   Heymann: *Völkerverbindende Frauenarbeit 1914–18*, S. 11, nach Dünnebier und Scheu, *Die Rebellion ist eine Frau*, S. 214.

8   Dünnebier und Scheu: *Die Rebellion ist eine Frau*, S. 215.

9   Dünnebier und Scheu: *Die Rebellion ist eine Frau*.

10   So Louise Arimatsu in einem Telefon-/Zoom-Gespräch am 15. 1. 21.

11   Dünnebier und Scheu: *Die Rebellion ist eine Frau*, S. 224.

12   International Alliance of Women: »Brief History of the IAW«, https://womenalliance.org/old/history.html.

13   Harriet Hyman Alonso: *The Longest Living Women's Peace Organization in World History: The Women's International League for Peace and Freedom, 1915 to the Present*, Alexander Street 2012.

14   Baetens: »The Forgotten Peace Conference«.

15   Democracy Now!: »Women's International League for Peace and Freedom Marks 100th Anniversary as War Rages on Worldwide«, *YouTube*, 29. 4. 15, www.youtube.com/watch?v=tlbm5Kvwsak.

16   Baetens: »The Forgotten Peace Conference«.

17   Christian Ritz: »Emily Greene Balch«, *Buxus Bauer Stiftung, Fritz Bauer Bibliothek*, www.fritz-bauer-forum.de/datenbank/emily-greene-balch/.

18   Jane Adams, Emily Greene Balch, Alice Hamilton: *Women at the Hague: The International Congress of Women and Its Results*, Nabu Press 2012.

19   Baetens: »The Forgotten Peace Conference«.

20   Ebd.

21   Ebd.

22   Dünnebier und Scheu: *Die Rebellion ist eine Frau*, S. 225.

23   Ebd., S. 227.

24   Ritz: »Emily Green Balch«.

25   Jane Addams: »The revolt against war«, in: ebd., S. 55–81, hier S. 57.

26   Ritz: »Emily Green Balch«. Sowie: Dünnebier und Scheu, *Die Rebellion ist eine Frau*, S. 228.

27   Ebd., S. 251.

28   Erika Kuhlman: »The ›Women's International League for Peace and Freedom‹ and Reconciliation after the Great War«, in: Alison S. Fell und Ingrid Sharp (Hg.), *The Women's Movement in Wartime. International Perspectives, 1914–19*, Palgrave Macmillan 2007, S. 227–243.

29   Ebd.

30   Hyman Alonso: *The Longest Living Women's Peace Organization in World History*.

31   Marcel Fürstenau: »Versailler Vertrag. Ein fragiler Frieden«, *Deutsche Welle*, 27. 6. 19, www.dw.com/de/versailler-vertrag-ein-fragiler-frieden/a-49291640.

32   IFFF Internationale Frauenliga für Frieden und Freiheit: »Anita Augspurg (September 1857 – Dezember 1943)«, 22. 6. 05, www.wilpf.de/anita-augspurg-september-1857-dezember-1943/.

33   Schüller: »Anita Augspurg«; Internationale Frauenliga für Frieden und Freiheit: »Lida Gustava Heymann«; Ritz: »Emily Greene Balch«.

34   Hyman Alonso: *The Longest Living Women's Peace Organization in World History*.

35   UN Women: *Preventing Conflict, Transforming Justice, Securing the Peace. A Global Study on the Implementation of United Nations Security Council resolution 1325*, 2005, wps.unwomen.org/.

36   Council on Foreign Relations: »Women's Participation in Peace Processes«, 2020, www.cfr.org/womens-participation-in-peace-processes/.

37   Inclusive Security: »The Women Waging Peace Commission«, *Inclusive Security*, www.inclusivesecurity.org/experts/.

38   CFFP: »Regional Women Mediator Networks. The Key To Feminist Approaches to Mediation and Peacebuilding?«, 20. 1. 20, https://centreforfeministforeignpolicy.org/journal/2020/1/21/regional-women-mediator-networks-the-key-to-feminist-approaches-to-mediation-and-peacebuilding.

39   UN Women: »The Beijing Platform for Action Turns 20«, 2015, https://beijing20.unwomen.org/en/about.

40   Hilary Charlesworth, Christine Chinkin, Shelley Wright: »Feminist approaches to international law«, in: *American Journal of International Law*, Vol. 85, Nr. 4, 1991, S. 613–645.

41   E-Mail-Austausch mit Nicola Popovic am 13. 11. 21.

42   Sue Harris Rimmer und Kate Ogg: Introduction, in: *Research Handbook on Feminist Engagement with International Law*, Edward Elgar Publishing 2019, S. 12.

43   Deutsches Institut für Menschenrechte: Menschenrechtsabkommen, www.institut-fuer-menschenrechte.de/menschenrechtsschutz/deutschland-im-menschenrechtsschutzsystem/vereinte-nationen/vereinte-nationen-menschenrechtsabkommen.

44   CFFP: *No Systemic Change Without Legal Change: Feminist Engagements With International Law*. 205.21; www.youtube.com/watch?v=Gt7DnVeOs_g&t=3s.

45   Ebd.

46 CFFP: *No Systemic Change Without Legal Change: Feminist Engagements With International Law.* 19. 5. 21; www.youtube.com/watch?v=Gt7DnVeOs_g&t=3s.

47 Akila Radhakrishnan, Elena Sarver, Grant Shubin: »Protecting safe abortion in humanitarian settings: overcoming legal and policy barriers«, in: *Reproductive Health Matters. An international journal on sexual and reproductive health and rights*, Vol. 25, 2017, S. 40–47, www.tandfonline.com/doi/full10.1080/09688080.2017.1400361.

48 Ritz: »Emily Greene Balch«.

49 Detailliert: Robert W. Dimand: »Emily Greene Balch, Political Economist«, in: *The American Journal of Economics and Sociology*, Vol. 70(2), April 2011, S. 464–479, hier: S. 472 f.

50 IFFF Internationale Frauenliga für Frieden und Freiheit: »Lida Gustava Heymann«.

51 Schüller: »Anita Augspurg«.

52 The Nobel Prize: »Jane Addams«, 2021, www.nobelprize.org/prizes/peace/1931/addams/facts/.

53 Ritz: »Emily Greene Balch«.

54 Ebd.

55 Ebd.

56 Alice Schwarzer: Vorwort, in: Dünnebier und Scheu, *Die Rebellion ist eine Frau*, S. 9.

6 FEMINISTISCHER AKTIVISMUS: DIE UN-RESOLUTION 1325

1 Hans Martin Tillack: »Bundeswehr-Panzer für den König«, in *taz* (3. 4. 2021), taz.de/Waffenembargo-in-Libyen/!5760303/.

2 *The Economist*: »The UN's structures built in 1945 are not fit for 2020, let alone beyond it«, *The Economist*, 18. 6. 20, www.economist.com/special-report/2020/06/18/the-uns-structures-built-in-1945-are-not-fit-for-2020-let-alone-beyond-it.

3 Reaching Critical Will: »Article 26 of the UN Charter«, www.reachingcriticalwill.org/resources/fact-sheets/critical-issues/4565-article-26-of-the-un-charter.

4 Vereinte Nationen: Die Charta der Vereinten Nationen, https://unric.org/de/charta/.

5 Madeleine Rees: »Can the Security Council Work for Women?«, *WILPF*, 20. 10. 17, www.peacewomen.org/resource/can-security-council-work-women.

6 Ray Acheson, Madeleine Rees: »A feminist approach for addressing excessive military spending«, in: *Rethinking Unconstrained Military Spending. UNODA Occasional Papers No. 35*, United Nations 2020, S. 39–56, hier: S. 42.

7 Peace Women: »Civil Society Briefers«, *WILPF*, http://peacewomen.org/node/103504.

8 Peace Women: »Arria-Formula Meetings«, *WILPF*, www.peacewomen.org/security-council/other-council-work/arria-meetings.

9   Wolfgang Ischinger: *Welt in Gefahr. Deutschland und Europa in unsicheren Zeiten*, Econ 2018, S. 177.

10 Ebd., S. 186.

11 E-Mail-Austausch mit Nicola Popovic am 31. 7. 21.

12 Council on Foreign Relations, Women's Participation in Peace Processes.

13 Laurel Stone: »Quantitative Analysis of Women's Participation in Peace Processes«, in: UN Women, *Preventing Conflict, Transforming Justice, Securing the Peace. A Global Study on the Implementation of United Nations Security Council Resolution 1325*.

14 Der persönliche Abschnitt basiert auf einem Artikel, den ich für die Deutsche Gesellschaft für die Vereinten Nationen schrieb: Kristina Lunz: »Steht nach dem ›Nein‹ in Kolumbien nachhaltiger Frieden auf dem Spiel?«, *Deutsche Gesellschaft für die Vereinten Nationen*, 13. 10. 16, https://dgvn.de/meldung/steht-nach-dem-nein-in-kolumbien-nachhaltiger-frieden-auf-dem-spiel/.

15 Abigail Ruane, Marina Kumskova: »Towards a Feminist Security Council. A Guidance Note For Security Council Members«, *WILPF*, November 2018, www.wilpf.org/wp-content/uploads/2019/04/WILPF_FeministSecurityCouncil-Guide.pdf.

16 Hierüber schrieb ich Anfang 2017 für das *Libertine Magazin*: Kristina Lunz: »Solidarität und Zusammenhalt statt Sabotage«, *Libertine Magazin*, 4. 1. 17, https://libertine-mag.com/magazin/society-politics/zusammenhalt-statt-sabotage/.

17 Amnesty International: »Kolumbien 2017/18«, Dezember 2017, www.amnesty.de/jahresbericht/2018/kolumbien.

18 Programa Somos Defensores: »Annual Report 2020«, 2021, https://drive.google.com/file/d/1QaCwSTrkScbsWA2H4gajBrtGvi_ya94j/view.

19 Johannes Varwick: »NATO in (Un-)Ordnung. Wie transatlantische Sicherheit neu verhandelt wird«, *Bundeszentrale für politische Bildung*, 2017, S. 26.

20 NATO: »NATO and Women, Peace and Security: Strength is in gender diversity and equality«, 15. 10. 20, www.nato.int/cps/en/natohq/news_178803.htm.

21 Kristina Lunz: »Interview with Clare Hutchinson«, *CFFP*, 14. 6. 18, https://centreforfeministforeignpolicy.org/selectedinterviews/2018/6/12/clare-hutchinson.

22 Katharine Wright, Matthew Hurley, Jesus Ignacio Gil Ruiz: *NATO, Gender and the Military. Women Organising from Within*, Routledge 2019. Für eine ausführliche Übersicht zu *NATO*s Arbeit zu WPS siehe Kapitel 2, »The long view: situating NATO's engagement with women, peace and security« in selbigem Buch.

23 Teresa Bücker: »Sexualisierte Gewalt als Kriegswaffe. Darum stärkt die neue UN-Resolution reproduktive Rechte nicht«, *Edition F*, 25. 4. 19, https://editionf.com/un-resolution-sexualisierte-gewalt-feministische-aussenpolitik-interview/.

24 Ebd.

25 Ebd.

26 Anica Heinlein, Jeannette Böhme, Ines Kappert: »Statement. German government treading on dangerous ground in the UN Security Council«, Heinrich-Böll-Stiftung, März 2019, https://static1.squarespace.com/static/57cd7cd9d482e9784e4ccc34/t/5cd0624ce79c7011d17929ea/1557160531034/statement+1325_EN.pdf.

27 Adelaide Barat: »Madeleine Rees on UN Security Council Resolution 2467«, WILPF, 2019, www.wilpf.org/madeleine-rees-on-un-security-council-resolution-2467/.

28 Women's International League of Peace and Freedom: »1325 National Action Plans (NAPS)«, https://1325naps.peacewomen.org.

29 Girard: »Philanthropy for the Women's Movement, Not Just ›Empowerment‹«.

30 M. Szmigiera: »Largest donors of humanitarian aid worldwide 2020, by country«, Statista, 12. 3. 21, www.statista.com/statistics/275597/largest-donor-countries-of-aid-worldwide/.

31 Nina Bernarding, Jeannette Böhme, Anica Heinlein, Ines Kappert: »The Women, Peace and Security Agenda Implementation Matters. Policy Briefing on the Third National Action Plan of the German government«, Heinrich-Böll-Stiftung, 8. 6. 20, https://static1.squarespace.com/static/57cd7cd9d482e9784e4ccc34/t/5edf35231d36bb64cc54436f/1591686462720/1325+Policy+Briefing_EN.pdf.

32 Ebd.

33 IFFF Internationale Frauenliga für Frieden und Freiheit: »Frauen, Frieden und Sicherheit. Zivilgesellschaftliche Stellungnahme zum 3. Nationalen Aktionsplan der Bundesregierung«, 14. 4. 21, www.wilpf.de/frauen-frieden-und-sicherheit-zivilgesellschaftliche-stellungnahme-zum-3-nationalen-aktionsplan-der-bundesregierung/.

34 Victoria Scheyer: »Rechtsradikale Ideologien bedrohen Frauen, Frieden und Sicherheit in Deutschland«, PeaceLab, 7. 7. 20, https://peacelab.blog/2020/07/rechtsradikale-ideologien-bedrohen-frauen-frieden-und-sicherheit-in-deutschland.

35 Dianne Otto: »Women, Peace and Security. A Critical Analysis of the Security Council's Vision«, LSE, 9. 1. 17, https://blogs.lse.ac.uk/wps/2017/01/09/women-peace-and-security-a-critical-analysis-of-the-security-councils-vision/.

36 Sara E. Davies, Jacqui True: The Oxford Handbook of Women, Peace, and Security, Oxford University Press 2019.

37 Friedrich Nietzsche: »Aphorismus 146«, in: ders.: Werke in drei Bänden, Hanser 1954, Band 2 (darin: Jenseits von Gut und Böse. Viertes Hauptstück. Sprüche und Zwischenspiele), S. 635–637.

38 So ist auch das Zitat der Überschrift zu verstehen, das aus einem Interview mit ihr stammt: Sanam Naraghi Anderlini: Es ist Zeit, wieder in Frieden zu investieren, 1. 11. 2021, www.tu.berlin/ueber-die-tu-berlin/themenportal-ueber-die-tu-berlin/queens-lecture-2021/interview-mit-sanam-naraghi-anderlini/.

7 DER STATUS QUO FEMINISTISCHER AUSSENPOLITIK

1 Nathalie Rothschild:»Swedish Women vs. Vladimir Putin«, *Foreign Policy*, 5.12.14, https://foreignpolicy.com/2014/12/05/can-vladimir-putin-be-intimidated-by-feminism-sweden/.

2 Ellen Barry:»Sweden's Proponent of ›Feminist Foreign Policy‹ Shaped by Abuse«, *The New York Times*, 17.11.17, www.nytimes.com/2017/11/17/world/europe/margot-wallstrom-sweden.html.

3 Barry:»Sweden's Proponent of ›Feminist Foreign Policy‹ Shaped by Abuse«.

4 International Center for Research on Women:»Press Release. Historic Legislation Calling for a Feminist Foreign Policy Reintroduced in U.S. Congress«, *ICRW*, 8.3.21, www.icrw.org/press-releases/historic-legislation-calling-for-a-feminist-foreign-policy-reintroduced-in-u-s-congress/.

5 Mette Mølgaard:»EU parliament calls for feminist foreign policy«, *EUobserver*, 16.11.20, https://euobserver.com/institutional/150073.

6 Deutscher Bundestag:»Grüne legen Antrag zur Umsetzung feministischer Außenpolitik vor«, 22.2.19, www.bundestag.de/dokumente/textarchiv/2019/kw08-de-feministische-aussenpolitik-593566.

7 Kubernein Initiative:»Understanding the Feminist Foreign Policy. A view from India«, 2021, https://kuberneininitiative.com/wp-content/uploads/2021/08/Understanding-the-FFP_A-View-from-India.pdf.

8 Vgl. unser Manifest für eine Deutsche Feministische Außenpolitik: CFFP: *Make Foreign Policy Feminist. Eine Feministische Außenpolitik für Deutschland*, 2021, https://static1.squarespace.com/static/57 cd7 cd9d482e9784e4ccc34/t/6155daf1157bfd3bdf598a93/1633016563247/CFFP-Manifesto-DE-Final5.pdf.

9 CFFP: *A Feminist Foreign Policy for the European Union*, Juni 2020, https://centreforfeministforeignpolicy.org/report-feminist-foreign-policy-for-the-eu.

10 Ministry for foreign affairs: Handbook. Sweden's feminist foreign policy, Stockholm 2019, www.government.se/492c36/contentassets/fc115607a4ad4bca913cd8d11c2339dc/handbook---swedens-feminist-foreign-policy---english.pdf.

11 Valerie Hudson, Donna Lee Bowen, Perpetua Lynne Nielsen: *First Political Order. How Sex Shapes Governance and National Security Worldwide*, Columbia University Press 2020.

12 Government Offices of Sweden, Ministry of Foreign Affairs:»The Swedish Foreign Service action plan for feminist foreign policy 2019–2022, including direction and measures for 2021«, 2020, www.government.se/49700e/contentassets/9992f701ab40423bb7b37b2c455aed9a/utrikesforvaltningens-handlingsplan-for-feministisk-utrikespolitik-2021_eng.pdf.

13   Adam Taylor: »Sweden stood up for human rights in Saudi Arabia. This is how Saudi Arabia is punishing Sweden«, *The Washington Post*, 20. 3. 15, www.washingtonpost.com/news/worldviews/wp/2015/03/20/ sweden-stood-up-for-human-rights-in-saudi-arabia-this-is-how-saudi-arabia-is-punishing-sweden/.

14   David Crouch: »Clash between Sweden and Saudi Arabia escalates as ambassador is withdrawn«, *The Guardian*, 11. 3. 15, www.theguardian.com/world/2015/mar/11/ clash-sweden-saudi-arabia-escalates-ambassador-withdrawn-human-rights.

15   Government Offices of Sweden, Ministry of Foreign Affairs: »10 points on Sweden's membership of the UN Security Council 2017–2018«, 30. 12. 18, www.government.se/government-of-sweden/ministry-for-foreign-affairs/ sweden-in-the-un-security-council/10-points-on-swedens-membership-of-the-un-security-council-20172018/?TSPD_101_R0=082953afa5ab-2000f887e0754bf8619b0e41fd04eb31c098ac49c73100ab6b30db2c023a1a-ae6741088ef80158143000d9528061ee84c6c3ce9e971848d68c4ad23f5f3 cdbee2-6c75c59b4d4e6d2542db4a49a93925ae2fa156575859bb7334f.

16   Falke Bernadotte Academy: »Swedish Women's Mediation Network«, https://fba.se/en/areas-of-expertise/dialogue-mediation/swedish-womens-mediation-network/.

17   CFFP: *How Feminist is the Swedish Feminist Foreign Policy?*, 12. 11. 19, https://centreforfeministforeignpolicy.org/journal/2019/11/11/how-feminist-is-the-swedish-feminist-foreign-policy.

18   Ebd.

19   Bundesministerium für Familie, Senioren, Frauen und Jugend: »Das Gesetz zum Elterngeld und zur Elternzeit im internationalen, insbesondere europäischen Vergleich. Länderstudien 2008«, Oktober 2008, www.bmfsfj.de/resource/ blob/76298/46717e8fd28ca4ee89546c5065a38f2e/beeg-laenderstudien-data.pdf.

20   Global Affairs Canada: »Canada's Feminist International Assistance Policy«, 2017, www.international.gc.ca/world-monde/assets/pdfs/ iap2-eng.pdf?_ga=2120468232167833197916258306701478846498162583067O.

21   Emma Watson, Phumzile Mlambo-Ngcuka, Katja Iversen, Michael Kaufman: »Every G7 country should have a feminist foreign policy«, *The Guardian*, 22. 8. 19, www.theguardian.com/global-development/2019/aug/22/every-g7-country-should-have-a-feminist-foreign-policy-emma-watson.

22   Feminist Foreign Policy Working Group: »Be brave, be bold. Recommendations for Canada's feminist foreign policy«, *Amnesty International*, 2020, www.amnesty.ca/ sites/default/files/FFP%20Be%20Brave%20Be%20Bold%20EN.pdf.

23 Ministère de L'Europe et des Affaires Étrangères:»Pour une diplomatie féministe. Tribune conjointe de Jean-Yves Le Drian et Marlène Schiappa«, 8. 3.19, www.diplomatie.gouv.fr/fr/politique-etrangere-de-la-france/droits-de-l-homme/ actualites-et-evenements-sur-le-theme-des-droits-de-l-homme/ actualites-2019-sur-le-theme-des-droits-de-l-homme/article/pour-une-diplomatie-feministe-tribune-conjointe-de-jean-yves-le-drian-et.

24 The Centre for Feminist Foreign Policy:»Policy Brief. A feminist foreign response to Covid-19«, Juli 2020, https://centreforfeministforeignpolicy.org/policy-brief-a-feminist-foreign-policy-response-to-covid-19.

25 Brigitte Grésy, Martine Storti, Cléa Le Cardeur, Coline Real, Anaëlle Schimberg:»Feminst diplomacy. Moving from a slogan to rally support to true momentum for change«, *High Council on Gender Equality*, 4. 11. 20, www.diplomatie.gouv.fr/IMG/pdf/20-3315-diplomatie_feministe_synthese_du_rapport_du_hce_en_v2_cle422caf.pdf.

26 UN Women:»Generation Equality Forum concludes in Paris with announcement of revolutionary commitments and Global Acceleration Plan to advance gender equality by 2026«, 2. 7. 21, https://reliefweb.int/report/world/generation-equality-forum-concludes-paris-announcement-revolutionary-commitments-and.

27 Grésy et al.:»Feminist diplomacy«.

28 Lyric Thompson, Spogmay Ahmed und Tanya Khokhar:»Defining feminist foreign policy. A 2021 Update«, www.icrw.org/wp-content/uploads/2021/10/FFP-2021Update_v3.pdf.

29 Centro de Investigación Internacional:»Conceptualizing Feminist Foreign Policy. Notes for Mexico«, April 2020, www.gob.mx/cms/uploads/attachment/file/545654/Note_6-Feminist_foreign_policy.pdf.

30 Gobierno de México, Secretaría de Relaciones Exteriores:»Mexico Adopts Feminist Foreign Policy«, 9. 1. 20, www.gob.mx/sre/prensa/mexico-adopts-feminist-foreign-policy?idiom=en.

31 CFFP, *A Feminist Foreign Policy for the European Union*.

32 Lyric Thompson:»Mexican diplomacy has gone feminist« , in *Foreign Policy*, 14. 1. 2020, https://foreignpolicy.com/2020/01/14/mexican-diplomacy-feminist-foreign-policy/.

33 Linnea Sandin:»Femicides in Mexico. Impunity and Protests«, *CSIS*, 19. 3. 20, www.csis.org/analysis/femicides-mexico-impunity-and-protests.

34 IWDA:»From Seeds to Roots. Trajectories Towards Feminist Foreign Policy«, 24. 3. 21, https://iwda.org.au/resource/from-seeds-to-roots-trajectories-towards-feminist-foreign-policy/.

35 Centro de Investigación Internacional:»Conceptualizing Feminist Foreign Policy«.

36 Ann Deslandes:»Why Has AMLO Accused USAID of a ›Coup Against Mexico‹?«, *Foreign Policy*, 5. 6. 21, https://foreignpolicy.com/2021/06/05/why-has-amlo-accused-usaid-of-a-coup-against-mexico-elections/.

37   Daniela Philipson: »Mexico. Champion of Women or Detractor?«, *WILPF*, 2021, www.wilpf.org/mexico-champion-of-women-or-detractor/.

38   Ministerio de Asuntos Exteriores, Unión Europea y Cooperación: »Spain's feminist foreign policy. Promoting Gender Equality in Spain's External Action«, www.exteriores.gob.es/Portal/es/SalaDePrensa/Multimedia/Publicaciones/Documents/2021_02_POLITICA%20EXTERIOR%20FEMINISTA_ENG.pdf.

39   Vgl. kristina_lunz am 27. 6. 19 auf Instagram unter www.instagram.com/p/BzMMBCE0X3a/.

40   International Center for Research on Women: »Press Release. More than 30 Governments and Organizations Now Working to Advance Feminist Foreign Policy Around the World«, *ICRW*, 1. 7. 21, www.icrw.org/press-releases/more-than-30-governments-and-organizations-now-working-to-advance-feminist-foreign-policy-around-the-world/.

41   Lyric Thompson, Spogmay Ahmed und Tanya Khokhar: »Defining feminist foreign policy. A 2021 Update«.

42   Ebd.

43   JCA: »Luxembourg Presents Feminist Foreign Policy at International Meeting«, *Chronicle.lu*, 19. 2. 21, https://chronicle.lu/category/abroad/35646-luxembourg-presents-feminist-foreign-policy-at-international-meeting.

44   Lyric Thompson, Spogmay Ahmed und Tanya Khokhar: »Defining feminist foreign policy. A 2021 Update«.

45   International Center for Research on Women: »Coalition for Feminist Foreign Policy in The United States«, *ICRW*, 2020, www.icrw.org/wp-content/uploads/2020/12/FFPUSA-AboutUs-Dec.2020-ICRW.pdf.

46   Jackie Speier: »Press Release. Reps. Speier, Lee, and Frankel Introduce Resolution in Support of a Feminist Foreign Policy«, 23. 9. 20, https://speier.house.gov/2020/9/reps-speier-lee-and-frankel-introduce-resolution-in-support-of-a-feminist-foreign-policy.

47   Koalitionsvertrag der Regierung aus *SPD*, *Bündnis 90/Die Grünen* und *FDP*, www.wiwo.de/downloads/27830022/8/koalitionsvertrag-2021-2025.pdf.

48   ICRW: »More than 30 Governments and Organizations Now Working to Advance Feminist Foreign Policy Around the World«.

49   Jamille Bigio, Rachel Vogelstein: »Understanding Gender Equality in Foreign Policy. What the United States Can Do«, *Council on Foreign Relations*, 2020, https://cdn.cfr.org/sites/default/files/pdf/Understanding%20Gender%20Equality%20in%20Foreign%20Policy.pdf.

50   IWDA: »From Seeds to Roots«.

51   Ebd.

8 ANGRIFFE AUF FRAUEN-, LGBTQI*- UND MENSCHENRECHTE

1 André Madaus: »UN-Weltbevölkerungskonferenz. Was Bildung mit Bevölkerungswachstum zu tun hat«, *ZDF*, 12. 11. 19, www.zdf.de/nachrichten/heute/weltbevoelkerungskonferenz-in-nairobi-zieht-bilanz-warum-bildung-hilft-bevoelkerungswachstum-zu-bremsen-100.html.

2 United Nations: »Bericht der Vierten Weltfrauenkonferenz«, 1995, www.un.org/depts/german/conf/beijing/anh_2.html.

3 CSU: »Das CSU-Grundsatzprogramm«, 2016, https://csu-grundsatzprogramm.de/grundsatzprogramm-gesamt/.

4 Roman Kuhar, David Paternotte: »The anti-gender movement in comparative perspective«, in: Kuhar, Paternotte (Hg.): *Anti-Gender Campaigns in Europe*, S. 253–272.

5 Claire Provost, Lou Ferreira, Claudia Torrisi: »Trump's top lawyer in ›crusade‹ against women's and LGBT rights across Europe«, *Open Democracy*, 27. 10. 20, www.opendemocracy.net/en/5050/trump-sekulow-war-womens-lgbt-rights-europe/.

6 Damjan Denkovski, Nina Bernarding, Kristina Lunz: »Power over Rights. Understanding and countering the transnational anti-gender movement. Volume I«, *CFFP*, März 2021, https://static1.squarespace.com/static/57 cd7 cd9d482e9784e4ccc34/t/60746c48a067197714820c24/1618242637144/Rights+over+Power+-+Volume+I_D_final3.pdf

7 Ebd., S. 31.

8 Ebd., S. 35.

9 Claudia Ciobanu: »Poland begins push in region to replace Istanbul Convention with ›Family Rights‹ treaty«, *Reporting Democracy*, 6. 10. 20, https://balkaninsight.com/2020/10/06/family-rights-treaty/.

10 US Department of State: »Report of the Commission on Unalienable Rights, US Department of State«, Juli 2020, www.state.gov/wp-content/uploads/2020/07/Draft-Report-of-the-Commission-on-Unalienable-Rights.pdf.

11 CFFP (Hg.): »Power over Rights. Understanding and countering the transnational anti-gender movement. Volume II, Case Studies«, März 2021, S. 12, https://static1.squarespace.com/static/57 cd7 cd9d482e9784e4ccc34/t/6051e6d0802ecc6d859c42df/1615980243056/Power+over+Rights+Volume+II-+Case+Studies.pdf.

12 Steve Benen: »Biden admin gets to work undoing Pompeo's approach to human rights«, *MSNBC*, 31. 3. 21, www.msnbc.com/rachel-maddow-show/biden-admin-gets-work-undoing-pompeo-s-approach-human-rights-n1262609.
The Associate Press: »Blinken ends Trump admin's human rights plan to promote conservative agenda abroad«, *NBC News*, 30. 3. 21, www.nbcnews.com/politics/politics-news/blinken-ends-trump-admin-s-human-rights-plan-promote-conservative-n1262499.

13 So Neil Datta in einem Interview mit meinem Kollegen Damjan Denkovski, 2020.

14 Europarat: Liste der Verträge des Europarats, www.coe.int/de/web/conventions/
full-list/-/conventions/treaty/210/signatures.

15 Freedom House: »Freedom in the world research methodology«, 2021, zitiert in:
Damjan Denkovski, Nina Bernarding, Kristina Lunz: »Power over Rights.
Understanding and countering the transnational anti-gender movement.
Volume I«, *CFFP*, März 2021, S. 19, https://static1.squarespace.com/static/
57cd7cd9d482e9784e4ccc34/t/60746c48a067197714820c24/1618242637144/
Rights+over+Power+-+Volume+I_D_final3.pdf.

16 Sina Fontana: »Möglichkeiten gesetzlicher Neuregelungen im Konfliktfeld
Gehsteigbelästigungen. Rechtsgutachten im Auftrag des Gunda-Werner-Instituts
für Feminismus und Geschlechterdemokratie«, *Heinrich-Böll-Stiftung*,
Juni 2021, www.gwi-boell.de/sites/default/files/2021-06/NEU_E-Paper%20
%C 2%ABGehsteigbela%CC%88stigungen%C 2%BB%20Endf_1.pdf.

17 Trans Respect Versus Transphobia: »TMM Update. Trans Day of Remembrance
2020«, 11. 11. 20, https://transrespect.org/en/tmm-update-tdor-2020/.

18 Sandrine Amiel: »100 days since Poland banned abortion, Polish women are
fighting back«, *Euronews*, 12. 5. 21, www.euronews.com/2021/05/12/
100-days-since-poland-banned-abortion-polish-women-are-fighting-back.
BBC: Poland enforces controversial near-total abortion ban, 28. 1. 21, www.bbc.com/
news/world-europe-55838210.

19 Interview mit David Paternotte, 10. 7. 20. Siehe auch: Roman Kuhar, David
Paternotte: »Gender ideology in movement. Introduction«, in: Roman Kuhar,
David Paternotte (Hg.): *Anti-gender Campaigns in Europe. Mobilizing against
equality,* Rowman 2017.

20 Brot für die Welt: »Atlas der Zivilgesellschaft 2021. Zivilgesellschaft weltweit
massiv unter Druck«, 2021, www.brot-fuer-die-welt.de/themen/atlas-der-
zivilgesellschaft/2021/zusammenfassung-2021/.

21 Ebd.

22 Ebd.

23 Human Rights Watch: »Covid-19 Pandemic Sparked Year of Rights Crises«,
4. 3. 21, www.hrw.org/news/2021/03/04/covid-19-pandemic-sparked-year-rights-
crises.

24 Andreas Robertz: »Amerikanische Christen um Mike Pence. Das Evangelium
nach Michael«, *Deutschlandfunk*, 19. 1. 17, www.deutschlandfunk.de/
amerikanische-christen-um-mike-pence-das-evangelium-nach.886.de.html?
dram:article_id=376627.

25 Indiana Democratic Party: »A Timeline of Mike Pence's Discrimination
Against the LGBT Community«, www.indems.org/a-timeline-of-mike-pences-
discrimination-against-the-lgbt-community/.

26 Mona Lena Krook: »A Global Movement to End Violence against Women in Politics and Public Life«, *E-International Relations*, 25. 4. 21, www.e-ir.info/2021/04/25/a-global-movement-to-end-violence-against-women-in-politics-and-public-life/.

27 Roudabeh Kishi, Melissa Pavlik, Hilary Matfess: »›Terribly and Terrifyingly Normal‹. Political Violence Targeting Women«, *ACLED*, Mai 2019, https://acleddata.com/acleddatanew/wp-content/uploads/2019/05/ACLED_Report_PoliticalViolenceTargetingWomen_5.2019.pdf.

28 Johannes Blöcher-Weil: »Frauenrechte und Abtreibung. EU-Parlament stimmt für Matić-Bericht«, *PRO*, 24. 6. 21, www.pro-medienmagazin.de/eu-parlament-stimmt-fuer-matic-bericht/.

29 One of Us: »Statement European Federation One of Us against Matić' Report«, 16. 6. 21, https://oneofus.eu/statement-european-federation-one-of-us-against-matic-report/.

30 European Parliamentary Forum for Sexual & Reproductive Rights: »European Parliament adopts landmark position on sexual and reproductive rights«, 24. 6. 21, www.epfweb.org/node/838.

31 CFFP (Hg.): »Power over Rights, Volume II«.

32 White House: »Gender Policy Council«, März 2021, www.whitehouse.gov/gpc/.

33 Deutscher Bundestag: »Parlamentsfernsehen Livestream«, www.bundestag.de/mediathek?videoid=7480332#url=bWVkaWF0aGVrorb3ZlcmxheT92aWRlb2lkPTc0ODAzMzI=&mod=mediathek.

34 Amnesty International: »Key Facts on Abortion«, www.amnesty.org/en/what-we-do/sexual-and-reproductive-rights/abortion-facts/.

35 Ebd.

36 International Women's Health Coalition: *Crisis in Care*, 2019, https://31u5ac2nrwj6247cya153vw9-wpengine.netdna-ssl.com/wp-content/uploads/2019/06/IWHC_GGR_Report_2019-WEB_single_pg-2.pdf.

37 European Parliamentary Forum for Sexual & Reproductive Rights: »Tip of the Iceberg. Religious extremist-Funders against Human Rights for Sexuality & Reproductive Health in Europe«, 15. 6. 21, www.epfweb.org/node/837.

9 FEMINISTISCHE GLOBALE GESUNDHEITSPOLITIK

1 *FAZ*: »Anreize in den USA. Aussicht auf Lottogewinne und Dates für Geimpfte«, *FAZ*, 21. 5. 21, www.faz.net/aktuell/gesellschaft/gesundheit/coronavirus/anreize-in-den-usa-aussicht-auf-lottogewinne-und-dates-fuer-geimpfte-17353976.html.

2 Sandra Pfister: »Impfstoff-Initiative Covax verfehlt Ziele. ›Reiche Länder haben den Markt quasi leer gekauft‹«, *Deutschlandfunk*, 28. 4. 21, www.deutschlandfunk.de/impfstoff-initiative-covax-verfehlt-ziele-reiche-laender.769.de.html?dram:article_id=496427.

3 *Deutschlandfunk*: »Covax-Initiative. Erfolge und Probleme bei der weltweiten Impfstoffverteilung«, *Deutschlandfunk*, 14. 6. 21, www.deutschlandfunk.de/ covax-initiative-erfolge-und-probleme-der-weltweiten.2897.de.html?dram: article_id=496465.

4 *Spiegel online: Merkel gibt klare Zusage für 2,3 Milliarden Impfdosen*, 13. 6. 21, www.spiegel.de/ausland/g7-gipfel-merkel-gibt-klare-zusage-fuer-2-3-milliarden-impfdosen-a-4e10c701-f6 cd-4f67-9d75-e175ab2fe9b2.

5 CFFP: *A Feminist Foreign Response to Covid-19*, Juli 2020, https://centreforfeministforeignpolicy.org/policy-brief-a-feminist-foreign-policy-response-to-covid-19.

6 UN: »UN chief calls for domestic violence ›ceasefire‹ amid ›horrifying global surge‹«, *UN News*, 6. 4. 20, https://news.un.org/en/story/2020/04/1061052.

7 Carla K. Johnson, Olga R. Rodriguez, Angeliki Kastanis: »As US COVID-19 death toll nears 600,000, racial gaps persist«, *AP News*, 14. 6. 21, https://apnews.com/ article/baltimore-california-coronavirus-pandemic-race-and-ethnicity-health-341950a902affc651dc268dba6d83264.

8 Global Health 50/50: »2020 Global Health 50/50 Report. Power, privilege & priorities«, https://globalhealth5050.org/2020report/.

9 Malaka Gharib: »Where The Women Aren't: On Coronavirus Task Forces«, *NPR*, 24. 6. 21, www.npr.org/sections/goatsandsoda/2020/06/24/882109538/ where-the-women-arent-on-coronavirus-task-forces?mc_cid=8547341c4f&mc_eid=8d4fb9217b. Kim Robin van Daalen et al.: »Symptoms of a broken system: the gender gaps in COVID-19 decision-making, in: *BMJ Glob Health*, 5(10), 2020.

10 Mathieu Boniol et al.: »Gender equity in the health workforce. Analysis of 104 countries«, *World Health Organization*, März 2019, https://apps.who.int/iris/ bitstream/handle/10665/311314/WHO-HIS-HWF-Gender-WP1-2019.1-eng.pdf.

11 Selen Eşençay: »*When COVID-19 Becomes a Political Ally. Poland's Law on Abortion*«, *LSE*, 24. 6. 20, https://blogs.lse.ac.uk/gender/2020/06/24/when-covid-19-becomes-a-political-ally-polands-law-on-abortion/.

12 Jessica Glenza: »States use coronavirus to ban abortions, leaving women desperate. ›You can't pause on pregnancy‹«, *The Guardian*, 30. 4. 20, www.theguardian.com/world/2020/apr/30/us-states-ban-abortions-coronavirus-leave-women-desperate.

13 United Nations: »Millions more cases of violence, child marriage, female genital mutilation, unintended pregnancy expected due to the COVID-19 pandemic«, *United Nations Population Fund*, 28. 4. 20, www.unfpa.org/news/millions-more-cases-violence-child-marriage-female-genital-mutilation-unintended-pregnancies.

14 Timothy Roberton et al.: »Early estimates of the indirect effects of the COVID-19 pandemic on maternal and child mortality in low-income and middle-income countries. A modelling study«, in: *The Lancet Global Health*, Vol. 8, Issue 7, 1. 7. 20.

15   Ebd.

16   AOK Rheinland/Hamburg:»Corona. Arbeitslose haben höheres Risiko für Krankenhaus-Aufenthalte«, 15. 6. 20, www.aok.de/pk/rh/inhalt/covid-19-und-soziale-unterschiede-1/.

17   Karen I. Fredriksen-Goldsen, Hyun-Jun Kim, Susan E. Barkan, Anna Muraco, Charles P. Hoy-Ellis:»Health disparities among lesbian, gay, and bisexual older adults. Results from a population-based study«, in: *Am. J. Public Health,* Vol. 103(10), 2013, S. 1802–1809.

18   Kerith J. Conron, Matthew J. Mimiaga, Stewart J. Landers:»A population-based study of sexual orientation identity and gender differences in adult health«, in: *Am. J. Public Health,* Vol. 100(10), 2010, S. 1953–1960. Nathaniel M. Lewis: »Mental health in sexual minorities. Recent indicators, trends, and their relationships to place in North America and Europe«, in: *Health Place,* Vol. 15(4), 2009, S. 1029–1045.

19   Matthew J. Breiding, Sharon G. Smith, Kathleen C. Basile, Mikel L. Walters, Jieru Chen, Melissa T. Merrick:»Prevalence and characteristics of sexual violence, stalking, and intimate partner violence victimization. National intimate partner and sexual violence survey, United States, 2011«, in: *MMWR Surveill Summ.,* Vol. 63(8), 2014, S. 1–18.

20   Jeanie Santaularia, Monica Johnson, Laurie Hart, Lori Haskett, Ericka Welsh, Babalola Faseru:»Relationships between sexual violence and chronic disease. A cross-sectional study«, in: *BMC Public Health,* Vol. 14, 16. 12. 14, https://bmcpublichealth.biomedcentral.com/articles/10.1186/1471-2458-14-1286.

21   Robert-Koch-Institut:»Frauengesundheitsbericht«, 9. 12. 20, www.rki.de/DE/ Content/Gesundheitsmonitoring/Studien/Geschlecht_Gesundheit/ FP_frauengesundheitsbericht.html.

22   World Health Organization:»Sustainable Development Goals (SDGs)«, WHO, 2015, www.who.int/health-topics/sustainable-development-goals#tab=tab_1.

23   CFFP: *A Feminist Global Health Policy,* April 2021, https://static1.squarespace.com/ static/57 cd7 cd9d482e9784e4ccc34/t/607d349c4d979c4ac3c1678c/1618818205289/ A+Feminist+Global+Health+Policy-5.pdf.

24   Anna Kobierecka, Michał Marcin Kobierecki:»Coronavirus diplomacy. Chinese medical assistance and its diplomatic implications«, in: *International Politics,* 2021, S. 1–18.

25   Ilona Kickbusch:»Global Health Diplomacy. How foreign policy can influence health«, in: *BMJ,* 16. 4. 11, www.bmj.com/content/342/bmj.d3154.

26   World Health Organization:»Constitution of the World Health Organization«, *WHO,* 2006, https://apps.who.int/gb/bd/PDF/bd47/EN/constitution-en.pdf?ua=1.

27 Vgl. Jeffrey P. Koplan, T. Christopher Bond, Michael H. Merson, K. Srinath Reddy, Mario Henry Rodriguez, Nelson K. Sewankambo, Judith N. Wasserheit: »Towards a common definition of global health«, in: *Lancet*, 6. 6. 09, https://pubmed.ncbi.nlm.nih.gov/19493564/.

28 World Health Organisation: »Social determinants of health«, *WHO*, www.who.int/health-topics/social-determinants-of-health#tab=tab_1.

29 Wolfgang U. Eckart: *Medizin und Kolonialimperialismus. Deutschland 1884–1945*, Schöningh 1997.

30 Lioba A. Hirsch: »Is it possible to decolonise global health institutions?«, in: *Lancet*, 16. 1. 21, https://pubmed.ncbi.nlm.nih.gov/33453772/.

31 Ngozi A. Erondu, Dorothy Peprah, Mishal S. Khan: »Can schools of global public health dismantle colonial legacies?«, in: *Nat Med.*, Vol. 26(10), 2020, S. 1504–1505.

32 Rebecca Rosman: »Racism row as French doctors suggest virus vaccine test in Africa«, *Aljazeera*, 4. 4. 20, www.aljazeera.com/news/2020/4/4/racism-row-as-french-doctors-suggest-virus-vaccine-test-in-africa.

33 Karsten Noko: »Medical colonialism in Africa is not new«, *Aljazeera*, 8. 4. 20, www.aljazeera.com/opinions/2020/4/8/medical-colonialism-in-africa-is-not-new. Thomas Scheen, Roland Lindner: »Verdacht auf illegale Arzneimitteltests. Nigeria verklagt Pfizer auf Schadenersatz«, *FAZ*, 6. 6. 07, www.faz.net/aktuell/wirtschaft/verdacht-auf-illegale-arzneimitteltests-nigeria-verklagt-pfizer-auf-schadenersatz-1438078.html.

34 Terence Zimwara: »Clinical Trials Realities in Zimbabwe. Dealing with Possible Unethical Research«, *Wemos*, Mai 2015, www.wemos.nl/wp-content/uploads/2016/06/report-Clinical-Trials-Realities-in-Zimbabwe-Dealing-with-Possible-Unethical-Research.pdf.

35 Julia Amberger: »Robert Koch und die Verbrechen von Ärzten in Afrika«, *Deutschlandfunk*, 26. 12. 20, www.deutschlandfunk.de/menschenexperimente-robert-koch-und-die-verbrechen-von.740.de.html?dram:article_id=489445.

36 Ebd.

37 Ebd.

38 Mishal Khan, Seye Abimbola, Tammam Aloudat, Emanuele Capobianco, Sarah Hawkes, Afifah Rahman-Shepherd: »Decolonising global health in 2021. A roadmap to move from rhetoric to reform«, in: *BMJ Global Health*, Vol. 6(3), 7. 3. 21.

39 Ebd.

40 Laurel Morales: »Coronavirus Infection Continue To Rise On Navajo Nation«, *NPR*, 11. 5. 20, www.npr.org/sections/coronavirus-live-updates/2020/05/11/854157898/coronavirus-infections-continue-to-rise-on-navajo-nation.

41 Ali Murad Büyüm, Cordelia Kenney, Andrea Koris, Laura Mkumba, Yadurshini Raveendran: »Decolonising global health. If not now, when?«, in: *BMJ Global Health*, Vol. 5(8), 2020, https://gh.bmj.com/content/5/8/e003394.

42 Ebd.

43 GBD 2019 Demographics Collaborators:»Global age-sex-specific fertility, mortality, healthy life expectancy (HALE), and population estimates in 204 countries and territories, 1950–2019: a comprehensive demographic analysis for the Global Burden of Disease Study 2019«, in: *Lancet*, Vol: 396(10258), Oktober 2020, S. 1160–203.

44 Pfister:»Reiche Länder haben den Markt quasi leer gekauft«.

45 *Deutschlandfunk*:»Worum es bei der Freigabe von Impfstoff-Patenten geht«, 6. 6. 21, www.deutschlandfunk.de/coronavirus-worum-es-bei-der-freigabe-von-impfstoff.1939.de.html?drn:news_id=1267039.

46 Deutsches Netzwerk für vernachlässigte Tropenkrankheiten (DNTDs):»Was sind NTDs? «, https://dntds.de/was-sind-ntds.html.

47 Jana Sepehr:»Blöd, Sie leiden an einer vernachlässigten Krankheit«, *Fluter*, 30. 6. 21, www.fluter.de/wie-vernachlaessigte-krankheiten-bekaempft-werden.

48 Global Health 50/50:»Gender Equality: Flying blind in a time of crisis. 2021 Global Health 50/50 Report«, https://globalhealth5050.org/2021-report/.

49 United Nations Human Rights, Office of the High Commissioner:»Sexual and Reproductive Health and Rights«, www.ohchr.org/en/issues/women/wrgs/pages/healthrights.aspx.

50 United Nations:»Sexual & reproductive health«, *United Nations Population Fund*, 16. 11. 16, www.unfpa.org/sexual-reproductive-health.

51 United Nations Human Rights:»Sexual and Reproductive Health and Rights«.

52 Destatis:»Pressemitteilung Nr. 144. Zahl der Schwangerschaftsabbrüche im Jahr 2020 leicht zurückgegangen«, *Statistisches Bundesamt*, 24. 3. 21, www.destatis.de/DE/Presse/Pressemitteilungen/2021/03/PD21_144_233.html.

53 United Nations Human Rights, Office of the High Commissioner:»Abortion. Information Series on Sexual and Reproductive Health and Rights«, 2020, www.ohchr.org/Documents/Issues/Women/WRGS/SexualHealth/INFO_Abortion_WEB.pdf.

54 CFFP: *Das Recht auf sichere und legale Schwangerschaftsabbrüche – Deutschland verletzt internationale Menschenrechtsverpflichtungen*, 2021. https://static1.squarespace.com/static/57 cd7 cd9d482e9784e4ccc34/t/618abb5da292c4048ab954e6/1636481885596/CFFP+Briefing++§218-+German+Version.pdf.

55 Theresa Vargas:»Guinea pigs or pioneers? How Puerto Rican women were used to test the birth control pill«, *The Washington Post*, 9. 5. 17, www.washingtonpost.com/news/retropolis/wp/2017/05/09/guinea-pigs-or-pioneers-how-puerto-rican-women-were-used-to-test-the-birth-control-pill/.

56   Maurice Law: »Statement to the Inter-American Commission on Human Rights. Forced Sterilization of Indigenous Women in Saskatchewan, Canada«, 27. 2. 18, www.aptnnews.ca/wp-content/uploads/2018/02/IACHR-STATEMENT-26.02.2018IJP.pdf.

57   American Experience: »Fannie Lou Hamer«, *PBS*, www.pbs.org/wgbh/americanexperience/features/freedomsummer-hamer/.

58   Marina Manoukian: »The Tragic Real-Life Story of Fannie Lou Hamer«, *Grunge*, 27. 10. 20, https://web.archive.org/web/20210410210848/https://www.grunge.com/268044/the-tragic-real-life-story-of-fannie-lou-hamer/.

59   Wikipedia: »Fannie Lou Hamer«, https://de.wikipedia.org/wiki/Fannie_Lou_Hamer.

60   Grundlegend: Gisela Bock: *Zwangssterilisation im Nationalsozialismus. Studien zur Rassenpolitik und zur Geschlechterpolitik*, MV-Wissenschaft 2010.

61   Loretta J. Ross: »Reproductive Justice as Intersectional Feminist Activism«, in: *A Critical Journal of Black Politics, Culture and Society*, Vol. 19, 2017, S. 286–314.

62   Kristine Husøy Onarheim, Johanne Helene Iversen, David E. Bloom: »Economic Benefits of Investing in Women's Health. A Systematic Review«, in: *PLoS One*, Vol. 11(3), 30. 3. 16, https://journals.plos.org/plosone/article?id=10.1371/journal.pone.0150120. Prathibha Varkey, Sarah Kureshi, Timothy Lesnick: »Empowerment of Women and its Association with the Health of the Community«, in: *Journal of Women's Health*, Vol. 19(1), Jan 2010, S. 71–76. Jeni Klugman, Li Li, Kathryn M. Barker, Jennifer Parsons, Kelly Dale: »How are the domains of women's inclusion, justice, and security associated with maternal and infant mortality across countries? Insights from the Women, Peace, and Security Index«, in: *SSM – Population Health*, Vol. 9, Dezember 2019, www.sciencedirect.com/science/article/pii/S2352827318302210. U. Stokoe: »Determinants of maternal mortality in the developing world«, in: *Aust N Z J Obstet Gynaecol*, Vol. 31(1), 1991, S. 8–16.

63   Chloë FitzGerald, Samia Hurst: »Implicit bias in healthcare professionals. A systematic review«, in: *BMC Med Ethics*, Vol. 18, 2017. https://bmcmedethics.biomedcentral.com/articles/10.1186/s12910-017-0179-8. A. L. Arnold, K. A. Milner, V. Vaccarino: »Sex and race differences in electrocardiogram use. The National Hospital Ambulatory Medical Care Survey«, in: *Am J Cardiol*, Vol. 88(9), 2001, S. 1037–1040.

64   Hannah Summers: »Black women in the UK four times more likely to die in pregnancy or childbirth«, *The Guardian*, 15. 1. 21, /www.theguardian.com/global-development/2021/jan/15/black-women-in-the-uk-four-times-more-likely-to-die-in-pregnancy-or-childbirth.

65   Sam Winter, Milton Diamond, Jamison Green, Dan Karasic, Terry Reed, Stephen Whittle, Kevan Wylie: »Transgender people. Health at the margins of society«, in: *Lancet*, Vol. 388(10042), 2016, S. 390–400.

66   WHO Europe (2021): »WHO/Europe brief – transgender health in the context of
      ICD-11«, www.euro.who.int/en/health-topics/health-determinants/gender/
      gender-definitions/whoeurope-brief-transgender-health-in-the-context-of-icd-11.

67   Global Health 50/50: »Gender Equality: Flying blind in a time of crisis«.

68   Nicola Slawson: »›Women have woefully been neglected.‹ Does medical science
      have a gender problem?«, *The Guardian*, 18. 12. 19, www.theguardian.com/
      education/2019/dec/18/women-have-been-woefully-neglected-does-medical-
      science-have-a-gender-problem.

69   CFFP, *A Feminist Global Health Policy*.

10   KEINE KLIMAGERECHTIGKEIT OHNE FEMINISMUS

1   *ZDF heute*: »Rekordzahlen bei Klimademos. Wo die meisten Menschen auf die
      Straße gingen«, *ZDF*, 20. 9. 19, www.zdf.de/nachrichten/heute/fazit-fridays-for-
      future-und-beschluesse-klimakabinett-100.html.

2   Volker Mrasek: »Der Klimawandel ist schon heute tödlich«, *Deutschlandfunk*,
      1. 6. 21, www.deutschlandfunk.de/hitzetote-der-klimawandel-ist-schon-heute-
      toedlich.676.de.html?dram:article_id=498150.

3   Global Witness: »Last line of defence«, 13. 9. 21, www.globalwitness.org/en/
      campaigns/environmental-activists/last-line-defence/.

4   Ebd.

5   Nicola Abé, Sonja Peteranderl, Maria Stöhr: »Gewalt gegen Aktivisten weltweit.
      ›Firmen beauftragen Mörder, um Umweltschützer töten zu lassen‹«, *Spiegel*,
      25. 4. 21, www.spiegel.de/ausland/gewalt-gegen-umweltschuetzer-weltweit-
      firmen-beauftragen-moerder-um-umweltschuetzer-toeten-zu-lassen-a-
      5571dd65-322f-4b57-b54f-4c4d710514fd.

6   Ebd.

7   UN environment programme: »Indigenous People. Protecting our Planet«,
      8. 8. 17, www.unep.org/news-and-stories/story/indigenous-people-protecting-
      our-planet.

8   Gleb Raygorodetsky: »Indigenous peoples defend Earth's biodiversity – but
      they're in danger«, *National Geographic*, 16. 11. 18, www.nationalgeographic.com/
      environment/article/can-indigenous-land-stewardship-protect-biodiversity-.

9   Ebd.

10   Amnesty International UK: »Philippines country most at risk from climate crisis«,
      29. 10. 21, www.amnesty.org.uk/philippines-country-most-risk-climate-crisis.

11   Jason Gutierrez: »Duterte, ›infamous for his sexist jokes‹, signs law agains sexual
      harassment«, *New York Times*, 16. 7. 19, www.nytimes.com/2019/07/16/world/asia/
      duterte-sexual-harassment.html.

12   Sofia Flittner: »Greta Thunberg support Filipino campaign against the new Anti-
     Terror law«, *ScandAsia*, 12. 7. 20, https://scandasia.com/greta-thunberg-support-
     filipino-campaign-against-the-new-anti-terror-law/. Amnesty International:
     »Philippines. Dangerous anti-terror law yet another setback for human rights«,
     3. 7. 20, www.amnesty.org/en/latest/news/2020/07/philippines-dangerous-
     antiterror-law-yet-another-setback-for-human-rights/.

13   Karin Louise Hermes: »Klimagerechtigkeit ist kein Terrorakt, sondern ein Grund-
     recht«, *Stiftung Asienhaus*, 2021, http://crossasia-repository.ub.uni-heidelberg.de/
     4476/1/SAH_Blickwechsel_21-05_Philippinen-Hermes_Final.pdf.

14   Interview mit Mitzi Jonelle Tan am 10. 6. 21.

15   Erika Harzer: »Die Oligarchen lässt man laufen«, *Amnesty International*, 5. 2. 18,
     www.amnesty.de/informieren/amnesty-journal/honduras-die-oligarchen-laesst-
     man-laufen.

16   *Zeit Online*: »Berta Cáceres. 50 Jahre Haft für Mord an Umweltaktivistin«, *ZEIT*,
     3. 12. 19, www.zeit.de/gesellschaft/zeitgeschehen/2019-12/honduras-berta-caceres-
     umweltaktivistin-mord-haftstrafe.

17   David Agren: »Ten women and girls killed every day in Mexico, Amnesty report
     says«, *The Guardian*, 20. 9. 21, www.theguardian.com/global-development/2021/
     sep/20/mexico-femicide-women-girls-amnesty-international-report.

18   Interview mit Maria Reyes am 22. 6. 21.

19   Hudson, Bowen und Nielsen, *First Political Order*, S. 295.

20   Earth Overshoot Day: »Country Overshoot Days«, 2021, www.overshootday.org/
     newsroom/country-overshoot-days/.

21   Nagraj Adve, Samuel Thomas (Hg.): »Even 1.5 Degrees is Too Much. Rising
     temperatures and wetter futures in South Asian glacier and snow-fed river basins«,
     HI-AWARE, 2018, http://hi-aware.org/wp-content/uploads/2018/10/KM1.pdf.

22   United Nations: *Full NDC Synthesis Report: Some Progress, but Still a Big Concern*,
     17. 9. 21, https://unfccc.int/news/full-ndc-synthesis-report-some-progress-but-
     still-a-big-concern.

23   Hilda Flavia Nakabuye, Leonie Bremer: »Opinion. The climate crisis has a
     female face«, *Thomson Reuters Foundation News*, 8. 3. 20,
     https://news.trust.org/item/20200308143901-mlk7e/.

24   Amali Tower: »The Gendered Impacts of Climate Displacement«,
     Climate Refugees, 19. 5. 20, www.climate-refugees.org/perspectives/
     genderedimpactsofclimatechange.

25   AQOCI: »A feminist approach to climate justice«, 2019, www.ocic.on.ca/
     wp-content/uploads/2019/06/WD_A-Feminist-Approach-to-Climate-
     Justice_Final_2019-05-31.pdf.

26 Sam Wong: »Can Climate Finance Contribute to Gender Equity in Developing Countries?«, in: *Journal of International Development*, Vol. 28(3), 2016, S. 428–444. BRIDGE: »Gender and Climate Change: Mapping the Linkages. A Scoping Study on Knowledge and Gaps«, *Institute of Development Studies (IDS)*, *University of Sussex*, June 2008, www.adequations.org/IMG/pdf/ GenderAndClimateChange.pdf.

27 Sam Seller: »Gender and Climate Change. A Closer Look at Existing Evidence«, *WEDO*, November 2016, http://wedo.org/wp-content/uploads/2016/11/GGCA-RP-FINAL.pdf.

28 Oxfam: »World's billionaires have more wealth than 4.6 billion people«, *Oxfam International*, 20. 1. 20, www.oxfam.org/en/press-releases/ worlds-billionaires-have-more-wealth-46-billion-people.

29 Worldbank: Press Release. »Laws Still Restrict Women's Economic Opportunities Despite Progress, Study Finds«, 23. 2. 21, www.worldbank.org/en/news/ press-release/2021/02/23/laws-still-restrict-womens-economic-opportunities-despite-progress-study-finds.

30 American Lung Association: »Disparities in the Impact of Air Pollution«, 20. 4. 20, www.lung.org/clean-air/outdoors/who-is-at-risk/disparities.

31 Lena von Seggern: »Ertrunkene Menschen mit Behinderung. Wie konnte das passieren?«, *taz*, 27. 7. 21, https://taz.de/Ertrunkene-Menschen-mit-Behinderung/ !5785903/.

32 United Nations: *Paris Agreement*, 2015, https://unfccc.int/sites/default/files/ english_paris_agreement.pdf.

33 François Normand: »500 milliards de subventions aux énergies fossiles«, *les affaires*, 26. 9. 18, www.lesaffaires.com/secteurs-d-activite/ressources-naturelles/ 500-milliards-de-subventions-aux-energies-fossiles/605288.

34 Joschua Katz: »Entgegen den Klimazielen. Europas klimaschädliche Milliarden-Subventionen«, *EnergieZukunft*, 20. 7. 20, www.energiezukunft.eu/wirtschaft/ europas-klimaschaedliche-milliarden-subventionen/.

35 Oxfam: Press Release. »Carbon emissions of richest 1% set to be 30 times the 1.5 °C limit in 2030«, 5. 11. 21, www.oxfam.org/en/press-releases/ carbon-emissions-richest-1-set-be-30-times-15degc-limit-2030.

36 Paul Griffin: »The Carbon Majors Database. CDP Carbon Majors Report 2017«, *CDP*, Juli 2017, https://b8f65cb373b1b7b15feb-c70d8ead6ced550b4d987d7c03fcdd1d.ssl.cf3. rackcdn.com/cms/reports/documents/000/002/327/original/ Carbon-Majors-Report-2017.pdf?1499691240.

37 Mark Kaufman: »The carbon footprint sham. A ›successful, deceptive‹ PR campaign«, *Mashable*, 13. 7. 20, https://mashable.com/feature/carbon-footprint-pr-campaign-sham.

38   Global Witness: Press Release. »Hundreds of fossil fuel lobbyists flooding COP26 climate talks«, 8. 11. 2021, www.globalwitness.org/en/press-releases/hundreds-fossil-fuel-lobbyists-flooding-cop26-climate-talks/.

39   The Women and Gender Constituency: Press Release. »The Power is With Us: COP26 Fails People & Planet«, 13. 11. 21, https://womengenderclimate.org/press-release-the-power-is-with-us-cop26-fails-people-planet/.

40   Houria Djoudi, Bruno Locatelli, Chloe Vaast, Kiran Asher, Maria Brockhaus, Bimbika Basnett Sijapati: »Beyond dichotomies. Gender and intersecting inequalities in climate change studies«, in: *Ambio*, Vol. 45(3), Dezember 2016, S. 248–262. Lindsey Jean Roetzel: »Why women are key to solving the climate crisis«, *One Earth*, 25. 10. 21, www.oneearth.org/why-women-are-key-to-solving-the-climate-crisis/.

41   Patricia Perkins: *Climate justice, gender and intersectionality*, Routledge 2018.

42   Djoudi et al.: »Beyond dichotomies«.

43   Intersectional Environmentalist: »The Intersectional History on Environmentalism«, *YouTube*, 15. 3. 21, www.youtube.com/watch?v=cyqYN9OPPjE&t=134s.

44   Julian Brave NoiseCat: »In the fight for climate justice, indigenous people set the path – and lead the way«, *The Guardian*, 19. 1. 17, www.theguardian.com/commentisfree/2017/jan/19/fight-climate-justice-indigenous-people-lead-the-way.

45   Interview mit Mitzi Jonelle Tan am 10. 6. 21.

46   J. Ann Tickner: *A Feminist Voyage through International Relations*, Oxford University Press 2014, S. 51 ff.

47   Ebd.

48   bell hooks: *Redefining Realness*, South End Press 1992. S. 195.

49   Patralekha Chatterjee: »Indian air pollution – loaded dice«, in: *Lancet*, Vol. 3(12), Dezember 2019, S. 500–501.

50   Vgl. Instagram-Post von disharavii, 13. 3. 21, www.instagram.com/p/CMW_uDmnArb/.

51   Friedenspreis des Deutschen Buchhandels: »Friedenspreis 1973. The Club of Rome«, www.friedenspreis-des-deutschen-buchhandels.de/alle-preistraeger-seit-1950/1970-1979/the-club-of-rome.

52   Andrew Revkin: »Climate Change First Became News 30 Years Ago. Why Haven't We Fixed It? «, *National Geographic*, Juli 2018, www.nationalgeographic.com/magazine/article/embark-essay-climate-change-pollution-revkin.

53   IPCC: »Climate change widespread, rapid, and intensifying«, 9. 8. 21, www.ipcc.ch/2021/08/09/ar6-wg1-20210809-pr/.

54 Meike Spitzner, Diana Hummel, Immanuel Stieß, Gotelind Alber, Ulrike Röhr: »30/2020. Interdependente Genderaspekte der Klimapolitik«, *Umweltbundesamt*, Februar 2020, www.umweltbundesamt.de/publikationen/interdependente-genderaspekte-der-klimapolitik. Ulrike Röhr, Gotelind Alber: »Geschlechterverhältnisse und Klima im Wandel. Erste Schritte in Richtung einer transformativen Klimapolitik«, in: *GENDER – Zeitschrift für Geschlecht, Kultur und Gesellschaft*, Vol. 10(2), 2018, S. 112–127.

55 Climate Security Expert Network: »Climate Security at the UNSC. A Short History«, 2021, https://climate-security-expert-network.org/unsc-engagement.

56 Silke Weinlich: »Climate Change Before the UN Security Council. Head in the Sand?«, *Deutsches Institut für Entwicklungspolitik*, 25.7.11, www.die-gdi.de/en/the-current-column/article/climate-change-before-the-un-security-council-head-in-the-sand/.

57 The New Humanitarian: »Drought pushing millions into poverty«, 9.9.10, www.thenewhumanitarian.org/report/90442/syria-drought-pushing-millions-poverty.

58 White House: »Executive Order on Tackling the Climate Crisis at Home and Abroad«, 27.1.21, www.whitehouse.gov/briefing-room/presidential-actions/2021/01/27/executive-order-on-tackling-the-climate-crisis-at-home-and-abroad/.

59 United Nations: »Gender, Climate & Security. Sustaining inclusive peace on the frontlines of climate change«, *United Nations Development Programme*, 9.6.20, www.undp.org/publications/gender-climate-and-security.

60 Louise Turner: »Meet Oladusu Adenike, aka the Ecofeminist«, *Wen.*, 26.8.20, www.wen.org.uk/2020/08/26/whys-climate-justice-a-feminist-issue-oladosu-adenike/.

61 United Nations: »Gender, Climate & Security. Report Summary«, *United Nations Environment Programme*, Juni 2020, www.unwomen.org/-/media/headquarters/attachments/sections/library/publications/2020/gender-climate-and-security-summary-en.pdf?la=en&vs=216.

62 Jeannette Cwienk: »Climate change leads to more violence against women, girls«, *DW*, 27.2.20, www.dw.com/en/women-climate-change-sexual-violence-iucn/a-52449269.

63 United Nations: »Gender, Climate & Security. Sustaining inclusive peace on the frontlines of climate change. Full Report«, *United Nations Development Programme*, 11.6.20, https://wedocs.unep.org/bitstream/handle/2050011822/32638/GCS.pdf?sequence=1.

64 Keina Yoshida et al.: »Defending the Future. Gender, Conflict and Environmental Peace«, *LSE Centre for Women, Peace and Security*, 2021, www.lse.ac.uk/women-peace-security/assets/documents/2021/Defending-the-Future.pdf.

65 Fiona Harvey: »Four in 10 young people fear having children due to climate crisis«, *The Guardian*, 14. 9. 21, www.theguardian.com/environment/2021/sep/14/four-in-10-young-people-fear-having-children-due-to-climate-crisis.

66 Vanessa Nakate: »What Foreign Policy Needs to do to Address Climate Change in the Developing World«, *Wilson Center*, 30. 9. 20, www.wilsoncenter.org/article/what-foreign-policy-needs-do-address-climate-change-developing-world.

67 Jonas Anshelm, Martin Hultman: »A green fatwã? Climate change as a threat to the masculinity of industrial modernity«, in: *NORMA. International Journal for Masculinity Studies*, Vol. 9, 2014, S. 84–96. Martin Gelin: »The Misogyny of Climate Deniers«, Apocalypse Soon, 28. 8. 19, https://newrepublic.com/article/154879/misogyny-climate-deniers.

68 Ines Eisele: »Bolsonaro gibt Waldgebiete zur Adoption frei«, *Deutsche Welle*, 12. 2. 21, www.dw.com/de/bolsonaro-gibt-waldgebiete-zur-adoption-frei/a-56540759.

69 Committee on the Elimination of Discrimination against Women: »General Recommendation No. 37 on Gender-related dimensions of disaster risk reduction in the context of climate change«, *United Nations Human Rights, Office of the High Commissioner*, 7. 2. 18, https://tbinternet.ohchr.org/Treaties/CEDAW/Shared%20Documents/1_Global/CEDAW_C_GC_37_8642_E.pdf.

70 UN Women: »Gender, climate and security«.

11 FRIEDEN SCHAFFEN OHNE WAFFEN: ABRÜSTUNG ALS FUNDAMENTALE FEMINISTISCHE FORDERUNG

1 Bruno Urmersbach: »Bevölkerungsreichste Länder 2021«, *Statista*, 19. 10. 21, https://de.statista.com/statistik/daten/studie/1722/umfrage/bevoelkerungsreichste-laender-der-welt/.

2 SIPRI: »World military spending rises to almost $2 trillion in 2020«, 26. 4. 21, https://sipri.org/media/press-release/2021/world-military-spending-rises-almost-2-trillion-2020.

3 ICAN: »Nuclear Spending vs. Healthcare«.

4 Statista: »Nuclear weapons in 1945 and 2020 in comparison«, 3. 8. 20, www.statista.com/chart/3714/nuclear-weapons-in-comparison/.

5 M. Szmigiera: »Number of nuclear warheads worldwide 2021«, *Statista*, 31. 8. 21, www.statista.com/statistics/264435/number-of-nuclear-warheads-worldwide/.

6 ICAN: »The World's Nuclear Weapons«, www.icanw.org/nuclear_arsenals

7 United Nations Office for Disarmament Affairs: »Securing Our Common Future. An Agenda for Disarmament«, 2018

8 Simone Wisotzki: »Deutsche Rüstungsexporte in alle Welt? Eine Bilanz der vergangenen 30 Jahre«, *Greenpeace e. V.*, März 2020, www.greenpeace.de/sites/www.greenpeace.de/files/publications/2020-07-19_gpd_studie_deutsche_ruestungsexporte_.pdf.

9   »Aktuelle Legislaturperiode – Ägypten, Jemen und Libyen Hauptempfänger deutscher Waffen-Exporte«, 24. 9. 21, www.deutschlandfunk.de/ aktuelle-legislaturperiode-aegypten-jemen-und-libyen.1939.de.html?drn:news_ id=1304728.

10 IFFF Internationale Frauenliga für Frieden und Freiheit: »Deutsche (Ab-)Rüstungspolitik: Eine intersektional-feministische Analyse der WILPF«, *IFFF*, 19. 2. 21, www.wilpf.de/deutsche-ab-ruestungspolitik-eine-intersektional- feministische-analyse-der-wilpf/.

11 Zur Militarisierung konkret der deutschen Außenpolitik vgl. unser Policy-Paper: CFFP: *Wie militarisiert ist die deutsche Außenpolitik? Ein Policy Brief*, 2021, https://static1.squarespace.com/static/57cd7cd9d482e9784e4ccc34/t/ 614c27a7df75166bc8bc12c2/1632380841024/MilitarisedGermanysForeignPolicy- DE-Final3.pdf.

12 Statista Research Department: »Umsatz der weltweit größten Rüstungsunter- nehmen 2019«, *Statista*, 14. 5. 21, https://de.statista.com/statistik/daten/ studie/152177/umfrage/absatz-der-weltweit-groessten-ruestungsunternehmen/.

13 Statista Research Department: »Rüstung und Rüstungsindustrie«, *Statista*, 24. 6. 21, https://de.statista.com/themen/666/ruestung/.

14 United Nations: »Fifth Committee Approaches $6.51 Billion for 13 Peacekeeping Operations in 2019/20, Joint Management of Active Missions' Cash Balances, as Resumed Session Ends«, *UN*, 3. 7. 19, www.un.org/press/en/2019/gaab4328.doc.htm.

15 The Centre for Feminist Foreign Policy: »The international arms trade – a feminist issue?«, *YouTube*, 15. 12. 20, www.youtube.com/watch?v=d62OFvo_HdI.

16 SEESAC: »Gender and SALW. Gender Aspects of SALW and How to Address Them in Practice«, 2018, https://www.seesac.org/f/docs/Gender-and-Security/ Gender-Aspects-of-SALW---ENG-28-09-2018.pdf. Everytown Research & Policy: »Report. Guns and Violence Against Women. America's Uniquely Lethal Intimate Partner Violence Problem«, 27. 4. 21, https://everytownresearch.org/report/ guns-and-violence-against-women-americas-uniquely-lethal-intimate-partner- violence-problem/.

17 Renata Hessmann Dalaqua, Kjølv Egeland, Torbjørn Graff Hugo: »Still behind the Curve. Gender Balance in Arms Control, Non-Proliferation and Disarmament Diplomacy«, *UNIDIR*, 2019, www.unidir.org/files/publications/pdfs/still-behind- the-curve-en-770.pdf.

18 CFFP: *Policy Brief. Warum der internationale Waffenhandel ein feministisches Thema ist – und was Deutschland tun kann*, November 2020, https://static1.squarespace.com/ static/57 cd7 cd9d482e9784e4ccc34/t/5fdb86a9e2d6801150a1c46c/1608222381325/ Why+the+International+Arms+Trade+is+a+Feminist+Issue++and+What+ Germany+Can+Do+About+It-merged.pdf.

19   Alexandra Topping: »Four-fifths of young women in the UK have been
      sexually harassed, survey finds«, *The Guardian*, 10. 3. 21, www.theguardian.com/
      world/2021/mar/10/almost-all-young-women-in-the-uk-have-been-sexually-
      harassed-survey-finds.

20   Bundeszentrale für politische Bildung: »Gewalt im Geschlechterverhältnis«, *BPD*,
      2004, www.bpb.de/apuz/27881/gewalt-im-geschlechterverhaeltnis.

21   The National WWI Museum and Memorial: »The Fourteen Points.
      Woodrow Wilson and the U.S. Rejection of the Treaty of Versailles«,
      www.theworldwar.org/learn/peace/fourteen-points.

22   Cynthia Enloe: *Maneuvers. The International Politics of Militarizing Women's Lives*,
      University of California Press 2000.

23   CFFP: *Wie militarisiert ist die deutsche Außenpolitik?*, S. 6.

24   CFFP: *Make Foreign Policy Feminist.*

25   Enloe: *Maneuvers*, S. 3. Zitiert nach CFFP: *Make Foreign Policy Feminist.*

26   Vgl CFFP: *Wie militarisiert ist die deutsche Außenpolitik? Ein Policy Brief.*

27   Rosa Brooks: *How Everything Became War and the Military Became Everything.
      Tales from the Pentagon*, Simon and Schuster 2016, S. 21.

28   Bundesministerium der Finanzen: »Bundeshaushalt 2020, Einzelplan 1405«,
      www.bundeshaushalt.de/#/2020/ soll/ausgaben/einzelplan/1405.html.

29   Hans-Martin Tillack: »Studie. Der Rüstungslobby wird es in Deutschland zu leicht
      gemacht«, *Stern*, 21. 10. 20, www.stern.de/politik/deutschland/studie--der-
      ruestungslobby-wird-es-in-deutschland-zu-leicht-gemacht-9459426.html.

30   CFFP: *Wie militarisiert ist die deutsche Außenpolitik? Ein Policy Brief.*

31   Münchner Sicherheitskonferenz: »MSR Special Edition on German Foreign and
      Security Policy«, *MSC*, 2021, https://securityconference.org/en/publications/
      msr-special-seditions/germany-2020/.

32   Stockholm Centre for Freedom: »Survey Shows 83 percent of Germans Against
      Selling Weapons to Turkey«, *SCF*, 2018, https://stockholmcf.org/
      survey-shows-83-percent-of-germans-against-selling-weapons-to-turkey/.
      CFFP, *Wie militarisiert ist die deutsche Außenpolitik? Ein Policy Brief.*

33   Louise Arimatsu: »Transformative Disarmament. Crafting a Roadmap for Peace«,
      in: *International Law Studies*, Vol. 97(1), 2021, S. 833–915.

34   Feodor de Martens: »International Arbitration and the Peace Conference at The
      Hague«, in: *The North American Review*, Vol. 604, 1899, zitiert nach Aritmatsu,
      »Transformative Disarmament«.

35   Aritmatsu: »Transformative Disarmament«, S. 837 ff.

36   Ebd., S. 840 ff.

37   The National WWI Museum and Memorial: »The Fourteen Points«.

38   Document Archiv: »Friedensvertrag von Versailles«, 28. 6. 1919,
      www.documentarchiv.de/wr/vv01.html.

39   Aritmatsu: »Transformative Disarmament«, S. 846 f.

40 Ebd., S. 859.

41 Ebd., S. 862 f.

42 Ebd., S. 868 ff.

43 United Nations: »Bericht der Vierten Weltfrauenkonferenz«.

44 United Nations: »2010 Review Conference of the Parties to the Treaty on the Non-Proliferation of Nuclear Weapons, Final Document, Volume 1«, 2010, https://undocs.org/pdf?symbol=en/NPT/CONF.2010/50(vol.i).

45 Vgl. CFFP: *Wie militarisiert ist die deutsche Außenpolitik? Ein Policy Brief.*

46 CFFP: *Interview with Ray Acheson*, 6.12.18, https://centreforfeministforeignpolicy.org/selectedinterviews/2018/12/5/ray-acheson.

47 Aritmatsu: »Transformative Disarmament«, S. 897.

48 Peter Maurer, President of the International Committee of the Red Cross: »Arms Trade Treaty. We must stop irresponsible arms trade or transfers«, *ICRC*, 24.8.2015, www.icrc.org/en/document/first-conference-states-parties-arms-trade-treaty-att, zitiert nach Aritmatsu, »Transformative Disarmament«, S. 897.

49 Aritmatsu: »Transformative Disarmament«, S. 900 ff.

50 Patricia Hecht: »Feminismus in der Außenpolitik. ›Mit voller Wucht‹«, *taz*, 17.4.21, https://taz.de/Feminismus-in-der-Aussenpolitik/!5763175/.

51 CFFP, *Warum der internationale Waffenhandel ein feministisches Thema ist – und was Deutschland tun kann.*

52 United Nations: »The Arms Trade Treaty«, *UN*, 2013, https://unoda-web.s3-accelerate.amazonaws.com/wp-content/uploads/2013/06/English7.pdf.

53 Gabriella Irsten: »How Feminist is the Swedish Feminist Foreign Policy?«, *CFFP*, 12.11.19, https://centreforfeministforeignpolicy.org/journal/2019/11/11/how-feminist-is-the-swedish-feminist-foreign-policy.

54 Bundesregierung: »Antwort auf die kleine Anfrage der Abgeordneten Sevim Dağdelen, Heike Hänsel, Matthias Höhn, weiterer Abgeordneter und der Fraktion DIE LINKE. Exporte von Kleinwaffen, Kleinwaffenteilen und Kleinwaffenmunition im Jahr 2020«, *Deutscher Bundestag*, 26.2.21, www.waffenexporte.org/wp-content/uploads/2021/03/SALW-2020.pdf.

55 Everytown Research & Policy: »Report. Guns and Violence Against Women«.

56 Vgl. CFFP: *Exporting Violence and Inequality. The Link between German Arms Exports and Gender-Based Violence*, Greenpeace, Oktober 2020, S. 9, https://static1.squarespace.com/static/57 cd7 cd9d482e9784e4ccc34/t/5fa54f4f619e4d51ec8484 cd/1604669266465/Greenpeace_CFFP_GenderBasedViolence_ArmsExport_Final.pdf.

57 Ebd.

58 CFFP: *Warum der internationale Waffenhandel ein feministisches Thema ist – und was Deutschland tun kann.*

59 Christina Lamb: *Unsere Körper sind Euer Schlachtfeld. Frauen, Krieg und Gewalt*, Penguin 2020, S. 17.

60 Ebd., S. 137.

61 United Nations: »Securing Our Common Future«, S. 40.

62 CFFP: *Exporting Violence and Inequality.*

63 Klaus Scherer: »Japan 1945. Führte die Atombombe auf Nagasaki zur Kapitulation?«, *Der Tagesspiegel*, 26. 7. 15, www.tagesspiegel.de/gesellschaft/ japan-1945-fuehrte-die-atombombe-auf-nagasaki-zur-kapitulation/12101946.html.

64 Ward Wilson: *5 Myths about Nuclear Weapons*, Mariner 2014, S. 84.

65 Thomas Hajnoczi (Greenpeace): *Deutschlands Weg zum Atomwaffen-verbotsvertrag*, Juli 2021, www.greenpeace.de/publikationen/ gpde_22072021_atomwaffenverbotsvertrag.pdf.

66 NATO: »North Atlantic Council Statement as the Treaty on the Prohibition of Nuclear Weapons Enters Into Force«, 15. 12. 20, hwww.nato.int/cps/en/natohq/news_180087.htm.

67 CFFP: »Wie die nächste Bundesregierung den Atomwaffenverbotsvertrag unterstützen kann«, 2021, https://static1.squarespace.com/static/ 57 cd7 cd9d482e9784e4ccc34/t/614312be80782d2e588dfcc7/1631785714229/ CFFP-PolicyBrief-DE-V3.pdf.

68 Deutscher Bundestag: »Ausarbeitung zum rechtlichen Verhältnis zwischen Atomwaffenverbotsvertrag und Nichtverbreitungsvertrag«, 2021, www.bundestag.de/resource/blob/814856/28b27e2d04faabd4a4bc0bfd0579658c/ WD-2-111-20-pdf-data.pdf.

69 ICAN: »Nuclear Spending vs Healthcare«.

70 ICAN: »Report. Why NATO members should join the UN nuclear weapon ban«, 2021, www.icanw.org/report_why_nato_members_should_join_the_un_nuclear_ weapon_ban.

71 ICAN: »56 former leaders and ministers of US allies urge states to join the nuclear weapon ban treaty«, 21. 9. 20, www.icanw.org/56_former_leaders.

72 Ebd.

73 ICAN: »Norway first Nato state to commit to participating at the MSP«, 2021, www.icanw.org/norway_msp_observer.

74 CFFP: »Wie die nächste Bundesregierung den Atomwaffenverbotsvertrag unter-stützen kann«.

75 Reaching Critical Will: »Factsheet. Fully Autonomous Weapons«, www.reachingcriticalwill.org/resources/fact-sheets/critical-issues/ 7972-fully-autonomousweapons.

76 Ebd.

77 Ray Acheson: »A WILPF Guide to Killer Robots«, *WILPF*, Januar 2020, www.wilpf.org/wp-content/uploads/2020/04/WILPF_Killer-Robots-Guide_EN-Web.pdf.

78 HRW: »Stopping Killer Robots«.

79 Reaching Critical Will: »Factsheet. Fully Autonomous Weapons«.

80   Human Rights Watch: »Stopping Killer Robots. Country Positions on Banning
     Fully Autonomous Weapons and Retaining Human Control«, *HRW*, 2020,
     www.hrw.org/report/2020/08/10/stopping-killer-robots/country-positions-
     banning-fully-autonomous-weapons-and.

81   Jonah M. Kessel: »Killer Robots Aren't Regulated. Yet.«, *The New York Times*,
     13. 12. 19, www.nytimes.com/2019/12/13/technology/autonomous-weapons-
     video.html.

82   Campaign to Stop Killer Robots: »Stop Killer Robots Homepage«, 2021,
     www.stopkillerrobots.org.

83   *BBC*: »Facial recognition fails on race, government study says«, *BBC*, 20. 12. 19,
     www.bbc.com/news/technology-50865437.

84   Larry Hardesty: »Study finds gender and skin-type bias in commercial
     artificial-intelligence systems«, *MIT News*, 11. 12. 18, https://news.mit.edu/2018/
     study-finds-gender-skin-type-bias-artificial-intelligence-systems-0212.

85   Hayley Ramsay-Jones: »Intersectionality and Racism«, *Stop Killer Robots*, 2020,
     www.stopkillerrobots.org/wp-content/uploads/2020/05/Intersectionality-and-
     Racism-Hayley-Ramsay-Jones.pdf.

86   Thomas Gutschker: »Bei jedem fünften Drohnenangriff der Amerikaner stirbt
     ein Zivilist«, *FAZ*, 3. 7. 16, www.faz.net/aktuell/politik/kampf-gegen-den-terror/
     bilanz-von-obamas-drohneneinsaetzen-14320818.html.

87   Human Rights Watch: »Stopping Killer Robots«, 22. 1. 19, www.hrw.org/de/
     news/2019/01/22/umfrage-zeigt-mehrheit-gegen-killer-roboter.

88   Nina Werkhäuser: »Widerstand gegen Killer-Roboter wächst«, *Deutsche Welle*,
     22. 3. 19, www.dw.com/de/widerstand-gegen-killer-roboter-wächst/a-48017815

12 DIE ZUKUNFT DER AUSSENPOLITIK IST FEMINISTISCH

1   Security Conference: »Über die Münchner Sicherheitskonferenz«, *MSC*,
     https://securityconference.org/ueber-uns/ueber-die-msc/.

2   Janine Rich: »›Saving‹ Muslim Women. Feminism, U.S. Policy and the War on
     Terror«, *International Affairs Review*, 2014, www.usfca.edu/sites/default/files/
     arts_and_sciences/international_studies/saving_muslim_women-_feminism_
     u.s_policy_and_the_war_on_terror_-_university_of_san_francisco_usf.pdf.

3   Laura Bush: »Radio Address by Mrs. Bush«, *Office of the First Lady*, 17. 11. 01,
     https://georgewbush-whitehouse.archives.gov/news/releases/2001/11/
     20011117.html.

4   Rich: »›Saving‹ Muslim Women«.

5   @sanambna (Sanam Naraghi Anderlini, MBE): »Apologies for bout of rage«,
     Twitter, 18. 8. 21, https://twitter.com/sanambna/status/1428108218060972034.

6   Defend Afghan Women's Rights: »Defend Afghan Women's Rights Homepage«,
     2021, www.defend-afghan-women.de.

7   Zarifa Ghafari bei der »Defend Afghan Women's Rights«-Pressekonferenz am
    31. 8. 21. Düzen Tekkal: »Defend Afghan Women's Rights Pressekonferenz«,
    Facebook, 31. 8. 21, hwww.facebook.com/duezentekkal/videos/811883009502640.

8   Alliance For Peacebuilding: »U.S. Policy in Afghanistan. What Withdrawal
    Means for Afghan Women & the Future«, *YouTube*, 7. 5. 21, www.youtube.com/
    watch?v=m9i005P3Hw0.

9   Vrinda Narain: »Women negotiators in Afghan/Taliban peace talks could
    spur global change«, *The Conversation*, 19. 5. 21, https://theconversation.
    com/women-negotiators-in-afghan-taliban-peace-talks-could-spur-global-
    change-159033. Lynne O'Donnell: »Women Cut Out of the Afghan Peace
    Process«, *Foreign Policy*, 30. 3. 21, https://foreignpolicy.com/2021/03/30/
    afghanistan-women-taliban-peace-talks-biden/.

10 Melinda Holmes et al.: »Protecting Women Peacebuilders. The Front Lines of
    Sustainable Peace«, *ICAN*, https://icanpeacework.org/wp-content/uploads/2021/
    07/ICAN_ProtectingWomenPeacebuilders.pdf.

11 Sanam Naraghi Anderlini: »Why Don't Afghan Lives Matter? Opinion«, *Newsweek*,
    3. 9. 21, www.newsweek.com/why-dont-afghan-lives-matter-opinion-1625563.

12 ICAN: »An Open Letter to Friends of Afghanistan and Champions of the Women,
    Peace and Security Agenda«, 7. 4. 21, https://icanpeacework.org/2021/04/07/
    an-open-letter-to-friends-of-afghanistan-and-champions-of-the-women-peace-
    and-security-agenda/.

13 Ebd.

14 Heather Barr: »When Foreign Men Talk to the Taliban About Women's Rights«,
    Human Rights Watch, 18. 10. 21, www.hrw.org/news/2021/10/18/when-foreign-
    men-talk-taliban-about-womens-rights.

15 BMWI: *Für eine zurückhaltende und verantwortungsvolle Rüstungsexportpolitik*,
    2021, www.bmwi.de/Redaktion/DE/Dossier/ruestungsexportkontrolle.html

16 Christina Deckwirth: »Lobbykontakte. Bundesregierung bevorzugt die
    Autoindustrie«, *Lobbycontrol*, 14. 9. 17, hwww.lobbycontrol.de/2017/09/
    lobbykontakte-bundesregierung-bevorzugt-die-autoindustrie/.

17 *Zeit Online*: »Deutsche Rüstungsgüter gingen für 419 Millionen Euro nach
    Afghanistan«, *Die Zeit*, 22. 8. 21, www.zeit.de/politik/ausland/2021–08/
    afghanistan-ruestungsgueter-deutschland-ruestungslieferung-nato-einsatz-
    ruestungsbericht?utm_referrer=https%3A%2F%2Fwww.google.com%2F.

18 Francesco Collini: »Sipri-Bericht. Staaten geben mehr für Militär aus, trotz
    Pandemie«, *Spiegel*, 26. 4. 21, www.spiegel.de/ausland/sipri-bericht-2020-globale-
    militaerausgaben-stiegen-auch-waehrend-der-pandemie-a-c5e2d7ac-a488-41d1-
    b96c-fb72d5c2b719.

19 SIPRI: »Sipri Yearbook 2020. Armaments, Disarmament and International
    Security«, 2020, www.sipri.org/sites/default/files/2020-06/yb20_summary_
    en_v2.pdf.

20 Hannah Ritchie: »Who has contributed most to global CO_2 emissions?«, *Our World in Data*, 1. 10. 19, https://ourworldindata.org/contributed-most-global-co2.

21 Fridays for Future: »Aufbruch oder Absage. Das solltest du über den neuen Koalitionsvertrag wissen«, November 2021, https://news.fff.link/mailing/170/4687001/3512441/85081/79b358544f/index.html.

22 UN: »Violence against women migrant workers«, 26. 7. 19, https://documents-dds-ny.un.org/doc/UNDOC/GEN/N19/232/30/pdf/N1923230.pdf?OpenElement.

23 UNHCR: »Global Trends. Forced Displacement in 2019«, 18. 6. 20, www.unhcr.org/5ee200e37.pdf.

24 O.V.: »Spahn fordert mehr Beiträge für die WHO«, in: *Ärztezeitung*, 25. 5. 21, www.aerztezeitung.de/Politik/Spahn-fordert-mehr-Beitraege-fuer-die-WHO-419854.html.

25 Paul Starzmann: »Wenig Hoffnung auf schnelle Rückgabe«, *Der Tagesspiegel*, 23. 2. 21, www.tagesspiegel.de/politik/koloniale-raubkunst-in-deutschen-museen-wenig-hoffnung-auf-schnelle-rueckgabe/26942200.html.

26 Auswärtiges Amt: »Rede von Außenminister Heiko Maas anlässlich des FidAR-Forums XII ›Frauen in Führung. Eine gute Wahl. In Deutschland und international‹. Eine Veranstaltung im Vorfeld des Internationalen Frauentags«, 10. 2. 21, www.auswaertiges-amt.de/de/newsroom/maas-fidar-forum/2440884.

13 EPILOG

1 Dana Kanze, Laura Huang, Mark A. Conley, E. Tory Higgins: »Male and Female Entrepreneurs Get Asked Different Questions by VCs — and It Affects How Much Funding They Get.« *Harvard Business Review*, 27. 7. 17; Kamal Hassan, Monisha Varadan, Claudia Zeisberger: »How the VC Pitch Process Is Failing Female Entrepreneurs.« *Harvard Business Review*, 13. 1. 20; Malin Malström, Jeaneth Johansson, Joakim Wincent: Gender Stereotypes and Venture Support Divisions: »How Governmental Venture Capitalists Socially Construct Entrepreneurs' Potential.« *Entrepreneurship Theory and Practice* (41), S. 833-860;

2 QZ: »All career advise for women is a form of gaslighting.« https://qz.com/work/1363399/all-career-advice-for-women-is-a-form-of-gaslighting/

3 Ivana Kottasova: »Women do ask for pay raises, they just don't get them«, *CNN Money*, 7. 9. 16, https://money.cnn.com/2016/09/06/news/women-pay-gap-ask/index.html.

4 Kasia Staszewka, Tenzin Dolker, Kellea Miller: »Only 1% of gender equality fundings is going to women's organisation – why?«, *The Guardian*, 2. 7. 19, www.theguardian.com/global-development/2019/jul/02/gender-equality-support-1bn-boost-how-to-spend-it.

5   Claire Provost, Nandini Archer: »Revealed. $280 ›dark money‹ spent
     by US Christian Right groups globally«, *Open Democracy*, 27. 10. 20,
     www.opendemocracy.net/en/5050/trump-us-christian-spending-global-revealed/.
6   bell hooks, zitiert bei Minna Salami: *Sinnliches Wissen. Eine Schwarze feministische
     Perspektive für alle*, Matthes & Seitz 2021, S. 17 f.

Einer der erfahrensten Vermittler in der internationalen Politik

Die Welt steht am Abgrund. Uns drohen Großmachtkonflikte, ein Rüstungswettlauf und noch mehr nukleare Waffen. Die USA wollen nicht mehr Hüter der Weltordnung sein, während Peking und Moskau die EU-Partner gegeneinander ausspielen. Wie können Deutschland und die EU »weltpolitikfähig« werden? Der renommierteste deutsche Diplomat Wolfgang Ischinger gibt Antworten auf die drängenden Fragen der aktuellen Weltpolitik. Er erklärt die komplexen Ursachen der zahlreichen heutigen Krisen und skizziert seine Vision einer europäischen Zukunft in Frieden und Stabilität.

»Ischinger ist einer der scharfsinnigsten Analysten der internationalen Politik. Sein Buch sollte eine große Leserschaft erreichen.«

Henry Kissinger

Wolfgang Ischinger
Welt in Gefahr
Deutschland und Europa in unsicheren Zeiten

Taschenbuch
Auch als E-Book erhältlich
www.ullstein.de

ullstein

Diplomatie zum Anfassen – Ein Blick hinter die Kulissen der internationalen Politik

Was macht einen guten Diplomaten aus? Wie unterscheiden sich diplomatische Kulturen und Stile in verschiedenen Ländern? Wie undiplomatisch darf, vielleicht gar muss ein Diplomat manchmal sein? Erfahrene Praktiker – Premierminister, Vorsitzende internationaler Organisationen, Parlamentarier, ehemalige Geheimdienstchefs und Größen der internationalen Diplomatie – berichten von ihren erstaunlichsten Erlebnissen, Erfolgen und Misserfolgen auf dem diplomatischen Parkett oder skizzieren ihre Ideen für die diplomatische Bearbeitung bislang ungelöster Herausforderungen. Ein Buch für alle, die besser verstehen möchten, worauf es ankommt, wenn über Krieg und Frieden verhandelt wird, und warum Diplomatie eine Kunst wie keine andere ist.

Tobias Bunde und Benedikt Franke
Die Kunst der Diplomatie
75 Blicke hinter die Kulissen der internationalen Politik

Ganzleinenband
www.ullstein.de

Econ

»Ein Buch zur Orientierung in schwieriger Zeit.« Morgenpost am Sonntag

Wie viel Moral braucht eine Gesellschaft? Und funktioniert eine wertfreie Politik? Auf welche Weise können moralische Aspekte Einfluss auf die praktische Politik nehmen? Wie wertneutral dürfen sich Staat, Recht und Gesetz verhalten? Diese Fragen bilden den Hintergrund für Michael J. Sandels kluge Betrachtungen zu gesellschaftlichen Streitpunkten – etwa Sterbehilfe und Abtreibung, Homosexuellenrechte und Stammzellforschung. Auch die moralischen Herausforderungen der Marktwirtschaft, die die bürgerlichen Werte herabwürdigt, spricht er an. Sandel entwickelt dabei die Vision einer gerechten und moralorientierten Gesellschaft sowie einen staatsbürgerlichen Freiheitsbegriff, der es dem Einzelnen ermöglicht, seine eigenen Wertvorstellungen in die Gemeinschaft einzubringen.

Michael J. Sandel
Moral und Politik
Gedanken zu einer gerechten Gesellschaft

Aus dem Englischen von Helmut Reuter
Taschenbuch
Auch als E-Book erhältlich
www.ullstein.de

ullstein

»Ein wichtiges Buch mit extrem hohem Erkenntniswert.« Gert Scobel

Politisches Denken ist bewusst, rational und objektiv – davon sind viele Menschen überzeugt. Doch die moderne Neuro- und Kognitionsforschung hat die »klassische Vernunft« längst zu Grabe getragen. Nicht Fakten bedingen politische Entscheidungen, sondern kognitive Deutungsrahmen, in der Wissenschaft *Frames* genannt. Dieses Buch deckt auf, welche *Frames* unsere politischen Debatten bestimmen, und gewährt überraschende Einblicke in unser kollektives politisches Denken.

»Das Buch von Elisabeth Wehling sei allen empfohlen, die nicht in die Denk- und Sprachfallen ihrer politischen Gegenüber tappen, sondern die Welt mit jedem Wort ein Stück besser machen möchten.«

Anton Hofreiter, Bündnis 90/Die Grünen

Elisabeth Wehling
Politisches Framing
Wie eine Nation sich ihr Denken einredet – und daraus Politik macht

Taschenbuch
Auch als E-Book erhältlich
www.ullstein.de

ullstein

»STARTING A REVOLUTION ist ein Muss für alle, die Arbeiten anders machen wollen: gerechter, ethischer, nachhaltiger und vor allem mit mehr Freude.« Kübra Gümüşay

»Eine bessere Businesswelt ist möglich. Es liegt an uns, sie zu erschaffen. Der richtige Zeitpunkt ist jetzt, und die richtigen Menschen sind wir. Wir sind die Revolutionär*innen. Die Zeit, in der wir versucht haben, uns einer kaputten Startup-Welt und einem kaputten Wirtschaftssystem anzupassen, sind vorbei.«

Mit klugen Überlegungen und handfesten Tipps auch von internationalen Unternehmerinnen machen Naomi Ryland und Lisa Jaspers Lust auf eine Revolution in der Arbeitswelt – für alle. Ein horizonterweiterndes, mit vielen persönlichen Erfahrungen angereichertes Buch und ein wegweisendes Manifest für die Wirtschaftswelt von morgen.

Ein Plädoyer für eine nötige Neupositionierung Europas im Konflikt zwischen den USA und China

Das aufstrebende China stellt die globale Vormachtstellung Amerikas infrage. Zur Abwehr des Herausforderers verlangt Amerika von Europa, mit ihm in einen neuen Kalten Krieg zu ziehen. Lässt Europa sich darauf ein, gefährdet es jedoch nicht nur den Weltfrieden. Es riskiert auch seinen Wohlstand, eine weitere Integration, seine Werte und die letzte Option darauf, in der Welt von morgen noch eine führende Rolle spielen zu können. Deshalb muss Europa sich von Amerika emanzipieren und politisch, wirtschaftlich sowie militärisch seinen eigenen Weg gehen. Der preisgekrönte Journalist, Bestseller-Autor und China-Experte Stefan Baron liefert eine unsentimentale, konsequente und aufrüttelnde Analyse der geopolitischen Herausforderungen und Chancen für unseren Kontinent.

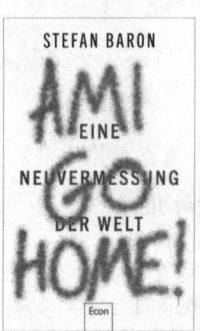

Stefan Baron
Ami go home!
Eine Neuvermessung der Welt

Hardcover mit Schutzumschlag
Auch als E-Book erhältlich
www.ullstein.de

Econ